电力物联网
本地通信网络技术

主 编 钟 成
副主编 郭经红 翟 迪 陆 阳

中国电力出版社
CHINA ELECTRIC POWER PRESS

图书在版编目（CIP）数据

电力物联网本地通信网络技术/钟成主编．—北京：中国电力出版社，2024.11
ISBN 978-7-5198-8740-7

Ⅰ.①电…　Ⅱ.①钟…　Ⅲ.①电力工业-物联网-通信技术　Ⅳ.①F407.61②TP393.4
③TP18

中国国家版本馆 CIP 数据核字（2024）第 060228 号

出版发行：中国电力出版社
地　　址：北京市东城区北京站西街 19 号（邮政编码 100005）
网　　址：http://www.cepp.sgcc.com.cn
责任编辑：周秋慧（010－63412627）
责任校对：黄　蓓　王海南
装帧设计：郝晓燕
责任印制：石　雷

印　　刷：三河市航远印刷有限公司
版　　次：2024 年 11 月第一版
印　　次：2024 年 11 月北京第一次印刷
开　　本：710 毫米×1000 毫米　16 开本
印　　张：23.75
字　　数：422 千字
印　　数：0001—2000 册
定　　价：95.00 元

编 委 会

序　言

随着能源行业的快速发展和数字化转型，电力物联网已成为一个备受关注的重要领域。电力物联网通过各种传感器、设备和应用之间的互联互通，实现了电力系统的智能化、高效化和安全化。而本地通信网络则是电力物联网中的关键组成部分，它负责在各种设备和应用之间进行实时、可靠和安全的通信。本书旨在深入探讨电力物联网本地通信网络技术的内涵、关键技术、应用案例和标准化情况，为相关从业人员提供一本前沿、实用的参考书籍。

首先，本书概述了电力物联网本地通信技术，包括电力物联网本地通信的发展背景、内涵与基本架构、面临的挑战与发展愿景。其次，本书详细阐述了电力物联网本地通信网络涉及的技术体制，包含本地无线通信网络、本地有线通信网络和典型通信安全技术三个方面，并着力讨论了新型电力系统业务本地通信性能需求。再次，本书讨论了为满足本地通信需求涉及的潜在关键技术，包括业务建模与分析技术、融合组网关键技术、资源调控关键技术和安全增强关键技术，还讨论了电力本地通信网络发展趋势及关键技术。最后，本书从实际出发讨论了新型电力系统本地通信网络典型实践案例，介绍了电力物联网标准化情况及发展方向，并通过对全书的总结归纳，给出了电力物联网本地通信面临的关键问题、解决思路和趋势展望。

作为一本指导书，本书涵盖电力物联网本地通信网络的理论知识与实践案例，有助于读者更好地理解和应用相关知识与技术。同时，本书结合编者多年的研发和实践经验，力求在内容上做到全面、系统、新颖、实用。因此，本书特别适合广大的技术人员、学者和相关从业人员参考阅读，特别是对于从事电力物联网研究和开发的人员，更是一本不可或缺的参考书籍。

希望通过对本书的介绍，能够帮助读者更好地理解电力物联网本地通信网络技术的内涵和应用价值，为推动电力物联网的发展和应用作出贡献。

中国工程院院士

2024 年于北京

前　言

2021 年 3 月 15 日，习近平总书记在中央财经委员会第九次会议上提出，在"十四五"期间，为了实现碳达峰目标，要构建清洁低碳安全高效的能源体系，控制化石能源总量，着力提高利用效能，实施可再生能源替代行动，深化电力体制改革，构建以新能源为主体的新型电力系统。而数字化转型又是推动构建新型电力系统、服务"双碳"目标的关键因素。国家电网有限公司于 2021 年发布的《国家电网有限公司数字化转型发展战略纲要》中指出，升级智能电网基础设施作为实现电网数字化转型六大核心任务，要推动先进信息通信技术、控制技术和能源技术深度融合应用。本地通信网络主要用于实现信息的感知和数据的传输，是物理世界走向数字化的第一步，是新型电力系统数字化的最后"一公里"，承载着众多的电力新型本地通信业务（如无人值守、机群巡检等）。本地通信网络通过监测终端、传感器、智能穿戴、机器人等智能设备与业务系统的连接，贯通物联感知数据，实现终端不同通信协议的适配，支撑物联服务的定制化提供，成为新型电力系统的数据采集入口。

为构建新型电力系统，加快电网数字化转型，除了要在电网各环节增加各种新型电气量、物理量、环境量、状态量和行为量传感器外，还对本地通信网络的智能性提出了更高的要求，如在本地通过现场数据的采集和即时处理，实现对设备运行状态的精确研判和故障预警。但是，本地侧海量感知数据的集中式处理方式对骨干通信网和云平台提出了巨大挑战，这将驱动数据处理任务从中心向本地侧卸载，使得云边端协同计算的趋势不断增强，以提高网络对业务的反应能力。

本书以国家数字化转型指导政策文件为指导思想，深入贯彻落实习近平总书记关于能源电力的重要讲话和重要指示批示精神，从概述、认知、方法、实践四个方面，深入研究电力本地通信网络的技术定义、技术内涵、技术框架、技术定位、技术路线、应用案例、标准化情况和未来展望，阐述了电力本地通信网络技术发展路径。

本书共分为四个部分、十五章。

第一部分为概述篇，包含三章，分别概述了电力物联网本地通信的发展背景、电力物联网本地通信的内涵与基本架构，以及电力物联网本地通信面临的挑战与发展愿景。

第二部分为认知篇，包含四章，分别阐述了电力物联网本地通信网络的技术体制，包括无线、有线和安全三个方面，以及新型电力系统业务本地通信性能需求。

第三部分为方法篇，包含五章，主要讨论了为满足新型电力系统建设，本地通信网络所应具备的关键技术，包括业务建模与分析技术、融合组网关键技术、资源调控关键技术、安全增强关键技术，还讨论了电力本地通信网络发展趋势及关键技术。

第四部分为实践篇，包含三章，分别论述了新型电力系统本地通信网络典型实践案例、电力物联网标准化情况及发展方向，电力物联网本地通信面临的关键问题、解决思路及趋势展望。

本书在成稿过程中，得到了专家学者、电力同行等社会各界的大力支持，他们提出了宝贵的意见和建议，在此表示衷心的感谢。

对于本书中存在的疏漏或不妥之处，恳请广大读者提出意见和建议，以便在后续版本中予以纠正。

编者
2024 年 8 月

目　录

第三部分 方 法 篇

第四部分 实 践 篇

第一部分
概　述　篇

第1章　电力物联网本地通信的发展背景

1.1　电力物联网本地通信的发展驱动力

从烽火、驿站、飞鸽传书到现在的电磁传播，通信的距离限制不断被突破；与此同时，长距离通信的时延在不断缩小。通信是紧密服务于信息的，信息价值的增加，带动了通信价值的增加。全球化、精细化分工出现之后，人类社会进入了新的阶段，信息的价值开始呈指数级提升，通信的重要性也被提到了前所未有的高度。

信息时代，数据是最宝贵的资源，算力是最重要的竞争力。第四次工业革命的几个重点方向是：基于数据和算力的人工智能、无人控制、虚拟现实、量子信息等技术，以及清洁能源、生命科学技术等。

换言之，人类即将步入信息时代的高阶阶段——数字化时代。一个国家和社会的数字化程度，很大程度上决定了生产力水平的高低。针对这一问题，习近平总书记指出，世界经济数字化转型是大势所趋，新的工业革命将深刻重塑人类社会。《中华人民共和国国民经济和社会发展第十四个五年规划和 2035 年远景目标纲要》（简称"十四五"规划）提出，要加快数字化发展，建设数字中国。所以，包括我国在内的全球各国都在奋力推动数字化转型。在能源电力行业，数字化转型又是推动构建新型电力系统、服务"双碳"目标的关键因素。

想要推动数字化转型，就离不开数字化技术的支撑。数字化技术的本质，就是信息通信技术（information communication technology，ICT）。信息通信技术由信息技术和通信技术组成。信息技术现在更流行被称为算力，而信息通信技术则被称为联接力。信息通信技术将物理世界和数字世界连接起来，是数字化转型的桥梁，重要程度不言而喻。

信息通信技术服务于产业，经常被称为挖掘数据价值。挖掘数据价值的过程，又被细分为产生数据、传输数据、存储数据和计算数据四个环节。由此可以看出，通信在数据价值挖掘的整个过程中，是实现数据传输的手段，虽然占比较低，但却是不可或缺的一个环节。没有通信技术的支撑，之后的数据存储、数据计算及数据价值挖掘是无法完成的。

目前，通信的价值逐渐从消费领域渗透到百行千业，从服务于游戏、观剧、购物、衣食住行，转向服务于能源电力、物流运输、医疗教育、旅游文化等国家支柱行业。

在能源电力行业，随着"双碳"目标的践行、以新能源为主体的新型电力系统的构建，能源电力系统和互联网技术的融合日趋紧密。构建以电为中心的全新能源供应格局，建设智慧、清洁、低碳的能源互联网逐渐成为全球共识。与传统电力系统相比，新型电力系统在电源构成、负荷类型、信息传输等各个方面均呈现出显著的多样性。为实现新型电力系统，除了构建灵活、稳定、安全的基础网络，还需要实现各种参量的实时测量反馈与动态调整。同时，随着大量分布式能源和电力电子器件的引入，未来电网的关键特性将发生深刻变化，需要通过数字化感知新技术提供全景信息支撑，构建数字孪生电网，实现电网在复杂网络互联条件下的稳定运行，如图 1-1 所示。

在电源侧，面向风力、光伏等新能源发电，需要感知温度、光学、倾角、图像及位置等信息，支撑发电装备状态监测，预防事故发生，提高发电效率并延长装备寿命。在电网侧，利用微气象、温度、杆塔倾斜、覆冰、舞动、弧垂、风偏、局部放电、振动及压力等数字化感知设备，实现对电力主设备状态、环境及其他辅助信息的采集，支撑电网运行过程的信息全面感知及智能应用。在用户侧，面向电动汽车、智能家居等应用场景，采用电能质量、负荷、图像视频等传感量测装置，支撑需求侧柔性负荷资源的充分利用，提升能源利用率及用户侧用能精细化管理水平。综上，电力传感器、本地通信网络、智能分析及由此构成的能源互联网数字化感知体系是构建新型电力系统的重要基石，将在电力系统各环节中展现出极高的应用价值。

本地通信网络主要用于实现信息的感知和数据的传输，是物理世界走向数字化的第一步，是新型电力系统数字化的"最后一公里"，承载着众多的电力新型本地通信业务（如无人值守、机群巡检等）。本地通信网通过监测终端、传感器、智能穿戴、机器人等智能设备与业务系统的连接，贯通物联感知数据，实现终端不同通信协议的适配，支撑物联服务的定制化提供，成为新型电力系统的数据采集入口。因此，电力物联网本地通信网络技术作为电网数字化

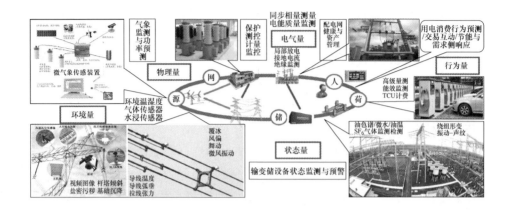

图 1-1　能源互联网数字化感知体系

转型的第一步，至关重要。

1.2　电力物联网本地通信的发展历程

1.2.1　电力工业形成初期

　　在电力工业形成初期，为了电力生产安全的需要，出现了以通信电缆和电力线载波为主要传输手段的电力物联网远程通信通道。在该阶段，本地通信还处于研究阶段，通信主要服务于主网，在本地侧主要依赖于人工巡视，自动化水平较低。随着电力工业的发展，特别是改革开放后，我国的电力工业步入了"大电网、大电厂、高电压、高自动化"的发展新阶段，对通信提出了新的要求，简单的通信手段已不能满足协调电力系统发电、输电、变电、配电及用电等组成部分的联合运转，以及保证电网安全、经济、稳定、可靠运行的要求。因此，在电网发展的同时，电力通信在保障电力生产、基础设施建设、水利防汛、电力调度、水库调度、燃料调度、继电保护、安全自动装置远动、计算机通信、电网调度自动化等通信需求的过程中得到了蓬勃的发展，电力通信网也逐步向电力物联网演进，并与电网中先进的安全稳定控制系统、电网调度自动化系统一起构成了现代电网安全稳定运行的三大支柱。

1.2.2　20 世纪 80 年代

　　进入 20 世纪 80 年代以来，电力通信网的发展遵循"依靠科技进步，满足电力工业发展需要"的基本原则，始终把科技进步放在十分重要的位置，大胆引进国外的先进设备，使得网络建设在原有的基础上有了新的突破，综合通信能力有了明显增强，通信技术水平发生了质的变化，初步建成了光纤、数字微波、卫星等多种远程通信手段并用，较为灵活、高效、可靠的覆盖全国（除台湾地区外）的干线通信网和以程控交换为主的电话网、移动电话网、数字数据网。在 20 世纪 80 年代末期，电力通信固定资产规模已达 30 多亿元，通信行业的职工人数达 3 万多人，形成了包括管理、科研、教学、生产、制造、设计、施工、运行在内的完整系统。

　　1982 年，首先建成了亚洲第一条 1000km 以上（北京—武汉）的基于脉冲编码调制（pulse code modulation，PCM）的数字微波电路，随后又相继建成了北京—天津—沧州、郑州—三门峡、武汉—长沙—衡阳、沈阳—长春—哈尔滨、韶关—广州等数字微波干线电路。1987 年以来，结合电网的发展和电力通信发展规划，开通了西安—龙羊峡、成都—重庆、葛洲坝—上海、西安—三门峡、北京—太原、衡阳—九峰山、天生桥—广州、天生桥—贵阳、上海—济南等干线电路，形成了若干主干环形网络。目前，电力部门在全国已拥有 3.3 万 km 微波电路，其中数字微波电路占 90％以上。国家电网有限公司（简称"国家电网公司"）至 30 个省、自治区、直辖市已有直达电路，国家电力调度控制中心（简称"国调中心"）、省级调度中心之间，以及网省调度中心与电厂、供电部门之间都有了直达电路，形成了全国性的电力通信干线网络。在该阶段，电力物联网仍以远程通信为主，但是在本地通信方面已逐渐开展基于电力线载波方式在本地承载语音和短报文数据的通信。

　　电力线通信（power line communication，PLC）是电力系统特有的通信方式。经过几十年的努力，已由过去的专门提供语音业务发展到传输继电保护远动、计算机控制信息等综合业务。20 世纪 80 年代以来我国已批量生产出 ZDD-5、ZDD-12、ZJ-5 等固态化的晶体管电力载波机。随着电力线电压等级的提高，通过引进、消化、吸收国外先进产品和技术，电力线载波机的技术水平有了新的突破，国产设备在可靠性、稳定性、频谱利用率等方面都有了明显提高。在电网内，截至 20 世纪 80 年代末，110kV 及以上电力线载波电路已超过了 65 万话路/千米。

1.2.3　20 世纪 90 年代

　　进入 20 世纪 90 年代以来，以光纤通信为标志的现代通信技术在电力系统内得到了迅速的发展，特别是光纤复合架空地线（optical fiber composite overhead ground wires，OPGW）和架空地线缠绕式光缆（ground wire wind optical cable，GWWOP）的应用，使得电力物联网远程通信网的通信能力和水平有了新的提高，成为电力通信网发展的主要方向。

无线通信系统在20世纪90年代进入快速发展时期，作为当时电力通信网的补充和延伸，在电路维护、事故抢险、行政管理等方面发挥了积极作用。截至20世纪90年代末期，在北京、上海、沈阳、哈尔滨、成都、郑州、福建等地已建成800MHz集群移动通信网，移动通信电台约2.8万部。

随着主干电路的建设，交换网络的建设也初具规模，形成了以北京为中心并覆盖全国（除台湾地区外）的电话自动交换网。该网络在主要节点上实现了程控数字化，并且大部分均以数字中继联网，系统内可直拨的交换机达700多个，总容量超过50万门（线），其中70%以上为数字程控交换机，实现了30个省、自治区、直辖市电力部门之间的电话直拨。

1.2.4　新世纪以来

新世纪以来，电力物联网进入快速发展时期。在本地通信方面，以低功耗广域网（low-power wide-area network，LPWAN）、无线局域网（wireless local area network，WLAN）和无线个域网（wireless personal area network，WPAN）为代表的本地通信技术体制相继出现，可为设计者提供量身定做的技术方案。但是，也受制于多种技术体制，各种通信终端间的互通性较差，通信设备厂家会对各种通信协议进行定制化，这导致在同一场景的多种业务需要布设多种本地通信网络，甚至对于同一业务，若采用不同通信制式的终端，也需要重复布设网络，从而极大提高了网络建设和维护的成本。针对这一问题，国家电网公司设备管理部和数字化工作部陆续出台多项标准，如 Q/GDW 12020—2019《输变电设备物联网微功率无线网通信协议》、Q/GDW 12021—2019《输变电设备物联网节点设备无线组网协议》、Q/GDW 12115—2021《电力物联网参考体系架构》、Q/GDW 12101—2021《电力物联网本地通信网技术导则》，力求实现本地通信领域的互联互通，拓宽电力物联网本地通信的生态。

长距离低功耗无线电（long range radio，LoRa）通信技术具有低功耗、长距离、工作在非授权频段的特点，目前主要应用在：①配电站房综合监控 SF_6、温湿度、电力接头温度等10余类传感器的本地接入，接入终端数量约5万个；②变电站设备在线监测本地接入变电油中溶解气体、避雷器绝缘在线监测、超高频气体绝缘变电站（gas insulated substation，GIS）局部放电监测、红外测温等 15 类在线监测装置，接入终端近 1 万多个；③输电线路在线监测、电缆隧道环境监测本地接入杆塔位移加速度、微气象、绝缘子泄漏电流、电缆接头温度、水位、温湿度等 20 余类传感器 3 万余个；④综合能源服务本地接入水、电、气、热等各类传感器 0.5 万余个。

国家电网公司内部在变电站等封闭场所内有一定的无线保真（wireless fidelity，Wi-Fi）技术应用，主要用于承载变电站移动视频数据本地采集，如机器人巡检、移动巡检、移动办公等管理大区业务。智能 Wi-Fi 技术已开展相关设备的实验室性能和功能测试以及外场测试，开展了山东、安徽、北京、重庆、湖南、河北、蒙东、甘肃的输变电工程试点验证工作，能解决 8 个省公司基础设施建设工程现场存在的通信问题，但仍需对设备进行完善。无线局域网鉴别和保密基础结构（WLAN authentication and privacy infrastructure，WAPI）技术拥有相对完整的产业链，随着各行业、领域对安全可管可控无线局域网应用需求的发展，已在海关、仓储物流、公安和重大活动以及北京大兴国际机场、新疆地铁、城市地下综合管廊等场景进行了实验验证工作。

微功率无线通信技术已规模化用于国家电网公司用电信息采集系统本地数据采集业务，主要实现集中器/采集器至电能表的通信连接，产业链相对完整，已发布企业标准、行业标准等相关标准规范，在北京、宁夏、山东、陕西、河北、冀北、河南等地有较大规模应用，但主要芯片厂商仍为国外通信厂商，国产芯片应用不多，且由于频段为免授权开放频段，因此存在一定的干扰问题。

近场通信（near field communication，NFC）技术主要用于移动支付、电子票务、门禁、身份识别等场景，由于传输距离短，存在地域局限性，目前在国家电网公司范围内应用较少。

无线射频识别（radio frequency identification，RFID）技术主要用于物资资产盘点、物流货物跟踪等场景，可穿透雨、雪、雾、涂料、尘埃等特定环境，目前在国家电网公司范围内应用规模较大。

PLC 主要应用于营销业务。其中，窄带 PLC 技术主要用于低压用电信息采集本地通信，目前业务存量较大，国家电网公司现有用电信息采集智能电能表约 4.5 亿只，其中约 70% 以上采用了窄带 PLC 技术，窄带 PLC 模组单价约为 20 元。2018 年开始，按照国家电网公司营销部业务部署，多个省公司开展高速电力线通信（high speed power line communication，HPLC）试点应用和大规模推广应用工作。国网重庆市电力公司在 5670 个台区实现 HPLC 通信单元混装运行 193.2 万个，国网湖南省电力有限公司在 30 个台区实现 HPLC 通信单元混装运行 165.98 万个，并积极探索优化真实环境下不同地区、不同芯片方案、不同供货商的 HPLC 模块互联互通的最优策略，推进 HPLC 混合组网评价工作。根据数据统计，HPLC 模组单价为 40～80 元。

第 2 章　电力物联网本地通信的
内涵与基本架构

2.1　物联网及电力物联网的提出背景

　　1998 年，美国麻省理工学院的 Kevin Ashton 构造出一个最简单的物联网（internet of things，IoT）概念场景：在日常用品上应用 RFID 与其他传感技术，使这类物品能够被持续监控。第二年，Kevin Ashton 在该校发起成立了自动识别技术中心（Auto-ID Center），该中心对物联网的适用场合进行了规范化的表述，即将全球各类产品依靠 RFID 引入互联网，使得数百万的物品能够被持续跟踪和审计。物联网的概念被国际电信联盟（International Telecommunication Union，ITU）在 2005 年发布的报告中正式提出，同时认为实现物联网的关键除了传感技术外，依靠纳米技术实现各类物体的微型化也是必不可少的。

　　与物联网在其他行业的应用场景类似，电网中需要大量的传感装置来对各个环节进行监测，借助高效安全的数据传输通道，将产生的海量数据上送到不同终端、不同部门，各部门之间信息既要互联互通，又要相对独立以保证信息安全。进一步地，通过分析底层数据，对电网内部各环节的产业升级、资产维护进行指导，深入挖掘数据价值。因此，为了建设可靠、安全、坚强、智能的电网，电力物联网应运而生，为电力行业的发展赋能增速。

　　电力物联网的一般定义是，在发电、输电、变电、配电及用电等电力系统的各个环节，高效利用人工智能、数据互联等高质量现代通信技术和广泛的信息资源，以实现电力系统各环节万物紧密连接和人机实时交互为前提，对各类电力设备开展状态全方位感知、数据即时性采集、信息高质量上传、资源高效率利用、应用便捷化操作、需求低时延响应等服务，形成完善的智能化、体系化服务系统。电力物联网作为物联网的种概念，其在结构上同样具备物联网所具备的感知层、网络层、平台层、应用层 4 个层级别结构。而电力行业的特殊性决定了电力物联网各层所涵盖的内容有其独特之处。具体说来，电力物联网感知层包括对设备各参量进行监测的传感实体，主要解决数据采集的问题；网络层包括各运营商提供的专网或企业内网，主要解决数据传输的问题；平台层包括各类进行决策计算、运维预测等的设备，主要解决数据的分析与管理问题；应用层包括利用资源调用接口、服务基础设施实现电力物联网的各类应用，实现数据赋能。基于上述完整的体系结构，以及物联网自身的交互操作性强、范围扩展性广、信息实时性强、应用灵活度高等的特点，电力物联网技术被广泛应用于电网建设中的各个环节。由于电力行业涵盖内容较广，电力物联网发展的侧重点也因国情、阶段的不同而有所差异。我国电力物联网建设侧重于利用 RFID、传感器、定位技术和图像获取技术实现仓库管理、输变电设备监控、抢修定位与调度、巡检定位以及故障识别等。国家电网公司也针对电力物联网编制了共七大类 100 多项标准。经过长时间的建设，我国电力物联网基本框架已初步形成，并取得了较好的应用效果。

2.2 电力物联网的主要构成

2.2.1 电力物联网总体架构

电力物联网总体架构可以划分为"云管边端"4 个逻辑层次，如图 2-1 所示。其中，"边"和"端"位于感知层，"管"对应于网络层，"云"囊括了平台层和应用层。

2.2.2 物联管理平台

物联管理平台是连接电力物联网感知层设备与企业中台或相关业务系统，提供资源配置、数据汇聚、基础管理功能的信息系统，支持连接管理、网络管理、设备管理、用户管理等。

物联管理平台对下通过网络层统筹各领域物联和感知需求，实现统一物联管理和终端标准化接入；对上为企业中台、业务应用提供数据支持及基础组件服务，促进跨专业数据融通，支持应用灵活构建。用电信息采集等存量感知系统可结合业务发展和系统版本升级逐步向物联管理平台演进。

（1）在主要功能方面。物联管理平台提供 Q/GDW 12106.2—2021《物联管理平台技术和功能规范 第 2 部分：功能要求》规定的包括但不限于设备管理、连接管理、网络管理、应用管理、平台管理、消息处理功能。

1）物联管理平台应具备终端设备的连接并发管理能力，包括设备接入、

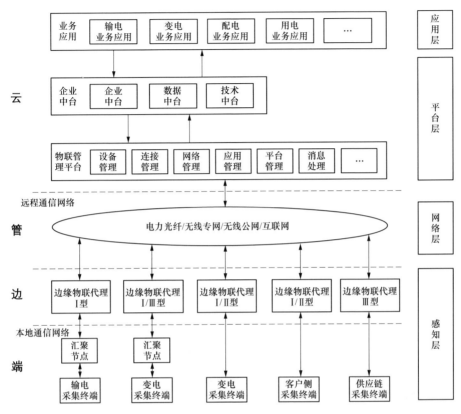

图 2-1　电力物联网总体架构

设备影子管理、设备运行状态监控以及对设备的统一远程运维功能。

2）物联管理平台应具备对部署在边缘物联代理（IoT edge agent）上的物联 App 进行下发、部署、启停、卸载等全生命周期的管理能力。

3）物联管理平台应实现各终端设备模型的统一定义。

4）物联管理平台应具备对采集数据进行汇集及标准化处理的能力。

5）物联管理平台应具备为企业中台或业务应用提供标准化接口服务的能力。

（2）在数据流转关系方面。物联管理平台涉及的数据主要包括台账类、采集类、设备管理类、业务交互类及视频类五类数据。这五类数据在业务应用、业务中台、物联管理平台及终端设备间的流转关系如下：

1）终端设备台账应由业务应用/业务中台创建，并下发至物联管理平台，由物联管理平台进行扩充维护后下发至边缘物联代理；即插即用类设备，可由终端产生后上报业务应用。

2）采集数据由终端设备产生，可经过边缘物联代理和物联管理平台两阶段处理后上报业务应用/企业中台。

3）设备管理数据可在物联管理平台和边缘物联代理之间交互。

4）业务交互数据可由业务应用/业务中台和边缘物联代理通过物联管理平台进行交互，边缘物联代理可通过与终端设备的交互完成相应业务操作。

2.2.3 远程通信网络

远程通信网络是连接物联管理平台与边缘物联代理的桥梁，为电力物联网感知层数据汇聚后打包上传提供传输渠道。

远程通信网络可采用电力光纤、无线专网、无线公网和互联网通信方式，宜支持但不限于消息队列遥测传输（message queuing telemetry transport，MQTT）、超文本传输协议（hypertext transfer protocol，HTTP）/超文本传输安全协议（hypertext transfer protocol secure，HTTPS）等物联网通信协议，将感知层数据统一汇聚到物联管理平台，或将上层应用的控制命令、配置信息下发至感知层。

远程通信网络应提供网络连接能力，用于支撑电力物联网信息的双向传递和控制；宜结合业务场景，提供网络控制功能、业务控制功能等；应优先采用有线网络及无线专网，其余可采用无线公网。

2.2.4 边缘物联代理

边缘物联代理指在智慧物联体系中部署于边缘侧的装置或软件模块，其利用本地通信网络对（智能）传感器、采集控制终端、表计、监测装置等终端进行统一接入，实现对多种通信方式和协议规约的适配，根据统一边缘计算框架对数据进行边缘处理和标准化建模，并通过安全接入平台发送到物联管理平台或主站系统。

（1）在定位与功能方面。边缘物联代理位于电力物联网的感知层，利用设备本地通信接口对各类传感器、终端等设备进行统一接入并管理，通过协议解析将业务数据提取、汇聚及存储，并按物模型要求进行标准化建模，利用边缘计算能力对业务数据进行处理后发送至平台层。边缘物联代理应具备协议解析、数据存储及处理、设备信息建模、边缘计算、设备管理、安全防护等功能模块，宜具备本地通信、远程通信等功能模块。边缘物联代理功能架构如图 2-2所示。

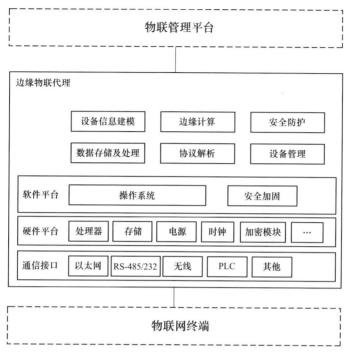

图 2-2　边缘物联代理功能架构

（2）在类型方面。边缘物联代理可以是一台终端设备，也可以是部署在特定终端或服务器上的软硬件模块，其物理形态可分为三种形式：

1）边端分离型（Ⅰ型）。边缘物联代理是硬件平台化、软件容器化的通用装置，不配置采集感知功能。

2）边端融合型（Ⅱ型）。边缘物联代理以模块或芯片方式集成至采集控制终端，采集控制终端升级为具有边缘计算功能的智能终端，如智能配电变压器终端、台区智能融合终端、能源路由器等。

3）边缘节点型（Ⅲ型）。边缘物联代理以软件形态部署在通用服务器架构中，形成边缘计算节点，如前置机、系统后台等。

（3）在设备模型方面。边缘物联代理应从物联管理平台下载物联终端模型，对采集的终端数据进行解析，并基于物联终端模型对采集数据进行过滤、校验和标准化处置，应支持终端模型的离线导入。边缘物联代理物模型和物联终端建模方法应符合 Q/GDW 12107—2021《物联终端统一建模规范》、Q/GDW 12121—2021《干扰源用户接入电网电能质量评估技术规范》的要求。

（4）在数据存储及处理方面。边缘物联代理应符合以下要求：

13

1）存储物联终端及边缘物联代理的配置数据信息。

2）支持对采集的实时数据进行分类管理和存储，对重要数据进行加密存储，滚动存储周期可配置。

3）当远程通信中断时支持断点重传。

（5）在软件平台方面。安装在边缘物联代理上的基础平台软件为边缘计算框架，以实现物联管理平台对各类终端的统一管理、App 全生命周期管理。边缘计算框架应实现软硬件功能解耦、软件功能可移植和重构，支撑物联 App 一次开发、处处使用；边缘计算框架与物联管理平台间采用包括但不限于MQTT、HTTP/HTTPS、DL/T 698.45—2017《电能信息采集与管理系统第 4-5 部分：通信协议——面向对象的数据交换协议》、Q/GDW 1376.1—2013《电力用户用电信息采集系统通信协议 主站与采集终端协议》等进行通信；边缘计算框架应具备数据共享库、模型管理、消息总线、终端设备管理等基础组件，支持边设备、边缘框架、容器/应用 App 的状态监控以及远程运维等功能，并具备认证、数据加密、可信计算以及安全基线等功能。

（6）在安全要求方面。边缘物联代理安全防护要求如下：

1）应按照 GB/T 22239—2019《信息安全技术 网络安全等级保护基本要求》中相应等级的安全物理环境的要求实现物理安全防护。

2）物理环境和计算环境应符合 Q/GDW 12109—2021《电力物联网感知层设备接入安全技术规范》中第 6 章的要求。

3）应具备对自身应用、漏洞补丁等重要程序代码，以及配置参数和控制指令等重要操作的数字签名和验证能力。

4）应支持本地及远程升级，应能校验升级包的合法性，并具备升级失败回退功能。

5）应具备安全监测、审计和分析功能，应支持软件定义安全策略，并支持自动和联动处置。

6）应采用校验技术或密码技术保证企业重要数据在存储过程中的完整性。

7）应采用密码技术保证企业重要数据在存储过程中的保密性。

8）应集成硬件或软件密码模块，并提供符合国家电网公司安全管理部门要求的密码算法调用接口，支持随机数生成、非对称密钥对生成、公钥导入导出、数字证书导入导出、对称密码加解密、公钥验签、私钥签名、公钥加密、私钥解密、哈希运算等基础功能；密码算法应采用国家密码主管部门认可的算法。

9）应关闭设备调试接口，防范软硬件逆向工程。

10）宜采用免受恶意代码攻击的技术措施或主动免疫验证机制及时识别入侵和病毒行为，并将其阻断。主动免疫验证机制包括但不限于对系统引导程序、系统程序、重要配置参数和应用程序等进行信任度验证，并在应用程序的关键执行环节进行动态验证，在检测到其信任度受到破坏后进行报警、隔离、恢复等处置，有条件的情况下宜上报审计记录。

11）宜对自身的安全状态进行监测，并具备向安全接入网关报送的能力。

12）边缘物联代理的网络边界接入安全应符合 Q/GDW 12108—2021《电力物联网全场景安全技术要求》中第 7 章的要求。

2.2.5 本地通信网络

本地通信网络为电力物联网边端设备和端端设备提供通信通道，包括汇聚节点间、采集终端与汇聚节点、采集终端与边缘物联代理、汇聚节点与边缘物联代理之间的通信。本地通信网络可采用以太网、RS-485、电力线载波、Modbus 等有线通信方式，以及 Wi-Fi、ZigBee、LoRa 等无线通信方式。

2.2.6 采集终端

采集终端定位于电力物联网的端侧，包括电源侧、电网侧、用户侧、供应链侧等终端设备，通常部署在采集监控对象本地内部或附近，对设备或对象的状态量、电气量和环境量进行采集量测，应具有简单的数据处理、控制和通信功能，不宜配置边缘计算功能。采集终端包括但不限于输电专业的金具温度、导线弧垂传感器、变电专业的油色谱、局部放电传感器、智能电能表、分路监测单元、低压断路器、漏电保护器、用户侧智能插座。

2.3 电力物联网本地通信网络的定义及内涵

2.3.1 电力物联网本地通信网络的定义

电力物联网本地通信网络（简称本地通信网络），是用于边缘物联代理、业务终端以及采集控制终端等本地智能设备间信息交换的通信网络。本地通信网络处于用户现场，主要包括以太网、RS-485、电力线载波等有线通信网络，以及无线专网、微功率无线、Wi-Fi 等无线通信网络。

2.3.2 本地通信网络的内涵

从通信层面来看，本地通信网络主要服务于电力物联网中的感知层。感知层重点支撑终端泛在接入，是电网数据采集与交互控制的基础。感知层通信网络覆盖输电、变电、配电、用电、用户侧等电网各环节，实现电网电气量、设备状态量、环境量等数据的采集和控制交互，具有业务场景复杂、技术体制多样、覆盖终端面广量大等特征。

本地通信网络是感知层通信的主要形态。通过在电力现场布设通信网络，连接现场各种终端，实现对数据的集中、边缘处理以及网络间资源的调度，提高电力物联网端侧的智能化数字化水平。

通过本地通信网络提供的电力全环节、全设备的无死角接入，构建连接全社会用户、各环节设备的电力物联网体系，实现电网、设备、用户状态的动态采集、实时感知和在线监测，推进网源协调发展与运行优化，推动现有能源体系下，不同能源形式、种类和企业的融合，最终提升能源整体利用效率。

2.4　电力物联网本地通信网络的基本架构

电力物联网本地通信网络包括本地通信网络汇聚单元和本地通信网络接入单元。

（1）本地通信网络汇聚单元负责对本地通信网络数据进行集中信息上传和控制下发，包括独立装置和片上系统模块两种形态，具体表现为：

1）当本地通信网络汇聚单元采用独立装置形态时，其与电力物联网边缘物联代理之间通过 Ic 接口互操作。

2）当本地通信网络汇聚单元采用片上系统模块形态时，不存在 Ic 接口。

（2）本地通信网络接入单元负责本地终端的本地通信接入，通过 Iu 接口与本地通信网络汇聚单元互操作，通过 Ir 接口与本地通信网络其他接入单元互操作。本地通信网络接入单元包括独立装置和片上系统模块两种形态，具体表现为：

1）当本地通信网络接入单元采用独立装置形态时，其与本地终端之间通过 Ig 接口互操作。

2）当本地通信网络接入单元采用片上系统模块形态时，不存在 Ig 接口。

电力物联网本地通信网络总体架构如图 2-3 所示。本地通信网络接入单元为部署在用户计量动作终端一侧，实现终端接入的通信单元，计量动作终端与本地通信网络接入单元之间接口为 Ig。本地通信网络汇聚单元为部署在边缘物联代理一侧，实现对本地接入单元数据进行集中信息上传和控制下发的通信单元。本地通信网络汇聚单元与边缘物联代理之间的接口为 Ic。本地通信网络接入单元与本地通信网络汇聚单元之间的接口为 Iu。本地通信网络接入单元之间的接口为 Ir。

关于 Ig、Ic、Iu 和 Ir 接口的定义，详见本地通信装置互联互通要求。

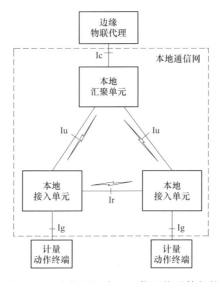

图 2-3　电力物联网本地通信网络总体架构

第3章 电力物联网本地通信面临的挑战与发展愿景

3.1 新型电力系统下本地通信网络面临的挑战

构建以新能源为主体的新型电力系统，有效支撑微电网、分布式电源和新能源的大范围接入，打造多能互补、双向互动的能源互联网，对于未来电力通信网的发展提出了更高的需求和更大的挑战。

3.1.1 可再生能源发电的入网特性

具体来说，以风电和太阳能发电为代表的可再生能源都具有间歇性（间歇性是不可控的波动性和部分不可预测性的组合），都依赖于具有位置依赖性的资源。对发电设备业主和电网运营商来说，在将风电和太阳能发电并入电网时存在三个方面的特性，而每一个都带来性质不同的挑战。下面对这三个方面的特性分别予以说明：

（1）不可控的波动性。风电和太阳能发电的输出功率都以发电调度员不能控制的方式变化，因为风速和可用光照时刻的变化影响着每时每刻的功率输出。这种输出功率波动的后果是需要其他额外的电源来使电网供需达到实时平衡，并提供调频、调压等辅助服务。图 3-1 给出了风电功率每小时变化情况的一个示例，即加利福尼亚 TECHACHAPI 风电场 2005 年 4 月中 29 天的每小时风电出力变化情况。

（2）部分不可预测性。风和光照的可用性在一定程度上是不可预测的。风电机组在有风时才能发电，光伏发电系统也需要光照才能够运行。如图 3-2 所示，即使考虑了多种预测情景，实际风电功率与预测值还是存在误差。应对不可预测性的方法有：①改进天气和发电功率预测技术；②保留备用，随时准备在可再生能源功率低于预测值时提供额外功率；③使用可调度负荷，在可再生能源发电高于预测值时"吸收"过高的功率。

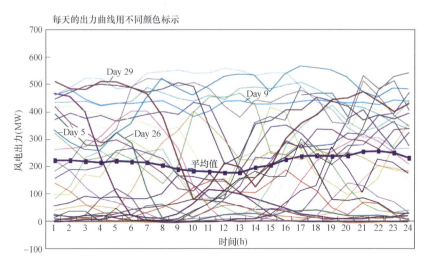

图 3-1 加利福尼亚 Techachapi 风电场 2005 年 4 月中 29 天的每小时风电出力变化情况

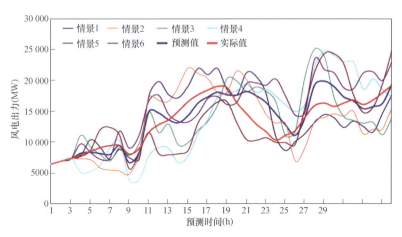

图 3-2 美国 PJM 区域风电的日前预测情景树案例

（3）位置依赖性。最佳风资源和太阳能资源都位于特定的地区，而且其不像煤炭、天然气、石油和核原料那样可以运输到对电网最有利的发电地点。因此，风电和太阳能发电必须与资源处在同一位置，而这些位置往往远离负荷中心。为了将风电和太阳能发电送入电网，通常需要建设新的输电通道。输电成本在海上风电开发中的占比尤其高，这些输电线路通常必须使用不同于陆上输电的专门技术。

3.1.2 不同特性带来不同性质的挑战

由于人类目前在时间上和空间上都无法控制风和太阳光的存在情况，所以风电和太阳能发电接入电网会涉及对其他可控运行操作的管理，这会对包括常规发电在内的电网的很多其他部分产生影响。这些操作和活动发生在多个时间尺度上，从数秒到数年，而且包含以下涉及各方面的一系列新调度策略：灵活调节电源、负荷管理、提供频率和电压控制的辅助服务、扩大输电容量、利用储能技术，以及将电网运行调度计划与天气和资源预测结合起来。

（1）波动性可再生能源接入电网的本质问题是，它的波动性使包括（可控的）发电机、输电容量和负荷在内的电网其余部分必须具有更高的灵活性。仅讨论波动性发电自身的运行还不足以说明可再生能源高渗透率对电力系统运行的全部影响。

风电和太阳能发电资源的波动性是指其输出功率不是恒定的。这与下文将讨论的不可预测性是不同的。即使运行人员可以很好地预测风电场和太阳能发电厂的输出功率，其出力仍然是波动的，而且会对电网运行人员提出以下特定的挑战。

在从秒到分的时间尺度上，电网运行人员必须应对输电系统的频率和电压波动，如果不采取相应措施，其就会对系统及其设备造成损害。为此，运行人员可能命令发电机向电网注入功率（有功功率和无功功率）。注入功率并非为了向用户出售，而是为了平衡实际发出功率与预测功率之间的差额。这对维持电网频率和电压是必不可少的。这些辅助服务有很多种，典型的有：

1）频率调整。时间尺度为秒到分，通过向发电机下发自动发电控制（automation generation control，AGC）信号来实现。

2）旋转备用。通常用于10min内可提供功率的发电机，这种备用在系统另一台发电机意外停运或失效时使用。

3）非旋转备用。与旋转备用的功能相同，但响应时间较慢。

4）电压支持。用于必要时发出无功功率以提高电压的发电机。

5）黑启动能力。用于在连锁大停电情况下用来重启电力系统的发电机。

此外，电网运行人员必须跟踪负荷（电网用电侧）的电力需求，并确保发电与负荷实时平衡。这种负荷跟踪功能在电力需求快速增长时（如清晨、炎热的下午或傍晚）非常重要。负荷跟踪可以通过一类辅助服务提供，也可以通过"快速电力市场"提供，这取决于系统运营商。

这些功能并不新鲜。从电网发展之日起，电网运行人员就一直在调整频率和电压、保留备用和跟踪负荷变化。这是因为负荷本身就是变化的，而且即使常规可控发电也会出现问题，不可能在所有时间都按计划运行。用户对电力的需求虽然可以预测，但并不可控，而且有一定程度的变化性。因此，风电和太阳能发电并未引入全新的、运行人员从未接触过的问题。确实，当渗透率还不高时，接入电网的挑战主要还是设备和局部电网的问题，如风机本身可能产生的次同步谐振和谐波问题，其解决方法也是针对设备的，而非电网层面的。

然而，高渗透率的风电和太阳能发电会加大电力系统的波动性，这种波动性高于电网运行人员过去经常应对的情况，从而提高了对辅助服务和功率平衡的整体要求。在设备层面处理这些挑战更加困难，有时甚至是不可能的，因此经常需要电网层面的措施、技术和策略。使风能和太阳能资源的功率输出产生变化的天气现象与巨大的需求变化同步出现时，这些资源太充足也会使负荷跟踪功能复杂化。与大电网运营商相比，位于边远地域、为较小负荷供电的电网运营商在提供辅助服务和负荷跟踪方面灵活性更小，而丰富的可再生能源资源恰恰经常位于这些边远位置。国际原子能机构（International Atomic Energy Agency，IEA）和其他机构建议合并电网运营商，使可再生能源资源接入电网的区域加大，以降低功率变化，并放松辅助服务的市场限制以解决这一问题。

（2）部分不可预测性也称不确定性，与波动性所指的内容并不相同。一方面，风电和太阳能发电的波动性是永远存在的，是风和光照持续变化的结果，其对系统的影响是每时每刻都存在的，如云层在光伏发电装置上方经过或风速下降时；另一方面，部分不可预测性指不能准确预测从现在起的 1h 或 1 天内是否有风或光照用于发电。这种 1h 到 1 天的不确定性关系重大，因为电网运行人员需要通过机组组合来管理电网的大部分电量。机组组合过程是对发电提前计划的过程，通常要提前数小时到一整天，目的是满足预期负荷的需求。如果实际发电与预测不符，电网运行人员必须平衡这一差异。可再生能源发电加大了预测与实际发电的偏差，因而加大了实现这一功能的成本，而这一成本最终还是由用户承担。

目前，机组组合很大程度上还是确定性的，就是说一旦计划要安排某台发电机运行，则预计它的全部容量都是可用的。这种做法反映了传统的煤炭、天然气和水力发电资源的相对可预测性和可控性。运行人员保证有足够的备用（保留出力、随时准备在紧急时刻平衡系统功率的发电机），可保护系统免受输电线和发电机停运的影响。

但机组组合过程和确保可靠性所需备用的计算在考虑随机性（不确定的）发电后变得非常复杂，因为它在预定时间的出力有一定程度的不确定性。正确预测风电和太阳能发电的出力水平，可以让运行人员及时调整其他发电机的出力计划，让处于调度员视野内的全部资产得到优化利用。例如，运行人员必须确保足够备用，这样不仅能应对输电线和发电机停运的影响，而且能对风电和太阳能发电出力的预测外变化做出响应。在这一过程中，高级机组组合方法可为调度员提供帮助。与确定性机组组合过程不同，在推荐其他资源的计划时，高级机组组合方法必须把风力和太阳能发电的随机性及其在系统中的相对集中性考虑在内。高级机组组合方法的最终目标是让系统经济有效地保持足够的灵活性，使可再生能源接入电网既不会给系统带来不可接受的可靠性风险，又不会以不必要地消耗燃料和增大污染排放的方式超计划备用。

（3）与电网日常管理不同，新输电线的路径需要结合城市长期发展的角度考虑。可再生能源发电在此方面扮演着重要的角色，同时带来了新的挑战。因为风能和太阳能资源通常位于偏远地区，远离负荷中心，所以发展足够的输电能力将其输送到消费市场对其接入电网至关重要。

输电规划千差万别，并且容易受到区域政策影响。例如，输电线可以为一个国家（或地区）发出的电力提供输送能力，使其经过另一个国家（或地区），并在另一个国家（或地区）消费。各个地区之间发电容量、输电位置和负荷规模的差异会使可再生能源输送通道的建设充满争议和复杂性，尤其在成本分配方面。

一方面，为可再生能源发电建设的新输电线主要输送由可再生能源发出的变化且部分不可预测的电力，所以对使用的输电技术将提出不同的需求；另一方面，分布式电源会给未来电网带来另一个景象，由于其电力是通过当地的微电网生产和使用的，因而节省了输电线的线路损耗成本和昂贵的资金成本。这种情况下，电网可以想象为独立微电网的集合，从而大大降低了远距离输电需求。

3.2　电力物联网本地通信的发展愿景

从前文可以看出，未来大规模可再生能源的接入，需要克服包括可再生能源发电不可控的波动性、部分不可预测性与位置依赖性等问题。

针对这些问题，需要加强对现场天气、设备状态、用户信息等负荷和电源侧信息的及时准确采集。虽然目前的 4G、5G 等远程通信技术能够将通信范围延伸至现场终端，但是受制于覆盖、成本等因素，还是无法为大规模、小颗粒的可再生能源电站提供量身定做的通信解决方案。

电力物联网本地通信技术得益于其低廉的成本、灵活布网的形式与多样化的技术体制，可为设计者提供不同的方案，其多样性能够为广泛的可再生能源接入场景提供满意的通信解决方案。但是在方案设计过程中，本地通信技术仍面临很多问题：

（1）本地通信网络、算力及存储资源与设备紧耦合，缺乏资源的灵活高效共享。目前电力物联网本地通信网络端侧单个汇聚节点或终端节点的通信、存储和算力资源较少，无法承载本地交互业务的计算任务，只能通过上行通道将任务上传至边缘物联代理，然后通过骨干通信网上传到物联管理平台进行处理。这样除了会增加骨干通信网的负担外，还会降低电力物联网承载本地实时交互以及确定性和时间敏感性业务的能力，且由于终端静态资源与业务动态需求不匹配，汇聚节点或终端节点存储、算力资源利用率不均衡，因此需要扩大本地"端端"和"边端"的通信范围，打通本地通信设备间的资源调度通道，扩大本地通信、存储和算力资源的利用范围，打破"资源孤岛"，实现不同端设备的资源共享。

（2）通信、计算及存储资源异构，联合优化调控难。对于通信、存储和算力等资源，由于差异化的软硬件度量标准，需要构建统一的模型对这些异构资源进行度量和表征；另外，一旦通信、存储和算力在同一个通信网络内进行联合调控，形成本地通存算一体化网络，如图 3-3 所示，传统的网络寻址思路就需要从"最佳路径"向"最佳路径＋最佳服务节点"转变，需要感知网络中不同资源的状态，确定与业务适配的最佳服务节点，以优化资源联合调控策略，使业务性能最优化。

（3）传统打补丁或堆叠式的安全防护机制易导致终端设备复杂度高、网络安全开销大，且无法应对日益凸显的未知威胁。新型电力系统下电网本地通信网络包含海量不同类型的终端，且同时采用有线、无线等多种通信技术，网络安全防护困难，迫切需要一种基于电网本地通存算资源实际状况的可信安全技术，提升网络安全防护能力。

（4）本地通存算一体化网络结构发生变化，原有的网络性能评测体系及指标已不适用。区别于传统的本地通信网络，本地通存算一体化网络在网络架构、寻址方式、调度策略和安全需求方面都已发生改变，其性能已不能从单一的网络带宽、通信时延、丢包率和安全防护能力等指标来反映，需要重新构建本地通存算一体化网络的综合性能评测体系及指标。这对形成本地通存算一体

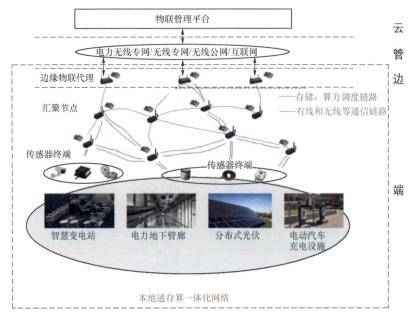

图 3-3　本地通存算一体化网络

化网络寻址、路由、资源调度和安全防护等技术的闭环迭代优化和本地通存算一体化网络在电力行业内的应用推广，将起到关键作用。

　　综上所述，为了满足可再生能源接入大连接、高智能、低时延等方面的需求，应对可再生能源发电功率、负荷需求两方面波动性带来的挑战，未来本地通信网络需要向更智能、更安全的方向发展，瞄准可再生能源接入所涉及的数据确定性、敏捷性业务支撑、异构资源融合调控、网络性能综合评估和内生安全等需求，打通节点间通存算资源的调度通道，赋予本地通信多模态网络通存算一体化的内涵，即本地通存算一体化网络基于对本地设备的无缝连接，将本地通信网络中动态分布的计算与存储资源互联，通过通信、存储和算力等多维度资源的统一协同调度，使小颗粒、大带宽和实时交互等差异化电力业务能够按需、实时调用泛在分布的通信、存储和算力资源，实现连接、内容和算力在网络的全局优化，提供一致的业务服务能力。

第二部分
认 知 篇

第4章　典型本地无线通信网络技术

4.1　无线公网通信技术

无线公网通信是指使用由电信部门建设、维护和管理，面向社会开放的通信系统和设备所提供的公共通信服务。公共通信网具有地域覆盖面广、技术成熟可靠、通信质量高、建设和维护标准成熟等优点。利用公共通信方式，既可以传输电力系统的语音业务，也可以传输自动化等数据信息业务。目前无线公网通信主要包括长期演进技术（long term evolution，LTE）、4G 和 5G 等，下面主要介绍 4G 和 5G 技术。

4.1.1　4G

4G 为第四代移动通信技术，是集 3G 与 WLAN 于一体并能够传输高质量视频图像的技术产品。发展 4G 的根本目的主要是在各终端产品间发送、接收来自另一端的信号，并在多个不同的网络系统、平台与无线通信界面之间找到最快速与最有效率的通信路径，以进行最即时的传输、接收与定位等。图 4-1 所示为 4G 网络架构。

4G 技术具有以下技术优势：

（1）接入方式和多址方案。正交频分复用（orthogonal frequency division multiplexing，OFDM）是一种无线环境下的高速传输技术，其主要思想就是在频域内将给定信道划分为多个正交子信道，在每个子信道上使用一个子载波进行调制，各子载波并行传输。尽管总的信道是非平坦的，即具有频率选择性，但是每个子信道是相对平坦的，在每个子信道上进行的是窄带传输，其信号带宽小于信道的相应带宽。OFDM 技术的优点是可以消除或减小信号波形间的干扰，对多径衰落和多普勒频移不敏感，提高了频谱利用率，可实现低成本的单波段接收机；OFDM 技术的主要缺点是功率效率不高。

（2）调制与编码技术。4G 移动通信系统采用新的调制技术，如多载波

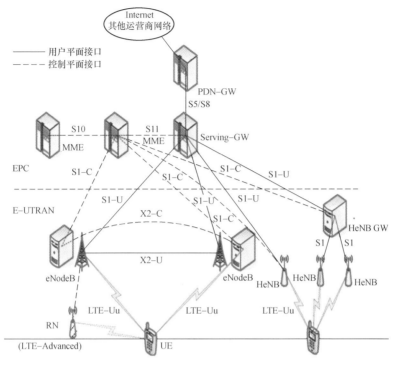

图 4-1 4G 网络架构

OFDM 调制技术及单载波自适应均衡技术等，以保证频谱利用率和延长用户终端电池的寿命。4G 移动通信系统采用更高级的信道编码方案，如 Turbo 码、级联码和低密度奇偶校验（low-density parity-check，LDPC）等，以及自动重发请求（automatic repeat request，ARQ）技术和分集接收技术等，从而在低 E_b/N_o（信号比特能量/噪声功率谱密度）条件下保证系统有足够的性能。

（3）高性能的接收机。4G 移动通信系统对接收机提出了很高的要求。Shannon 定理给出了在带宽为宽带的信道中实现容量为 C 的可靠传输所需要的最小信噪比（signal to noise ratio，SNR）。按照 Shannon 定理可以计算出，对于 3G 移动通信系统，如果信道带宽为 5MHz，数据传输速率为 2Mbit/s，所需的信噪比为 1.2dB；而对于 4G 移动通信系统，要在 5MHz 的带宽上传输 20Mbit/s 的数据，则需要的信噪比为 12dB。可见，对于 4G 移动通信系统，由于数据传输速率很高，对接收机的性能要求也要高得多。

（4）智能天线技术。智能天线具有抑制信号干扰、自动跟踪及数字波束调节等智能功能，被认为是未来移动通信的关键技术。智能天线应用数字信号处理技术产生空间定向波束，使天线主波束对准用户信号到达方向，使旁瓣对准干扰信号到达方向，从而达到充分利用移动用户信号并消除或抑制干扰信号的目的。这种技术既能改善信号质量，又能增加传输容量。

（5）MIMO 技术。多输入多输出（multiple input multiple output，MIMO）技术是指利用多发射、多接收天线进行空间分集的技术。它采用的是分立式多天线，能够有效地将通信链路分解为许多并行的子信道，从而大大提高信道容量。信息论已经证明，当不同的接收天线和不同的发射天线之间互不相关时，MIMO 系统能够很好地提高系统的抗衰落和噪声性能，从而获得巨大的系统容量。例如，当接收天线和发送天线数目都为 8 根，且平均信噪比为 20dB 时，链路容量可以高达 42bit/s/Hz，这是单天线系统所能达到容量的 40 多倍。因此，在功率带宽受限的无线信道中，MIMO 技术是实现高数据传输速率、提高系统容量、提高传输质量的空间分集技术。在无线频谱资源相对匮乏的今天，MIMO 系统已经体现出其优越性，也会在 4G 移动通信系统中继续得到应用。

（6）软件无线电技术。软件无线电技术是将标准化、模块化的硬件功能单元经过一个通用硬件平台，利用软件加载方式来实现各种类型的无线电通信系统的一种具有开放式结构的新技术。软件无线电的核心思想是在尽可能靠近天线的地方使用宽带 A/D 和 D/A 变换器，并尽可能多地用软件来定义无线功能，使各种功能和信号处理都尽可能用软件来实现。其软件系统包括各类无线信令规则与处理软件、信号流变换软件、信源编码软件、信道纠错编码软件、调制解调算法软件等。利用软件无线电技术可使系统具有灵活性和适应性，能够适应不同的网络和空中接口。软件无线电技术支持采用不同空中接口的多模式手机和基站，能实现各种应用的可变服务质量（quality of service，QoS）控制。

（7）基于全 IP 化的核心网。4G 移动通信系统的核心网是一个基于全 IP 化的网络，与已有的移动网络相比具有根本性的优点，即可以实现不同网络间的无缝互联。核心网独立于各种具体的无线接入方案，能提供端到端的 IP 业务，能与已有的核心网和公共交换电话网（public switched telephone network，PSTN）兼容。核心网具有开放的结构，能允许各种空中接口接入核心网；同时，核心网能把业务、控制和传输等分开。采用 IP 化的核心网后，所采用的无线接入方式和协议与核心网协议、链路层是分离独立的。IP 技术与多种无线接入协议相兼容，因此在设计核心网时具有很大的灵活性，不需要考虑无线接入究竟采用何种方式和协议。

（8）多用户检测技术。多用户检测技术是宽带码分多址（code division multiple access，CDMA）通信系统中用来抗干扰的关键技术。在实际的

CDMA 通信系统中，各个用户信号之间存在一定的相关性，这就是多址干扰存在的根源。由个别用户产生的多址干扰固然很小，但是随着用户数的增加或信号功率的增大，多址干扰就成为宽带 CDMA 通信系统的一个主要干扰。传统的检测技术完全按照经典直接序列扩频理论对每个用户的信号分别进行扩频码匹配处理，因此抗多址干扰能力较差；多用户检测技术在传统检测技术的基础上，充分利用造成多址干扰的所有用户信号信息，实现对单个用户的信号的检测，从而具有优良的抗干扰性能，解决了远近效应问题，降低了系统对功率控制精度的要求，因此可以更加有效地利用链路频谱资源，显著提高系统容量。随着多用户检测技术的不断发展，各种性能高又不是特别复杂的多用户检测器算法不断被提出，因此将其用于 4G 实际系统中是切实可行的。

4.1.2　5G

5G 作为新一代移动通信技术，已成为全球通信的发展热点。5G 移动通信系统的增强型移动宽带（enhanced mobile broadband，eMMB）、超高可靠低时延通信（ultra reliable low latency communication，uRLLC）、海量机器类通信（massive machine type communication，mMTC）三大基础能力将有助于提升网络泛在连接能力。5G 移动通信系统基于软件定义网络、网络功能虚拟化等技术的网络架构能够支持网络资源的按需定制、高动态扩展与自动化部署，支持从接入网、核心网到承载网的端到端网络切片，从而为电力行业用户打造定制化的"行业专网"服务，更好地适应未来电力多场景、差异化业务灵活承载的需求，激发电力运行新型作业方式和用电服务模式，实现电网业务智能化升级，促进国家电网公司新兴业务发展和能源互联网应用创新创造了条件。

5G 移动通信系统涉及的关键技术如下：

（1）多天线技术。作为提高系统频谱效率和传输可靠性的有效手段，多天线技术已经应用于多种无线通信系统，如 3G、LTE、LTE-A、WLAN 等。根据信息论，天线数量越多，频谱效率和可靠性提升越明显。尤其是当发射天线和接收天线数量很大时，MIMO 信道容量将随收发天线数中的最小值近似呈线性增长。因此，采用大数量的天线，为大幅度提高系统的容量提供了一个有效的途径。由于多天线所占空间、实现复杂度等技术条件的限制，目前的无线通信系统中，收发端配置的天线数量都不多，如在 LTE 系统中最多采用 4 根天线，在 LTE-A 系统中最多采用 8 根天线。但由于其巨大的容量和可靠性增益，针对大天线数的 MIMO 系统相关技术的研究吸引了研究人员的极大关注，如单小区情况下，对基站配有远超移动台天线数量的天线的多用户 MIMO 系统的研究等。2010 年，贝尔实验室的 Marzetta 研究了多小区、时分双工情况下，各基站配置无限数量天线的极端情况的多用户 MIMO 技术，提出了大规模 MIMO（large scale MIMO，或 massive MIMO）的概念，发现了一些与单小区、有限数量天线情况下不同的特征。之后，众多的研究人员在此基础上研究了基站配置有限天线数量的情况。在大规模 MIMO 中，基站配置数量非常大（通常为几十到几百根，是现有系统天线数量的 1~2 个数量级）的天线，在同一个时频资源上同时服务若干个用户。在天线的配置方式上，这些天线可以集中地配置在一个基站上，形成集中式的大规模 MIMO，也可以分布式地配置在多个节点上，形成分布式的大规模 MIMO。值得一提的是，我国学者在分布式 MIMO 的研究一直走在国际前列。

大规模 MIMO 带来的好处主要体现在以下几个方面：①大规模 MIMO 的空间分辨率与现有 MIMO 相比增强显著，能深度挖掘空间维度资源，使得网络中的多个用户可以在同一时频资源上利用其提供的空间自由度与基站同时进行通信，从而在不需要增加基站密度和带宽的条件下大幅度提高频谱效率；②大规模 MIMO 可将波束集中在很窄的范围内，从而大幅度降低干扰；③可大幅度降低发射功率，提高功率效率；④当天线数量足够大时，最简单的线性预编码和线性检测器趋于最优，并且对噪声和不相关干扰都可忽略不计。

（2）双工通信技术。双工通信技术指同时、同频进行双向通信的技术。在无线通信系统中，网络侧和终端侧存在固有的发射信号对接收信号的自干扰，由于技术条件的限制，目前不能实现同时、同频的双向通信，双向链路都是通过时间或频率进行区分的，对应于时分双工（time division duplexing，TDD）和频分双工（frequency-division duplex，FDD）方式。由于不能进行同时、同频的双向通信，理论上浪费了一半的无线资源（频率和时间）。为了克服这一问题，可通过增大天线间隔距离来降低干扰，提高双工通信的可靠性。

（3）超密集异构网络技术。在超密集异构网络中，网络的密集化使得网络节点离终端更近，从而带来了功率效率、频谱效率的提升，系统容量的大幅度提高，以及业务在各种接入技术和各覆盖层次间分担的灵活性。虽然超密集异构网络展示了美好的前景，但由于节点之间距离的减少，将导致一些与现有系统不同的问题。在 5G 网络中，可能存在同一种无线接入技术之间同频部署的干扰，不同无线接入技术之间由于共享频谱的干扰，以及不同覆盖层次之间的干扰，如何解决这些干扰带来的性能损伤，实现多种无线接入技术、多覆盖层次之间的共存，是一个需要深入研究的重要问题；由于近邻节点传输损耗差别不大，可能存在多个强度接近的干扰源，其将导致更严重的干扰，使现有的面向单个干扰源的干扰协调算法不能直接用于 5G 系统；由于不同业务和用户的 QoS 要求不同，不同业务在网络中的分担、各类节点之间的协同策略、网络选择、基于用户需求的系统能效最低的小区激活、节能配置策略是保证系统性能的关键问题。为了实现大规模的节点协作，需要准确、有效地发现大量的相邻节点；由于小区边界更多、更不规则，将导致更频繁、更复杂的切换，从而难以保证移动性，因此需要针对超密集网络场景发展新的切换算法；由于用户部署的大量节点的突然、随机开启和关闭，使得网络拓扑和干扰图样随机、大范围地动态变化，而各小站中的服务用户数量往往比较少，使得业务的空间和时间分布出现剧烈的动态变化，因此需要研究适应这些动态变化的网络动态部署技术；由于站点的密集部署需要庞大、复杂的回传网络，如果采用有线回传网络，将会导致网络部署的困难和运营商成本的大幅度增加，为了提高节点部署的灵活性，降低部署成本，利用和接入链路相同的频谱和技术进行无线回传传输，是解决该问题的一个重要方向。

（4）自组织网络技术。5G 将采用超密集的异构网络节点部署方式，在宏站的覆盖范围内部署大量的低功率节点，并且存在大量未经规划的节点，因此在网络拓扑、干扰场景、负载分布、部署方式、移动性方面都将表现出与现有无线网络明显的不同，网络节点的自动配置和维护将成为运营商面临的重要挑战。例如，邻区关系由于低功率节点的随机部署远比现有系统复杂，需要发展面向随机部署、超密集网络场景的新的自动邻区关系技术，以支持网络节点即插即用的自配置功能；由于可能存在多个主要的干扰源，以及由于用户移动性、低功率节点的随机开启和关闭等导致的干扰源的随机、大范围变化，使得干扰协调技术的优化更为困难；由于业务等随时间和空间的动态变化，使得网络部署应适应这些动态变化，因此应对网络动态部署技术进行优化，如小站的动态与半静态开启和关闭的优化、无线资源调配的优化；为了保证移动的平滑性，必须通过双连接等形式避免频繁切换和对切换目标小区进行优化选择；由于无线回传网络结构复杂、规模庞大，需要自组织网络功能以实现回传网络的智能化。

（5）内容分发网络。内容分发网络（content distribution network，CDN）是为了解决互联网访问质量而提出的概念。在传统的内容发布方式中，内容发布由内容提供商的服务器完成，随着互联网访问量的急剧增加，使得其服务器可能处于重负载状态，互联网中的拥塞问题更加突出，网站的响应速度受到严重影响，使网站难以为用户提供高质量的服务。CDN 通过在网络中采用缓存服务器，并将这些缓存服务器分布到用户访问相对集中的地区或网络中，根据网络流量和各节点的连接、负载状况，以及到用户的距离和响应时间等综合信息，将用户的请求重新导向离用户最近的服务节点上，使用户可以就近取得所需内容，解决互联网拥挤的状况，提高用户访问网站的响应速度。

4.2　低功耗广域网通信技术

低功耗广域网（low-power wide-area network，LPWAN）也称低功耗网络（low-power network，LPN），是一种用于物联网（如以电池为电源的感测器），可以用低比特率进行长距离通信的无线网络。低电量需求、低比特率与使用时机可以用来区分 LPWAN 与无线广域网络：无线广域网络被设计用来连接企业或用户，可以传输更多资料，但也更耗能；LPWAN 可以用来建立一个私有的无线感测网络，但也可以是一个第三方提供的服务或基础设施，这使得感测器的拥有者可以直接部署感测器。LPWAN 技术具有功耗低、覆盖范围广、穿透性强的特点，适用于每隔几分钟发送和接收少量数据的应用情况，如抄表和环境监控。其核心特征是能够较好地适配终端通信接入网的业务需求，主要特征有通信距离长（数千米）、超低功耗（毫瓦级）、网络容量大（节点规模一般为数万）、低速率（一般小于 200kbit/s）。

据国际数据公司（International Data Corporation，IDC）预测，到 2025 年，全球物联网连接将达到 700 亿。然而，现有大量物与物的连接，是通过蓝牙、ZigBee、Wi-Fi 等短距离通信技术承载的，传输距离短，数据准确率较低；基于蜂窝通信技术（2G/3G/4G）的物联网设备由于终端设备功耗大、部署成本高等劣势，目前真正承载在移动网络上物与物的连接只占到连接总数的 6%。针对这种情况，为了解决广覆盖、大连接和低成本、低功耗两难的问题，有必要专门为物联网连接设计全新的通信技术，以增强网络能力。

具体到能源电力行业，我国的电力系统已建设了大范围的通信专网，实现了电力生产业务关键节点的数据连接。进入能源互联网发展阶段，需要更为广泛的数据连接支持，如电气设备温度、运行状态、配电网故障指示器状态、智能电能表计量数据等。这些数据具有共同的"小数据"特征：①业务相关性强，系统运维中对此类数据需求强烈；②数据体量大、分布广、分散性强，部分节点不易供电、连接难；③单数据价值密度低，集合后呈现大数据特征，蕴含价值高；④状态变化缓慢稳定，呈现稳定状态，采集频次需求低；⑤日常关注度低，影响较大。

面向上述需求，可支持 LPWAN 覆盖的窄带物联网技术应运而生。窄带物联网具有传输距离远、节点功耗低、网络结构简单、运行维护成本低的技术特点，从而填补了现有通信技术的空白，为物联网的更大规模发展奠定了基础。窄带物联网能够实现快速、灵活、低成本的低功耗广域网部署，从而为实现能源电力物联专网的泛在感知、碎片化的小数据连接提供支撑。

4.2.1 NB-IoT

1.NB-IoT 的技术原理

基于蜂窝网络的窄带物联网（narrow band internet of things，NB-IoT）是 3GPP 专为运营商定制的 LPWAN 解决方案。NB-IoT 是华为公司主导的窄带蜂窝物联网（NB-CIoT）和爱立信公司主导的 NB-LTE 的融合技术，采用超窄带、重复传输、精简网络协议等设计，以牺牲一定速率、时延和移动性能，来获取面向低功耗广域网的承载能力。从 2014 年 5 月起，NB-IoT 经历了多次融合和更替。2016 年 6 月 16 日，在 3GPP RAN 全会第 72 次会议上，NB-IoT 核心协议在 RAN1、RAN2、RAN3、RAN4 四个工作组均完成冻结。在 R13 标准中，NB 作为一个全新标准的技术，其空口技术相比 LTE 有了如下更新：①180kHz 窄带系统和上行 3.75kHz 的子载波间隔能有效提高网络覆盖，从而满足链路预算至少比全球移动通信系统（global system for mobile communications，GSM）高 20dB 的设计目标；②用户设备（user equipment，UE）仅支持半双工通信方式，且增加了省电模式（power saving mode，PSM）和扩展不连续接收模式（extended discontinuous reception，eDRX）功能，能有效降低终端功耗，节约终端成本。需要注意的是，窄带物联网与 NB-IoT 的区别在于，前者泛指工作在授权频段的，而后者是基于公网、授权频段的。

NB-IoT 支持三种部署方案：独立载波部署（atand alone）、LTE 保护带部署（guard band）及 LTE 带内部署（in band）。顾名思义，独立载波部署方式需要为 NB-IoT 申请新的频段，在新的频段上部署 NB-IoT 系统；LTE 保护带部署是指 NB-IoT 系统工作在 LTE 网络的保护频段内；LTE 带内部署是指 NB-IoT 系统工作在 LTE 频率范围内。为方便部署，减少实现的复杂度，业界目前主推独立载波部署方案。

在窄带物联网领域，3GPP 推出的 NB-IoT 技术继承了 LTE 先进的技术和架构。NB-IoT 的整体网络架构如图 4-2 所示，其核心网支持在现有的演进分组核心网（evolved packet core，EPC）4G 核心网上软件升级，或新建部署 NB-IoT 的核心网。

2.NB-IoT 的技术特点

NB-IoT 的技术特点可以总结为：

图 4-2　NB-IoT 的整体网络架构

（1）广覆盖。NB-IoT 的室内覆盖能力强，相比 GSM 有 20dB 增益，相当于提升了 100 倍覆盖区域能力，不仅可以满足农村这样的广覆盖需求，对于厂区、地下车库、井盖这类对深度覆盖有要求的应用同样适用。

（2）大连接。在同一基站的情况下，NB-IoT 提供的接入数是现有无线技术的 50～100 倍，一个扇区能够支持 5 万个连接。

（3）低功耗。NB-IoT 借助 PSM 和 eDRX 可实现更长待机。其中，PSM 技术是 R12 标准中新增的功能，在此模式下，终端仍旧注册在网但信令不可达，从而使终端在更长时间驻留在深睡眠状态，以达到省电的目的；eDRX 是 R13 标准中新增的功能，其进一步延长终端在空闲模式下的睡眠周期，减少接收单元不必要的启动，相比 PSM 大幅度提升了下行的可达性。

（4）低成本。与 LoRa 等非授权频段的窄带物联网技术相比，NB-IoT 无须重新建网，射频和天线基本上都是复用的，可以直接进行 GSM/UMTS/LTE 和 NB-IoT 的同时部署，模块预期价格不超过 5 美元，芯片价格下降至 1 美元。

3. NB-IoT 的突出优势

与其他窄带物联网通信技术相比，NB-IoT 尽管发展起步稍晚，目前却备受瞩目。全球 300 多家运营商已完成全球 90% 覆盖的移动网络，这使得 NB-IoT 与其他 LPWAN 技术相比具有更好的生态系统，突出优势表现在：

（1）采用授权频谱，可避免其他无线干扰。

（2）符合 3GPP 国际标准，避免了私有技术的不兼容。

（3）支持现有网络升级，可在最短时间内抢占市场。

（4）提供运营商级的安全和质量保证。

（5）支持较 GSM 有 20dB 增益的广/深覆盖。

（6）1 美元芯片/5 美元模组，成本更低。

（7）支持 50kHz 终端/200kHz 小区的大连接。

（8）标准在不断地演进和完善，未来版本将不断加入新功能，使其更具竞争优势。

综合来看，NB-IoT 技术在覆盖、功耗、成本、连接数等方面性能最优，最符合 LPWAN 类业务需求。

4.2.2　eMTC

eMTC 是 3GPP R13 标准推出的另一种基于蜂窝网络的低功耗广域网通信技术。eMTC 和 NB-IoT 都遵循降低系统复杂度的原则，放弃高数据速率，用以延长续航时间和电池寿命以实现广覆盖、低成本。在此过程中，eMTC 保留了一部分能力，而 NB-IoT 则没有保留太多。由于上述差异，eMTC 可以应用于不少 NB-IoT 无法有效发挥作用的场景，如智慧物流、可穿戴设备、电梯、电子广告、资产跟踪管理等。

对比 LTE、LTE-Advanced 等，在数据传输速率和系统容量方面，eMTC 为了达到降低成本和功耗的目的，对于峰值吞吐量等要求进行了较大规格的削减。为了达到低成本、低功耗的要求，采取的主要手段有固定较低信号带宽（1.4MHz），使用低阶调制方式如正交频移键控（quadrature phase shift keying，QPSK），使用单通道收发信号，极大降低了系统峰值吞吐量。为了增强覆盖，采用的主要手段是物理信道重复发送并引入 eMTC 专用控制信道（M-PDCCH）等技术。在协议栈的高层，在无线资源控制（radio resource control，RRC）子层引入了在控制信道上传输用户数据的蜂窝物联网控制平面优化（control plane CIoT，CP-CIoT），以及可以进行连接挂起过程的蜂窝物联网用户平面优化（user plane CIoT，UP-CIoT）。

eMTC 包括以下优势：

（1）速率高。eMTC 支持上下行最大 1Mbit/s 的峰值速率，远远超过通用分组无线业务（general packet radio service，GPRS）、ZigBee 等物联技术的速率，可以支撑更丰富的物联应用，如低速视频、语音等。

（2）移动性。eMTC 支持连接态的移动性，使物联网用户可以无缝切换以保障体验。

（3）可定位。基于 TDD 的 eMTC 可以利用基站侧的定位参考信号（positioning reference signal，PRS）测量，在无须新增全球定位系统（global positioning system，GPS）芯片的情况下就可进行位置定位，低成本的定位技术更有利于其在物流跟踪、货物跟踪等场景普及。

（4）支持语音。eMTC 从 LTE 协议演进而来，可以支持 VOLTE 语音，未来可被广泛应用到可穿戴设备中。

4.2.3　LoRa

1. LoRa 的技术原理

2013 年 8 月，Semtech 公司向业界发布了一种新型的基于 1GHz 以下的长距离低功耗无线电（long range radio，LoRa）通信技术的芯片，主要用于物联网终端的接入。该产品使用新型的扩频调制技术，大大提升了物理层硬件的性能，并且在省电方面相比 GSM 和传统 1GHz 以下技术有了明显的改进；其接收灵敏度达到了惊人的－148dBm，与业界其他先进水平的 1GHz 以下芯片相比，最高的接收灵敏度改善了 20dB 以上，从而确保了网络连接的可靠性。由于 LoRa 使用一种特别的扩频技术，这使得不同扩频序列的终端即使使用相同的频率同时发送也不会相互干扰，在此基础上研发的集中器/网关设备能够并行接收并处理多个节点的数据，大大扩展了系统容量。LoRa 联盟早在 2016 年就表示，将有 17 个国家宣布建网计划，截至 2023 年，全球已有超过 600 个城市投运 LoRa 无线网络。LoRa 联盟会员超过 500 个，产业链完整，被称为是除了 NB-IoT 之外最具吸引力的低功耗广域网通信技术。目前，LoRa 主要在全球非授权频段运行，包括 433、868、915MHz 等；一般采用自建网络的方式，网关和终端价格较低；带宽较窄，覆盖深度大，适用于大量窄带、低功耗、对时延不敏感的小颗粒采集业务接入。LoRa 本身是一种物理层的调制技术，上层可遵循 LoRaWAN 协议、CLAA 协议、LoRa 私有网络协议和 LoRa 数据透传协议。

LoRa 网络主要由终端（内置 LoRa 模块）、网关（或称基站）、服务器和云四部分组成，应用数据可双向传输。LoRa 网络架构如图 4-3 所示。

2. LoRa 的技术指标

（1）工作频段。工作在工业、科学和医疗频带（industria scientific and medical，ISM）频段，支持 433/470/490MHz 等 Sub-GHz 频段，通信频宽为几百千赫兹。

（2）带宽。峰值速率为 37.5kbit/s，体验速率为 10kbit/s。

（3）时延。终端到网关时延小于 300ms，端到端时延为秒级。

（4）覆盖能力。空旷条件下传输距离可达 10km 以上。

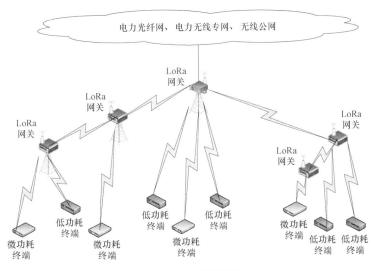

图 4-3　LoRa 网络架构

（5）连接数及并发用户数。单网关约 10 000 个。

（6）可靠性。采用跳频扩频的调制技术，极大地提高了信息的抗干扰性能。

（7）安全性。安全性高，传输数据时可进行多层加密，以保证数据的安全可靠。

LoRa 具有通信距离远和耗功耗低的特点，通过独有的线性调频技术，实现了比传统近距离物联网通信技术更优越的性能。LoRa 减少了数据传输的跳数，从多跳变成了单跳，减少了传输时延，增加了数据传输的可靠性，降低了数据传输的功耗和复杂度。LoRa 采用星形网络架构，终端只能通过网关传输数据并且终端节点之间不存在链路，即单个网关控制多个终端采用单跳方式传输数据。在网状架构中，终端节点可以与拓扑中所有节点进行通信而形成一个局域网络。与网状架构相比，星形架构是延迟最低、最简单的网络结构。LoRa 的星形架构基于 LoRa 扩频芯片，从而实现了终端和网关直接组网，连接形成星形网络。而对于网关和终端通信距离远的情况，可以利用网关转发数据从而进行中继组网。在速率方面，根据覆盖范围大小，LoRa 传输速率可在 20～180kbit/s 内变换。

3. LoRa 的技术特点

LoRa 具有以下技术特点：

（1）改善了接收端的灵敏度，提供了高达 157dB 的链路预算使其通信距离可达 15km。其接收电流仅为 10mA，睡眠电流为 200nA，这大大延迟了电池的使用寿命。

（2）基于该技术的网关/集中器支持多信道、多数据速率的并行处理，系统容量大。网关是节点与 IP 网络之间的桥梁（通过 2G/3G/4G 或者以太网）。每个网关每天可以处理 500 万次各节点之间的通信（假设每次发送 10B，网络占用率 10%）。如果把网关安装在现有移动通信基站的位置，发射功率为 20dBm（100mW），那么在建筑密集的城市环境可以覆盖 2km 左右，而在建筑密度较低的郊区覆盖范围可达 10km。

（3）基于终端和集中器/网关的系统可以支持测距和定位。LoRa 对距离的测量是基于信号的空中传输时间而非传统的接收信号强度指示（received signal sterngth indication，RSSI）；定位则基于多点（网关）对一点（节点）的空中传输时间差的测量，其定位精度可达 5m（假设 10km 的范围）。

这些关键特征使得 LoRa 技术非常适用于要求功耗低、距离远、大量连接以及定位跟踪等的物联网应用，如智能抄表、智能停车、车辆追踪、宠物跟踪、智慧农业、智慧工业、智慧城市、智慧社区等。但是，LoRa 物理层技术掌握在美国 Semtech 公司手中，存在技术自主性风险；另外，LoRa 技术体系较多，各厂家设备存在兼容性问题，需要进一步规范标准。

4.2.4 SigFox

SigFox 由法国厂商提出，工作在 868MHz 和 902MHz 的 ISM 频段，带宽很窄，功耗很低；且 SigFox 的传输速率最低，仅为 100bit/s，消息最长是 12B，一个节点每天最多传送的消息数量为 140 条。在传送 12B 消息时，封包大小仅为 26B。由于窄带宽和短消息的特点，加之其 162dB 的链路预算，SigFox 在远距离传输上的优势也比较突出。

据统计，截至 2020 年 1 月，SigFox 网络已覆盖 35 个国家和地区、280 万 km^2、6 亿人口，并计划在 2030 年把网络扩张到 70 个国家。SigFox 网络架构如图 4-4 所示。

SigFox 具有以下特征：

（1）低功耗。极低的功耗可延长电池寿命，典型的电池供电设备可正常工作达 10 年。

（2）简单易用。基站和设备间没有配置流程、连接请求或信令。设备在几分钟内启动并运行。

（3）低成本。SigFox 自主设计射频通信模块与基带模块会使其尽可能具有

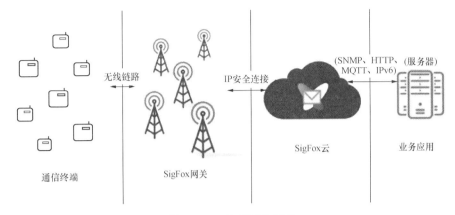

图 4-4 SigFoX 网络架构

成本效益。

（4）小消息。用户设备只允许发送很小的数据包，最多为 12B。

（5）互补性。由于其低成本和易于开发使用，客户还可以使用 SigFox 作为任何其他类型网络的辅助解决方案，如 Wi-Fi、蓝牙、GPRS 等。

4.3 无线局域网通信技术

无线局域网（wireless local area network，WLAN）是计算机网络与无线通信技术相结合的产物，它利用无线技术在空中传输数据、语音和视频信号，应用无线通信技术将计算机设备互连起来，构成可以互相通信和实现资源共享的网络体系。它采用无线传送方式提供传统有线局域网的所有功能，从而使网络的构建和终端的移动更加灵活。

WLAN 技术主要由 IEEE 802.11 WLAN 标准工作组推进，工作频率为 2.4GHz 或 5GHz 的 ISM 频段，通信速率为 2Mbit/s～9.6Gbit/s，后期的编码和调制方式以高阶 QAM 和 OFDM 技术为主，传输距离通常在 100m 内。当前，IEEE 802.11 已经定义了 WLAN 技术的一系列标准，包括 IEEE 802.11a、802.11b、802.11g 和新兴的 IEEE 802.11n、802.11ac、802.11ax 标准等。

4.3.1 Wi-Fi

传统 Wi-Fi 组网架构如图 4-5 所示。

Wi-Fi 可工作于 2.4GHz 和 5GHz 频段，频率带宽最大支持 160MHz。

在 WLAN 的技术原理方面，IEEE 系列标准为其定义了开放系统互

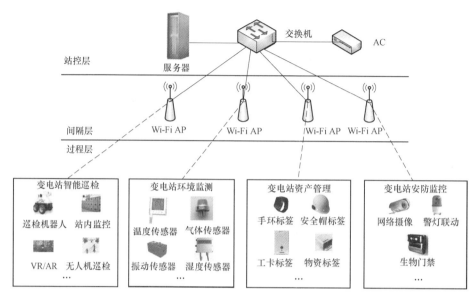

图 4-5 传统 Wi-Fi 组网架构

连（open system interconnection，OSI）模型的介质访问控制层（medium access control，MAC）和物理层（physical layer，PHY）。

在介质访问控制层，IEEE 802.11 标准定义了一种新的接入控制协议来进行无线介质分享，即带冲突避免的载波感应多路访问（carrier-sense multiple access with collision avoidance，CSMA/CA）。CSMA/CA 协议的工作流程是准备在 WLAN 中传输数据时，首先探测网络中是否有数据正在传送。如果 WLAN 中是空闲的，它便直接将数据报发送出去，否则等待随机时间段后继续探测。如果网络中仍有数据在传送，它会重复这一探测过程，直至在网络空闲时将数据报发送出去。接收端如果收到发送端发出的完整数据，则回发一个肯定应答（acknowledgement，ACK）数据报，如果该 ACK 数据报被发送端收到，则这一数据传输过程完成。如果发送端没有收到 ACK 数据报，或者由于发送的数据没有被完整地接收，或者由于接收端的 ACK 信号发送失败，则不管是哪种原因导致的数据传输失败，数据报都会在发送端等待一段时间后被重传。MAC 层利用该协议来传送数据。在安全性方面，MAC 层起初利用有线等效加密（wired equivalent privacy，WEP）技术，在网络中传输的每个数据报都要经过一个 64bit 的密钥进行 RC4（rivest cipher 4）算法进行串流加密，而且数据报尾部附带一个 32bit 的校验码，以保证数据传输的安全；此后，Wi-Fi 联盟（Wi-Fi Alliance，WFA）提出了 Wi-Fi 网络安全接入（Wi-Fi protected access，WPA）认证项目来升级设备。在 IEEE 802.11i 修正案中，包含了一个新的加密算法，其中最关键的是高级加密标准（advanced encryption standard，AES）算法，大大提高了安全等级。IEEE 802.11w 标准规定了注册和管理帧加密方面的内容，弥补了前期标准中的漏洞。2003 年，为加强WLAN 技术的安全性，中国自主研发并提出了 WAPI 安全协议；同年 12 月，中国国家质量监督检验检疫总局、国家认证认可监督管理委员会发布 2003 年第 113 号公告，决定对 WLAN 产品实施强制性产品认证，要求所有产品都要加载 WAPI，从 2004 年 6 月 1 日起，不符合 WAPI 标准的 WLAN 产品不得出厂、进口、销售或者在其他经营活动中使用。

在物理层，IEEE 802.11 标准最初使用特定调制技术，利用波长为 850～950nm 的红外光束进行二进制数据传输，传输速率为 1～2Mbit/s，使用跳频扩频技术实现扩频。在 IEEE 802.11a 标准中，物理层得到了进一步扩展，通过使用 OFDM，在 5GHz 的工作频段可支持 6～54Mbit/s 的传输速率。在 IEEE 802.11b 标准中，物理层采用直接序列扩频技术（direct sequence spread spectrum，DSSS），在 2.4GHz 频段可支持 5.5Mbit/s 和 11Mbit/s 两种传输速率。另外，IEEE 802.11 标准使用了更为高效的编码体系补码键控（complementary code keying，CCK）调制技术，配合 DSSS 技术可使传播速率达到 11Mbit/s。到了 IEEE 802.11n 中，物理层核心技术是 MIMO 和 OFDM。在 IEEE 802.11ax 标准中，物理层核心技术演变为多用户多输入多输出（multiuser MIMO，MU-MIMO）和高阶 QAM 调制（512-QAM 或 1024-QAM）技术，它们使传输速率进一步提高至 9.6Gbit/s。

Wi-Fi 具有以下技术特征：

（1）灵活性和移动性。WLAN 在无线信号覆盖区域内的任何一个位置都可以接入网络。连接到 WLAN 的用户可以移动且能同时与网络保持连接。

（2）安装便捷。一般只要安装一个或多个接入点设备，就可建立覆盖整个区域的局域网络。

（3）故障定位容易。无线网络很容易出现定位故障，只需更换故障设备即可恢复网络连接。

（4）性能。WLAN 依靠无线电波进行传输。这些电波通过无线发射装置进行发射，而建筑物、车辆、树木和其他障碍物都可能阻碍电磁波的传输，影响网络的性能。

（5）速率。无线信道的传输速率低，最大传输速率为 54Mbit/s，只适用于个人终端和小规模网络。

4.3.2　Wi-Fi 6

Wi-Fi 6 是第六代无线网络技术，采用 IEEE 802.11.ax 标准，主要使用了正交频分多址（orthogonal frequency division multiple access，OFDMA）、MU-MIMO 等技术。MU-MIMO 技术允许路由器同时与多个设备通信，而不是依次进行通信。MU-MIMO 允许路由器一次与 4 个设备通信，Wi-Fi 6 允许与多达 8 个设备通信。Wi-Fi 6 还利用其他技术，如 OFDMA 和发射波束成形，两者的作用分别在于提高效率和网络容量。Wi-Fi 6 最高速率可达 9.6Gbit/s。

相比前几代的 Wi-Fi 技术，Wi-Fi 6 的主要特点在于：

（1）速率更快。Wi-Fi 具有更快的通信速率和更高的带宽利用率。

Wi-Fi 5 只涉及 5GHz 频段，Wi-Fi 6 则覆盖 2.4/5GHz 频段，完整覆盖低速与高速设备。

Wi-Fi 6 支持 1024-QAM，高于 Wi-Fi 5 的 256-QAM，数据容量更高，意味着数据传输速度更高。

Wi-Fi 6 不仅提升了上传下载速率，还大幅度改善了网络拥堵的情况，允许更多的设备连接至无线网络，并拥有一致的高速连接体验，而这主要归功于同时支持上行与下行的 MU-MIMO 和 OFDMA 技术。Wi-Fi 5 标准仅支持 MU-MIMO 技术，仅支持下行，只能在下载内容时体验该技术；而 Wi-Fi 6 则同时支持上行与下行的 MU-MIMO 技术，这意味着移动设备与无线路由器之间上传与下载数据时都可体验 MU-MIMO，进一步提高了无线网络带宽的利用率。

Wi-Fi 6 最多可支持的空间数据流由 Wi-Fi 5 的 4 条提升至 8 条，也就是可最大支持 8×8 MU-MIMO，这也是 Wi-Fi 6 速率大幅提升的重要原因之一。

（2）延时更低。Wi-Fi 6 采用了 OFDMA 技术，它是 Wi-Fi 5 所采用的 OFDM 技术的演进版本，即在利用 OFDM 对信道进行父载波化后，在部分子载波上加载传输数据的传输技术，允许不同用户共用同一个信道，允许更多设备接入，响应时间更短，延时更低。

此外，Wi-Fi 6 通过 Long DFDM Symbol 发送机制，将每个信号载波发送时间从 Wi-Fi 5 的 3.2μs 提升到 12.8μs，降低丢包率和重传率，使传输更加稳定。

（3）容量更大。Wi-Fi 6 引入了 BSS Coloring 着色机制，用于标注接入网络的各个设备，同时对其数据也加入对应标签，这样传输数据时有了对应的地址，就会直接传输到位而不发生混乱。MU-MIMO 技术允许多终端共享波束，使多终端同一时间享受多天线技术带来的优质体验；再结合 OFDMA 技术，Wi-Fi 6 网络下的每个信道都可进行高效率数据传输，提升多用户场景下的网络体验，更好地满足 Wi-Fi 热点区域。

（4）更安全。Wi-Fi 6 设备（无线路由器）若需要通过 Wi-Fi 联盟认证，必须采用 WPA 3 安全协议，其安全性更高。2018 年初，Wi-Fi 联盟发布新一代 Wi-Fi 加密协议 WPA 3，它是人们广泛使用的 WPA 2 协议的升级版本，安全性进一步提升，可以更好地阻止强力攻击、暴力破解等。

（5）更省电。Wi-Fi 6 引入了目标唤醒时间（target wake time，TWT）技术，允许设备与无线路由器之间主动规划通信时间，减少无线网络天线使用及信号搜索时间，能够一定程度上减少电量消耗，提升设备续航时间。

4.4 无线个域网通信技术

无线个域网（wireless personal area network，WPAN）是在有限多变的小范围办公和家居环境中，在便携式电器和通信设备之间进行短距离连接，实现信息共享的网络。WPAN 技术覆盖范围比 WLAN 小，一般在 10m 半径以内。目前，WPAN 已成为通信网络中一个至关重要的组成部分。WPAN 可为短距离的个人工作空间（personal operating space，POS）的多种设备之间的互通性，提供一个低复杂性、低功耗的无线连接标准，其核心是短距离的无线连接技术。用于 WPAN 的典型技术包括蓝牙、ZigBee、UWB 等，下面对这几种技术进行阐述。

4.4.1 蓝牙

1. 蓝牙的技术原理

蓝牙技术是一种针对无线数据与语音通信的开放性全球规范，它以低成本的近距离无线连接为基础，为固定与移动设备的通信环境建立一个特别连接。蓝牙设备的工作频段选在全球通用的 2.4GHz 的 ISM 频段，频道采用 23 个或 79 个，频道间隔为 1MHz，采用 TDD 方式；调制方式为 BT＝0.5 的高斯频移键控（Gaussian frequency-shift keying，GFSK）方式，调制指数为 $0.28\sim$ 0.35。蓝牙的无线发射机采用频率调制（frequency modulation，FM）方式，从而降低了设备的复杂性。蓝牙的有效通信距离为 $10\sim100m$。同步信道速率为 64kbit/s；非同步信道速率中，非对称连接有 721、57.6kbit/s，对称连接为 432.6kbit/s。蓝牙在物理层可为用户提供保护和保密机制，鉴权基于"请求-

响应"运算法则。蓝牙组网应用如图 4-6 所示。

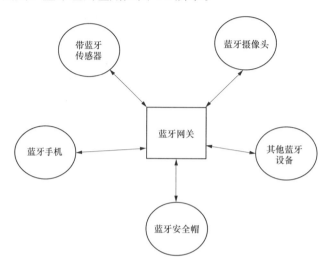

图 4-6　蓝牙组网应用示意图

蓝牙系统一般由天线单元、链路控制（固件）单元、链路管理（软件）单元和蓝牙软件（协议栈）单元组成。蓝牙技术涵盖了从物理层到应用层的多层协议，协议栈分为四层：

（1）核心协议。核心协议包括基带协议（Baseband）、链路管理协议（link manager protocol，LMP）、逻辑链路控制和适配协议（logical link control and adaptation protocol，L2CAP）、服务搜索协议（service discovery profile，SDP）。

（2）电缆替代协议。电缆替代协议指射频通信协议（radio frequency communication，RFCOMM）。

（3）电话传送控制协议。电话传送控制协议指二进制电话控制规范（TCS Binary）。

（4）可选协议。可选协议包括 AT 命令集、对象交换协议（OBEX、PPP、UDP/TCP/IP、WAP）、电子名片交换格式（vCard）、电子日历及日程交换格式（vCal、IrMC、WAE）等。

2. 蓝牙的技术指标

（1）工作频段。蓝牙工作在全球通用的 2.4GHz ISM 频段。

（2）带宽。与蓝牙 4.2 相比，蓝牙 5.3 理论传输速率提高近 5 倍，约为 10Mbit/s。

（3）传输时延。蓝牙 5.3 采用数据压缩技术和同步优化技术，传输时延小于 50ms。

（4）传输距离。蓝牙 4.2 有效传输距离约为 30m，蓝牙 5.0 理论有效传输距离可达 50m。

（5）接入数/用户数。一台蓝牙设备可同时接入 7 台设备。

（6）可靠性。当前诸多无线设备均采用 2.4GHz 频段，蓝牙技术采用跳频技术，可在一定程度上降低因 2.4GHz 频段干扰而造成的传输效率损失。

（7）安全性。蓝牙提供两层密码保护，在安全性上，蓝牙 5.0 优于 Wi-Fi 技术。

（8）标准化。应用最为广泛的是 2004 年推出的 Bluetooth 2.0＋EDR（enhanced data rate）标准，相关产品也于 2006 年大量出现。2016 年 6 月蓝牙技术联盟（Bluetooth Special Interest Group，Bluetooth SIG）发布蓝牙 5.0 版本标准，增加室内定位、物联网等功能。

3. 蓝牙的技术特点

蓝牙具有以下技术特点：

（1）低功率，便于电池供电设备工作。

（2）便宜，可以应用到低成本设备上，降低产品的成本。

（3）同时支持文本、图片、音/视频的传输。

（4）传输速率快，低延时。

但是，蓝牙也存在传输距离有限、穿透性能差、不同设备间协议不兼容、联网比较耗时等限制。

4.4.2　ZigBee

1. ZigBee 技术原理

ZigBee 是一种近距离、低复杂度、低功耗、低速率、低成本的双向无线通信技术。ZigBee 技术的工作频段为免授权频段，即 2.4GHz（全球范围内）、868MHz（欧洲范围内）、915MHz（美国范围内）三个频段，最高速率分别为 250、20、40kbit/s，传输距离为 10～75m。

通常 IEEE 802.15.4 标准支持星形和树形两种网络拓扑结构。在由 ZigBee 组成的无线网络内，链接地址码为 16bit 短地址，可容纳的最大设备个数为 216 个；链接地址码为 64bit 的长地址，可容纳的最大设备个数为 264 个。用户可以根据自己的项目选择网络容量对应的地址。ZigBee 网络实际上支持多种网络拓扑，ZigBee 技术的网络层标准可以支持星形、树形和对等（peer to peer）拓扑结构。

ZigBee 协议栈是基于 IEEE 802.15.4 的无线网络标准设计的,其分层架构是在 OSI 七层模型的基础上根据市场和应用的实际需要定义的。其中,IEEE 802.15.4—2003 标准定义了物理层和媒体访问控制层,ZigBee 联盟在此基础上定义了网络层和应用层架构。在进行物理层设计时,ZigBee 面向低成本和更高层次的集成需求,采用的工作频段均是免费开放的,分为 868、915MHz 和 2.4GHz。该规范定义了 27 个物理信道,信道编号为 0~26,每个具体的信道对应着一个中心频率,这 27 个物理信道覆盖了以上 3 个不同的频段。为避免被干扰,各个频段都基于 DSSS,各自提供 250、20、40kbit/s 的传输速率,它们除了在工作频率、调制技术、扩频码片长度和传输速率方面存在差别之外,使用相同的物理层数据帧格式。在 MAC 层方面,ZigBee 主要沿用 WLAN 中 IEEE 802.11 系列标准的 CSMA/CA 方式,以提高系统兼容性。MAC 层的主要功能包括如下几个方面:①网络协调者产生并发送信标帧(beacon);②设备与信标同步;③支持无线电接入网(radio access network,RAN)的关联和取消关联操作;④为设备的安全性提供支持;⑤信道的接入方式采用 CSMA/CA 机制;⑥处理和维护保护时隙(guaranteed time slot,GTS)机制;⑦在两个对等的 MAC 实体之间提供一个可靠的通信链路。网络层负责拓扑结构的建立和网络连接的维护,其主要功能包括设备连接和断开网络时所采用的机制,以及在帧信息传输过程中所采用的安全性机制。ZigBee 应用层包括应用支持子层(application support sub layer,APS Layer)、应用框架(application framework,AF)、ZigBee 设备对象(ZigBee device Object,ZDO)。

ZigBee 典型组网架构如图 4-7 所示。

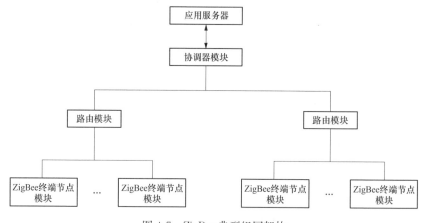

图 4-7 ZigBee 典型组网架构

2. ZigBee 技术指标

(1) 工作频段。ZigBee 工作在 2.4GHz 频段。

(2) 带宽。ZigBee 传输速率为 0.25Mbit/s。

(3) 时延。理想状况下 ZigBee 的时延小于 200ms。

(4) 覆盖能力。ZigBee 节点间通信距离为数十米，但其强大的组网能力使得一个 ZigBee 网络最大可支持 65 536 个设备的连接，通信距离可拓展至数千米。

(5) 连接数及并发用户数。一个 ZigBee 网络可支持 2000 个设备的连接。

(6) 可靠性。支持使用多跳网状网络，而这种设置对于减少单个节点失败的影响非常有用，因此 ZigBee 网络在可靠性和健壮性方面非常突出。

(7) 安全性。ZigBee 采用了类似循环冗余校验（cyclic redundancy code，CRC）、AES-128 加密和设备密钥等一系列的安全机制，因此具备了很强的安全性。

(8) 标准化方面。采用成熟的 IEEE 802.15.4 作为自己的标准。

(9) 未来发展趋势。ZigBee 技术被广泛应用在工业领域、智能家居领域。

3. ZigBee 的技术特点

ZigBee 具有以下技术特点：

(1) 低功耗。工作模式下，ZigBee 技术的传输速率低，传输数据量很小，因此信号的收发时间很短；在非工作模式情况下，ZigBee 的节点处于休眠状态，设备搜索时延一般为 30ms，休眠激活时延为 15ms，活动设备接入信道时延为 15ms。由于工作时间较短，收发信息功耗较低且采用了休眠模式，这使得 ZigBee 节点非常省电。

(2) 低时延。ZigBee 响应速度较快，一般从睡眠状态转入工作状态只需要 15ms，节点连接进入网络只需 30ms，进一步节省了电能。

(3) 网络容量大。ZigBee 低速率、低功耗和短距离传输的特点使得它非常适合支持简单器件。ZigBee 定义了两种器件：全功能器件（full-function device，FFD）和简化功能器件（reduced-function device，RFD）。对于全功能器件，要求它支持所有的 49 个参数；而对于简化功能器件，则在最小配置时只要求其支持 38 个参数。一个全功能器件可以与简化功能器件和其他全功能器件通话，可以按 3 种方式工作，即个域网协调器、协调器或器件；而简化功能器件只能与全功能器件通话，仅用于非常简单的应用。一个 ZigBee 的网络节点最多包括 255 个 ZigBee 网络节点，其中一个是主控（master）设备，其余则是从属（slave）设备。若是通过网络协调器（network coordinator）工作，则整个网络可以支持超过 64 000 个 ZigBee 网络节点；再加上各个网络协调器可以相互连接，则整个 ZigBee 的网络节点的数目将是十分可观的。

（4）高安全。ZigBee 提供了数据完整性检查和鉴权功能，在数据传输过程中提供了三级安全性：第一级实际上是无安全方式，对于某种应用，如果安全并不重要或者上层已经提供了足够的安全保护，则器件就可以选择这种方式来转移数据；对于第二级的安全级别，器件可以使用接入访问控制列表（access control list，ACL）的方式来防止非法器件获取数据，在这一级不采取加密措施；第三级的安全级别是在数据传输过程中，采用 AES 的对称密码。AES 可以用来保护数据净荷和防止攻击者冒充合法用户。

（5）免执照频段。ZigBee 设备物理层采用 ISM 频段。

（6）数据传输可靠。ZigBee 的 MAC 层采用 talk-when-ready 的碰撞避免机制。在这种完全确认的数据传输机制下，当有数据传送需求时则立刻发送，发送的每个数据分组都必须等待接收方的确认消息，并进行确认信息回复。若没有得到确认信息就表示发生了冲突，将重传一次。采用这种方法可以提高系统信息传送的可靠性。ZigBee 为需要固定带宽的通信业务预留了专用时隙，避免了发送数据时的竞争和冲突。同时，ZigBee 针对时延敏感的应用做了优化，通信时延和休眠状态激活的时延都非常短。

4. ZigBee 的技术限制

ZigBee 技术也存在一定限制：

（1）成本。目前 ZigBee 芯片出货量较大的 TI 公司，芯片成本均在 2～3 美元，再考虑到其他外围器件和相关 2.4GHz 射频器件，成本难以低于 10 美元。

（2）通信稳定性。目前国内 ZigBee 技术主要采用 ISM 频段中的 2.5GHz 频率，其衍射能力弱，穿墙能力弱。在家居环境中，即使是一扇门、一扇窗、一堵非承重墙，也会让信号大打折扣。

（3）自组网能力。ZigBee 自组网能力强，自恢复能力强，因此对于井下定位、停车场车位定位、室外温湿度采集、污染采集等应用非常具有吸引力。然而，对于智能家居的应用场景中，开关、插座、窗帘的位置一旦固定，自组网的优点也就不复存在，但是自组网所耗费的时间依旧很长，所耗费的资源依旧高昂。

4.4.3 RFID

RFID 是一种非接触式自动无线电射频识别技术，它通过无线射频信号自动识别目标对象并获取相关数据。1948 年，哈里·斯托克曼发表了《利用反射功率的通信》（*Communication by Means of Reflected Power*）一文，奠定了 RFID 的理论基础。随着技术的进步，RFID 的应用领域日益扩大，现已涉及人们日常生活的各个方面，并将成为未来信息社会建设的一项基础技术。RFID 技术利用无线射频方式在阅读器和射频卡之间进行非接触双向数据传输，以达到目标识别和数据交换的目的。与传统的条形码、磁卡及 IC 卡相比，射频卡具有非接触、阅读速度快、无磨损、不受环境影响、寿命长、便于使用的特点和具有防冲突功能，能同时处理多张卡片（最多时可同时处理 200～600 张卡片）。目前，RFID 技术已被广泛应用于工业自动化、商业自动化、交通运输控制管理等众多领域。

1. RFID 的技术指标

（1）工作频段。RFID 的工作频段为 2.4GHz。

（2）带宽。RFID 的最大传输速率为 2Mbit/s。

（3）时延。RFID 的时延小于 100ms。

（4）覆盖能力。RFID 的传输距离在 3m 以内。

（5）用户数。RFID 支持点对点通信方式。

（6）可靠性及安全性。RFID 系统本身的安全问题可归纳为隐私和认证两个方面：在隐私方面，主要是可追踪性问题；在认证方面，主要是确保只有合法的阅读器才能够与标签进行交互通信。RFID 存在标签复制和伪造的风险。

2. RFID 的系统组成

最基本的 RFID 前端系统由三个部分组成：

（1）电子标签。电子标签主要由具有模拟、数字记忆功能的芯片，以及依据不同频率、应用环境而设计的天线所组成。电子标签分为无源标签（或称被动标签，passive tag）和有源标签（或称主动标签，active tag）两种，负责存储被识别对象的数据信息。电子标签内置天线，用于和射频天线间进行通信。

（2）阅读器。阅读器主要由无线电发送和接收模块、D/A 控制模块、中央处理单元，以及读写天线组成，用于读取标签信息。

（3）天线。天线用于在标签和读取器间传递射频信号。

同时，部分 RFID 前端系统阅读器连接上位机主控系统。主控系统获取电子标签内部信息，依据应用需求进行初步数据筛选与处理，实现后台控制功能。

3. RFID 的工作原理

RFID 系统的基本工作原理如图 4-8 所示，阅读器通过发射天线发送一定频率的射频信号，当射频卡进入发射天线工作区域时产生感应电流，射频卡获得能量被激活；射频卡将自身编码等信息通过其内置发送天线发送出去；系统接收天线接收到从射频卡发送来的载波信号，经天线调节器传送到阅读器，阅读器对接收的信号进行解调和解码后送到后台主系统进行相关处理；主系统根据逻辑运算判断该射频卡的合理性，针对不同的设定做出相应的处理和控制，发出指令信号控制执行机构动作。在耦合方式（电感-电磁）、通信流程、从射频卡到阅读器的数据传输方法（负载调制、反向散射、高次谐波）以及频率范围等方面，不同的非接触传输方法有根本的区别，但所有的阅读器在功能原理上，以及由此决定的设计构造上都很相似，所有阅读器均可简化为高频接口和控制单元两个基本模块。高频接口包含发送器和接收器，其功能包括：①产生高频发射功率，以启动射频卡并提供能量；②对发射信号进行调制，用于将数据传送给射频卡；③接收并解调来自射频卡的高频信号。不同射频识别系统的高频接口设计有一些差别。

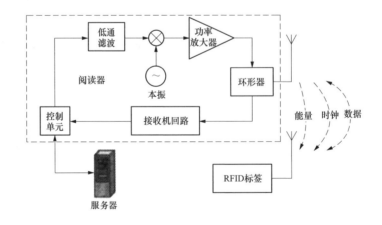

图 4-8 RFID 系统的基本工作原理

4. RFID 的技术特点

（1）RFID 定位的优势是成本很低，所以可以大规模地部署。

（2）RFID 提供有源和无源两种方案，无源方案没有供电的问题，有源方案也可以做到功耗极低，普通纽扣电池可持续数年待机。

（3）RFID 基站设备相对丰富，大功率设备和小功率的读卡器产品比较多，适合各种场合的组网。

（4）需要达到同样的精度要求，相比超宽带（ultra-wide band，UWB）定位而言，RFID 基站或者阅读器部署相对复杂，数量较多。

第5章　典型本地有线通信网络技术

5.1　无源光网络技术

多年来，业界一直认为无源光网络（passive optical network，PON）是接入网未来发展的方向，一方面是由于它提供的带宽可以满足现在和未来各种宽带业务的需要，因此在解决宽带接入问题上被普遍看好；另一方面是无论在设备成本还是在运维管理开销方面，其费用相对较低。PON 的网络结构非常简单，其技术上的复杂性主要在于信号处理技术。在下行方向，端设备/光线路终端（optical line terminal，OLT）发出的信号是广播式发给所有的远端用户/光网络单元（optical network unit，ONU），即单点发送、多点接收，各用户需要从中取出发给自己的数据。在上行方向，由于各用户/ONU 共享一根干路光纤，即多点发送、单点接收，就必须采用某种多址接入协议，如时分多址访问（time division multiple access，TDMA）协议，来避免发生信号冲突，实现多用户对共享传输通道的访问。目前，有两个颇为引人注目的 PON 标准已正式发布，其中一个是由国际电信联盟（International Telecommunications，ITU）/全业务接入网组织（Full Service Access Networks，FSAN）制定的吉比特无源光网络（Gigabit PON，GPON）标准，另一个是由 IEEE 802.3ah 工作组制定的以太网无源光网络（Ethernet PON，EPON）标准。

5.1.1　EPON

EPON 的标准是 IEEE 802.3ah，标准中定义了 EPON 的物理层、多点控制协议（multi-point control protocol，MPCP）、运行管理维护（operation administration and maintenance，OAM）等相关内容。制定 EPON 标准的基本原则是尽量在 IEEE 802.3 体系结构内进行，最低限度地扩充标准以太网的 MAC 协议。

EPON 采用点到多点结构、无源光纤传输方式，在以太网上提供多种业务。EPON 在物理层使用 100BASE 的以太网物理层，同时在 PON 的传输机制上，通过新增加的 MAC 控制命令来控制和优化各 ONU 与 OLT 之间的突发数据通信和实时的时分复用（time-division multiplexing，TDM）通信。在协议的第二层，EPON 采用成熟的全双工以太网技术，使用 TDM；由于 ONU 在自己的时隙内发送数据报，因此没有碰撞，不需 CDMA/CD，从而能充分利用宽带。

EPON 系统由 OLT、POS 和 ONU 构成。OLT 放在中心机房，ONU 放在用户设备端附近或与其合成一体。POS 是无源光纤分支器，是连接 OLT 和 ONU 的无源设备，其功能是分发下行数据，并集中上行数据。EPON 利用单芯光纤，在一根芯上传送上下行两个波（上行波长为 1310nm，下行波长为 1490nm），还可以在该芯上下行叠加 1550nm 的波长，来传递模拟电视信号。

OLT 既是一个交换机或路由器，又是一个多业务提供平台，它提供面向 PON 的光纤接口（PON 接口）。OLT 提供多个 1Gbit/s 和 10Gbit/s 的以太网接口，可支持波分复用（wave-division multiplexing，WDM）传输。OLT 根据需要可配置多块光线路卡（optical line card，OLC），OLC 与多个 ONU 通过 POS 连接。POS 不需要电源，可置于相对宽松的环境中，一般一个 POS 的分光比为 1∶8、1∶16、1∶32、1∶64，并可以多级连接。一个 OLT PON 接口下最多可以连接的 ONU 数量与设备密切相关，一般是固定的。在 EPON 系统中，OLT 到 ONU 之间的距离最大可达 20km。

在下行方向，IP 数据、语音、视频等多种业务位于中心的 OLT，采用广播方式，通过 ODN 中的 1∶N 无源分光器分配到 PON 上的所有 ONU 单元。在上行方向，来自各个 ONU 的多种业务信息互不干扰地通过 ODN 中的 1∶N 无源分光器耦合到同一根光纤，最终送到接收端。

（1）EPON 具有以下优点：

1）相对成本低，维护简单，容易扩展，易于升级。EPON 结构在传输途中不需要电源，没有电子部件，因此容易铺设，基本不用维护，长期运营成本和管理成本的很低；EPON 系统对端资源占用很少，模块化程度高，系统初期投入低，容易扩展，投资回报率高；EPON 系统是面向未来的技术，大多数 EPON 系统都是一个多业务平台，对于向全 IP 网络过渡是一个很好的选择。

2）提供非常高的带宽。EPON 可以提供上下行对称的 1.25Gbit/s 的带宽，并且随着以太网技术的发展可以升级到 10Gbit/s。

3）服务范围大。EPON 作为一种点到多点网络，以一种扇形结构来节省通信的资源，服务大量用户。

4）带宽分配灵活，服务有保证。对带宽的分配和保证都有一套完整的体系。

（2）EPON 存在以下缺点：

1）扩展性差。一般 6 个节点。

2）可靠性差。EPON 存在单点故障，无冗余保护，无法满足高可靠性的业务转发。

3）二层互通不方便。ONU 各端口、ONU 之间都处于隔离状态，这在保证安全的同时带来了不能互访的问题（只能用性能更好的 OLT，或增加以太网三层交换机，或开启 OLT 代理，但成本会提高）。

4）成本优势低。EPON 设备价格高于常规以太网设备，其成本优势只在大型项目中体现，在中小型项目中不适用。

5）灵活性差。IEEE 802.3ah 只规定了 MAC 层和物理层，MAC 以上需要设备厂商自行开发，不同设备厂商的产品不能对接，从而导致后期对设备厂商的选择比较单一。

6）系统开销大。效率低，采用 8/10bit 编码方式，效率只有 80%。控制帧多，系统总开销约为 144Mbit/s，实际理论可用带宽为 856Mbit/s（即 1000－144）。

5.1.2 GPON

GPON 的标准是 ITU-T G.984 系列标准，它规定了 GPON 的物理层、传输会聚子层（transmission convergence sublayer，TC）和 OAM 的相关功能。

GPON 标准的制定考虑了对传统 TDM 业务的支持，继续采用 125μs 固定帧结构，以保持 8kHz 定时延续。为了支持异步传输模式（asynchronous transfer mode，ATM）等协议，GPON 定义了一种全新的封装方法（GPON encapsulation method，GEM），其可以把 ATM 和其他协议的数据混合封装成帧。

GPON 的技术主要特点如下：

（1）前所未有的高带宽。GPON 的传输速率高达 2.5Gbit/s，能提供足够大的带宽以满足未来网络日益增长的对高带宽的需求，同时其非对称特性更能适应宽带数据业务市场。

（2）QoS 保证的全业务接入。GPON 能够同时承载 ATM 信元和/或 GEM 帧，有很好的提供服务等级、支持 QoS 保证和全业务接入的能力。目前，ATM 承载语音、准同步数字系列（plesiochronous digital hierarchy，PDH）、以太网等多业务的技术已经非常成熟，使用 GEM 承载各种用户业务的技术也得到业界的一致认可，已经得到广泛应用和发展。

（3）直接支持 TDM 业务。TDM 业务映射到 GEM 帧中，由于 GPON TC 帧帧长为 125μs，能够直接支持 TDM 业务；TDM 业务也可映射到 ATM 信元中，提供有 QoS 保证的实时传输。

5.2　工业以太网技术

工业以太网一般是指在技术上与商业以太网（即 IEEE 802.3 标准）兼容，但在产品设计上，材质的选用、产品的强度、适用性及实时性等能够满足工业现场的需要。也就是说，工业以太网是满足环境性、可靠性、安全性及安装方便等要求的以太网。以太网是按 IEEE 802.3 标准的规定，采用带冲突检测的载波监听多路访问（carrier sense multiple access with collision detection，CS-MA/CD）方法对共享媒体进行访问的一种局域网，其协议对应于 OSI 七层参考模型中的物理层和数据链路层。以太网的传输介质为同轴电缆、双绞线、光纤等。以太网采用总线型或星形拓扑结构，传输速率为 10、100、1000Mbit/s 或更高。在办公和商业领域，以太网是最常用的通信网络。随着技术的快速发展，以太网已广泛应用于工业控制领域。工业以太网是现代自动控制技术和信息网络技术相结合的产物，是下一代自动化设备的标志性技术，是改造传统工业的有力工具，也是信息化带动工业化的重点方向。国内对工业以太网络技术的需求日益增加，在石油、化工、冶金、电力、机械、交通、建材、楼宇管理、现代农业等领域和许多新规划建设的项目中都需要工业以太网络技术的支持。

以太网是当今最流行、应用最广泛的通信技术，具有价格低、多种传输介质可选、高速度、易于组网应用等诸多优点，而且其运行经验最为丰富，拥有大量安装维护从业人员，是一种理想的工业通信网络。首先，基于传输控制协议/互联网协议（transmission control protocol/internet protocol，TCP/IP）的以太网是一种开放式通信网络，不同厂商的设备很容易互联。这种特性非常适合解决控制系统中不同厂商设备的兼容和互操作等问题。其次，低成本、易于组网是以太网的优势。以太网网卡价格低廉，接口普及率广，与计算机、服务器等连接十分方便。以太网从业技术人员多，可以降低企业培训维护成本。最后，以太网具有相当高的数据传输速率，可以提供足够的带宽。以太网资源共享能力强，利用以太网作为现场总线，可以很容易将 I/O 数据连接到信息系统中。

虽然脱胎于 Intranet、Internet 等类型的信息网络，但是工业以太网是面向生产过程，对实时性、可靠性、安全性和数据完整性有很高的要求。工业以太网既有与信息网络相同的特点，也有自己不同于信息网络的显著特点：

（1）工业以太网是一个网络控制系统，实时性要求高，网络传输要有确定性。

（2）整个企业网络按功能可分为处于管理层的通用以太网、处于监控层的工业以太网以及现场设备层（如现场总线）。管理层通用以太网可以与控制层的工业以太网交换数据，上下网段间采用相同协议自由通信。

（3）工业以太网中周期与非周期信息同时存在，各自有不同的要求。周期信息的传输通常具有顺序性要求，而非周期信息有优先级要求，如报警信息是需要立即响应的。

（4）工业以太网要为紧要任务提供最低限度的性能保证服务，也要为非紧要任务提供尽力服务，所以工业以太网同时具有实时协议和非实时协议。

5.3　电力线通信技术

用于本地交互的电力线通信（power-line communication，PLC）是指利用0.4kV 低压电力线路作为传输通道的通信技术，其原理是在电力线上加载经过调制的高频载波信号完成信息传输。目前，低压 PLC 技术主要用于国家电网公司用电信息采集系统本地通信。根据使用频率范围和带宽的不同，低压 PLC 又可以分为窄带 PLC 和宽带 PLC。

5.3.1　窄带 PLC

窄带 PLC 包含主节点、中继、服务节点 3 种通信节点。其中，主节点负责管理和控制网络，如网络的建立和维护、节点调度及资源分配等，通常作为集中器的本地通信单元；服务节点通常作为智能电能表的通信单元，负责收集智能电能表的数据，并上传至主节点；中继通常也作为智能电能表的通信单元，但可以转发来自/去往其下属节点的相关数据。窄带 PLC 典型组网架构如图5-1 所示。

（1）工作频段。窄带 PLC 一般工作在 9～500kHz 频段，采用单频点或多载波调制方式。

（2）带宽。不同窄带 PLC 技术的性能相差较大，但最大物理层通信速率通

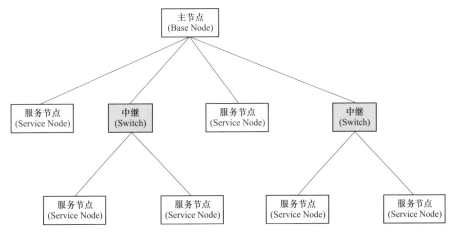

图 5-1　窄带 PLC 典型组网架构

常小于 100kbit/s。

（3）时延。窄带 PLC 技术采用竞争信道接入方式，通信时延与信道状况、网络节点个数、业务数据量密切相关，通常为秒级至分钟级。

（4）传输距离。窄带 PLC 的单跳传输距离小于 500m。

（5）连接数。窄带 PLC 通过中继多跳的方式来提高网络覆盖与连接。以欧洲 PRIME 联盟推出的窄带 PLC 技术为例，单个通信子网理论上可接入 1024 个通信节点。实际应用中，窄带 PLC 支持的通信节点个数约为 300 个。

（6）可靠性。受低压线路信道噪声、干扰、衰减、负荷变化等因素影响，窄带 PLC 的可靠性相对较弱。

（7）安全性。由于 PLC 是通过物理电力线路传输信号的，因此存在被监听的风险，实施监听的技术难度较低，目前尚缺乏系统的安全技术措施，安全性有待加强。

（8）标准化方面。窄带 PLC 在国际上的标准化相对成熟，欧洲普遍采用 PRIME 联盟推出的 PRIME 技术，美国普遍采用 G3-PLC 联盟推出的 G3-PLC 技术。我国窄带 PLC 技术通常为各厂家的私有技术，尚未能形成统一的技术标准，相关技术产品不能互联互通。

5.3.2　宽带 PLC

目前，国家电网公司逐步推广应用的低压宽带 PLC 技术，主要指通信协议符合 Q/GDW 11612—2018《低压电力线高速载波通信互联互通技术规范》的低压高速 PLC（HPLC）技术。目前，HPLC 技术主要应用在营销用电信息采集本地通信中，技术应用层、网络层和物理层规范都由国家电网公司营销部规定，其他专业很难根据自身业务特点进行应用。

HPLC 的网络拓扑结构为树形，包括中央协调器（central coordinator，CCO）、代理协调器（proxy coordinator，PCO）、站点（station，STA）三种通信节点。其中，CCO 是集中器或智能配电变压器终端的本地通信单元，负责完成组网、网络管理等功能；STA 是智能电能表或感知终端的通信单元，负责收集智能电能表或感知终端的数据，并上传至 CCO；PCO 具备 STA 的功能，且作为中继转发其他 STA 的数据。HPLC 典型组网架构如图 5-2 所示。

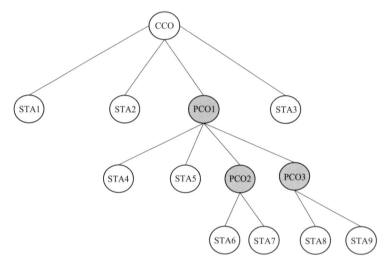

图 5-2　HPLC 典型组网架构

（1）工作频段。HPLC 采用 OFDM 技术，通过不同子载波屏蔽方案，可以配置不同的工作频段，典型的工作频段有 2～12MHz、2.4～5.6MHz、1.7～3MHz、0.7～3MHz 等。

（2）带宽。HPLC 物理层通信速率可达兆比特级，当工作在 0.7～3MHz 频段时，最大物理层通信速率约为 1Mbit/s，应用层通信速率约为 100kbit/s。

（3）时延。HPLC 技术采用竞争信道接入方式，通信时延与信道状况、网络节点个数、业务数据量密切相关，正常情况下约为秒级，在网络轻载时可达毫秒级，实时性较窄带 PLC 有较大提升。

（4）传输距离。HPLC 的单跳传输距离小于 300m。

（5）连接数。HPLC 网络支持 8 级及以上中继，通过多跳方式实现台区全覆盖，可接入终端个数不少于 300 个。

（6）可靠性。HPLC 的可靠性同样受低压线路信道噪声、干扰、衰减、负荷变化等因素影响。由于在物理层采用了多次拷贝重传机制，在 MAC 层采用了自适应组网技术，HPLC 的传输可靠性较窄带 PLC 有较大的提升。此外，HPLC 设备采用了标准工业化设计，可满足高温、高湿度、野外等相对恶劣的工作环境，系统可靠性也有所提高。

（7）安全性。因 PLC 是通过物理电力线路传输信号的，因此存在被监听的风险，实施监听的技术难度较低，目前尚缺乏系统的安全技术措施，安全性有待加强。

（8）标准化方面。宽带 PLC 在国际上的标准化相对成熟，代表性的有 HomePlug、HD-PLC、ITU G. hn、IEEE 1901 等。在国内，国家能源局发布了 DL/T 395—2010《低压电力线通信宽带接入系统技术要求》，规范了低压宽带 PLC 接入技术的工作频段、功率谱密度、电气接口等。2017 年 6 月，国家电网公司发布了 Q/GDW 11612—2016《低压电力线宽带载波通信互联互通技术规范》，定义了从物理层、数据链路层到应用层的整体架构和协议框架。2018 年 11 月对该标准进行了修订，并根据国家无线电监测中心关于 HPLC 的调研反馈意见，于 2019 年 10 月发布了 Q/GDW 11612—2018《低压电力线高速载波通信互联互通技术规范》，新增加了 1.7～3MHz、0.7～3MHz 两个工作频段。

5.4　RS-232/RS-485 技术

RS-232 和 RS-485 都属于串口通信范畴，串口按位（bit）发送和接收字节。尽管比按字节（byte）的并行通信慢，但是串口可以在使用一根线发送数据的同时用另一根线接收数据。它很简单并且能够实现远距离通信。串口通信在距离上，可达 1200m。典型地，串口用于 ASCII 码字符的传输。通信使用 3 根线完成，分别是地线、发送、接收。由于串口通信是异步的，端口能够在一根线上发送数据同时在另一根线上接收数据。其他线用于握手，但不是必须的。串口通信最重要的参数是波特率、数据位、停止位和奇偶校验。对于两个进行通信的端口，这些参数必须匹配。

下面分别对 RS-232 和 RS-485 技术进行详细讨论。

5.4.1　RS-232

RS-232 常用于连接计算机和调制解调器、终端设备、打印机等，以实现数据的串行交换。RS-232 在普通个人计算机上的外观如图 5-3 所示。

图 5-3　RS-232 在普通个人计算机上的外观

在工业应用领域中，RS-232 的应用比在一般计算机上更普遍。RS-232 在工业计算机上的 COM 端口如图 5-4 所示。

图 5-4　RS-232 在工业计算机上的 COM 端口

RS-232 引脚位置如图 5-5 所示，RS-232 引脚功能定义见表 5-1。

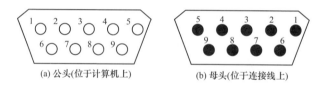

图 5-5　RS-232 引脚位置

表 5-1　　　　　　　　　　RS-232 引脚功能定义表

序号	公头/母头	
	接口指示	引脚名称
1	DCD	载波检测
2	RXD	接收数据
3	TXD	传输数据
4	DTR	数据终端就绪
5	GND	系统接地
6	DSR	数据准备就绪
7	RTS	发送请求
8	CTS	清除发送
9	RI	振铃指示器

5.4.2　RS-485

RS-485 是一个定义平衡数字多点系统中驱动器和接收器的电气特性的标准，该标准由电信行业协会（Telecommunications Industry Association，TIA）和电子工业联盟（Electronics Industry Alliance，EIA）定义。使用该标准的数字通信网络能在远距离条件以及电子噪声大的环境下有效传输信号。RS-485 使得连接本地网络以及多支路通信链路的配置成为可能。

RS-485 采用平衡发送和差分接收方式实现通信：发送端将串行接口的晶体管-晶体管逻辑（transistor-transistor logic，TTL）电平信号转换成差分信号并分 a、b 两路输出，经过线缆传输之后在接收端将差分信号还原成 TTL 电平信号。由于传输线通常使用双绞线，又采用差分传输，所以有强大的抗共模干扰的能力。总线收发器灵敏度很高，可以检测到低至 200mV 的电压，故传输信号在千米之外都可以恢复。RS-485 的最大通信距离约为 1219m，最大传输速率为 10Mbit/s，传输速率与传输距离成反比，在 10kbit/s 的传输速率下，才可以达到最大的通信距离，如果需要传输更长的距离，则需要加 RS-485 中继器。RS-485 采用半双工工作方式，支持多点数据通信。RS-485 的网络拓扑一般采用终端匹配的总线型结构，即采用一条总线将各个节点串接起来，不支持环形或星形网络。如果需要使用星形结构，就必须使用 RS-485 中继器或者 RS-485 集线器才可以。RS-485 总线一般最大支持 32 个节点，如果使用特制的 RS-485 芯片，可以达到 128 个或者 256 个节点，最大的可以支持 400 个节点。

在 RS-485 通信网络中一般采用主从通信方式，即一个主机带多个从机。很多情况下，连接 RS-485 通信链路时只是简单地用一对双绞线将各个接口的"A""B"端连接起来，而忽略了地线的连接。这种连接方法在许多场合是能正常工作的，但却埋下了很大的隐患。原因一是共模干扰：RS-485 接口采用差分方式传输信号，并不需要相对于某个参照点来检测信号，系统只需检测两线之间的电位差即可，但容易忽视 RS-485 收发器有一定的共模电压范围。RS-485 收发器共模电压范围为－7～＋12V，只有满足该条件，整个网络才能正常工作；当网络线路中共模电压超出该范围时就会影响通信的稳定可靠，甚至损坏接口。原因二是电磁干扰（electromagnetic interference，EMI）的问题：发送驱动器输出信号中的共模部分需要一个返回通路，如没有一个低阻的返回通道，就会以辐射的形式返回源端，整个总线就会像一个巨大的天线向外辐射电磁波。

RS-485 有以下技术特点：

（1）RS-485 的电气工程特性：逻辑"1"以两线间的电压差＋（2～6）V 表示；逻辑"0"以两线间的电压差－（2～6）V 表示。接口信号电平比 RS-232C 的降低了，就不易损坏数据接口控制电路的芯片了，且该电平与 TTL 电平可以兼容，方便与 TTL 电路系统连接。

（2）RS-485 的最大数据传输速率为 10Mbit/s。

（3）RS-485 接口是平衡驱动器和差分接收器的组合，可增强抗共模干扰能力，即具有良好的抗噪声干扰性能。

（4）RS-485 接口的最大传输距离为 4000 英尺（1219.2m），实际长达 3000m。

（5）RS-232C 接口只允许连接总线上的一个收发器，即单站能力；而 RS-485 接口可以在总线上连接多达 128 个收发器，即多站能力。这使得用户可以很方便地利用 RS-485 接口建立起设备网络，但在无论何时 RS-485 总线上只能由一个发射器发送。

（6）由于 RS-485 接口组成的半双工网络一般只需要两根线，所以 RS-485 接口采用屏蔽双绞线传输。

5.5　漏泄同轴电缆通信技术

漏泄同轴电缆与普通同轴电缆不同，漏泄同轴电缆的外导体有开槽（开槽的结果是使部分信号漏泄到电缆周围并形成稳定的电磁场，作为天线使用的漏泄电缆既可以接收信号又可以发送信号）。根据不同的标准可以将漏泄电缆划分成不同的种类。按照信号耦合机理的不同，可将漏泄电缆分为耦合性漏泄电缆（表面波型漏泄电缆）和辐射性漏泄电缆两种。耦合型漏泄电缆外导体的槽孔间距小于电磁波信号的波长，而辐射型漏泄电缆的槽孔间距基本等于电磁波信号的波长。按照开槽形式的不同，可将漏泄电缆分为稀疏编织漏泄电缆、旋转绕包漏泄电缆、八字斜槽漏泄电缆、H 形槽孔漏泄电缆、圆孔式漏泄电缆、螺旋体导体漏泄电缆等。目前国内普遍使用的漏泄电缆分别是稀疏编织漏泄电缆和螺旋体导体漏泄电缆。在周界入侵探测系统中使用的漏泄电缆最好是渐变型漏泄电缆，因为渐变型漏泄电缆的辐射电平随着到探测系统主机之间距离的增加而增加，这样做是为了补偿漏泄电缆中信号衰减造成的影响。

漏泄同轴电缆通信就是以漏泄同轴电缆作为无线电台的天线进行通信，可在一定范围内产生均匀的信号场强，而不受周围环境的影响，通信可靠性高，也不存在通信盲区，接收电平稳定，不容易受到外来信号干扰。漏泄同轴电缆系统可以提供多信道服务。例如，使用 400MHz 频段，频率间隔 25kHz 时，可以提供 24 个通信信道，可以进行语音（调度电话和公用电话）传输，也可进行数据传输。

漏泄同轴电缆通信的技术优点包括：

（1）安全隐蔽。通常周界产品为明装，易被入侵者尤其是专业入侵者发现破解。而漏泄同轴电缆浅埋地下，入侵者不易发现从而可实现有效报警。因此，漏泄同轴电缆入侵探测器成为周界安全防护领域的新起之秀。

（2）探测率高。对入侵目标反应灵敏。

（3）误报率低。对环境因素变化适应能力强，不受气候影响，可排除小动物的干扰。

（4）安装方式灵活。可适应多种地形特点，既可埋在地下，也可安装在围墙、围栏上。

（5）具有自检功能。当受到破坏时，会产生入侵报警和故障报警。

（6）系统性价比高。

第6章　典型通信安全技术

6.1　感知层安全技术

依据 Q/GDW 12100—2021《电力物联网感知层技术导则》，感知层位于电力物联网信息架构的最底层，通常部署在靠近监测设备或信息源头的地方，其主要功能是实现电力相关对象数据的采集、就地处理以及物联接入，通过网络层设备与平台层通信，为平台层提供基础数据，同时接收平台层下发的控制命令以及配置信息等。感知层设备结构如图 6-1 所示。

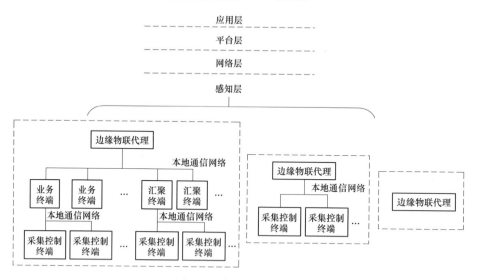

图 6-1　感知层设备结构

从图 6-1 可以看出，感知层涉及边缘物联代理、业务终端、汇聚终端、采集控制终端等设备，通信则采用本地通信网络。因此，感知层安全技术主要涉及设备安全技术和本地通信网络安全技术。

6.1.1　感知层设备安全技术

电力物联网感知层设备具备以下几个特点：

（1）设备海量且物理获取易。2019 年初，国家电网公司已接入智能电能表等各类终端 5.4 亿余台（套），采集数据日增量超过 60TB。按照国家电网规划，预计 2025 年接入终端设备将超过 10 亿台，2030 年将超过 20 亿台。与传统电力通信设备部署在变电站、配电房等严禁他人进入的区域不同，电力物联网感知层终端通常部署在台区内（居民楼内、居民小区等公共空间）、工业园区、城市和农村的低压输电线路侧，攻击者易于物理获取。

（2）类型众多且标准化程度低。感知层涉及的业务终端和采集控制终端种类众多。据不完全统计，仅用于数据采集的传感器种类就高达 100 多种。目前，由于生产厂家众多，感知层设备尤其是采集控制终端的标准化程度仍有很大提升空间，设备自身的安全防护任重道远。

（3）成本敏感且安全防护弱。感知层设备尤其是采集类设备的技术含量低、功能简单、对成本敏感性强，不具备较强的计算、存储能力，且部署在户外的部分设备存在着供电问题。受限于成本和性能，大部分感知层设备尚未配置或配置的安全防护机制非常简单，安全防护能力非常弱。

依据 Q/GDW 12109—2021《电力物联网感知层设备接入安全技术规范》，感知层设备应满足通用物理环境安全要求和计算环境安全要求，且分别对感知层终端和边缘物联代理提出了个性化的要求。

6.1.2　本地通信网络安全技术

本地通信网络安全技术和本地通信技术密切相关。其中，PON 技术、PLC 技术、工业以太网技术、RS-232/RS-485 技术均属于有线网络技术，攻击者较难获取有线信号，安全问题不突出；低功耗广域网技术和 WPAN 技术因速率受限，仅支持较弱的安全防护配置，如可选加密技术；WLAN 网通信技术带宽大、终端类型多，安全防护问题凸显，受到了各方的密切关注。针对以上问题，国际上于 1999 年推出了 WEP，后逐渐被 WPA 所取代。截至目前，WPA 已推出第 3 版即 WPA 3 并进入大规模应用阶段。我国于 2001 年开始开发中国的 WLAN 安全技术，并于 2003 年发布了 WAPI 技术标准。

1. 现有安全技术的优缺点

（1）WEP 适用于对在两台设备间通过无线传输的数据进行加密，用以防止非法用户窃听或侵入无线网络。WEP 标准于 1999 年 9 月通过并成为 IEEE

802.11 标准的一部分，它使用 RC4 串流加密技术达到机密性，并使用 CRC-32 校验和达到资料正确性。标准的 64bit WEP 使用 40bit 的钥匙接上 24bit 的初向量（initialization vector，IV）成为 RC4 用的钥匙。在最初起草 WEP 标准时，美国政府在加密技术的输出中限制了钥匙的长度，一旦放宽该限制，所有使用者都要用 104bit 的钥匙作为 128bit 的 WEP 的延伸协定。用户输入 128bit 的 WEP 钥匙的方法一般是：用含有 26 个十六进制数（0～9 和 A～F）的字串来表示，每个字符代表钥匙中的 4bit，4×26＝104（bit），再加上 24bit 的 IV 就成了所谓的"128bitWEP 钥匙"。部分厂商提供 256bit 的 WEP 系统，如前所述，其中 24bit 是 IV，剩下的 232bit 用于安全保护，因此典型的做法是用 58 个十六进制数来输入，58×4(＝232)bit＋24bit(IV)＝256bit(WEP)。

（2）鉴于 WEP 无法很好地保护无线网络，IEEE 于 2003 年推出了 WPA，实现了 IEEE 802.11i 标准的大部分，作为 IEEE 802.11i 完备之前替代 WEP 的过渡方案。

在 WPA 的设计中要用到一个 IEEE 802.1X 认证服务器来分发不同的密钥给各个终端用户，不过该服务器也可以用在较不保险的预共享密钥模式（preshared key，PSK）中，这是让同一无线路由器下的每个用户都使用同一把密钥。Wi-Fi 联盟将使用 pre-shared key 的版本称为"WPA 个人版"或"WPA 2 个人版"，将使用 IEEE 802.1X 认证的版本称为"WPA 企业版"或"WPA 2 企业版"。

WPA 的数据以一把 128bit 的钥匙和一个 48bit 的 IV 的 RC4 串流算法来加密。WPA 超越 WEP 之处主要就是在使用中可以动态地改变临时密钥完整性协议（temporal key integrity protocol，TKIP），加上更长的 IV，这样可以击败知名的针对 WEP 的密钥截取攻击。

除了认证与加密外，WPA 对于所载数据的完整性也提供了巨大的改进。WEP 所使用的 CRC 先天就不安全，在不知道 WEP 密钥的情况下，要篡改所载数据和对应的 CRC 是可能的，而 WPA 使用了名为"Michael"的更安全的消息认证码，即消息完整性查核（message integrity check，MIC）。进一步地，WPA 使用的 MIC 包含了帧计数器，以避免 WEP 的另一个弱点——重放攻击（replay attack）的利用。

WPA 2 于 2004 年 6 月正式推出，它是经由 Wi-Fi 联盟验证过的 IEEE 802.11i 标准的认证形式。WPA 2 实现了 IEEE 802.11i 的强制性元素，特别是 Michael 算法由公认的彻底安全的计数器模式密码块链消息完整码协议（counter cipher mode with block chaining message authentication code protocol，

CCMP）消息认证码所取代，而 RC4 也被 AES 所取代。

在预共享密钥模式的安全性方面，由于其是针对承担不起 IEEE 802.1X 认证服务器的成本和复杂度的家庭或小型企业网络所设计的，因此又称为个人模式（personal），每一个用户必须输入预先配置好的相同的密钥来接入网络，而密钥可以是 8~63 个 ASCII 字符或者 64 个十六进制数字（256bit）。用户可以自行斟酌要不要把密钥存在计算机里以省去重复键入的麻烦，但密钥一定要预先配置在 Wi-Fi 路由器里。

WPA 加密方式尚有一漏洞，即攻击者可利用 spoonwpa 等工具，搜索到合法用户的网卡地址，并伪装该地址对路由器进行攻击，迫使合法用户掉线而必须重新连接，其在此过程中获得一个有效的握手包，然后对握手包进行批量猜密，如果猜密的字典中有合法用户设置的密码，则密码即可被破解。对此，建议用户在加密时尽可能使用无规律的字母与数字，以提高网络的安全性。

在密钥重装攻击（key reinstallation attack，KRACK）的安全性方面，比利时两位信息安全研究员于 2017 年 5 月 19 日发表了一篇关于 WPA 2 弱点的研究文章，该文章在不久后引发轩然大波，人们发现十多年来被视为安全的 WPA 2 架构其实有攻破的方法。

唯一受限的是攻击者必须进入基地台的信号范围，而无法通过互联网进行远程攻击。然而世界上大量基地台由不太懂计算机的用户所控制，如大量商超、餐馆的免费 Wi-Fi 或者家用设备、商店设备，如果修补涉及要进入基地台后端更新软固件动作，多数人恐难以关注该问题和实现该操作。

WPA 3 是 Wi-Fi 联盟于 2018 年 1 月 8 日发布的 Wi-Fi 新加密协议，是 Wi-Fi 身份验证标准 WPA 2 技术的后续版本。WPA 3 标准将对公共 Wi-Fi 网络上的所有数据进行加密，以进一步保护不安全的 Wi-Fi 网络。特别是当用户使用酒店和旅游 Wi-Fi 热点等公共网络时，借助 WPA 3 创建更安全的连接，可让黑客无法窥探用户的流量，难以获得私人信息。尽管如此，黑客仍然可以通过专门的、主动的攻击来窃取数据。但是，WPA 3 至少可以阻止强力攻击。

（3）WAPI 是我国首个在计算机宽带无线网络通信领域自主创新并拥有知识产权的安全接入技术标准，也是我国 WLAN 的强制性安全标准。

与 Wi-Fi 的单向加密认证不同，WAPI 采用的是双向均认证，从而保证传输的安全性。WAPI 安全系统采用公钥密码技术，鉴权服务器（authorization server，AS）负责证书的颁发、验证与吊销等，无线客户端与无线接入点（access point，AP）上都安装有 AS 颁发的公钥证书，作为自己的数字身份凭证。当无线客户端登录至 AP 时，在访问网络之前必须通过 AS 对双方的身份验证。

根据验证的结果，持有合法证书的移动终端才能接入持有合法证书的 AP。

WAPI 包括无线局域网鉴别基础结构（WLAN authentication infrastructure，WAI）鉴别及密钥管理和无线局域网保密基础结构（WLAN privacy infrastructure，WPI）数据传输保护两大部分。WPI 对 MAC 子层的媒体接入控制层数据包单元（MAC clayer packet data，MPDU）进行加、解密处理，分别用于 WLAN 设备的数字证书、密钥协商和传输数据的加解密，从而实现设备的身份鉴别、链路验证、访问控制和用户信息在无线传输状态下的加密保护。WAI 不仅具有更加安全的鉴别机制、更加灵活的密钥管理技术，而且实现了整个基础网络的集中用户管理，以满足更多用户和更复杂的安全性要求。

WAPI 标准于 2003 年发布，而在 2006 年 3 月的国际标准化组织（International Organization for Standardization，ISO）的投票中，WAPI 以悬殊的得票率负于 IEEE 802.11i（WPA 2）。2010 年 6 月，WAPI 基础框架方法（虎符 TePA）获 ISO 正式批准发布。截至 2023 年 11 月，支持 WAPI 的 WLAN 芯片已超过 700 款型号，全球累计出货量超过 300 亿颗，移动终端和网络侧设备等已超过 30 000 款。

2. 本地通信网络的安全要求

Q/GDW 12109—2021《电力物联网感知层设备接入安全技术规范》对本地通信网络安全提出了更具体的要求，即在满足 Q/GDW 12108—2021《电力物联网全场景安全技术要求》相关要求的前提下，满足以下要求：

（1）本地通信的各类网络设备、通信设备及无线接入控制器应配置适宜的安全策略，包含但不限于设置登录用户名和密码、绑定 MAC 地址、非法 Wi-Fi 屏蔽等。

（2）Wi-Fi 通信应关闭服务集标识符（service set identifier，SSID）广播功能，启用安全性不低于 WPA 2 PSK 的安全模式，并设置连接强口令。

（3）使用蓝牙通信方式链接的终端如智能充电桩、信息采集器等，应设置个人身份识别码（personal identification number，PIN）用于认证。

（4）应避免使用 LoRa 方式传输敏感数据及控制信号，LoRa 通信应采用不低于 1.0.3 版本的 LoRa WAN 协议，并使用空中激活（over-the-air activation，OTAA）模式实现终端节点的激活入网。

（5）使用 ZigBee 通信方式的网络应设置本地信任中心，应采用国家电网公司统一密码基础设施提供的密钥管理服务，并执行 CCM 模式，实现对传输数据的加密保护。

（6）使用 RS-485 进行通信时，通信链路应具有防物理破坏的措施，并有效接地。

（7）对于有运算能力的设备，宜使用可信计算等技术增强固件的安全运行能力。

6.2 网络层安全技术

6.2.1 网络层的构成

网络层由电力通信网构成，是由覆盖各电压等级电力设施、各级调度等电网生产运行场所的电力通信设备所组成的系统，包括骨干通信网和通信接入网。骨干通信网按照功能分为骨干传输网、业务网和支撑网；通信接入网按电压等级分为10kV通信接入网和0.4kV通信接入网。

1. 骨干通信网

（1）骨干传输网以光纤通信为主，载波、微波、卫星通信为辅，分为省际、省级和地市三个层级。在骨干传输网覆盖和延伸能力不足的地区，可以租用运营商资源或与运营商资源进行置换。

1）省际骨干传输网光缆以 OPGW 光缆为主，主要随500kV 及以上电网线路架设。省际骨干传输网通常采用基于同步数字系列（synchronous digital hierarchy，SDH）和光传送网络（optical transport network，OTN）技术的双平面结构，其中 SDH 主要承载电力调度及生产实时控制业务，OTN 主要承载管理信息化、调度自动化等高带宽业务。

2）省级骨干传输网光缆网架以 220kV 及以上电网为基础，以环形结构为主，部分地区逐步发展为网状网。省级骨干传输网以 SDH 技术为主，部分地区初步建成基于 SDH 和 OTN 技术的双平面结构。

3）地市骨干传输网光缆网架以 220、110(66)kV 及 35kV 电网为基础，以环形结构为主。地市骨干传输网以 SDH 网络为主，重点覆盖地市公司本部、县公司、地调直调厂站及地市公司直属单位。

（2）业务网主要包括综合数据网、调度交换网、行政交换网和电视电话会议系统，承载语音、视频、数据等各类业务。

1）综合数据网用来支撑 SG-ERP、OA 等信息系统业务，由总部、省级、地市综合数据网构成，对网络带宽需求大。

2）调度交换网主要为人工调度员提供语音服务，以电路交换为主，主要覆盖五级调度管理机构、220kV 及以上变电站和发电站。

3）行政交换网主要为行政办公人员提供语音服务，原有技术体制为电路交换，现已逐步推广应用 IP 多媒体子系统（IP multimedia subsystem，IMS）交换技术。

4）电视电话会议系统主要由硬视频系统、网络硬视频系统、软视频系统三部分组成，承载语音、视频等业务。

（3）支撑网的主要作用是满足电力通信系统安全稳定运行、资源调度、管理信息化的要求，保证数字网络传输及交换信号时钟同步，支撑运行监视和通信调度，包括同步网、网管系统、通信应急等。

1）同步网为全网设备时钟提供同步控制信号。国家电网公司同步网采用骨干同步网和省内同步网两层架构，其中骨干同步网按省划分为 27 个同步区，同步区内采用全同步方式，同步区之间采用准同步方式。

2）网管网用于实现对骨干传输网、省级及以上业务网和支撑网、重点城市接入网的管理，按照总（分）部、省公司两级部署。

3）通信应急是指加强应急通信物资储备，为地震等自然灾害救灾抢修、重大社会活动保电指挥、特高压工程现场管理等提供通信应急保障。

2. 通信接入网

通信接入网是骨干通信网的延伸，提供配电与用电业务站点与电力骨干通信网的连接，实现配用电业务站点与系统间的信息交互，具有业务承载和信息传送功能。

（1）10kV 通信接入网是指覆盖 10kV（或 20/6kV）配电网的开关站、配电室、环网单元、柱上开关、配电变压器、分布式能源站点、电动汽车充电站和 10kV（或 20/6kV）配电线路等的通信网络，主要承载配电自动化、配电变压器监测等业务。10kV 通信接入网主要包括 EPON、工业以太网、无线专网、无线公网、中压 PLC 等技术。

（2）0.4kV 通信接入网是指覆盖 10kV（或 20/6kV）变压器的 0.4kV 出线至低压用户表计、电力营业网点、电动汽车充电桩和分布式电源等的通信网络，主要承载用电信息采集、用电营业服务、用户双向互动等业务。0.4kV 通信接入网主要包括低压 PLC、微功率无线通信、RS-485/RS-232 等技术。

6.2.2　网络层的安全要求

依据 Q/GDW 12108—2021《电力物联网全场景安全技术要求》，网络层安全防护应在网络流量关键出口处加强安全审计和监控，及时发现安全异常情况。

（1）管理信息大区的安全接入要求包括：

1）应使用国家电网公司自建光纤专网、电力无线专网、租用的接入点（access point name，APN）和第三方专线作为网络接入通道。

2）边缘物联代理、物联网终端等设备，在采用无线方式接入管理信息大区时，应结合业务应用需求采用国家电网公司电力物联安全接入网关、信息安全网络隔离装置（网闸型）实现双向认证和加密传输。

3）对于无法满足 2）接入要求的设备，应在管理信息大区外设置安全接入区，通过安全接入区实现和管理信息大区的交互。

（2）互联网大区的安全接入要求包括：

1）边缘物联代理、物联网终端等设备，在互联网大区直接访问国家电网公司对内业务，包括但不限于国家电网公司外网移动办公、外网移动作业等面向国家电网公司员工的业务时，应采用国家电网公司电力物联安全接入网关实现双向认证和加密传输。

2）对于无法满足 1）接入要求的设备，在直接访问互联网大区的国家电网公司对内业务时，应在互联网大区外部署前置服务器，通过前置服务器进行协议转换和数据归集。

3）通过前置服务器访问互联网大区的国家电网公司对内业务时，应采用国家电网公司电力物联安全接入网关实现双向认证和加密传输。

6.3　平台层安全技术

依据 Q/GDW 12102—2021《电力物联网平台层技术导则》，平台层在电力物联网技术架构中处于承上启下的核心位置，遵循开放共享的原则，对下通过网络层对感知层终端数据进行统一接入，利用云边协同机制实现超大规模物联基础设施的统一管理和海量感知信息的高效处理；对上为应用层提供数据支持及基础组件服务，促进数据融通，支持应用灵活构建。平台层包括统一云管平台、物联管理平台、企业中台，以及气体全封闭组合电器（gas insulated switchgear，GIS）、移动、AI 等其他基础平台。平台层应遵循 GB/T 22239—2019《信息安全技术　网络安全等级保护基本要求》《中华人民共和国网络安全法》、国家发展改革委 2014 年第 14 号令《电力监控系统安全防护规定》等相关法律法规和标准规范，满足电力物联网全场景网络安全防护要求，确保平台层具备"可信互联、精准防护、安全互动、智能防御"的核心防护能力。

（1）依据 Q/GDW 12108—2021《电力物联网全场景安全技术要求》，云平台安全防护要求包括：

1）应遵循 GB/T 22239—2019 中相应等级的安全通用要求和云安全扩展要求，以及 GB/T 31168—2023《信息安全技术　云计算服务安全能力要求》进行安全防护。

2）云平台和云租户的业务应用系统应作为不同的定级对象分别定级，且云平台不得承载高于其安全保护等级的业务应用系统。

3）应提供开放接口或开放性安全服务，允许云服务客户接入第三方安全产品或在云计算平台选择第三方安全服务。

4）应提供安全管理中心，实现访问控制、多租户安全隔离、流量监测、身份认证、数据保护、镜像加固校验、安全审计、安全态势感知等功能。

（2）物联管理平台安全防护应满足下述要求：

1）遵循 GB/T 22239—2019 中相应等级的安全通用要求和网络安全扩展要求进行安全防护。

2）能够对直接接入的边缘物联代理、物联网终端进行认证，能够控制接入终端的访问。

3）具备数据存储和传输保护功能，在传输鉴别信息、隐私数据和重要业务数据等敏感信息时应进行保密性和完整性保护，所使用的密码算法应符合国家密码管理机构的相关规定。

4）具备对边缘物联代理、物联网终端集中管控的能力，重点对设备注册、在线和离线情况进行安全监测。

5）能与边缘物联代理进行协同联动，实现安全策略的下发与更新。

6）能对管辖范围内的边缘物联代理进行升级，升级内容包括但不限于漏洞补丁、配置参数和应用软件，对升级内容在正式部署前应进行功能和安全测试。

7）能与平台系统接口对接，包括但不限于态势感知平台、资产管理平台等系统，实现对物联网终端安全事件的全方位监测。

6.4　应用层安全技术

依据 Q/GDW 12108—2021《电力物联网全场景安全技术要求》，应用层应遵循 GB/T 22239—2019《信息安全技术　网络安全等级保护基本要求》、Q/GDW 1594—2014《国家电网公司管理信息系统安全防护技术要求》进行安全防护。

（1）云端应用安全防护还包括下述要求：

1）根据应用的自身定级和业务需求，遵循 GB/T 22239—2019 中安全计算环境的安全防护要求进行安全防护。

2）实现业务和用户行为的安全审计。

（2）App 应用安全防护还包括下述要求：

1）应确保 App 的发布符合国家电网公司要求，发布的渠道可信。

2）App 发布前应进行统一加固、统一检测，并对 App 运行状态进行安全监测。

3）应支持本地及远程升级，并能校验升级包的合法性。

4）在收集用户信息前，应明示收集使用信息的目的、方式和范围，并获得用户授权。

5）在进行金融支付、审核授权等重要操作时应进行二次认证。

第7章 新型电力系统业务本地通信性能需求

7.1 不同业务本地通信性能需求

未来电力行业的普遍趋势是前端无人化、少人化，即企业在不显著增加人力的前提下，通过数字化转型优化流程并调整人才结构，释放人力投入创新及复杂业务，实现运营效率提升；业务侧"生产集控化、管理集约化"，支撑电力系统安全可靠、源网荷储高效协同、企业运营提质增效及管理敏捷创新；集团侧平台化、专业化、通过平台化推动持续创新。最终通过专业化积淀能力、体系化支撑，融管理于服务，融监督于服务。

在新能源占比逐渐提高的新型电力系统中，高比例新能源接入和大规模电力电子设备应用使得系统更加复杂，电网运行面临电力电量平衡的不确定性增大、系统惯量水平下降等挑战。电力企业需要统筹考虑高比例新能源发展和电力系统的安全稳定运行，加快电力系统数字化升级，以有效支撑源网荷储一体化发展。因此，需要构建更加坚强、弹性、多业务承载的电力本地通信网，实现新能源、柔性负荷的全面感知，在"可观、可测、可调、可控、可追溯"的基础上，有效支撑生产作业、运行管理、运营管控，为电力系统安全稳定运行奠定坚实基础。

7.1.1 大带宽业务本地通信性能需求

新型电力系统业务重点面向分布式能源、源网荷储、智慧园区、新能源汽车等采集和管理类业务，需要较大的通信网带宽。随着分布式能源的大范围接入，要求电网调度系统能够对分布式能源的发电状态进行监测，需要在分布式能源逆变器位置加装传感器，这就导致监测数据流量的增长，大量终端设备的泛在接入及业务类型的多元化，这对现有通信网带宽的承载能力提出了新的挑战。同时，针对应急救援环境，要求具备较大的传输带宽来有效支撑现场视频调度指挥。

　　另外，在输电线路监测场景，目前常规的线路巡检手段是人工巡视，但是输电线路多数处于地下狭小区域（输电管廊）和偏远山区（架空输电线路），人工巡检效率较低，且会对巡检人员人身安全造成威胁，因此需要通过远程视频和图像方式对输电线路进行监测，以此提高线路巡检的效率。但是，该类业务需要在架空输电线路和地下输电管廊等供电条件极为受限的情况下布设，难度较大，这也是目前电力自动化巡检领域的一大问题。

7.1.2　大连接业务本地通信性能需求

　　新型电力系统最主要的特征是要处理大规模分布式能源的接入，而分布式能源的主要特点是分布较为分散。在某一分布式新能源丰富的区域内可能存在大量监测终端的接入，但相比用户负荷监测信息存在极大的互异性，分布式能源的监测数据受当地气候影响很大，不同监测终端的数据具有极大的相似性，因此通过本地侧的数据处理可大大缓解本地侧通信连接数量过大的问题。

　　在电力生产的其他环节，如变电站场景，要求主变压器上安装的传感器，包括各种温湿度、电压、电流、振动、油色谱等传感器，具有极高的通信可靠性，因此目前采用的多数通信方式为有线通信。但是对于变压器避雷器，目前大多数变电站是靠人工方式进行巡检，这样导致的后果是：一方面，人工巡检存在效率较低的问题；另一方面，大量避雷器温度仪表的读取工作量较大。一般避雷器表计密度在 0.03 个$/m^2$，对于一个占地 $200m \times 200m$ 的变电站，需要监测大概 1200 个表计，数量较多，且还存在其他类型的传感器如环境温湿度传感器等，这样需要接入本地通信系统的传感器数量会更多。

7.1.3　高可靠业务本地通信性能需求

　　随着新型电力系统建设步伐的不断加快，源网荷储不断接入电力系统。为实现电力系统全环节的统一协调管控，电网控制类业务对于可靠性要求高达 99.999%。针对分布式能源采集类业务，需实时感知生产环境状况，并实现 99.9% 的数据上传可靠性。

　　在电力生产的其他环节，对于如主变压器振动、油色谱、电压、电流等关键数据，除了要保证较低的丢包率外，还需要保证一系列数据的同步采集。因为一旦因通信通道不稳定造成数据丢失，则会对变压器数据造成漏检，且若此时数据异常，将会导致现场人员对变压器设备运行状态的误判，从而造成事故。因此，对于该类数据大多采用本地有线通信方式传输，如以太网，以保证数据可靠性。

7.1.4 低时延业务本地通信性能需求

新型电力系统的核心特征在于新能源占据主导地位。分布式能源大规模并网接入，成为主要能源形式，为有效提高新型电力系统能源利用率，进一步完善电力系统发电、输电、变电、配电、用电和储能环节的深度感知需要在各环节安装多类型传感器，准确监测各环节运行状态。这类应用对低时延的要求非常高，其中配电网保护与控制、智能配电网微型同步测量都要求低于 10ms 的超低时延，基于用户响应的负荷控制也要求不超过 20ms 的低时延，而一些关键性控制指令的时延要求则低至毫秒级，以确保电网的安全稳定运行。

在电力生产的其他环节，对于如主变压器振动、油色谱、电压、电流等关键数据，除了要保证较低的丢包率外，还需要保证一系列数据的同步采集。因为变压器是一个极其复杂的系统，仅靠单一状态量无法综合评价设备的状态，必须依靠多个状态量的采集与综合评价来实现。而这多个状态量必须是在近乎一致的采集时间采集的，由于信号在介质中的传播需要时间，要做到完全同时采集是不现实的，但也需要多个采集数据之间的时间差小于一定量值，以保证当次采集的有效性。

7.2 本地通信的安全增强技术需求

本地通信指物联网终端与边缘物联代理等设备，通过光纤、网线、Wi-Fi、载波通信、微功率无线通信等有线、无线通信通道，不经过安全大区，在现场互联通信。本地通信在安全增强方面应满足：

（1）任意两个直接接入国家电网公司安全大区的终端，如接入的大区不同，禁止双方在感知层跨大区直接通信，如需本地通信，应采取等同大区间隔离强度的技术措施。

（2）不直接接入国家电网公司各安全大区的终端，在与直接接入国家电网公司管理信息大区的终端进行本地通信时，应在网络协议、数据格式、数值有效性上加强过滤和校验，并应实现身份认证。

（3）不直接接入国家电网公司各安全大区的终端，在与直接接入国家电网公司互联网大区的终端进行本地通信时，宜按需实现身份认证和通信数据加密传输，防范通信数据被窃听或篡改。

（4）管理信息大区侧的本地通信应采用抗干扰性强的通信协议，并加强通道自身安全配置管控。

7.3　电力典型业务本地通信需求统计表

本节总结了电力典型业务本地通信需求统计表。这里将本地业务划分为两类，分别为移动业务和固定业务。其中，固定业务又细分为分布控制类业务、图像视频类业务和数据采集类业务。电力典型业务本地通信需求见表 7-1。

表 7-1　　　　　　　　　　**电力典型业务本地通信需求统计表**

应用场景		业务名称	业务需求						安全隔离
			流向	带宽	时延	每平方千米连接数	时间同步	通信可靠性	
本地业务	移动业务	巡检机器人	本地存储或分布式双向通信	≥2Mbit/s	<120ms	数个	≤100ms	≥99.9%	逻辑隔离
		智能穿戴设备	集中式/分布式双向通信	≥10Mbit/s	数十毫秒	数十个	数十毫秒	≥99.9%	逻辑隔离
	固定业务	在线物资标签	集中式单向通信	≥1kbit/s	≤1s	站内数百个	≤1s	≥99.9%	逻辑隔离
		分布控制类业务 — 配电网保护	自组网通信	拓扑保护：≥1Mbit/s；差动保护：≥5Mbit/s	≤15ms；抖动：≤3ms	数十个	≤10μs	≥99.999%	物理隔离
		分布控制类业务 — 智能分布式馈线自动化	自动化：集中式双向通信；控制：自组网通信	≥20kbit/s	≤50ms；抖动：≤3ms	数十个	≤10μs	≥99.99%	物理隔离
		分布控制类业务 — 分布式新能源快速功率群控	集中式双向通信	≥2Mbit/s	控制：≤100ms；采集：≤500ms	数千个	≤100ms	控制：≥99.99%；采集：≥99%	生产控制区

应用场景			业务名称	业务需求						
				流向	带宽	时延	每平方千米连接数	时间同步	通信可靠性	安全隔离
本地业务	固定业务	图像视频类业务	变电站视频监控	集中式双向通信	200kbit/s~4Mbit/s	300ms~1s	数十个	≤100ms	≥99.9%	逻辑隔离
			基础设施建设工程视频监控	集中式双向通信	200kbit/s~4Mbit/s	300ms~1s	数十个	≤100ms	≥99%	逻辑隔离
			营业厅等场所视频监控	集中式单向通信	200kbit/s~2Mbit/s	≤1s	数十个	≤100ms	≥99%	逻辑隔离
		数据采集类业务	用电信息采集电能表	本地汇聚	≥10kbit/s	<3s	数千至上万	≤1s	≥99.9%	逻辑隔离
			配电站房环境及状态监测本地接入	本地汇聚	≥0.5kbit/s	秒级或分钟级	数十个	≤1s	≥99.9%	逻辑隔离
			变电站设备在线监测本地接入	本地汇聚	≥20kbit/s	秒级或分钟级	数十个	≤1s	≥99.9%	逻辑隔离
			输电线路在线监测本地接入	本地汇聚	≥15kbit/s	秒级或分钟级	数十个	≤1s	≥99.9%	逻辑隔离
			电缆隧道环境监测本地接入	本地汇聚	≥15kbit/s	秒级或分钟级	数十个	≤1s	≥99.9%	逻辑隔离
			综合能源服务本地接入	本地汇聚	≥10kbit/s	秒级或分钟级	数十个	≤1s	≥99.9%	逻辑隔离

第三部分
方 法 篇

第8章 本地通信业务建模与分析技术

8.1 业务数据特征建模技术

8.1.1 本地通信业务特征分析

在城市数字化改造形势下，结合国家"双碳"目标，城市电网中的各个环节与过去相比出现了极大的变化。本小节主要论述、智慧变电站、输电线路及城市电力地下管廊、配电及配电自动化、分布式新能源和电动汽车充电设施几个典型场景的业务特征。

1. 智慧变电站场景业务特征

智慧变电站是指在智能变电站基础上，采用主辅设备全面感知、智慧联动、一键顺控、智能巡视、作业管控等技术建设的智慧型变电站，其采用可靠、经济、集成、节能、环保的设备与设计，以全站信息数字化、通信平台网络化、信息共享标准化、系统功能集成化、结构设计紧凑化、高压设备智能化和运行状态可视化等为基本要求，能够支持电网实时在线分析和控制决策，进而提高整个电网运行的可靠性及经济性。

智慧变电站体系架构如图 8-1 所示，由智能高压设备、继电保护及安全自动装置（包括站域保护控制装置）、监控系统、网络通信系统、站用时间同步系统、电力系统动态记录装置、计量系统、电能质量检测系统、站用电源系统及辅助设施等设备或系统组成。在实际勘探过程中，要对智慧变电站体系架构各组成部分进行勘探。

智慧变电站中使用的智能设备具备环保、安全、高效、高端等特点。智能变电站以高速的通信网络为载体实现运转，能够智能化地为电网中的设备提供实时保护、调节控制和参数测量等操作。在此基础上，为满足现实需求，可以使智能变电站具备动态的协同交互、在线决策分析、自动化调控等高级功能。此外，智能变电站可以控制电力设备的运行参数，快速检测及处置电力系统内的故障问题，进而确保变电站的正常运行。

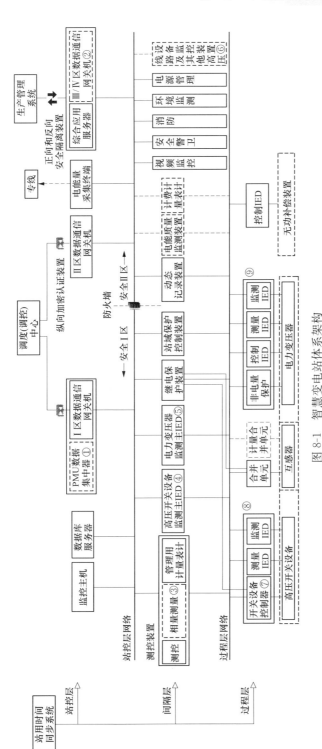

图 8-1　智慧变电站体系架构

①—可为独立装置，也可集成于 I 区网关机；②—可为独立装置，也可集成于测控装置；③—可为综合应用服务器合并；④—高压开关设备智能组件的一部分；⑤—电力变压器智能组件的一部分，根据调度（调控）中心需要，可接入 I 区或 II 区；⑥—输电线路及其他高压设备监测信息的接入（如有）；⑦—智能终端，用于实现高压开关设备的网络化控制，需要时可支持选相位操作；⑧—高压开关设备的智能组件；⑨—电力变压器的智能组件。

注　虚线框表示智能电子设备（intelligent electronic device，IED）可选。当变压器、开关设备配置有监测 IED 时，应配置监测主 IED。

变电站中经典的电力业务是巡检业务,可在变电站范围内开展智能联合巡检业务,通过在站内布设可视化装置、移动机器人和无人机,实现变电站全环节无死角巡检。以往用的巡检方式是人工巡检,但随着我国电网规模的不断扩张以及现代信息技术与电网运维管理业务实现高质量的融合,变电站运维管理人员不仅需要数量还需要质量,其必须能够灵活地运用智能技术、可视化技术和远程控制技术等现代信息技术,才能确保我国电网运维的质量。由于高质量人才资源短缺,变电站传统的人工巡检模式的弊端便逐渐凸显,从而难以满足精益化管理要求,因此必须采取更加智能高效的巡检方式,来全面提高智慧变电站的运维管理质量。在此背景下,智慧变电站中无人机、机器人巡检系统便应运而生,以更智能、更高效的方式完成巡检业务。智慧变电站中的智能联合巡检如图 8-2 所示。

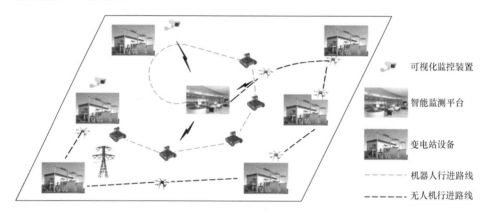

图 8-2　智慧变电站中的智能联合巡检

该方案曾在厦门多个变电站进行试点工作,结果显示,在人员不易抵达的地点或者天气恶劣(炎热、酷寒、大雨)等条件下,能够对变电站各种死角地带或一次设备多角度进行巡检,从而使捕捉数据更全面,为一次设备的状态智能判决提供更丰富的数据来源。

(1)机器人巡检。机器人巡检系统就是在智慧变电站中安装巡检机器人,使用巡检机器人完成以往由人工巡检完成的任务。智能巡检机器人在 2004 年就在变电站的巡检工作中得到了有效的应用。直至现在,可将变电站的智能巡检机器人分为两种:

1)无轨机器人,其在运行过程中结合摄像机、能源装置以及运动系统,并在室外发挥作用,特别是在规模宏大的变电站中,可以有效地完成巡检工作。在此过程中,还要使用抗干扰系统,这样即使环境再恶劣,也能很好地完成巡检工作。

2）有轨机器人，其本身和滑轨摄像头一样，相比无轨机器人，其结构更为简单，当处在冰雪环境中时，可以有效地解决巡检问题，使巡检工作可以时刻都在进行。不仅如此，还要对区域进行划分，接触轨道时发出预警，进而对变电站产生不规则的电磁干扰，并有效发挥巡检工作的优势。

机器人巡检系统框架通常采用分布式结构，主要构成分为基站层、通信层和终端层。基站层负责数据采集等一些日常工作；通信层主要负责信息的传输工作；而终端则负责搜集变电站的数据。

除了配置巡检机器人，智慧变电站还安装了定点摄像头等，并结合各种各样的装置来对参数信息进行采集和存储，如无线测温装置、监测装置、无线数据传输终端等，以及对异常信息进行报警和预测。

（2）无人机巡检。无人机巡检就是在无人机上增添传感器、可见光摄像机等先进设备，使用无人机实现设备运行情况巡检和环境安全防护的目的。无人机巡检系统由无人机飞行平台、地面数据收集系统、数据处理分析系统三部分构成。利用无人机飞行平台可调整无人机固定翼及旋翼，结合无人机搭载的传感器及监控设备提升无人机避障能力；无人机根据搭载的定位系统将节点数据传输到数据段，同时操作者根据无人机运行工况及视野情况合理选择传感设备，以获得探测点的核心参数；当数据传输到数据处理中心时，数据分析人员可对不同节点的数据进行分析，以实现评估设备运行状态的目的。无人机巡检的优势在于巡检可达高度提升，视野更加宽阔，可达到全面、无死角覆盖的巡检目标。但无人机巡检也存在一些不足和缺陷，如无人机续航能力不足、缺少技术高超、可熟练操作无人机的操控员、对无人机巡检后产生的海量数据的处理还存在很大困难等。

2. 输电线路及电力地下管廊场景业务特征

输电线路主要完成电力的远距离传送，随着能源互联网体系的不断成熟，以特高压为骨干网架的各级电网建设初步形成。多数输电线路跨越山区、湖泊等恶劣自然环境，线路监测传感节点数量巨大、分布范围广、所处环境差异大。输电线路监测场景大致可分为两类：一类是架空线路状态监测，另一类是输电管廊状态监测。当前国家电网公司各级输电线路主要业务场景如图 8-3 所示。

（1）架空输电线路是指架设在地面之上，用绝缘子将输电导线固定在直立于地面的杆塔上以传输电能的输电线路。其场景特征主要包括：

1）架空输电线路架设及维修比较方便，成本较低。

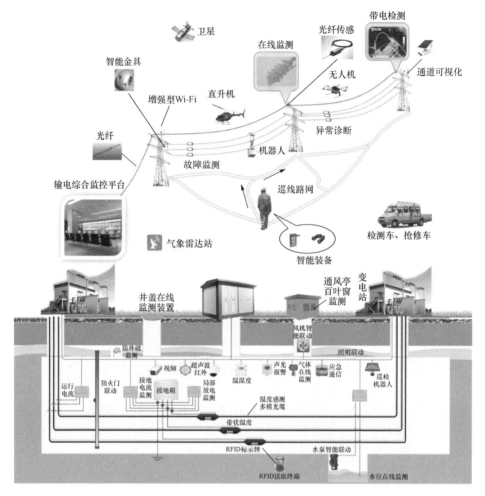

图 8-3　国家电网公司各级输电线路主要业务场景

2）容易受到环境（如大风、雷击、污秽、冰雪等）的影响而引起故障。

3）整个输电走廊占用土地面积较多，易对周边环境造成电磁干扰。

另外，当跨越档距在 1000m 以上、跨越塔高在 100m 以上，有通航要求，需特殊设计的架空输电线路被称为大跨越线路。大跨越线路的基础尺寸大、混凝土量大、塔材质量大、导线截面大、所需部件规格大，导致其施工难度也大。

（2）架空输电线路状态监测业务特征主要包括以下几个方面：

1）监测范围广。架空输电线路状态监测系统需要监测的范围很广，包括线路运行状态、周边环境状况、线路设备的安全状况等。

2）数据处理复杂。架空输电线路状态监测系统需要处理各种类型的数据，如温度、湿度、风速、雷电等环境参数，以及线路设备的工作状态和故障信息等。这些数据的处理和分析需要专业的技术和方法。

3）实时性要求高。架空输电线路的运行状态和周边环境是实时变化的，因此架空输电线路状态监测系统要能实时监测和处理这些变化，以便及时发现和解决问题。

4）安全性要求高。架空输电线路是电力传输的重要设施，其安全运行对整个电力系统的稳定和安全至关重要。因此，架空输电线路状态监测系统需要具备高效、准确的故障检测和预警功能，以及快速、可靠的处理机制，以确保输电线路的安全运行。

5）集成化程度高。架空输电线路状态监测系统需要与电力系统中的其他设施和系统进行集成，如配电自动化系统、调度自动化系统等。因此，架空输电线路状态监测系统需要具备高度的集成性和兼容性，能够与这些系统进行数据交互和信息共享。

这些特征对架空输电线路状态监测系统的设计、建设和运行管理提出了很高的要求。

（3）电力地下管廊场景特征主要包括以下几个方面：

1）电力地下管廊位于地下，具有隐蔽性，一般不易被发现，除非发生事故或出现故障。

2）电力地下管廊内部敷设着多种管道和线路，包括电力管道、通信管道、燃气管道、供水管线等，这些管道和线路相互交织，构成了一个复杂的地下网络。

3）电力地下管廊的规模和结构因城市和地区的不同而有所不同，但一般都具有较大的规模和复杂的结构。

4）电力地下管廊需要定期维护和检修，以确保其正常运行和安全。

5）电力地下管廊需要满足一定的技术要求，如防水、防火、防爆等，以确保其安全性和稳定性。

6）电力地下管廊内部的环境较为复杂，涉及温度、湿度、光照、氧气含量等因素，这些因素对管道和线路的使用寿命和安全性都有一定的影响。

7）电力地下管廊的建设和管理需要耗费大量的人力、物力和财力，需要专业的技术人员和管理人员进行管理和维护。

总的来说，电力地下管廊场景具有隐蔽性、复杂性、规模大、结构复杂、维护检修要求高、技术要求高、环境因素复杂和管理维护难度大等特征。因此，在建设和管理电力地下管廊时，要加强安全意识和风险管理，以确保其正常运行和安全。

（4）输电管廊场景状态监测业务特征主要包括以下几个方面：

1）监测范围广泛。输电管廊场景状态监测包括对管廊内部的各种设备、环境和安全状况如电力管道、通信管道、燃气管道、供水管线等的监测，以及对环境参数如温度、湿度、氧气含量、光照强度等的监测。

2）数据处理复杂。输电管廊状态监测系统需要处理的数据种类繁多，包括各种类型的传感器数据、设备工作状态数据、故障信息等。这些数据的处理和分析需要专业的技术和方法。

3）实时性要求高。输电管廊的运行状态和周边环境是实时变化的，因此输电管廊状态监测系统要能实时监测和处理这些变化，以便及时发现和解决问题。

4）安全性要求高。输电管廊是电力传输的重要设施，其安全运行对整个电力系统的稳定和安全至关重要。因此，输电管廊状态监测系统需要具备高效、准确的故障检测和预警功能，以及快速、可靠的处理机制，以确保输电管廊的安全运行。

5）集成化程度高。输电管廊状态监测系统需要与电力系统中的其他设施和系统进行集成，如配电自动化系统、调度自动化系统等。因此，输电管廊状态监测系统需要具备高度的集成性和兼容性，能够与这些系统进行数据交互和信息共享。

6）对设备的可靠性要求高。输电管廊中的设备必须能够连续工作，且具有高可靠性和稳定性，以避免因设备故障导致的管廊运行中断。

7）远程管理能力强。由于输电管廊的分布广泛，往往跨越较大的地理区域，因此需要实现对管廊的远程管理和监控，以便及时发现和解决问题。

这些特征对输电管廊状态监测系统的设计、建设和运行管理提出了很高的要求。

作为本地通信网的主要应用场景之一，城市电力地下管廊建设于地下，是一个多种信号与传输对象交汇的场所。在实地勘测过程中，经过不断的优化规划设计，地下管廊已从传统型管廊、需求型管廊、整合型管廊，发展到目前的智慧型管廊。

以雄安新区城市电力地下管廊为例，考虑雄安新区综合技术安全、质量保障等因素，破解传统管廊独立舱室数量多、运维成本高等难题，将综合管廊给水管道、再生水管道、电力电缆、通信光缆、燃气次高压及中压管道等整合成燃气舱、能源舱、高压电力舱和综合舱。2020 年 10 月，雄安新区容东片区地下综合管廊干线实现贯通，管廊全长 14.8km，管廊采用三层四舱结构，最上面是物流通道层，中间是人员疏散和通风设备安装夹层，最下面是四个不同功能的管线舱，以满足城市能源、电力、通信、供水的传输需求。同时，各终端管线采用统筹敷设原则，共用路由器、检修井，全路网敷设，打破各种管线单独建设带来的地下空间资源浪费。综合管廊分类如图 8-4 所示。

图 8-4　综合管廊分类示意图

在地下管廊设计中，由于管廊比较长，一般都会选择合适距离进行多点安装对应的传感器，进行实时监测数据。以城市地下管廊综合监控系统为例，监控系统是采用先进的计算机技术、通信技术、存储技术和控制技术，对管廊各专业管线（电力电缆、给排水管、燃气管道）运行安全，管廊环境（有害气体、淹积水、温湿度、风机水泵、照明）安全，以及人员安全（出入口管理、人员定位、远程广播、应急通信）进行监控和管理的系统，其监控范围全面涵盖了地下管廊内的管线运行安全以及管廊空间、附属设施等的状态。城市地下管廊综合监控系统可集成多种监控功能，设置地理信息系统，留有与其他配套设施监测与控制通信的接口，以及与智慧城市有关平台通信的接口。图 8-5 展示了城市地下管廊综合监控系统主要监控业务。

管廊环境安全监控业务主要涉及有害气体检测传感器、温度传感器、湿度传感器、感烟火灾传感器、通信传感器等；管廊防入侵及人员安全监控业务主要涉及氧含量检测传感器、红外人体检测传感器、燃气管网状态监测传感器、通信传感器等；专业管线状态监测业务主要涉及电力电缆运行状态监测传感器、给排水管网状态监测传感器、通信传感器等。这三类业务所涉及的传感器需要实时采集数据并实时传输，每次采集数据量不大，但采集频率较高，以保

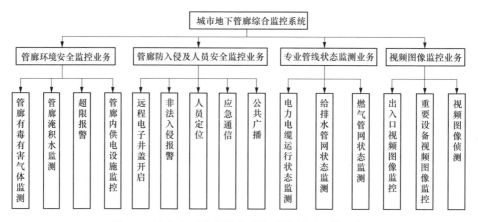

图 8-5　城市地下管廊综合监控系统主要监控业务

证对管廊环境安全全方位进行在线监控，实现对廊内突发情况的实时监测和工作人员的实时定位。为入廊作业的工作人员提供一个安全、舒适的工作环境是对管廊监控与运维管理系统的最基本要求。而视频图像监控业务主要涉及视频采集传感器、通信传感器等，视频采集传感器采集的数据量较大，往往需要较大的带宽，同时对传感器的存储能力提出了更高的要求。

　　管廊处于地下，长期处于半封闭的状态，通风效果不好，环境潮湿。管廊内部的管线和其他一些设备长时间处于潮湿的环境中会发生腐蚀，使用寿命会大大降低。管道腐蚀后可能会发生漏水、漏电、漏气等情况，所以需要实时监测管廊内的湿度来保障地下管廊的正常运行。通风效果不好，空间内的氧气含量会比开放的空间要稀少，一旦有工作人员进入进行巡查，这种缺氧的环境会对巡查人员不利。地下管廊地下水渗透，其他外部开口进水以及雨污管道、供水管道维修放空等，都会在管廊低洼处产生一定的积水。管廊内的积水污水一多，时间一长，会发生化学反应，产生硫化氢和甲烷。硫化氢是有臭鸡蛋气味的有毒气体，会使巡检人员中毒；甲烷容易形成混合型爆炸气体，威胁管廊自身及周围建筑的安全。因此，需要实时监测管廊内的硫化氢和甲烷气体。管廊内有电力、通信、燃气等管线，一旦发生漏电漏气，可能就引发火灾。为了避免造成重大损失，要实时监测管廊内是否有发生火灾的可能，将火灾扼杀在萌芽时期。

　　3. 配电及配电自动化场景业务特征

　　(1) 配电场景的业务特征主要表现在以下几个方面：

　　1) 设备多样性。配电场景中涉及的设备种类繁多，包括各种类型的电力设备，如变压器、断路器、配电柜、电缆、架空线路等。这些设备的性能参数、运行状态和故障模式各不相同，因此需要针对不同的设备采用不同的监测和维护方法。

2）网络复杂性。配电场景中的设备不是孤立的，而是通过复杂的网络结构相互连接。这些设备之间的连接关系可能相互交织，形成一个复杂的电力网络。因此，在配电场景中，需要考虑设备之间的相互影响和依赖关系，以便更好地管理和维护整个系统。

3）运行环境多变。配电场景的运行环境可能存在较大的差异。例如，设备可能暴露在高温、低温、潮湿、腐蚀等恶劣环境中，这些环境因素可能对设备的性能和使用寿命产生影响。因此，在配电场景中，需要考虑运行环境的影响，以便采取相应的措施来保证设备的正常运行。

4）安全性要求高。配电场景中的设备涉及电力系统的安全运行，因此对安全性的要求较高。例如，设备需要具备防雷、防火、防爆等功能，还需要配备相应的安全保护装置，如继电保护装置、自动重合闸装置等，以保障电力系统的安全稳定运行。

5）数据处理复杂。配电场景中涉及大量的数据采集、处理和分析工作。这些数据包括实时监测数据、历史数据和运行日志等，需要对这些数据进行处理和分析，以便及时发现和解决潜在的问题。这些数据还可以用于对整个配电系统的评估和优化，以提高电力系统的运行效率和可靠性。

这些特征对配电系统的设计和维护提出了较高的要求，需要针对不同的特征采取相应的措施来保证配电系统的安全稳定运行。

（2）配电自动化场景的业务特征主要包括以下几个方面：

1）设备多样性。配电自动化系统中涉及的设备种类繁多，包括各种类型的开关、变压器、电缆、架空线路等。这些设备的性能参数、运行状态和故障模式各不相同，因此需要针对不同的设备采用不同的监测和维护方法。

2）数据处理复杂性。配电自动化系统涉及大量的数据采集、处理和分析工作。这些数据包括实时监测数据、历史数据和运行日志等，需要对这些数据进行处理和分析，以便及时发现和解决潜在的问题。这些数据还可以用于对整个配电自动化系统的评估和优化，以提高电力系统的运行效率和可靠性。

3）网络复杂性。配电自动化系统中的设备不是孤立的，而是通过复杂的网络结构相互连接。这些设备之间的连接关系可能相互交织，形成一个复杂的电力网络。因此，在配电自动化系统中，需要考虑设备之间的相互影响和依赖关系，以便更好地管理和维护整个系统。

4）安全性要求高。配电自动化系统中的设备涉及电力系统的安全运行，因此对安全性的要求较高。例如，设备需要具备防雷、防火、防爆等功能，还需要配备相应的安全保护装置，如继电保护装置、自动重合闸装置等，以保障电力系统的安全稳定运行。

5）集成化程度高。配电自动化系统需要与电力系统中的其他设施和系统进行集成，如调度自动化系统、配电管理系统等。因此，配电自动化系统需要具备高度的集成性和兼容性，能够与这些系统进行数据交互和信息共享。

6）实时性要求高。配电自动化系统需要实时监测和响应电力系统的运行状态和故障情况，及时进行相应的操作和控制，以保障电力系统的稳定运行。因此，配电自动化系统需要具备高实时性的数据处理和分析能力。

这些特征对配电自动化系统的设计和维护提出了较高的要求，需要针对不同的特征采取相应的措施来保证系统的安全稳定运行。

4. 分布式新能源场景业务特征

目前城市范围内分布式新能源占比最大的是分布式光伏，因此这里将以分布式光伏为例进行论述。分布式光伏系统由多个分布在不同地点的光伏电站组成，每个电站都有独立的光伏发电设备。光伏电站一般建设在屋顶或者偏僻的地区，现场查看不是很方便，而且发电的数量直接和经济效益挂钩，因此光伏监控有利于及时发现并解决问题。特别是可以通过网络远程监控，第一时间发现问题，并通过远程查看数据来判断问题的原因。

分布式光伏场景的主要业务为分布式能源监控业务，其主要功能包括对分布式光伏发电公共连接点、并网点、光伏逆变器、汇流箱等的模拟量、状态量、保护信息，以及工作区域内阳光实时照射幅度、环境温度等气象数据的监控。分布式光伏发电系统远程监控系统架构如图 8-6 所示，需要通过实地勘探对分布式光伏发电系统各部分工作条件进行实地测量。

分布式光伏发电监控业务有以下特征：

（1）分布式光伏发电监控系统的监控中心采用标准以太网，具备良好的开放性。

（2）分布式光伏发电监控系统软件选用成熟的实时多任务操作系统并具备完整的自诊断程序，网络通信软件满足各节点之间信息的传输、数据共享和分布式处理等要求。

（3）网络拓扑采用总线型或星形结构，监控中心与设备层之间的物理连接可采用星形结构。

（4）根据光伏电站设计与当地电网调度部门要求，通过独立的嵌入式通信装置，实现光伏电站与电网调度中心的实时远动通信。

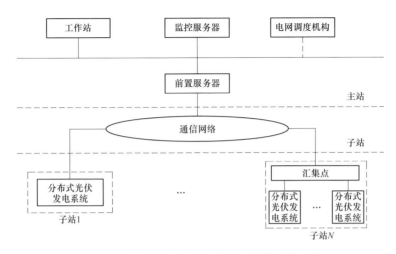

图 8-6　分布式光伏发电系统远程监控系统架构

（5）分布式光伏发电监控系统软件应满足系统功能要求，成熟、可靠，具有良好的实时响应速度和可扩充性。

分布式光伏发电监控系统还可以实现对光伏设备的遥控和遥调，通过远程控制光伏发电系统的运行模式和参数，实现发电效率的优化和调整；通过对监测数据进行分析和处理，评估光伏电站的性能表现，包括发电量、发电效率等指标，并提供报表和图表等形式的数据展示。运维人员也可以通过分布式光伏发电监控系统远程管理光伏设备，提高运维效率和响应速度，发现监测设备的工作状态和数据异常，及时发现故障并提供预警信息，以便进行及时的维修和维护。

5. 电动汽车充电设施场景特征

在电动汽车充电设施场景中，充电设施或充电站应为电动汽车动力蓄电池提供安全的充电场所，在充电过程中监控充电设备及被充电的动力蓄电池，以保证电能安全传输给动力蓄电池。电动汽车充电设施的业务数据包括充电电量和时间、充电功率和电压、充电站位置和使用情况、充电设备运行状态、用户行为和支付记录以及充电桩连接状态和充电速度等。这些数据可以用于设备管理、用户服务和市场分析，为电动汽车充电设施提供更高效、便捷的服务。

电动汽车综合充电站包含直流充电桩、交流充电桩、电池组更换三种能量补充方式及设备，所涉及的设备种类繁多、结构复杂。要实现对充电站的监控，应当对监控系统进行科学合理的功能及子系统划分，以提高运行和管理的效率。依据监控功能之间的差异可将监控系统划分为用户管理系统、充电监控系统、换电监控系统、电能质量监控系统、配电监控系统和安全防护系统六个部分。

直流充电设施的远程监测，要求采集数据变换要准确、数据存储要可靠、信号传输要实时，为远程监测及故障诊断提供可靠的数据源。依托采集数据，通过状态评价模型及故障诊断模型实现直流充电设施安全监测及故障远程诊断。充电设施状态监测与远程故障诊断系统功能结构如图 8-7 所示。

图 8-7　充电设施状态监测与远程故障诊断系统功能结构

充电设施远程监测终端与充电设施多维大数据云平台之间通信距离较远，需利用可靠的远程通信方式来实现数据的实时传输及任务下发。远程通信的方式繁多，如无线公网、以太网、光纤专网等，可以选择某一种通信方式进行通信，也可以利用多种方式组合通信。表 8-1 给出了几类远程通信方式的对比。

表 8-1 　　　　　　　　　　　　远程通信方式的对比

远程通信方式	可靠性	实时性	数据传输速率	安装和运维
GPRS	较好	受基站覆盖范围限制，低时延	较低，传输速率一般为 9.6kbit/s	随着更高速无线通信的普及，已逐渐退网

续表

远程通信 方式	可靠性	实时性	数据传输速率	安装和运维
4G	高	受基站覆盖范围限制，低时延	传输速率为 20Mbit/s，最高可达 100Mbit/s	无须布线，组网简单，方便运维
5G	高	受基站覆盖范围限制，低时延	传输速率为 200Mbit/s，最高可达 980Mbit/s	未全面普及，成本较高，目前不具备广泛应用条件
光纤专网	信号干扰小，保密性好	低丢包率、稳定性好	高达 512Gbit/s	铺设、实施成本高，运维费时
以太网	高	功耗低，低时延	高达 100Gbit/s	铺设、实施成本高，运维费时

8.1.2　本地通信业务需求梳理

针对智慧变电站、输电线路及城市地下管廊、配电及配电自动化、分布式新能源和电动汽车充电设施等具体本地通信应用场景，结合典型场景下的业务特征，本小节将对本地通信业务典型应用场景下的业务需求进行总结。

1. 智慧变电场景业务需求

智慧变电站涉及多种无线通信设备与系统，主要涉及电力业务的有机器人、无人机联合巡检系统。下面对机器人巡检和无人机巡检的性能需求进行分析：

（1）远程化需求。传统的运维模式是依靠工作人员对变电站进行检查和运维，需要到变电站内去对设备的故障进行检查，并做好记录，巡检模式太过于被动，而且会受到天气的影响，所以机器人巡检和无人机巡检应采取远程运维模式。

（2）可视化需求。拍摄实景时，可以使用可见光摄像机进行拍摄，利用三维建模的方式将现实拟定出来，进而对图像进行实时采集，使得现实在虚拟的场景中展现出来。

（3）安全化需求。要满足国家电网公司关于信息安全的要求，就要选择安全操作系统对其进行操作；为了使国家机密信息数据得到保护，就要使用双因子技术对这些数据进行加密；同时，通过探针软件对系统安全状态进行有效监控。为防止网络攻击和恶意操作，智慧变电站需要具备高度的安全性，常见的安全措施包括网络防火墙、入侵检测和防护系统等，以保护变电站设备和数据的安全。

（4）网络组网及覆盖需求。智慧变电站需要建设宽覆盖的网络，以确保变电站各个区域和设备都能连通。网络覆盖需要具备高可靠性和稳定性，以确保变电站设备的监测和控制能够持续运行。由于变电站对电力系统的关键性，网络故障可能对电力供应产生重大影响，因此需要采取冗余和备份策略来提高网络的可靠性。智慧变电站对数据的实时性要求较高，需要在短时间内传输和处理大量的监测数据和控制命令。因此，网络组网需要具备低延迟的特点，以支持实时数据传输和远程操作。

（5）通信质量需求。具体来说：

1）无人机巡检。由于无人机所能够提供的通信距离具有一定限度，为了保证无人机能实时回传信息，并且尽可能地提高信号塔的利用率，需要注意通信距离的合理规划。通常来说，输电线路巡检中，无人机实时通信的回传点设计间隔为 20km 就能相对合理地控制通信传输的成本。通信带宽决定了无人机巡检实时通信的传输速度以及稳定性，当无人机拍摄输电线路高清图像后，需要将图像进行压缩传输，而实时通信要求将一张清晰图像的传输速度控制在 2s 以内，这就要求将压缩图像大小控制在一定范围后，通信带宽能够支持其实时传输。以 8Mbit 图像压缩为例，当无人机时速为 30km 时，须保证通信带宽为 32Mbit/s 才能满足实时通信传输要求。由此可见，无人机巡检对系统的实时性、带宽等要求较高。

2）机器人巡检。机器人巡检时，其通信设备需保证数据传输的稳定、可靠；当网络出现中断等异常情况时，机器人应具有本地存储功能，能够保证 24h 的数据存储容量；网络恢复后，应能自动将本地存储数据上传至后台；在通信中断、接收的报文内容异常等情况下，能够上送告警信息。巡检机器人通信传输采用全光通信 TCP/IP 与 Wi-Fi 无线传输相结合构成的一体网络通信系统，能够实现巡检后台和巡检机器人之间的双向通信；通信信息采用加密认证措施，确保通信的机密性、完整性。综上所述，机器人巡检系统的通信需求也较高，要求高带宽、低时延、高可靠性和高安全性。

表 8-2 总结了智能巡检业务的通信质量需求。

表 8-2   智能巡检业务的通信质量需求

业务名称	可靠性（%）		安全性	实时性（ms）	带宽（Mbit/s）	距离（km）
智能巡检	无人机	≥99.9	管理大区	≤120	≥2	20
	机器人	≥99.9	管理大区	≤120	≥2	

2. 输电线路及电力地下管廊场景业务需求

架空输电线路状态监测包括架空输电线路本体监测和架空输电线路环境监测。架空输电线路状态监测业务架构如图 8-8 所示。

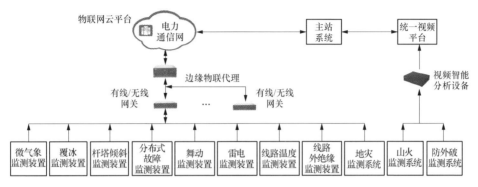

图 8-8　架空线路状态监测业务架构

架空输电线路本体监测是指通过在线路基础、导地线、金具、绝缘子串、接地装置、杆塔本体或附件上安装不同种类的传感器,实时采集导线温度、运行电流、振动、倾斜角、振幅等数据进行分析,判断线路设备运行状态并报警。数据参量主要为数据包,传送方式为周期上送。

架空输电线路环境监测包括线路周围的温度/湿度/风速/降水/光辐射强度等微气象监测、覆冰监测、雷电监测、地灾监测、山火监测、外力破坏告警等安全运行风险预警信息监测,为架空输电线路缺陷隐患的及时发现和处置提供保障。数据参量主要为数据包、图像、视频,传送方式为周期上送、轮询。

在业务流向方面,架空输电线路状态监测一般由状态监测装置、现场通信网络以及主站系统组成。对于单个状态监测装置(含多参数集成监测装置),可通过装置集成的物联网关功能模块直接将信息发送到主站系统;对于多个状态监测装置,可先由边缘物联代理汇聚后,再通过统一的通信端口将信息发送至主站系统。当采用边缘物联代理时,采集数据由边缘物联代理传输至物联管理平台;图像视频由监控/图像视频智能设备传输至统一视频平台。

在通信需求方面,架空输电线路状态监测业务主要包括数据、图像、视频类信息的监测。按照架空输电线路每千米 1 基杆塔,一条典型的架空输电线路 50km,一次轮询调阅 1 路视频考虑,具体通信需求见表 8-3。

表 8-3 架空输电线路状态监测业务通信需求表

业务	数据内容	测控装置	汇聚装置	主站系统	终端部署区域	时延要求	本地带宽要求（kbit/s）	采集周期（min）	终端密度	远程带宽需求（Mbit/s）
架空输电线路状态监测	温湿度、风速、光辐射、气压、雨量	微气象监测装置	边缘物联代理	物联管理平台	输电杆塔	秒级	1	10	1套/km	0.1
	输电线路弧垂及杆塔形变	覆冰监测装置	边缘物联代理	物联管理平台	输电线路	秒级	1	10	1套/杆塔	
	岩土微动、位移、应力、应变、雨量	杆塔倾斜监测装置	边缘物联代理	物联管理平台	输电线路铁塔地基	分钟级	1	10	2~4套/杆塔	
	线缆长度、行波相关参数	分布式故障监测装置	边缘物联代理	物联管理平台	输电线相线	秒级	1	10	6~12个/杆塔	
	舞动加速度、导线位置	舞动监测装置	边缘物联代理	物联管理平台	输电线	秒级	1	10	1套/杆塔	
	避雷器泄漏电流、避雷器运行状态	雷电监测装置	边缘物联代理	物联管理平台	避雷器	秒级	1	10	1套/避雷器	
	金具温度	线路温度监测装置	边缘物联代理	物联管理平台	导线、耐张线夹、接续管、引流板	秒级	1	10	9~15个/杆塔	
	绝缘子泄漏电流	线路外绝缘监测装置	边缘物联代理	物联管理平台	线路绝缘子	秒级	1	10	1个/绝缘子	
	杆塔差分定位信息、杆塔倾角、雨量	地灾监测系统	边缘物联代理	物联管理平台	杆塔	秒级	1	10	1个/杆塔	
	图像	山火监测、覆冰、防外破摄像头	视频智能分析设备	统一视频平台	杆塔	秒级	256	5	1、2套/杆塔	0.6
	视频	山火监测、覆冰、防外破摄像头	视频智能分析设备	统一视频平台	杆塔	秒级	2Mbit/s	轮询调阅	1、2套/杆塔	2

由前文对于电力地下管廊的业务特征介绍可知，管廊的管线纵横交错，铺设复杂，管线所处的环境也非常复杂，为了保障其正常运行，需要对其内部环境进行监测，如果设备出现问题应及时解决。输电管廊状态监测系统设计应遵循"稳定可靠、信息准确、采集迅速"的原则，下面针对其业务的性能需求给出分析。

（1）环境监测需求。环境监测包括温度监测、积水深度监测和有害气体监测等，下面讨论其性能需求。

1）温度监测。温度传感器的监控范围应在$-55 \sim +125℃$。根据行业相关规定，当环境温度达到 40℃时向上级发送温度警报；当温度达到 54℃时，判读为管廊内部已发生火灾，应立即关闭防火门。

2）积水深度监测。根据城市电力地下管廊设计的行业规范，应设置集水坑与自动排水系统。管廊缝隙的地下水渗透、管道的零星漏水、地上部分的降雨渗水或市政养护路面的清洁用水等都会造成管廊内部积水。在现有的城市地下综合管廊的集水坑使用案例中，由于地下廊体掩埋较深，管廊内部的积水无法自排。在实际应用中，常借助触发式液位开关对集水坑中的积水量进行探查，当积水位达到报警值时打开排水泵进行排水。以高度为 1000mm 的集水坑为例，当液位达到 800mm 时启动一台排水泵工作；如液位继续上升至 900mm时，使用两台排水泵同时工作。

3）有害气体监测。CH_4 在空气中的爆炸下限浓度为 5%，当低于此值时管廊环境不会因明火或火花引起爆炸事故。根据城市地下管廊修建的有关规定，天然气报警值不应大于爆炸下限的 20%。所以设置的 CH_4 报警浓度值为 1%，经单位转换即为 10 000 μg/mL，为方便测量，记为 10×1000 μg/mL。参考GB/T 50493—2019《石油化工可燃气体和有毒气体检测报警设计规范》，有毒气体的一级报警设定值小于或等于 100%OEL，二级报警值小于或等于 200%职业接触限值（occupational exposure limit，OEL）。CO 的报警值设定为50μg/mL，H_2S 的报警值设定为 10μg/mL。当环境有毒有害气体浓度达到报警值时，控制器向控制中心发出警报并打开通风机。

（2）安全监测需求。用于火灾探测的红外光束感烟火灾探测器，要求无线频率达 2.4245GHz，无线功率为 4.5dBm，探测器的传输距离大于或等于100m；用于安全防护监测的红外传感器，要求无线频率达 2.4GHz，无线功率为 4.5dBm，传感器的传输距离大于或等于 100m；防外破监测装置要求无线频率为 1880～1900/2010～2025MHz，无线功率为 20dBm。而且上述三种业务监测的都是环境因子、状态量等小颗粒数据，因而都属于窄带业务，对数据传输速率、时延等要求均相对较低。

由于环境监测业务监测的都是环境因子等小颗粒数据，所以系统安全性要求不高，系统实时性不大于 80ms，系统的可靠性不小于 95%。

（3）数据传输和存储需求。管廊内部面积大，监测系统的监测点非常多，采集的数据参数多且量大，布线传输难以实现，所以监测系统采用无线方式进行数据传输。同时，由于监测系统采集到的数据量较大，为便于工作人员对数据进行分析处理及数据共享，监测系统应具备对环境参数的存储功能。

（4）报警功能需求。监测系统终端采集到的数据经过一系列的处理后，各个参数的数据与对应的阈值进行对比，如果结果高过或低于阈值，那么该参数可能出现问题，需要在监测终端和远程端对火灾、水管泄漏等情况进行报警。在城市地下综合管廊的日常运维中，设备的故障或损坏是无法避免的，所以在综合管廊的监控平台系统中应时刻检测防火门、通风机、排水泵等设备的运行状态是否正常。应避免因设备故障造成的管廊环境信息误报、漏报造成设备或人员的重大损失。因此，应针对上述情况设计开发设备故障报警功能，通过对输入量信号的分析判断硬件设备是否发生故障，并向控制中心发出报警信号，提示管理人员对故障点及时采取措施。

（5）行为监测需求。行为监测业务包括定位服务业务、电子巡检业务、实时音频业务等，下面分别讨论其性能需求。

1）定位服务业务。人员管理、设备定位的定位精度要在米级以内，否则会导致业务无法完成；定位时延在 100ms 以内；定位模式为主动模式（导航），被动模式（其他）的并发能力为 10 个/m^2。

2）电子巡检业务。电子巡检业务的通信接入需求主要包括图像业务适配性、定位精度以及移动性需求。①图像业务适配性需求：如果图像质量细腻度较高，无明显块状图像，则说明适配性良好，否则适配性较差，电力业务的适配性可以此为要求，设置不同的传输速率和编码进行测试；②定位精度需求：设备精准定位是移动巡检业务正常运行的基础，设备定位是否精确直接影响着移动巡检业务的完成效率，因此应多方面验证地下管廊各种不同场景下设备定位的精度，要求实现米级定位能力；③移动性需求：电子巡检业务将采集到的数据、图像信息传输至主站，与信息采集类业务类似，但对通信的带宽需求较大，每路信息需要 2Mbit/s 以上的带宽，还要求数据传输时延不大于 80ms，误码率为 1×10^{-6}，图像传输时延不大于 300ms，数据传输速率大于 2Mbit/s。

3）实时音频业务。管廊内需要通过实时语音通信实现作业人员的交流并保证作业人员的安全，实时音频业务中要考虑音频 QoS 与带宽大小、网络质量、实时性之间的关系，因此需要采用语音质量更好的实时音频通信编码标准。常用的语音通信编码标准有 ITU-T G.722 和 ITU-T G.728。其中，G.722带宽要求较高，需要 16/8kbit/s，但能提供高保真的语音质量；G.728 采用自适应后置滤波器来提高其性能，建议用于低速率（56～128kbit/s）业务。

3. 配电场景业务需求

在配电场景中，状态量数据感知需求主要包括以下几个方面：

（1）电力设备监测。对配电系统中的变压器、断路器、隔离开关、电流互感器、电压互感器等设备进行实时监测，掌握其运行状态，如电压、电流、有功功率、无功功率等。

（2）线路状态监测。对配电线路的电流、电压、有功功率、无功功率等参数进行监测，以及对线路的开关状态、线路温度等信息进行采集，及时发现异常情况。

（3）配电网运行状态监测。对配电网的运行状态进行实时监测，包括对配电网的负荷、电量、电能质量等信息进行采集和分析，及时调整配电网的运行状态，确保供电的可靠性和稳定性。

（4）故障监测。对配电系统中的故障进行监测和预警，通过传感器等设备采集故障信息，及时发现故障点，并进行定位和诊断，缩短故障排除时间，提高供电的可靠性。

（5）环境监测。对配电系统周围的环境进行监测，如对温度、湿度、气压、风速等信息进行采集和分析，确保电力设备的正常运行不受环境因素的影响。

（6）视频监控。在配电系统中安装视频监控设备，对电力设备的运行状态和配电网的运行情况进行实时监控和记录，及时发现异常情况，提高系统的安全性和可靠性。

（7）数据采集与传输。采用合适的数据采集和传输技术，将监测数据传输到数据中心进行分析和处理，确保数据的安全性和准确性。

综上所述，配电场景的状态量数据感知需求呈现多样化特征，需要根据具体的应用场景选择合适的感知技术和方案。同时，需要考虑数据的传输和处理需求，以确保数据传输的及时性和数据处理的准确性。

4. 分布式新能源场景业务需求

（1）分布式能源监控业务作为分布式新能源场景的主要业务，下面结合前文对该业务特征的分析，讨论其业务需求。

1）网络组网及覆盖需求。分布式新能源系统需要实现多点覆盖的网络组网，以连接分布在不同地点的发电设备和能源管理系统，包括分布式光伏电站、风力发电设备和能源监测装置等。且由于系统的布局可能会随着能源发电的变化而调整，所以需要具备弹性的网络覆盖能力，使网络组网能够灵活地适应新的发电设备的加入或移除，并能自动重新配置和调整网络拓扑结构。对于系统产生的大量发电数据和能源监测信息，网络组网需要具备足够的带宽以支持大规模数据的传输，将数据通过网络传输到能源管理系统进行实时分析和控制。随着电设备的增加，分布式新能源系统也要随之扩展，能够支持新设备的快速接入，并能够自动发现和配置新的网络节点。

2）通、存、算需求。智慧变电站需要建立高速可靠的通信网络（包括与监测装置、智能终端和运行管理中心等设备的通信），用于变电设备的监测、远程控制和数据交互。智慧变电站需要存储大量的实时监测数据、设备状态信息和运行记录。因此，需要具备足够的存储容量来保存这些数据，并能够进行数据备份和长期存储。进行数据分析、智能优化和故障诊断等任务时，需要分配算力资源来支持数据处理、模型建立和算法运行。

（2）客户端是系统管理员和用户进行分布式光伏发电系统监测的主要方式，主要承担数据查询、修改和展示任务。在功能上，客户端有以下需求：

1）统计数据客户端能够以用户或设备为单位，查询运行期间的统计数据，主要包括今日发电、本月发电、总计发电、预计收入和设备在线/离线状况。同时，需要有直观图表对统计数据按照年、月、日等单位进行展示，以方便用户查询。

2）实时数据客户端能对设备运行数据进行实时显示，帮助运维人员获取连续运行数据，及时定位故障。

3）历史数据客户端能以时间和运行状态为条件，获取设备的历史运行数据，方便问题回溯和分析。

4）系统管理功能向系统管理人员开放，使系统管理员按照业务需求对用户、设备进行管理。

（3）服务端是系统的核心，所有业务都要依托服务端展开。在功能上，根据业务特点，服务端需要满足以下几方面的需求：

1）业务需求。实现用户登录、权限管理、系统管理、数据查询。

2）数据传输需求。实现 TCPSever 和 WebSocketServer 功能，同时要对收发数据进行加密与解密。

3）数据存储需求。数据存储需求包括数据采集需求和数据管理需求。

a. 数据采集需求。在监控管理系统运行过程中，基础数据模块需要搜集各个分布式能源系统的运行信息，实现信息搜集与汇总，统计各个区域分布式能源系统设备的配备情况、区域分布情况、相关数据等，可以统计所有相关数据并分类储存。管理人员可以登录系统查询各个区域分布式能源站的具体情况，了解分布式能源设备的运行情况，及时将新增设备录入系统中，便于后期的维护和管理。

b. 数据管理需求。监控管理系统需要具备数据管理功能，以整合分布式能源系统运行参数和历史数据，统计信息数据，自动形成数据分析结果，协助管理人员判断分布式能源设备的运行状态，为操作考核提供信息依据。同时，监控管理系统的对标管理模块会自动对比分布式能源系统的实际运行参数和预设标准参数，计算出实际运行参数和预设标准参数之间的差值，判断差值大小对分布式能源设备运行的影响程度，便于指标调整和设备管理优化。

5. 电动汽车充电设施场景业务需求

根据前文对电动汽车充电设施状态监测和远程故障诊断业务的分析可知，充电设备状态监测与远程故障诊断系统最主要的任务就是实现对充电桩和配电室的远程监测和故障报警，并对出现的故障进行分析，给出处理意见，指导处理流程，确保充电设备安全稳定运行。下面针对业务性能需求给出分析。

（1）网络组网及覆盖需求。电动汽车充电设施需要建立广域覆盖的网络组网，以连接不同地点的充电桩和充电管理系统，包括城市范围内的充电站、停车场和商业区等充电设施。电动汽车充电设施可能存在高密度的充电需求，需要能够支持同时连接多个充电桩的网络组网。因此，网络需要具备高密度连接和高并发传输的能力。此外，实际应用中，电动汽车充电设施需要实时监测充电桩状态、预约管理和充电计费等，所以需要对系统实现远程管理和控制。

（2）安全防护需求。安全防护需求包括以下三个方面：

1）物理安全需求。电动汽车充电设施需要确保物理安全，防止意外事件和人身伤害。这包括设备的安全设计、安全告示和紧急停机装置等，以保护用户在充电过程中的安全。

2）网络安全需求。电动汽车充电设施需要确保网络安全，以保护用户隐私（如支付信息）和数据（如充电数据）安全。这包括加密通信、身份认证和数据安全存储等，以防止数据泄露和未经授权访问。为了保障数据存储的安全可靠，提高系统的抗风险能力，系统应采用数据库备份的方式，每隔一定的时间，自动备份数据并且根据设定时间对历史数据进行有规则的删除。

3）事故安全需求。电动汽车充电设施需要采取防火措施，以防止火灾发生和蔓延。这包括安全电源断开装置、火灾报警系统和灭火装置等，以减少火灾对设施和车辆的损害。

（3）环境需求。电动汽车充电设施需要确保能在恶劣的环境下正常运行，如现场可能存在强大的电磁干扰，因此要实现监控系统的正常运行，就需要该系统具有强大的可靠性。电动汽车充电系统的硬件设备因实际需求要暴露在室外环境，由于早晚温湿度波动较大，尤其是南方湿气比较重，北方冬季严寒，因此对硬件设备的抗干扰能力和环境适应性要求比较高。

（4）系统运维需求。针对不同类型的用户、维修人员设计分账户功能，为不同的用户类型设置不同的权限，不但方便系统的管理和维护，也在很大程度上保护了数据的安全性。对数据表进行合理设计，以满足大量数据的吞吐要求，保障系统的稳定运行和数据的安全性，同时对数据库及数据库中的敏感字段进行加密，以确保数据的安全性。软件的设计可部分采用开放接口设计，系统的开发可使用分模块开发原则，方便系统的扩展和后期维护。

8.1.3　本地通信业务建模

在电力物联网的发展中，电力业务的不断拓展，新业务的迅猛发展，对网络、数据处理和存储资源等提出了更高要求。在本地通信业务数据处理中，采用合理的本地通信业务模型不仅可以做到对本地通信系统的性能评估与分析，掌握与优化系统网络资源利用率、延迟、吞吐量等性能指标，还能统筹协调包括网络带宽、服务器、存储设备等在内的本地通信系统的各项资源。本节将围绕本地通信业务的建模方法及相关技术原理展开，主要分统计模型与机器学习模型两大类进行介绍，具体模型有基于马尔可夫过程与基于回归分析的统计模型，以及基于神经网络与决策树的机器学习模型。在着重针对模型原理及相关公式进行介绍后，将根据模型特征，分析其在电力物联网本地通信业务场景下的一些具体应用场景及应用方法。

1. 统计模型建模

在电力物联网本地通信业务数据的分析与处理过程中，常常会遇到某些过程无法用理论分析方法导出其模型的情况。针对这种不利于进行具体理论分析与公式推导处理的情况时，通常可通过建立统计模型来进行分析。统计模型可直接通过试验或工作过程测定数据，经过数理统计法求得各变量之间的函数关系而得。基于这样的统计建模方法，可以建立基于本地通信业务数据的本地通信统计模型，从而实现针对本地通信数据的分析及一定的预测。下面将针对基于马尔可夫过程的统计模型与基于回归分析的统计模型，进行原理及建模方法的介绍。

（1）基于马尔可夫过程的统计模型。马尔可夫过程是一种基于概率统计的随机过程，其状态在时间上呈现为马尔可夫性质，即未来的状态仅与当前状态有关，与过去状态无关，一般可以用来描述设备或系统不同运行状态的转移。基于马尔可夫过程的建模方法可以用于分析本地通信状态的转移和概率分布。例如，可以使用马尔可夫模型对电力物联网中的本地通信活动进行建模，根据历史通信数据推断出未观测的通信状态，如通信行为类型或通信环境状态。

目前，主要根据实际业务数据进行考虑，基于马尔可夫过程或其他统计方法构建业务数据特征模型。基于马尔可夫过程的业务数据模型起源于通过电路交换的通信网业务，属于电路域的业务模型。基于马尔可夫状态机的业务数据模型如图 8-9 所示。基于马尔可夫过程的业务模型可用于电话交换机、移动网络的语音业务的扩容和规划等工作。这种业务模型适用于电路域模型，如 GSM 通信系统和时分同步码分多路访问（time division-synchronous code division multiple access，TD-SCDMA）语音系统，其中用户独占一个资源，如频点、时隙或码道。马尔卡夫过程适用于资源独占的系统。

图 8-9　基于马尔可夫状态机的业务数据模型

无记忆性是马尔可夫过程的一个重要性质。假设设备或系统在运行过程中所处状态 $\{X(t)，t \geqslant 0\}$，对于任意时间 $t_1 < t_2 < \cdots < t_n$，离散状态空间为 $E\{x_1，x_2，\cdots，x_n\}$，在 $t_{n+1}(t_n < t_{n+1})$ 时刻，其状态 $X(t_{n+1})$ 仅与 $X(t_n) = x_n$ 有关，即设备或系统的下一个状态只与其自身当前的状态有关，与其他条件均无关。这样的状态转移过程也被称为齐次马尔可夫过程。这里的齐次是指转移状态之间的转移概率只与其对应状态和时间差有关，与前后两个状态对应的具体时刻无关。由条件概率和全概率公式可得出对应的状态转移概率，即：

$$\begin{cases} P_{ij}(\Delta t) = P[X(t+\Delta t)=j \,|\, X(t)=i] \\ P_{ii}(\Delta t) = P[X(t+\Delta t)=i \,|\, X(t)=i] \qquad i,j=1,2,\cdots,n \\ P_{ii}(\Delta t) + \sum_{j \neq i} P_{ij}(\Delta t) = 1 \end{cases} \qquad (8\text{-}1)$$

在式（8-1）中，状态转移概率 $P_{ij}(\Delta t)$ 是 t 时刻所处的状态 i 条件下，在 $t + \Delta t$ 时刻仍然保持在状态 i 的概率。同时，当 Δt 在足够小的情况下，其对应的状态概率函数满足：

$$P_{ij}(\Delta t) = a_{ij}\Delta t + o(\Delta t) \qquad i,j \in E, i \neq j \tag{8-2}$$

在式（8-2）中，$\{a_{ij}: i, j \in E, i \neq j\}$ 是一个确定的数值，且 $a_{ij} \geqslant 0$；$o(\Delta t)$ 是比 Δt 高阶的无穷小项。

由式（8-2）可以得到：

$$
\begin{aligned}
P_{ii}(\Delta t) &= 1 - \sum_{j \neq i,\, j \in E} P_{ij}(\Delta t) \\
&= 1 - \sum_{j \neq i,\, j \in E} a_{ij}\Delta t + o(\Delta t) \\
&= 1 + a_{ij}\Delta t + o(\Delta t)
\end{aligned}
\tag{8-3}
$$

对于连续时间的齐次马尔可夫过程，还存在着下述重要性质：

$$
\begin{cases}
q_{ij} = \lim\limits_{\Delta t \to 0} \dfrac{P_{ij}(\Delta t)}{\Delta t}, i \neq j \\
q_{ii} = \lim\limits_{\Delta t \to 0} \dfrac{1 - P_{ii}(\Delta t)}{\Delta t}
\end{cases}
\tag{8-4}
$$

在式（8-4）中，q_{ij} 与 q_{ii} 是转移密度，将其表示为矩阵形式，便对应式（8-2）与式（8-3）中的 a_{ij} 与 a_{ii}，即：

$$
\begin{cases}
a_{ij} = q_{ij}, i \neq j \\
a_{ii} = q_{ii}
\end{cases}
\tag{8-5}
$$

将转移概率和转移密度表示为矩阵形式，则转移概率矩阵 $\boldsymbol{P}(\Delta t)$ 和转移密度矩阵 $\boldsymbol{M}$ 分别对应式（8-6）与式（8-7）：

$$
\boldsymbol{P}(\Delta t) =
\begin{bmatrix}
P_{11}(\Delta t) & P_{12}(\Delta t) & \cdots & P_{1n}(\Delta t) \\
P_{21}(\Delta t) & P_{22}(\Delta t) & \cdots & P_{2n}(\Delta t) \\
\vdots & \vdots & \vdots & \vdots \\
P_{n1}(\Delta t) & P_{n2}(\Delta t) & \cdots & P_{nn}(\Delta t)
\end{bmatrix}
\tag{8-6}
$$

$$
\boldsymbol{M} = \lim_{\Delta t \to 0} \frac{P(\Delta t) - 1}{\Delta t} =
\begin{bmatrix}
-q_{11} & q_{12} & \cdots & q_{1n} \\
q_{21} & -q_{22} & \cdots & q_{2n} \\
\vdots & \vdots & \vdots & \vdots \\
q_{n1} & q_{n2} & \cdots & -q_{nn}
\end{bmatrix}
\tag{8-7}
$$

在电力物联网的本地通信业务中，如监测数据处理、控制数据处理、报警数据处理或通信业务资源排队问题等，各个设备或系统会存在着多个运行状态，并且运行状态之间的转移是一个随机过程，而马尔可夫过程能够较为明确地描述这种随机转移现象，为进行本地通信业务数据的处理提供较好的理论模型支撑。此外，基于马尔可夫过程的统计模型对信道状态的建模依赖于统计特性，其可以根据历史数据进行参数估计，从而更好地反映实际的通信环境。

在具体的本地通信业务数据处理应用中，值得注意的是，基于马尔可夫过程的统计模型可以利用本地通信业务的当前状态和转移概率来预测系统的未来状态，并做出相应的调整和决策。但是，状态转移概率独立于时间的这一假设，在实际的一些业务数据中，并不一定成立，这会导致一定程度上理想模型与实际结果的偏差，使得模型的准确性和适应性有所限制。因此，在选用基于马尔可夫过程的统计模型时务必注意这一点。

（2）基于回归分析的统计模型。在本地通信统计模型建模过程中，回归分析可以用于建立通信行为与其他相关因素之间的关系，如时间、地理位置、用户属性等。通过回归分析，可以探索这些因素对通信行为的影响，并预测未来的通信行为。常见的回归方法有线性回归、逻辑回归等。下面对基于线性回归的统计模型及其改进与扩展版本进行简要介绍。

回归分析是一种统计学方法，用于研究自变量和因变量之间的关系。它是一种建立关系模型的方法，可以帮助预测和解释变量之间的相互作用。回归分析通常用于预测一个或多个因变量的值，这些因变量的值是由一个或多个自变量的值所决定的。回归分析的目标是建立一个数学模型来描述因变量和自变量之间的关系。这个数学模型可以是线性或非线性的，可以包含一个或多个自变量。通过回归分析，可以使用已知的自变量和因变量的值来计算模型参数，然后使用这些参数来预测因变量的值。

在本节中的线性回归模型中，将对两变量之间的关系进行研究。首先在该模型中，给定一些随机样本点 $\{x_1, y_1\}$, $\{x_2, y_2\}$, …，用一个函数去拟合这个点集，并且使点集与拟合函数间的误差最小。常用来线性拟合的函数方程如下：

$$y = b + \omega_1 x_1 + \omega_2 x_2 + \cdots + \omega_M x_M = \boldsymbol{\omega}^{\mathrm{T}} \boldsymbol{x} \tag{8-8}$$

在式（8-8）中，可将 b 看作 ω_0，最终将平面函数方程简写成两个向量 $\boldsymbol{\omega}$ 和 $\boldsymbol{x}$ 的点积的形式。

在式（8-8）中已经得到了用线性函数去拟合业务数据的方法，那么接下来就要引入代价函数来对每次拟合的函数进行拟合效果的度量，从而得到最优的拟合曲线。

假设有 N 个样本点 $\{x, y\}$，每个样本点的自变量有 M 个，即 $\{x_1, x_2, \cdots, x_M\}$，则可以定义所有样本点与这个二维数据构成的平面的距离之和为拟合这些样本点的代价函数，其中 $\boldsymbol{\omega}$ 为 M 维列向量，$\boldsymbol{x}$ 也为 M 维列向量，y 为实数，则：

$$Cost(\boldsymbol{\omega}) = \sum_{i=1}^{N} |\boldsymbol{\omega}^{\mathrm{T}} x_i - y_i| \tag{8-9}$$

式（8-9）的函数中存在绝对值，将其改写成平方的形式，这在几何中被称为欧几里得距离：

$$Cost(\boldsymbol{\omega}) = \sum_{i=1}^{N} (\boldsymbol{\omega}^{\mathrm{T}} x_i - y_i)^2 \tag{8-10}$$

直观上只需要让代价函数的值最小，也就是所有样本点到该平面的欧几里得距离之和最小，其对应的 $\boldsymbol{\omega}$ 则为这个平面的权重系数，即：

$$\boldsymbol{\omega} = \arg \min_{\boldsymbol{\omega}} \left[\sum_{i=1}^{N} (\boldsymbol{\omega}^{\mathrm{T}} x_i - y_i)^2 \right] \tag{8-11}$$

argmin 函数表示当括号内的函数方程值最小时返回此时的变量。

基于 argmin 函数的最小化来进行求解的方法被称为最小二乘法。由于代价函数是一个凸函数，根据凸函数的性质可知其局部最小值即全局最小值，从而可以直接求得 $\boldsymbol{\omega}$ 的最佳解析解，其中 $\boldsymbol{X}$ 为 $N \times M$ 矩阵，$\boldsymbol{y}$ 为 N 维列向量，即：

$$\boldsymbol{\omega} = (\boldsymbol{X}^{\mathrm{T}}\boldsymbol{X})^{-1} \boldsymbol{X}^{\mathrm{T}}\boldsymbol{y} \tag{8-12}$$

1）线性回归分析统计模型的改进——岭回归算法。岭回归算法的代价函数第一项与标准线性回归的一致，都是欧几里得距离之和，只是在后面额外补充了一个 $\boldsymbol{\omega}$ 向量的 L2-范数的平方作为惩罚项（L2-范数被定义为向量 $\boldsymbol{\omega}$ 的每个元素的平方和然后开平方），其中 λ 表示惩罚项的系数。在实际的电力物联网场景下进行本地通信业务数据处理时，可以通过控制 λ 系数来实现人为控制惩罚项的大小。由于正则项是 L2-范数，有时这种正则化方式也被称为 L2 正则化。即：

$$Cost(\boldsymbol{\omega}) = \sum_{i=1}^{N} (\boldsymbol{\omega}^{\mathrm{T}} x_i - y_i)^2 + \lambda \|\boldsymbol{\omega}\|_2^2 \tag{8-13}$$

接下来的计算过程同标准线性回归一样，也就是求出使得岭回归算法的代价函数最小时 $\boldsymbol{\omega}$ 的大小：

$$\boldsymbol{\omega} = \arg \min_{\boldsymbol{\omega}} \left[\sum_{i=1}^{N} (\boldsymbol{\omega}^{\mathrm{T}} x_i - y_i)^2 + \lambda \|\boldsymbol{\omega}\|_2^2 \right] \tag{8-14}$$

对代价函数通过求导直接得到 $\boldsymbol{\omega}$ 的解析解，其中 $\boldsymbol{X}$ 为 $N \times M$ 矩阵，$\boldsymbol{y}$ 为 N 维列向量，λ 属于实数集，$\boldsymbol{I}$ 为 $M \times M$ 的单位矩阵。则：

$$\boldsymbol{\omega} = (\boldsymbol{X}^{\mathrm{T}}\boldsymbol{X} + \lambda\boldsymbol{I})^{-1} \boldsymbol{X}^{\mathrm{T}}\boldsymbol{y} \quad \lambda \in \mathbf{R} \tag{8-15}$$

2）线性回归分析统计模型的改进——弹性网络回归算法。弹性网络回归算法的代价函数通过两个参数 λ 和 ρ 来控制惩罚项的大小，其在岭回归算法的基础上有所改进，并加上了一个带惩罚系数 λ 的 $\boldsymbol{\omega}$ 向量的 L1-范数作为惩罚项（L1-范数被定义为向量 $\boldsymbol{\omega}$ 的每个元素的绝对值之和）。即：

$$Cost(\boldsymbol{\omega}) = \sum_{i=1}^{N} (\boldsymbol{\omega}^{\mathrm{T}} x_i - y_i)^2 + \frac{\lambda(1-\rho)}{2} \|\boldsymbol{\omega}\|_2^2 + \lambda\rho \|\boldsymbol{\omega}\|_1 \qquad (8\text{-}16)$$

同样，求使得代价函数最小时 $\boldsymbol{\omega}$ 的大小：

$$\boldsymbol{\omega} = \arg\min_{\boldsymbol{\omega}} \left[\sum_{i=1}^{N} (\boldsymbol{\omega}^{\mathrm{T}} x_i - y_i)^2 + \frac{\lambda(1-\rho)}{2} \|\boldsymbol{\omega}\|_2^2 + \lambda\rho \|\boldsymbol{\omega}\|_1 \right] \qquad (8\text{-}17)$$

（3）统计模型在本地通信应用中的优缺点分析及应用场景分析。前面主要介绍了基于马尔可夫过程的统计模型与基于回归分析的统计模型的建模方法与原理，以及在电力物联网本地通信业务当中的一些应用场景，下面将针对这两种统计模型分析其共有的以及各自的优缺点，并且根据不同的优缺点针对的具体应用场景进行对比分析。

无论是基于马尔可夫过程还是基于回归分析原理，两个模型都是统计模型，都在一定程度上具有统计模型共有的特点及优缺点。两者都基于统计学理论，都能够提供对模型结果的解释和理解，可以通过估计参数来推断特征之间的关系，从而揭示数据的内在规律，且解释性较强。基于马尔可夫过程的统计模型通过状态转移概率来对本地通信业务进行分析与一定程度上的预测；基于回归分析的统计模型则从统计学的角度出发研究变量之间的关系，从而得到拟合函数来对数据完成分析及预测，为使模型更贴近实际必要时可引入时间成本、经济成本等作为处罚项来优化代价函数，从而得到更准确的模型。此外，作为统计模型，两者通常对数据的要求较低，可以使用小样本数据建立模型，这对于数据稀缺或处理成本较高的业务场景有优势。

除去上述优点，还应注意统计模型的一些局限。在统计模型中通常对数据分布有一定的假设，如在阐述基于马尔可夫过程的统计模型时提到的其转移概率独立于时间的假设，如果数据的分布与模型假设不符，模型结果可能会出现偏差或不准确。另外，在处理复杂的非线性和高维的业务数据时，统计模型可能面临着建模困难的问题。特别是当业务数据特征之间存在非线性关系或交互作用时，统计模型的表达能力会有一定的局限。

1）基于马尔可夫过程的统计模型在本地通信中的应用场景分析。结合前述对基于马尔可夫过程的统计模型的介绍，可以知道其能灵活地对通信系统进行建模，可以捕捉到通信信道的时变特性和不确定性，可适用于不同的环境和信道状况。且基于马尔可夫过程的统计模型依赖于统计特性，可以基于历史数据、当前状态以及状态转移概率进行参数估计以实现对未来状态的预测，并做出相应的调整和决策。这一特点使得其在电力物联网本地通信场景中可以用于优化资源分配，如无线频谱的分配、传输速率的调整等。通过预测通信信道的状态变化，可以采取相应的策略来最大化资源利用率和提高通信质量。在进行该模型的建模时需要注意其假设限制，主要是状态转移概率独立于时间的假设等，可以根据实际的本地通信业务需求事先设置合理的状态转移概率矩阵，以此来降低业务数据处理的误差。另外，基于马尔可夫过程的统计模型需要对状态转移概率进行参数估计，对于复杂的系统和大规模的网络，参数估计可能非常困难，需要进行大量的计算和数据处理。

2）基于回归分析的统计模型在本地通信中的应用场景分析。关于基于回归分析的统计模型，主要在于对拟合函数的分析与求解，这使得该模型可以提供对变量之间关系的解释，可以识别出对通信性能的影响因素，并量化它们之间的关系，从而有助于理解通信系统中各个因素的作用机制。基于此，在电力物联网本地通信业务场景中，基于回归分析的统计模型通常用于分析变量之间的关系，特别是对探索性数据的分析和因果关系的识别。可以通过基于回归分析的统计模型来识别与通信性能相关的关键因素，从而优化系统设计和资源配置，预测通信系统的性能，如传输速率、信噪比等。这有助于优化通信参数和资源分配，以实现更好的通信质量。此外，相比基于马尔可夫过程的统计模型，基于回归分析的统计模型通常具有较少的参数，并且参数估计相对容易。这使得该模型的构建和参数优化相对简单，并且可以使用标准的统计分析方法来进行。在使用该模型时也需要注意其假设限制，其通常假设变量之间的关系是线性的，并且假设数据符合一定的统计分布。然而，在实际情况下，本地通信系统的性能常常受到复杂的非线性因素和分布的影响，这些假设可能不成立。

2. 机器学习模型建模

在电力物联网本地通信场景中，当面对具有非线性特征的业务数据时，或者需要处理大规模业务数据时，可以通过建立机器学习模型来进行本地通信业务数据的分析与处理。机器学习是人工智能的一个分支领域，研究如何设计和开发具有学习能力的计算机系统，使其能够从数据中自动学习和改进，并通过经验来提高性能，而不需要明确地进行编程。机器学习通过构建和优化数学模型，从数据中自动学习和改进，实现对未知数据的预测、分类、聚类等。机器学习的分类有多种，如神经网络、支持向量机、决策树和随机森林等。下面将对基于神经网络的机器学习模型与基于决策树的机器学习模型进行基本原理与建模方法方面的介绍。

（1）基于神经网络的机器学习模型。神经网络是一种受人类神经系统启发的模型，具有强大的学习和表示能力。在本地通信中，可以使用神经网络来处理和分析通信数据。例如，可以使用多层感知机（multi layer perceptron，MLP）或卷积神经网络（convolutional neural network，CNN）进行通信数据分类、通信行为识别或异常检测。下面介绍神经网络技术的基本原理及结构。

神经网络技术的基本原理可以理解为：根据采集到的业务数据，这些数据都有其自身的"特征"（自变量 x），也有其自身的"标签"（因变量 y），找出业务数据之间特征与标签之间的"关系"（即建立神经网络模型的过程），之后利用所建立的"关系"，基于已有特征求解对应标签。

　　神经网络由多层神经元（节点）构成，不同层之间的神经元通过权重相连接。各个神经元（节点）所构成的层分别称为输入层、隐层、输出层。一般的神经网络结构如图 8-10 所示。各个层的具体作用如下：

　　1）输入层。输入层负责将输入向量传递给神经网络。所要处理的业务数据与问题不同，构成输入层所需的神经元的数量也会有所不同。

　　2）隐层。隐层代表中间节点，它们对数字进行多次变换以提高最终结果的准确性，输出由神经元的数量定义。

　　3）输出层。输出层返回神经网络的最终输出。所要处理的业务数据与问题不同，构成输出层所需的神经元数量也会有所不同。

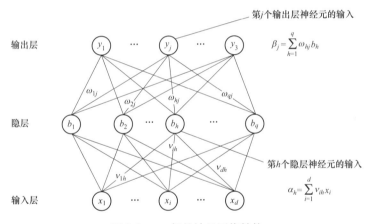

图 8-10　一般的神经网络结构

　　值得注意的是，图 8-10 中仅画出了一层的隐层神经元，而在面对具体实际问题时，常常不止有一层的隐层神经元。在隐藏层中，每一层神经元表示对特征 x 进行一次更新的数据，而每层有几个神经元就表示将输入数据的特征扩展到几个输出，且每一层中的神经元都可以有不同的表示形式。

　　在神经网络机器学习的过程中，神经元（节点）其实是对各个该神经元（节点）的输入项进行一定的权重取值与求和，整体输出见式（8-18）：

$$y = b + \omega_1 x_1 + \omega_2 x_2 + \cdots + \omega_h x_h \tag{8-18}$$

$$\beta_j = \sum_{h=1}^{q} \omega_{hj} b_h \tag{8-19}$$

$$\alpha_h = \sum_{i=1}^{d} \nu_{ih} x_i \tag{8-20}$$

式（8-19）与式（8-20）分别如图 8-10 中单个神经元（节点）对业务数据特征的处理过程。在建立基于神经网络的机器学习模型时，需要根据已有的历史数据对神经网络模型进行训练，通过大量的训练可得到各个隐层神经元之间的合适权重值。在训练完成后，即可应用于对新产生（新输入）数据的分析与处理。

（2）基于决策树的机器学习模型。基于决策树的机器学习模型是机器学习各种算法模型中较为易懂的一个，其基本原理便是通过对一系列问题进行 if/else 推导，最终实现相关决策。最终所形成的模型是一种以树状结构表示决策规则的模型。在本地通信中，决策树可用于分类和异常检测，帮助确定通信数据的类别或识别异常通信行为。下面将对基于决策树的机器学习模型进行基本原理与建模方法方面的介绍。

在介绍基于决策树的机器学习模型建模前，首先需要介绍父节点、子节点、根节点以及叶子节点等内容。父节点和子节点是相对的，子节点由父节点根据某一规则分裂而来，然后子节点作为新的父节点继续分裂，直至不能分裂为止。根节点则和叶子节点是相对的，根节点是没有父节点的节点，即初始节点；叶子节点则是没有子节点的节点，即最后的节点。基于决策树的机器学习模型的关键即是如何选择合适的节点进行分裂。

对于电力物联网本地通信业务，在使用基于决策树的机器学习模型进行分类与通信异常识别时，最初收集到的业务数据集便是根节点。该根节点也是一个父节点，即其可以根据一定的条件被分类成正常通信部分与通信异常部分两个集合，这两个新的业务数据集便是分裂而来的子节点。在实际的本地通信业务数据处理时，还会在正常通信业务数据集与通信异常业务数据集上再次进行细分，在此不再具体举例。根据各项 if/else 条件进行判别分类后，当最后的节点无法再细分时，该节点为叶子节点，也为子节点。节点分裂的过程在最终形成的决策图中形似树状，故称为决策树。

根据本地通信业务数据集选择相应的特征进行节点分裂，便可以搭建出基于决策树的机器学习模型。利用该模型就可以预测本地通信业务数据的异常情况等，然后根据数据分析结果做好相应的应对措施。

决策树的概念本身并不复杂，主要就是通过连续的逻辑判断来得到最后的结论，其关键在于如何建立这样一棵"树"。下面介绍基于决策树的机器学习模型的建模依据。

基于决策树的机器学习模型的建模依据主要是基尼系数。基尼系数（gini）

用于计算一个系统中的失序现象，即系统的混乱程度。基尼系数越高，系统混乱程度越高。建立基于决策树的机器学习模型的目的就是降低系统的混乱程度，从而获得合适的数据分类效果。基尼系数的计算公式为：

$$\mathrm{gini}(T) = 1 - \sum p_i^2 \tag{8-21}$$

式中：p_i 为类别 i 在样本 T 中出现的频率，即类别为 i 的样本占总样本个数的比率；$\sum$ 为求和公式，即把所有的 p_i^2 进行求和。

当引入某个用于分类的变量后，分割后的基尼系数公式为：

$$\mathrm{gini}(T) = \frac{S_1}{S_1 + S_2}\mathrm{gini}(T_1) + \frac{S_2}{S_1 + S_2}\mathrm{gini}(T_2) \tag{8-22}$$

式中：S_1、S_2 为划分后的两种类别各自的样本量；$\mathrm{gini}(T_1)$、$\mathrm{gini}(T_2)$ 为两种类别各自的基尼系数。基尼系数越低表示系统的混乱程度越低（纯度越高），区分度越高，越适合用于分类预测。

除去上述基尼系数的分类方式，还有基于信息熵的分类方式，但因为基尼系数涉及的是平方运算，而信息熵涉及的则是相对复杂的对数函数运算，计算方式相对麻烦且运算速度较慢，故在此略过信息熵分类方式。

图 8-11 所示为利用基尼系数进行分类的基于决策树的机器学习模型样例，从中可以看到根据相应的判决条件进行各节点之间的分裂，在分裂的过程中，各节点的基尼系数逐渐降低，直到最后基尼系数降为 0，混乱程度降到最低（纯度最高），完成业务数据的分类。

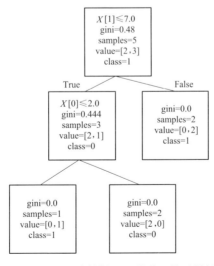

图 8-11　基于决策树的机器学习模型样例

（3）机器学习模型在本地通信应用中的优缺点分析。前面主要介绍了基于神经网络的机器学习模型与基于决策树的机器学习模型的建模方法与原理，下面将针对这两种机器学习模型分析其共有的以及各自的优缺点，并且根据不同的优缺点针对的具体应用场景进行对比分析。

与统计模型对数据的要求较低，可以针对小样本数据建立模型不同，机器学习模型对数据的质量敏感，并且对计算资源有一定的要求，更具备处理大规模数据的优势。在电力物联网本地通信中，机器学习模型还具有非线性建模能力和自适应性强的优势。基于神经网络的机器学习模型在具备非线性建模能力的同时能够处理大规模的数据集，能适应电力物联网本地通信业务中生成的大量数据。通过使用并行计算等技术，可以高效地处理和训练大规模的数据。基于决策树的机器学习模型可以生成清晰的规则和决策路径，在易于理解和解释的同时具备较高的推断速度。对于实时的本地通信模型产生的大量业务数据，基于决策树的机器学习模型可以快速地对数据进行分类和预测。

除去上述优点，还应注意机器学习模型的一些局限。机器学习模型对于训练数据的质量和标签的准确性非常敏感。如果训练数据存在错误、缺失或偏倚，模型的性能可能会受到影响。此外，机器学习模型往往伴随着对高计算资源的需求，对于一些复杂的机器学习模型，如基于神经网络的机器学习模型，需要大量的计算资源和存储空间。在资源有限的环境下，部署和维护这些模型可能会面临挑战。

1）基于神经网络的机器学习模型在本地通信中的应用场景分析。基于神经网络的机器学习模型在处理大规模数据时有着极大的优势，且其具备学习能力，可以自适应地学习和调整模型参数。但该模型在建模时，却需要大量的历史数据用于训练，对于电力物联网本地通信模型来说，获取大规模、高质量的标记数据可能会面临一些挑战；且其处理大规模数据与建模时都会有较高的计算资源需求，对电力物联网的硬件设备要求较高。在电力物联网本地通信中，基于神经网络的机器学习模型可以应用于电力设备的故障检测与诊断，通过学习电力设备的实时数据和运行状态，检测和诊断潜在的故障和异常状况，这有助于及时采取措施进行电力设备的维修和保养；或者应用于能耗优化，通过学习电力设备的能耗模型和运行数据，优化能源的使用和分配，提高能源的利用效率。

2）基于决策树的机器学习模型在本地通信中的应用场景分析。与基于神经网络的机器学习模型具有大规模电力物联网本地通信数据的学习、分析、处理及预测能力不同，基于决策树的机器学习模型更适合处理包含离散型和连续型数据的混合数据类型。对于电力物联网中不同类型的数据，如传感器测量值、设备参数等，基于决策树的机器学习模型更加灵活。由于决策树的结构特点，它的推断速度通常较快。对于实时的本地通信模型，基于决策树的机器学习模型可以快速地对数据进行分类和预测。由于其在分类上的较大优势，在电力物联网本地通信场景中，基于决策树的机器学习模型通常应用于设备状态识别、故障排查、数据预处理等。此外，需要注意基于决策树的机器学习模型的一些不足，由于该模型天生具有分段线性特征，相比基于神经网络的机器学习模型等，它不能很好地处理复杂的非线性关系和特征交互。而且，基于决策树的机器学习模型对输入数据的细微变化较为敏感，当输入数据发生小的变化时，所生成的决策树结构可能会发生较大的变化。

8.2 电力业务与本地通信适配性分析技术

本地通信业务通常依赖稳定的本地通信网络来实现数据传输和监控管理等功能的正常运行。因此，很有必要分析电力业务与本地通信的适配性技术，从而确保满足业务需求以及本地通信网络的性能需求。电力物联网本地通信场景中有着多种不同类型的配电业务，也就意味着其需要与本地通信设备进行较为频繁的交互。在此情况下，研究电力业务与本地通信的适配性技术能够为两者的适配融合提供可能性。

8.2.1 本地通信网络典型业务分析

1. 用电信息采集

物联网是互联网基础上的万物互联网，而电力物联网是智能电网内部的万物互联网。智能用电是智能电网中连接供电部门和用户的关键环节，也是举足轻重的一环，其实现了双方间的信息互动和需求交互。该业务通过将电能表等仪器收集到的用电量数据送回采集系统的总站，满足对于用户用电情况、用电费用等的检测要求。用电信息采集系统是实现智能用电的核心，是负责测量、收集、储存、运用和分析用户用电信息的完整信息网络和系统。如图 8-12 所示，配用电业务的用电信息采集系统包括主站层（信息主站）、终端层（采集器、电能表）和通信网络，使用通信技术来监测和分析用电负荷。该系统的建立打破了传统电力和信息单向流动的格局，为用户和电网之间的双向互动提供了平台和技术支持。

用电信息采集业务的主要工作是利用本地电能表将采集到的用户使用电

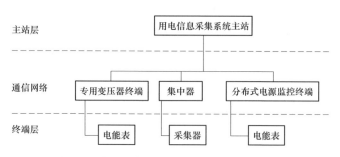

图 8-12　本地通信网中用电信息采集系统框架

量、居民用电时间和地域分布实时数据、错峰电能质量分析数据，经过通信网络汇集发送到远程主站，从而进行用户电费结算、客户用电量监管和售电统计等。随着城市的发展建设，居民用户不断增加，用电信息采集系统的终端设备数量必将迅猛增长；而且面向城市的智能化推进，很多地区逐渐开展"多表合一"采集业务，让信息感知数据融合。该业务中"多表合一"数据采集终端或智能电能表的数据采集量通常约为 2kbit/s，数据通过本地通信网接入集中器，此时数据带宽约为 60kbit/s，而后将数据传输到主站。在本地通信网中，集中器下接的"多表合一"数据采集终端或智能电能表区域密集度高，采集数据通信时延要求小于 2s，系统可靠性要求高于 99.5%。

2. 配电自动化

自动化技术的快速进步促进了电力物联网的优化和升级，智能电网的建设已成为未来电力物联网发展的主要方向。其中，配电自动化是本地通信网络建设的关键技术，通过实时监控电网系统，可以确保其正常稳定的状态以及降低运行风险。配电自动化系统采用信息通信技术完成对变压器、终端、开关等设备之间的实时状态检测与交互控制。图 8-13 所示为配电自动化系统组成架构。不仅如此，利用配电自动化技术可对电网系统状态和各类故障进行精准排查、分析，能够提高电力企业工作人员处理故障的效率。此外，通过利用自动化技术监测到的电网系统的电力参数对电力分配和用电负荷进行合理、科学的控制也是该业务的重要应用。

电网系统不断升级，其所涉及的电力设备种类和基数庞大且日益迭代更新，配电网线路设计日益复杂。随着科学技术的不断发展，面对庞大纷杂的用电需求，对电网系统进行自动化建设迫在眉睫。配电自动化技术已经成为电力事业朝着智能化、自动化发展的关键环节。配电自动化系统主要包括配电信息主站、信息汇集子站、数据采集终端以及通信连接设备等。配电信息主站和子站主要是对数据采集装置的数据进行汇总分析和预警；通信连接设备是配电自

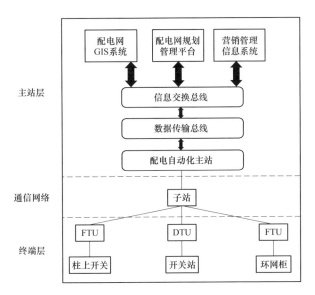

主站层

通信网络

终端层

图 8-13　配电自动化系统组成架构

动化数据传输的载体；数据采集终端是利用相应的传感器对电网系统的参数信息进行监测以供实时监控。

配电自动化系统的通信需求主要分为两方面：①用于终端状态的上行反馈和控制指令的下行发送；②用于监测数据的采集和实时传输。对于数据采集和传输，配电自动化系统需要稳定、可靠、高速的通信方式，以满足大量实时数据的采集和处理需求，同时保证系统数据的准确性和时效性。对于控制指令的下发和状态反馈，则需要更高的可靠性和安全性。针对这种需求，可以采用可靠性更高的双重通信或冗余通信方式，以确保指令能够被及时下发并得到响应。此外，需要采用更高级别的加密和身份认证机制，以保证系统的安全性。

3. 城市电力地下管廊状态监测

城市规模越来越大，城市建设也在不断向前推进。然而，电力输电线的布线已经变得困难，这给城市建设带来了巨大的成本压力。为了解决这一问题，规范城市规划、美化城市景观、降低运维成本、保障城市安全以及应对自然灾害等挑战，提出了建设城市电力地下管廊的设想。这种管廊的建设方式已经得到广泛推广。通过地下管廊的建设，可以缓解城市电力负荷增长给城市布缆带来的压力，同时能更好地保障城市电力系统的安全和稳定运行。城市地下管廊是一种狭长封闭的空间，内部铺设了高压电缆、通信线缆、线缆支架等电力设施。因其环境复杂特殊，所涉及的电力业务主要是各类数字化监测业务，包括电缆电线状态、管廊温湿度等长期环境监测业务，火灾等突发事故的安全监测业务，以及周期行为监测业务，如人工巡检、人员定位和机器人巡检等。这些监测业务有助于确保管廊内电力设施的正常运行，维护管廊的安全和稳定。城市电力地下管廊通信需求主要包括以下方面：

（1）远程监控。电力地下管廊作为城市基础设施的一部分，需要进行远程监控，以及时了解管廊的状态、温度和湿度等环境信息，确保管廊的安全和正常运行。满足上述需求离不开城市电力地下管廊通信技术的应用。

（2）数据传输。电力地下管廊需要将各种数据（如电力负载情况、电力消耗量等）传输到中心控制室，以便对管廊进行管理和维护。

（3）实时控制。控制中心需要对电力管廊进行实时控制，如在管廊内传输、分配和管理电力信号等。

针对这些需求，可以采用无线传输技术，将传感器设备、通信设备和数据中心进行联网，实现对城市电力地下管廊的实时监控和控制，并进行数据分析和管理，以满足长距离传输、低功耗、多节点连接、高可靠性和安全性等方面的需求。

4. 电动汽车充电桩/站监测与控制

目前，国家正在大力提倡节能减排，以努力做到控制减少国内废气排放、保护环境以及保障我国能源安全。新能源电动汽车产业顺应当今时代潮流，得到了快速发展和推广。作为高新技术产业，电动汽车已成为新能源产业的一个重要分支。在电动汽车高速发展的背后是相关配套设施的逐渐完善，电动汽车充电站/桩等终端充电设施需求量急速增长。电动汽车充电成为新型电力系统中的典型电力场景。

要实现电动汽车充电桩/站的安全供电，在新能源电动汽车充电设施中，不仅需要配置充电机控制系统，还需要增加配电系统监控、充电监控以及安全防护监控等功能。对于实现上述功能的充电、配电设备等，电动汽车充电设施要进行集中管理和控制；必要时，还需要针对实际情况采取合适的调控对策，在相关区域内对部分充电设施进行优化调控，分配电力供应。配电系统监控部分要实现设施的过电流保护功能。配电系统测控部分主要完成的功能有：实现电气参数的遥测功能，即配电系统所使用的电流和电压等实时参数；实现重要开关的遥控功能，即其遥控功能中主要包括各类进线开关等。电动汽车充电设施的该部分功能在一定程度上提高了充电桩/站在供电过程中的可靠性。

终端充电设备处于车联网平台业务系统架构中的平台层，内置有通信系统，用于将采集的数据通过虚拟专用网络（virtual private network，VPN）上传至中心平台。

电动汽车充电桩/站需要建立可靠、高效的通信网络，以实现与车主的互联和对电力系统的监测与控制。通信需求主要包括以下方面：

（1）远程监测。需要实时监测充电桩/站的状态，包括电池充电情况、交流/直流电压、电流、功率等信息，以及充电桩/站的故障报警。这些数据需通过通信网络传至运营商的服务器，以供后期的统计分析和预测维护。

（2）充值充电。需要支持车主通过手机等终端进行互联网支付充值，实现充电站的支付结算。这需要建立一个安全、实时的支付通道，保证资金的安全性。

（3）远程控制。充电站需要支持远程控制，包括开关机、充电功率调节等。这些控制源信号需通过通信网络传输，确保控制指令被准确、及时执行。

5. 分布式新能源调控

全球变暖的现状与可持续发展的需求推动了可再生能源发电的快速发展与普及。如今，太阳能、风能等各种可再生能源发电站越来越普遍。国家发展改革委、国家能源局等9部门联合印发的《"十四五"可再生能源发展规划》，支持在风能和太阳能资源禀赋较好、建设条件优越、具备持续整装开发条件的地区，优化推进风电和光伏发电基地化开发，并着力提升新能源就地消纳和外送能力。现阶段国家正在推动协调各类能源的规划设计和建设运营，因地制宜地实施"风光水火储一体化"，以降低新能源对电网安全运行的影响。分布式新能源靠近负荷中心，有利于新能源就近消纳利用。目前，城市范围内分布式能源占比最大的是分布式光伏。由于分布式能源系统中包含多类型能源，其发电的不定时性及波动性等，使得其在加入电网时会对电网产生一定的冲击。因此，分布式能源数字化感知调控业务就成为重点研究的目标。

在此背景下，电力物联网本地通信技术发挥着重要作用。通过电力物联网检测设备运行状态，这使得实时的数据收集、传输和处理成为可能，从而可使分布式能源设备和系统与中央控制中心实现快速可靠的通信。在分布式新能源调控业务中，安全可靠的通信网络是保障终端设备采集信息和中央调控指令精准传递的关键。该业务要根据用电消耗需求实时调控能源供给分布，对通信时延要求较高，其通信响应最好控制在毫秒级内，以此来提高电网优化协同效率。除此之外，本地通信网络主要用来解决分布式新能源内部各终端之间的通信问题，大量部署在电网边缘的新能源终端都要参与电网的集中调控，电力系统被攻击的风险大大增加，通信的安全性也极为重要。

6. 变电站机器巡检

目前，大多数变电站日常维护工作依赖于传统的人工定期巡检，耗费人力且效率较低。为了提升人员工作效率，促进企业提质增效，亟须对变电站进行智慧化改造。为实现供电公司对智慧变电站设备状态的实时掌控，提升已有设备监控和运维系统的功能，减轻运维人员的巡检负担，及时发现人工不易察觉的故障和隐患，提高巡检效率，扩大巡检范围，可采用增加辅助设备采集数据的方式，融合应用最新技术，实现对一次设备和系统状态数据的实时采集，这样不仅能实现无人值守变电站设备的全方位监控，同时可以加强数据的综合分析深度，有效提升运维管理水平。

智能变电站中涉及的主要电力业务为机器人和无人机巡检。通过在巡检机器人上安装各类先进设备，如传感器等数据采集设备，对变电站中的设备数据进行采集比较，判断设备是否处于正常工作状态；通过所搭载的高清视频拍照设备对抓拍图片进行实时分析和精准判断；通过红外热像仪对变电站机器设备及环境温度进行监测。同时，机器人巡检可实现实时视频回传，使工作人员能及早发现问题、及时做出判断。无人机巡检的优势在于巡检可达高度提升，视野更加宽阔，可达到全面、无死角的巡检目标。机器人、无人机等智能巡检要求高带宽、低时延、高可靠性和安全性。

8.2.2 本地通信技术特征分析

在电力物联网中，各种电力设备需要进行实时的数据信息交换，本地通信网络恰恰能为此提供保证。因此，对本地通信技术进行分析显得很有必要。在分析其特征时，应从传输速率、带宽和本地通信覆盖范围入手，同时兼顾安全及隐私保护能力。以上特征使得不同的本地通信技术适用于不同的应用场景和需求。

1. 电力线通信

电力线通信（power-line communication，PLC）是一种将电力线作为传输介质的通信方式。电网作为全球覆盖面最广的网络，其连接使用的电力线四通八达，电力线在传输电能的同时，能利用载波调制将模数信号转化为适合在电力线上传输的高频信号，实现通信数据的快速传输。PLC 通常采用的调试方式为 OFDM。PLC 根据使用频段的不同有窄带、中频带和宽带之分。窄带 PLC 因其传输速率小于 150kbit/s，可连接数高达 1000 个，常用于低速率、大连接的技术场景；中频带因其时延小于 50ms，常用于高可靠和实时控制类场景；宽带 PLC 有增强的大带宽优势，但其通信距离小于 200m，常用于家庭宽带接入场景。PLC 按照电压等级又有高压、中压和低压之分，本地通信网中主要采用低压 PLC。

由于 PLC 具有可以利用已有设施、能按需重新组网、无须布线且成本低的
独特优势，在电力系统通信中获得了广泛应用。但 PLC 也存在一些缺陷，如电
力线没有防窃听措施，通信安全风险高，且容易受到外界环境噪声的干扰等，
对信号传输性能影响较大。

　　2. 短距离无线通信

　　本地通信系统通常工作在 433、470、868MHz 和 2.4GHz 等 ISM 频段，单
跳通信距离小于 500m。

　　（1）微功率无线技术。微功率无线技术的国内工作频段主要在 470～
510MHz，设备发射功率小于 50mW。通过微功率无线电通信模块进行消息的
发送和接收，可实现小范围近距离通信网络。微功率无线技术广泛应用于电力
物联网本地通信场景。

　　微功率无线组网特点：①可以由应用软件进行管理调控，组网快捷灵活、
自由度高；②采用频分复用（frequency-division multiplexing，FDM）技术，
可做到区域覆盖，能够抑制同频干扰；③自组织网络具有自动中继和路由能
力，能够自动维护和修复网络故障；④铺设网络无须布线，后期维护管理方
便，成本低；⑤技术功耗极低。

　　作为本地通信方案的微功率无线技术，主要应用于电网的计量自动化系统
中实现智能抄表等业务。

　　（2）Wi-Fi。Wi-Fi 是 IEEE 802.11 无线通信标准下的一种无线局域网技
术，也是目前应用最广泛的无线局域网技术。该技术于 20 世纪 90 年代后期推
出，第一代 Wi-Fi 提供的链路最大传输速率为 1～2Mbit/s；目前已发展到第六
代 Wi-Fi 技术，其链路最大传输速率为 574～9608Mbit/s；下一代 Wi-Fi 将在
2024 年推出，传输速率甚至更大，可达到 1376～46 120Mbit/s。

　　Wi-Fi 在电力物联网的本地通信适配中发挥着重要作用，其能利用互联网
及物联网技术实现系统的智能化、自动化和远程监控。Wi-Fi 使用无线电波向
设备发送信息或从设备发送信息。无线路由器或接入点将从有线连接接收的数
据转换为无线电波并传输。Wi-Fi 传统上使用 2.4GHz 和 5GHz 两个工作频段，
Wi-Fi 6E 版本引入了 6GHz 频段的使用。6GHz 频段比 2.4GHz 和 5GHz 频段
具有更多的带宽，因此拥塞更少，从而可获得更快的连接速度和更好的 Wi-Fi
性能。Wi-Fi 使用多个无线信道来传输数据，每个信道都是独立的，相互之间
不干扰。如果有一个信道出现了问题，其他的信道可以及时补上，以确保数据
的顺利传输。Wi-Fi 采用点对点方式进行连接，终端设备之间相互发送数据时
不需要与网络服务器进行交互，极大地节省了网络带宽。因此，Wi-Fi 被广泛

应用于无线局域网、无线广播等领域。

Wi-Fi 的优点是：对小型便携式设备非常友好，组网便捷，网络扩展灵活，带宽大；相比有线以太网技术，Wi-Fi 的实时性较差，但经济性好，且技术相对成熟。Wi-Fi 的缺点是：通信距离较短；无线信号在空中传播，容易受到干扰；加密措施有限，信号可能会被拦截，网络安全性有待提高。

（3）蓝牙。蓝牙技术于 1944 年推出，作为目前主流的无线通信技术，主要应用于短距离无线传输。蓝牙主要采用跳频扩频技术（frequency hopping spread spectrum，FHSS），工作频段在 2.4GHz，有微电网和散射网两种组网模式。蓝牙技术的主要性能优点有：

1）低功耗。蓝牙技术在低功耗模式下运行，可以大大延长电池寿命，更适合在移动设备上使用。

2）短距离连接。蓝牙技术适用于近距离通信，连接距离短，可以有效避免自由空间信号传输中的干扰。

3）多节点连接。蓝牙技术可以同时连接多个设备，实现设备间的复杂交互。

4）易于使用。蓝牙技术的设置和连接非常简单，用户可自己进行连接、传输和断开操作。

5）安全性高。蓝牙技术具有较高的安全性和隐私保护能力，可通过加密技术保障数据的安全性。

但蓝牙技术也存在以下一些缺点：

1）传输速率相对较慢，限制了其在高速数据传输场景下的应用。

2）连接距离较短，通常只有几十米，无法在长距离通信应用中发挥优势。

3）传输信号容易受到干扰，会影响传输质量，降低传输速度。

4）能耗不能过度优化，虽然低功耗和睡眠模式可以延长电池寿命，但是过度优化会影响反应速度和稳定性。

蓝牙技术具有全球统一规范，对网络中各类设备的兼容性强，可以实现设备间的快速组网，且建网成本低，所能容纳的网络节点多，网络扩展性强。如今，蓝牙技术相较其他通信技术已经相当成熟，在特定的应用场景中具有很大的优势和发展空间。

3. 低功耗长距离无线通信

低功耗长距离无线电（long range radio，LoRa）是一种基于扩频技术的超长距离无线传输方案。LoRa 技术于 2013 推出，LoRa 芯片打破了传输功耗与传输距离之间的平衡。

LoRa 是一种低功耗、低成本的无线网络通信协议，其发射功率很低，一般为 1dBm 或更低，具有远距离、大容量、低成本和低功耗的特点。LoRa 使用电池供电，可连续工作 2～3 年，具有很强的网络扩展性。更关键的是，LoRa 在调制方式上采用了线性扩频调制技术，实现了真正意义上的长距离通信。此外，LoRa 具有以下优势：①支持数百个智能节点同时连接，形成庞大而稳定的网络；②可靠性高，传输采用自适应扩频技术，能够降低多径衰落和干扰的影响，提高传输可靠性和稳定性；③安全性高，采用 AES-128 加密技术，以保障用户数据的安全性和机密性。

　　总之，LoRa 具有长距离传输、低功耗、多节点连接、高可靠性和安全性等优势，适用于物联网、智能家居、城市智能化等场景。在电力系统中，LoRa 适用于用户终端测设备状态、环境等小颗粒数据业务，如变电站、管廊等的温湿度监测系统等。

　　4. RS-232/RS-485

　　RS-232/RS-485 是常用的串行物理通信接口标准，广泛用于数据采集和控制应用。RS-232/RS-485 属于专线通信标准，抗干扰能力强且较为可靠，还具有成本低、易上手的优点。当通信距离达到几十米甚至上千米时，广泛采用 RS-485 标准。

　　在 RS-485 标准中，数据通过两根绞合在一起的电线传输，该电线也称"双绞线电缆"。它允许将多个 RS-485 设备放在同一条总线上，这使得多个节点可以相互连接，所有其他需要连接的发射器应等到通信线路空闲后再进行数据传输。双绞线电缆具有抗电噪声能力，这使得 RS-485 在电气噪声严重的环境中可用。RS-485 通信网络是一种工业网络，网络实现简单，能够实现远距离通信。如今，RS-485 技术仍是许多通信网络的基础，其主要优点有：技术成熟度很高，具有高可靠性。RS-485 的传输速率随传输距离的增大而降低，在 15m 的通信距离内提供高达 10Mbit/s 传输速率；但当通信距离为 1200m 时，仅以 100kbit/s 的速率传输数据。鉴于此，RS-485 无法用于视频、图像的传输，在电网中通常用于一些离散数据的采集。

8.2.3　基于层次分析法的本地通信适配性分析

　　电力物联网业务与本地通信适配是一个复杂度较高的问题，涉及多个要素。此时，需要找到一种方法使适配目的和最终的适配结果形象清晰地展示出来。而层次分析法（analytic hierarchy process，AHP）凭借自身的优越性，将电力物联网和本地通信适配中潜在的目标进行比较和排序，以便更有层次地理解和解决问题，并为最终决策提供清晰的指导。

1. AHP 的原理及核心思想

AHP 是一种用于决策和优化的方法，可用于电力物联网业务与本地通信适配技术中。其原理是利用部分定量信息将抽象化的决策思维进行数学量化表达，从而实现定性与定量相结合的、系统化的评价分析。AHP 也是解决多指标、多层次、多目标的复杂决策问题较为高效、合理的主观分析方法。各种各样的电力业务催生了差异化的通信需求，AHP 可以作为使电力物联网中配电业务与本地通信的适配性得到优化的一种技术。

AHP 的核心思想是：根据待解决问题的性质和预期目标，选取影响目标的多个因素。依据这些因素间的关联及从属关系，将因素分为多个层次并组合成一个便于后期分析计算的结构模型。对同一层次的因素进行两两比较，确定相对重要性，从而获得各影响因素的权重。最终将问题转化为下面决策方案层相对于上面总目标层的权值确定或优劣次序排定，以便后续决策。

考虑到传统电力业务应用的通信技术架构较为简单、适配指标较为单一，为满足电力本地业务的差异化通信需求，构建了综合指标评价模型，基于 AHP 和变异系数法，综合考虑了业务的通信性能需求和通信技术的指标性能，进行电力系统差异化的业务通信需求与本地通信技术的适配性分析。

2. 基于 AHP 的适配性分析

前面介绍了用电信息采集、配电自动化、城市电力地下管廊监测、电动汽车充电桩/站监测与控制、分布式新能源调控、变电站机器巡检、六种电力本地业务，不同的电力业务催生了差异化的通信需求。为有针对性地选择适配的通信技术，下面总结收集了电力本地业务通信需求数据，见表 8-4。

表 8-4　　　　　　　　　　电力本地业务通信需求

序号	业务名称	带宽	传输距离（m）	实时性（s）	安全性	可靠性（%）	成本
1	用电信息采集	≥60.7bit/s	1000	≤2	低	≥99.5	中
2	配电自动化	≥4Mbit/s	≥50	≤2	高	≥99.9	较高
3	城市电力地下管廊监测	≥4kbit/s	≥50	≤0.3	低	≥95	低
4	电动汽车充电桩/站监测与控制	≥4kbit/s	2000~5000	≤5	中	≥99	中
5	分布式新能源调控	≥19.2kbit/s	500	≤3	高	≥99.9	较高
6	变电站机器巡检	≥2Mbit/s	100	≤0.3	较高	≥99.9	高

各种电力业务都有各自的特点，因此有必要根据每种业务自身的需求制定合适的本地通信适配性方案。在此过程中，要考虑将带宽、时延、传输距离、安全性、可靠性和产品成本等具体指标纳入范畴。此外，可以将上述指标根据重要性进一步分级，给予不同的权重后重新排列。这样一来，原本复杂的问题就被拆分为若干个子问题的决策，有利于实现配电业务与本地通信适配性的分析。

通常情况下，运用 AHP 进行适配性分析主要有三个步骤：构造层次分析模型、构造判断矩阵、层次单排序及其一致性检验。

步骤 1：构造层次分析模型。

为了更加准确地描述电网本地通信网络中的数字化电力感知业务通信性能需求和本地通信技术性能，选取与匹配问题相关的影响指标构建多指标综合评价模型，如图 8-14 所示。

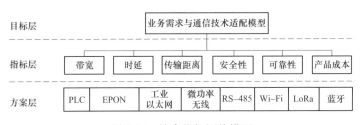

图 8-14　综合指标评价模型

层次模型中，目标层对应某种电力业务与通信技术的匹配性评价；指标层涵盖各种评价指标，为了得到较全面的评价结果，分别从带宽、时延、传输距离、安全性、可靠性和产品成本具体指标入手；方案层包括备选的本地通信技术。

步骤 2：构造判断矩阵。

不同配电业务的差异性就意味着不能同时将所有因素一起比较，因此考虑两两比较。通过两两比较不同业务从而确定出每个业务的权重，能够减少诸多因素导致的比较困难。在建立综合指标评价模型后，需要通过专家或实践经验判断低层因素对高层因素的相对重要性。根据判断出的重要性程度，衡量得出权重排序，进而进行量化分析比较。AHP 主要是对影响达成目标的因素进行科学合理的数据化处理，将抽象问题分解为易于理解的子问题，以便直观理解判断并做出决策。

根据九级标度法对得到的数据进行量化，得到比较矩阵 $C = (c_{ij})_{K \times K}$。 其中元素满足：

$$\begin{cases} c_{ij} > 0 \\ c_{ij} = \dfrac{1}{c_{ji}} \\ c_{ii} = 1 \end{cases} \tag{8-23}$$

步骤 3：层次单排序及其一致性检验。

在比较矩阵中，不是把所有因素放在一起比较，而是两两比较。对于本层各因素针对临近上一层某个因素的相对重要性进行比较，采用相对尺度方法，以尽量降低不同性质因素间比较的难度，有效保证数据的准确性和合理性。AHP 用于计算权重，需要进行一致性检验。简单来说就是在构建判断矩阵时，有可能会出现逻辑性错误，如甲比乙重要，乙比丙重要，但却又出现丙比甲重要。因此，为判断数据是否合理，还需要进行一致性检验。所谓的一致性检验，就是指成对比较矩阵并确定不一致的允许范围。

利用 AHP 得到的矩阵一致性可以表明，对各个指标相对重要性的判断是连贯且合理的。在对实际的评价数据进行量化时，对于不同复杂程度的问题和评价人群差异化的认知，所得出的比较矩阵可能不具有完全一致性，因此需要检验比较矩阵的一致性。

层次单排序是指针对上一层某个因素对本层中所包含的因素进行两两比较，并开展排序。依据构建的比较矩阵 C 进行具体计算，计算中要确保其能够满足 $CW = \lambda_{\max} W$ 的特征根与特征向量的关系条件。其中，C 的最大特征根为 $\lambda_{\max}$；对应的正规化的特征向量为 W；w_i 为权值，是 W 的分量，与其相应元素单排序对应。最后利用比较矩阵计算各因素 c_{ij} 对目标层的权重。

权重向量 W 与最大特征根 $\lambda_{\max}$ 的方根的计算步骤如下：

计算每行乘积的 n 次方，得到一个 n 维向量：

$$\overline{w}_i = \sqrt[n]{\prod_{j=1}^{n} c_{ij}} \tag{8-24}$$

将向量归一化即为权重向量：

$$w_i = \frac{\overline{w}_i}{\sum\limits_{j=1}^{n} \overline{w}_j} \tag{8-25}$$

计算最大特征根：

$$\lambda_{\max} = \frac{1}{n} \sum_{i=1}^{m} \frac{CW}{w_i} \tag{8-26}$$

定义一致性指标 CI 来检验判断的一致性：$CI = 0$，表示判断矩阵完全一致；CI 接近于 0，表示一致性较好；CI 越大，表示判断矩阵的不一致性程度高。

$$CI = \frac{\lambda_{\max} - m}{m - 1} \tag{8-27}$$

定义一致性比率 CR。为了衡量 CI 的大小，引入随机一致性指标 RI。RI 的随机参考值见表 8-5。

表 8-5　　　　　　　　　　　**RI 的随机参考值**

阶数	1	2	3	4	5	6	7	8	9	10
RI	0	0	0.52	0.89	1.12	1.26	1.36	1.41	1.46	1.49

$$CR = \frac{CI}{RI} \tag{8-28}$$

最后，当 $CR < 0.1$ 时才能通过一致性检验。只有在比较矩阵 C 允许范围内时，可定义为通过检验，否则需要重新构造比较矩阵。因此，在通过一致性检验后，可以使用其归一化特征向量作为权向量。

3. 电力业务与本地通信适配验证

由于 AHP 基于人为打分得到指标权重，具有主观性和个体差异。在进行主观赋权的同时，可以通过计算指标的客观权重来增加适配算法的科学性和合理性。

此时，可以考虑改变各指标变化程度的方法。该方法根据指标变化差异来赋予权值大小，即当指标变化差异较大时指标权重较大，当指标变化差异较小时指标权重较小，从而通过指标的统计学规律确定其重要程度。依据各评价指标现有值与目标值的差异程度进行权重分配。若指标现有值与目标值差异较大，意味着实现目标值较困难，应给予较高权重；反之，应给予较低权重。变异系数法作为一种客观赋权的方法，能够客观地反映指标数据的变化信息，求出各指标的权重。变异系数法基于各指标下的性能表现数据进行分析和计算，从而得到指标的客观权重，具有较强的客观性。

电力业务与本地通信适配验证包括以下四个步骤：构造评价矩阵、指标数据正向化和标准化、计算变异系数和权重、计算组合权重和得分排序。

步骤 1：构造评价矩阵。

层次评价模型方案中有 P 种模型，指标层中有 Q 种模型，可以构造 $P \times Q$ 的评价矩阵，即 $Z = \begin{bmatrix} z_{11} & \cdots & z_{1Q} \\ \vdots & \ddots & \vdots \\ z_{P1} & \cdots & z_{PQ} \end{bmatrix}$。

其中，元素 z_{PQ} 表示第 P 个备选技术在第 Q 项指标方面的性能表现。对于定性指标，采用 $1-Q$ 级匹配度确定各备选技术的性能。在某项定性指标中，表现最好的备选技术的性能值为 Q，其次为 $Q-1$，以此类推，表现最差的备选技术性能值为 1。

步骤 2：指标数据正向化和标准化。

指标正向化的目的是把所有的指标都转换为正向指标。正向指标，又称越大越优型指标，即该指标下的数据数值越大越好，如成绩。负向指标，又称越小越优型指标，即该指标下的数据数值越小越好，如排名。

对于正向指标，保持其原数据不变，即：

$$z'_{ij} = z_{ij} \tag{8-29}$$

对于负向指标，进行数据标准化，即：

$$z''_{ij} = \frac{1}{k + \max|z_j| + z_{ij}} \tag{8-30}$$

由于不同指标数据的单位不同，因此无法直接对其进行计算，而数据标准化的目的就是消除单位的影响，使所有数据都能够用同一种方法进行计算。令标准化后的数据矩阵 $\boldsymbol{R} = (r_{ij})_{P \times Q}$，其中：

$$r_{ij} = \frac{z'_{ij}}{\sqrt{\sum_{i=1}^{q} (z'_{ij})^2}} \tag{8-31}$$

步骤 3：计算变异系数和权重。

在所有数据正向化和标准化后，计算均值向量：

$$\boldsymbol{A}_j = \frac{1}{q} \sum_{i=1}^{n} r_{ij} \tag{8-32}$$

标准差向量：

$$\boldsymbol{S}_j = \sqrt{\frac{1}{q} \sum_{i=1}^{q} (r_{ij} - \boldsymbol{A}_j)^2} \tag{8-33}$$

得到每个指标的变异系数向量：

$$\boldsymbol{V}_j = \frac{\boldsymbol{S}_j}{\boldsymbol{A}_j} \tag{8-34}$$

最后计算权重向量：

$$\boldsymbol{\alpha}_j = \frac{\boldsymbol{V}_j}{\sum_{j=1}^{q} \boldsymbol{V}_j} \tag{8-35}$$

步骤 4：计算组合权重和得分排序。

　　AHP 作为主观赋权法，在确定权重时较客观赋权法更符合决策者意图，但主观性过强，缺乏客观性。单独采用变异系数法作为客观赋权法虽然让数据具有客观性优势，但不能体现决策者对各指标的重视程度，并可能与实际指标不完全一致。为了避免使用单一赋权法带来的缺点，需要通过主客观组合赋权方法，让评价结果能更科学合理、更接近事实。

　　为此，在对指标进行权重分配时，本书提出了较为合理的综合指标赋权方法，即采用 AHP 和变异系数法相结合的主客观组合赋权方法，避免单一赋权带来的不足。主客观组合权重为：

$$\lambda_i = \frac{\sqrt{\omega_i \alpha_i}}{\sum\limits_{i=1}^{N} \sqrt{\omega_i \alpha_i}} \tag{8-36}$$

其中，$\lambda = \{\lambda_1, \lambda_2, \cdots, \lambda_Q\}$。

　　在得出指标的主客观组合权重后，再计算针对某项特定业务的备选通信技术的综合得分排序，即：

$$s_j = \sum_{i=1}^{Q} \lambda_i z_{ji} \tag{8-37}$$

得到降序排列向量 $\tilde{\boldsymbol{S}} = \{s_1, s_2, \cdots, s_Q\}$，进而实现最优适配。

　　综上，基于 AHP 和变异系数法的电力本地业务与通信技术适配算法流程如图 8-15 所示。

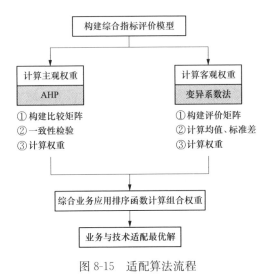

图 8-15　适配算法流程

4. 电力业务的本地通信适配计算案例

下面以用电信息采集、配电自动化、城市电力地下管廊监测、电动汽车充电桩/站监测与控制、分布式新能源调控、变电站机器巡检六种电力本地业务与通信技术的适配为例，构建多指标综合评价模型及相关算法的合理性与准确性，并给出通信技术的选型结果。其中，选取 PLC、工业以太网、EPON、微功率无线、RS-485、Wi-Fi、LoRa、蓝牙技术作为用电信息采集、配电自动化、城市电力地下管廊状态监测、电动汽车充电桩/站监测与控制、分布式新能源调控业务的备选本地通信技术；而变电站机器巡检业务由于采用的是无线通信，仅选取微功率无线、LoRa、Wi-Fi、蓝牙技术作为其备选通信技术。

（1）用电信息采集的通信技术适配计算结果见表 8-6。

表 8-6 用电信息采集的通信技术适配计算结果

评价指标	PLC	工业以太网	EPON	微功率无线	RS-485	Wi-Fi	LoRa	蓝牙	组合权重
带宽	5	9	10	5	4	8	3	7	0.0553
传输距离	4	10	10	7	7	4	8	4	0.2411
实时性	8	9	9	5	6	10	7	8	0.1685
安全性	5	7	10	3	7	4	8	5	0.0819
可靠性	6	8	9	3	8	7	6	6	0.2054
成本	7	4	2	6	8	7	10	9	0.2478
得分	5.9654	7.5329	7.5915	4.9076	7.6188	6.5918	7.392	6.5716	1

由表 8-6 可知，用电信息采集业务最优适配通信技术为 RS-485，而后为 EPON、工业以太网等。该项业务的主要工作是利用本地电能表将采集到的用户使用电量、居民用电时间和地域分布实时数据、错峰电能质量分析数据，经过通信网络汇集发送到远程主站，从而进行用户电费结算，客户用电量监管和售电统计等。面对海量终端数据，其通信技术必须高效且安全。用电信息采集业务通道是逻辑隔离的，且业务的采集终端多为固定分布，并无移动需求。该业务对通信性能的主客观需求依次为成本、传输距离、带宽、可靠性、实时性、安全性，与利用适配算法计算出来的权重分布一致。

RS-485 作为一个国际公认的开放式现场总线标准，主要应用在远程有线数字通信领域。它通过双绞线进行传输，传输最大速率为 10Mbit/s，距离可达 1200m。RS-485 通信的优势包括支持半双工和全双工通信方式，具备成熟、简单的技术和强大的抗干扰能力。在正常的通信信道下，其通信可靠稳定，并可实现实时传输。相较于 EPON、工业以太网，RS-485 的设备成本有着明显优势，其带宽、时延以及传输距离都能满足用电信息采集业务的需求，而且通信性能不会出现冗余过量现象。总体来讲，RS-485 技术适用于用电信息采集系统。因此，该结果符合当下用电信息采集业务的通信性能需求。

（2）配电自动化的通信技术适配计算结果见表 8-7。

表 8-7　　　　　　　　　　配电自动化的通信技术适配计算结果

评价指标	PLC	工业以太网	EPON	微功率无线	RS-485	Wi-Fi	LoRa	蓝牙	组合权重
带宽	5	9	10	5	4	8	3	7	0.2358
传输距离	4	10	10	7	7	4	8	4	0.1717
实时性	8	9	9	5	6	10	7	8	0.2454
安全性	5	7	10	3	7	4	8	5	0.1427
可靠性	6	8	9	3	7	4	6	6	0.0914
成本	7	4	2	5	8	7	10	9	0.1130
得分	5.8819	8.2299	8.7592	4.8752	6.2516	7.0288	6.7102	6.5795	1

在配电自动化业务中，主要工作是使用安装在电网站内各节电设备上的数据采集终端，收集不同类型的电力参数信息，并将其传输到数据处理中心。通过反馈信息数据，电网工作人员可以评估整个电网系统是否安全稳定地运行。作为配电自动化系统的重要组成部分，通信系统起着不可或缺的作用。配电自动化系统的正常运行必须依赖高效且可靠的通信网络，只有这样，智能终端与远端主站才能够顺利传递和接收数据、完成数据处理、信息分析及系统控制等各项任务。

在配电网络中，各通信节点虽然距离相对较短，但分散存在。原因在于数据转发汇总单元通常设在变电站或开关站内，而配电网络的站、所则根据负荷中心分布在地理上不规则的位置且距离在 1～2km 不等。因此，通信节点也具有类似特点。

由表 8-7 可知，按配电自动化通信需求来看，与业务最优适配的通信技术为 EPON。配电自动化系统内存在大量实时运行的变电设备，需要大量数据采集终端。每个设备都会配置智能表计来测量其电压、电流等各种关键状态参数信息，每个终端产生的数据量较小。这些测量数据需要通过通信系统传输至上一级节点或信息处理主站进行汇总。目前，各类数据量激增，对通信带宽提出了较高的要求。除此之外，配电网自动化的实现需要对设备状态量以及环境量等有精准实时的掌控，同时通信网络要兼具低时延、高可靠性。对于站内设备数据采集终端与汇总节点之间的通信，由于终端数量众多，且大多位置固定，为减少布线的经济和空间成本，可以采用无线通信技术，如适配计算结果排名靠前的 Wi-Fi 等。因此，该结果符合当下配电自动化业务的通信性能需求。

（3）城市电力地下管廊状态监测的通信技术适配计算结果见表 8-8。

表 8-8　　　城市电力地下管廊状态监测的通信技术适配计算结果

评价指标	PLC	工业以太网	EPON	微功率无线	RS-485	Wi-Fi	LoRa	蓝牙	组合权重
带宽	5	9	10	5	4	8	3	7	0.1322
传输距离	4	10	10	7	7	4	8	4	0.2111
实时性	8	9	9	5	6	10	7	8	0.2385
安全性	5	7	10	3	7	4	8	5	0.1125
可靠性	6	8	9	3	8	5	6	6	0.1044
成本	7	4	2	5	8	7	10	9	0.2013
得分	6.0914	7.8652	7.8713	4.9884	6.7906	6.8569	7.9187	6.6584	1

由于城市电力地下管廊始终处于结构封闭、狭长环境，对通信可靠性与安全性要求相对较低，但要求具有一定的通信距离。要在地下管廊内监测各类数据，就需要部署有大量的传感设备，因此具备相对较高的技术成熟度和较低的部署成本的通信技术就是首选；由于所要监测的管廊内环境量、状态量等都属于小颗粒数据，所以对通信带宽需求较低；此外，为保证进入管道的工作人员的安全，监测空气含氧量、有害气体等环境量/状态量时，对数据传输的实时性有较高的要求。

由表 8-8 可知，该业务对通信性能的主客观需求依次为实时性、传输距离、成本、带宽、安全性、可靠性。其中，最优适配通信技术为 LoRa。LoRa 技术在具有较好的实时性的同时，传输距离远，且成本较低，有极高的产业技术成熟度，与管廊中业务的通信需求相匹配。在环境复杂的地下管廊内，PLC、工业以太网、EPON、RS-485 技术等有线通信技术不利于展开铺设，所以优先考虑无线通信技术。该结果符合城市电力地下管廊业务的通信性能需求。

（4）电动汽车充电桩/站监测与控制的通信技术适配计算结果见表 8-9。

表 8-9　　　　　　　电动汽车充电桩/站监测与控制的通信技术适配计算结果

评价指标	PLC	工业以太网	EPON	微功率无线	RS-485	Wi-Fi	LoRa	蓝牙	组合权重
带宽	5	9	10	5	4	8	3	7	0.2358
传输距离	4	10	10	7	7	4	8	4	0.1316
实时性	8	9	9	5	6	10	7	8	0.0978
安全性	5	7	10	3	7	4	8	5	0.0754
可靠性	6	8	9	3	8	7	6	6	0.3032
成本	7	4	2	5	8	7	10	4	0.1501
得分	5.7623	7.1318	7.5892	4.289	6.9218	6.1548	7.6061	6.5093	1

　　电动汽车充电桩/站大多处于户外环境，要面对各种复杂天气以及庞大的人流和车流。在此环境中要保持通信的畅通，就需要保证通信的可靠性，即通信系统要长期经受恶劣环境，并能抵抗较强的电磁、噪声干扰。目前国内电动汽车充电桩/站建设处于成长阶段，而且充电站涉及的设备繁杂、技术迭代快、建设费用高，因此要综合考虑长期使用和维护的费用。同时，面对未来终端业务量的持续增长，从主站到子站以及子站到终端的通信需求对多业务数据传输速率的要求也在逐渐提高。

　　上述业务功能的实现依赖于先进的数字化感知业务和大量的传感设备。电动汽车充电桩/站对通信距离的需求取决于所处环境，如沿高速公路服务区等要求远距离通信，城市内各站点则要求较短距离通信；在安全性方面，要求具备防止恶意网络攻击和数据加密的机制，保证通信中数据的完整性、高可靠性；但对通信带宽、时延要求较低。该业务对通信性能的主客观需求依次为带宽、传输距离、实时性、可靠性、安全性、成本。由表 8-9 可得，电动汽车充电桩/站的最优适配通信技术为 LoRa，而后为 EPON、工业以太网等。LoRa的传输距离远，可覆盖范围广，并且具有很强的抗干扰性能，工作能耗低，比EPON 更具成本优势。

　　（5）分布式新能源调控的通信技术适配计算结果见表 8-10。

表 8-10　　　　　　　分布式新能源调控的通信技术适配计算结果

评价指标	PLC	工业以太网	EPON	微功率无线	RS-485	Wi-Fi	LoRa	蓝牙	组合权重
带宽	5	9	10	5	4	8	3	7	0.2141
传输距离	4	10	10	7	7	4	8	4	0.2107

续表

评价指标	PLC	工业以太网	EPON	微功率无线	RS-485	Wi-Fi	LoRa	蓝牙	组合权重
实时性	8	9	9	5	6	10	7	8	0.2410
安全性	5	7	10	3	7	4	8	5	0.1167
可靠性	6	8	9	3	8	7	6	6	0.1141
成本	7	4	2	5	8	7	10	9	0.1034
得分	5.8332	8.3462	8.8177	4.9598	6.3342	6.9549	6.7812	6.4682	1

作为调度控制类业务，分布式新能源调控业务中的数据采集、状态检测等功能同样需要通信实时性强、可靠性高。数据采集内容主要包括新能源系统中的各个发电公共连接点、并网点、汇流箱等的模拟量、状态量、保护信息，还需要监测工作区域内阳光实时照射幅度、环境温度和湿度、风力强度等气象数据，这就要求通信系统具备高带宽传输能力。

由表 8-10 可知，EPON 为分布式新能源调控的最优适配技术。光纤通信的控制响应实时性可以达到毫米级，其网络带宽、通信可靠性、安全性均可以满足分布式新能源数据上下行传输和电力能源调控的需求。但在实际中，目前因大范围在分布式新能源调控业务中采用光纤通信会大幅度提升通信经济成本，给后期运维管理带来一定压力，所以该业务只在远程通信网中使用光纤通信方式，而在本地通信网络中逐渐使用 5G 通信来替代光纤通信，因为 5G 所具备的可实现高速大容量、低功耗、高密度连接的性能特点更适合各类风电以及光伏等分布式新能源终端的通信接入。

（6）变电站机器巡检的通信技术适配计算结果见表 8-11。

表 8-11　　　　　变电站机器巡检的通信技术适配计算结果

评价指标	微功率无线	Wi-Fi	LoRa	蓝牙	组合权重
带宽	5	8	3	7	0.2443
传输距离	7	4	8	4	0.2189
实时性	5	10	7	8	0.2625
安全性	3	4	8	5	0.0926
可靠性	5	7	6	6	0.1136
成本	5	7	10	9	0.0681
得分	5.0254	7.0973	6.5386	6.4432	1

变电站机器巡检业务是让机器替代人工进行巡检，需要回传站内设备及环

境情况到主站，实现实时监控。因此，要求通信具备高实时性、较远的传输距离；部分巡检机器如无人机处于移动之中，需要进行无线通信；而且机器传回的是视频、图像等大颗粒数据，需要较大的通信带宽。同时，应在一定程度上保证通信的安全性与可靠性，从而使得信息传达无误，站内工作人员能够做出准确判断。该业务对通信性能的主客观需求依次为实时性、带宽、传输距离、可靠性、安全性、成本。

由表 8-11 可知，Wi-Fi 为变电站机器巡检的最优适配通信技术。Wi-Fi 技术具有带宽大、实时性好、可靠性高、传输距离较远的特点，与机器巡检业务的性能需求相匹配。LoRa 与蓝牙技术由于带宽相对较低而无法满足无人机巡检业务的需求。微功率无线技术由于带宽、实时性、安全性、可靠性在四种无线通信技术中综合评价最差，因此与该业务的通信需求匹配度最低。因此，该结果符合当下变电站机器巡检业务的通信性能需求。

自我国提出打造新型电力系统以来，以分布式新能源、电力现货市场交易、有序用电为代表的相关业务迎来新发展机遇，相应地需要更加安全、可靠、合理、经济的通信技术作为支撑。快速发展的信息通信技术，有力推进了电力业务的创新，尤其是城市电力本地业务。

对于电力系统通信网而言，由于新型电力本地业务的不断涌现，存在业务终端规模巨大、地域分布广泛、应用场景复杂等诸多问题，所以其业务通信性能需求极具差异性，选择单一通信技术建设通信网络无法满足业务差异化的通信需求，反而会制约电力本地业务的发展。因此，灵活、合理、差异化的通信技术适配对建立安全、可靠、经济的电力通信网络非常关键。

第 9 章　本地通信网络融合组网关键技术

9.1　协作组网技术

协作组网技术是一种网络技术，旨在提供一种高度协同和灵活的网络环境，使多个网络设备能够共同工作并共享资源，以实现更高效的通信和协作。协作组网技术的核心理念是通过网络设备之间的协作和资源共享，提供更好的服务和用户体验。

9.1.1　协作组网技术背景及应用场景

1. 协作组网技术发展背景

在城市电网本地通信网络应用模式及多模态网络融合互通技术体系研究方面，构建多模态本地通信网络融合互通技术体系，突破"边端、端端"协作组网与覆盖优化技术，实现分布式传感、监控、移动作业终端的高可靠组网通信，打通本地通信、存储、算力资源的调控通道，奠定了本地通存算一体化网络的基础。

协作组网技术的发展背景可以追溯到传统网络架构面临的挑战和对需求的变化。传统的网络架构主要基于分层模型，每个网络设备独立运行，并且在网络中执行特定的功能。然而，随着网络规模的扩大、应用需求的增加以及用户对更高性能和更灵活的网络的期望，传统网络架构遇到了一些限制和挑战。

随着互联网的普及和物联网的快速发展，网络规模和复杂性大大增加。传统网络架构越来越难以应对大规模网络的管理和维护。协作组网技术的出现提供了一种管理和操作这些庞大的网络环境的更灵活和可扩展的方式。同时，现代网络应用的需求日益多样化和动态化，需要网络根据需求进行快速调整和适应。传统网络架构通常需要手动配置和管理，且通常是独立运行的，每个设备都具有一定的计算和存储能力，无法满足这种灵活性和即时性的要求，所以需要协作组网技术通过集中式管理和编程的方式，使网络设备能够更快地响应变化的需求，并提供更灵活的服务，这导致了资源的低效利用和高成本。为此，协作组网技术引入了虚拟化和共享资源的概念，通过合理利用计算和存储资源，提高了资源利用率并降低了成本。

物联网的发展使得各种设备和传感器可以互联互通，进而构建智能城市和智能化应用场景。协作组网技术可以为物联网设备提供高效的通信和协作机制，实现设备之间的数据交互和资源共享，从而推动智能城市的发展。边缘计算是指将计算和数据处理能力下沉到网络边缘，即靠近数据源和终端设备。协作组网技术可以与边缘计算结合，提供协同工作和资源共享机制，使得边缘设备能够更好地协同工作和处理数据，降低对中心服务器的依赖性。虚拟化技术的成熟和广泛应用为协作组网技术的发展提供了基础。通过虚拟化技术，网络设备、存储资源和计算能力可以被抽象出来并以虚拟化的形式进行管理和调度，实现资源的共享和灵活分配。

协作组网技术的发展使得网络能够更好地面对日益复杂的挑战和满足日益增长的需求。通过协作组网技术的应用，可以构建更强大、可靠和灵活的网络基础设施，为各种领域的创新和发展提供支持。

2. 协作组网技术应用场景

协作组网技术在各个领域都有广泛的应用场景。协作组网技术可以用于构建企业内部的网络环境，实现员工之间的协同工作和资源共享。例如，通过软件定义网络和网络功能虚拟化技术，可以实现灵活的网络配置和服务提供，提高企业网络的性能和安全性。协作组网技术在云计算和数据中心中扮演着重要的角色。通过虚拟化和软件定义存储技术，数据中心可以实现资源的动态分配和共享，提供弹性的计算和存储能力。协作组网技术还可以提供高效的网络连接和数据传输，支持云服务的交付和管理。

协作组网技术在物联网和智能城市中发挥着重要作用。物联网设备可以通过协作组网技术实现互联互通，共享数据和资源，实现智能化的控制和管理。例如，在智能交通系统中，交通设备和传感器可以通过协作组网技术实现实时数据的共享和协同工作，提高交通流量的管理和优化。协作组网技术对于移动通信和移动互联网具有重要意义。通过协作组网技术，移动网络可以提供更好的覆盖范围、移动性支持和资源利用率。例如，通过软件定义无线电（software defined radio，SDR）和网络功能虚拟化（network functions virtualization，NFV）技术，移动网络可以根据需求进行灵活配置和优化，提供更好的用户体验和 QoS。协作组网技术在边缘计算和边缘网络中具有重要作用。边缘设备可以通过协作组网技术实现资源共享和协同工作，减少对中心服务器的依赖性，提高数据处理和应用响应的效率。例如，在工业物联网中，边缘设备可以通过协作组网技术实现实时数据处理和决策，提高生产效率和安全性。

协作组网技术在无人机场景下具有重要的应用。无人机作为一种自主飞行的飞行器，通常需要与地面控制站、其他无人机或传感器等设备进行通信和协作，传输飞行数据、图像、视频和其他传感器数据等。协作组网技术可以提供高效、可靠的通信和数据传输机制，确保实时数据的传输和共享。

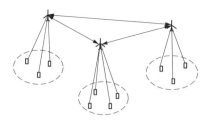

图 9-1　无人机协同组网

如图 9-1 所示，在一些任务中，多个无人机可能需要协同工作以完成巡检业务。协作组网技术可以用于无人机集群的协同控制和任务分配，使得多个无人机能够共同工作、协调行动，提高任务的效率和完成度。协作组网技术可以将多个无人机的传感器数据进行共享和协同处理，从而实现更全面、更准确的环境感知和数据收集。在飞行过程中产生的大量数据需要进行实时处理和分析，协作组网技术可以与边缘计算相结合，将数据处理和决策推送到无人机附近的边缘设备，以减少数据传输延迟，提高数据处理效率和响应速度。

通过协作组网技术，可以增强本地通信的鲁棒性和可靠性；优化路由选择、减少拥塞和提高数据传输效率，可以缩短数据从发送端到接收端的传输时间，降低通信时延；同时，可以优化资源的分配和利用，确保资源的合理分配和最大化利用，提高网络的整体性能。

9.1.2　协作组网技术基本原理和方法

1. 垂直切换技术

垂直切换技术作为多模态无线网络融合的重要因素之一，可确保多模终端在不同的基础无线网络之间无缝切换。能够在多种网络之间切换，且具有高灵活性以及低复杂性的切换算法是目前融合通信网络管理技术的重要研究内容。目前提出的垂直切换算法有基于接收信号强度（received signal strength，RSS）的垂直切换算法、基于效用函数的垂直切换算法、基于多属性决策的垂直切换算法、基于神经网络的垂直切换算法、基于博弈论的垂直切换算法等。最初国外主要基于 RSS 进行相关研究，但是由于基于 RSS 的垂直切换算法只考虑 RSS 这一单独的因素，导致实验结果不准确，因此又提出了基于效用函数的垂直切换算法。该算法将用户花费、能耗等作为成本，并将 QoS 和带宽资源等作为对每个候选网络进行判断的依据。

切换管理是移动性管理的重要组成部分之一。网络切换从不同角度可以分类，其中按照网络类型可以分为水平切换和垂直切换。如图 9-2 所示，当切换发生在同种网络技术下的不同接入点之间时称为水平切换，当切换发生在不同网络技术下的接入点之间时称为垂直切换。

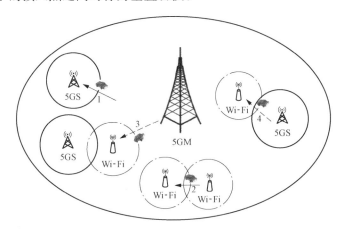

图 9-2　水平切换和垂直切换

但是，仅将用户成本和能耗用作网络的属性参数并不能解决现有问题。考虑到网络的多种属性，研究人员又提出新的多属性异构无线网络垂直切换算法，即将简单加权法、乘法指数加权法、接近理想方案排名法、AHP 之类的方法应用于异构网络垂直切换。多属性决策算法会综合考虑网络的多种属性，如价格、带宽速率、丢包率、延迟和丢包等，以评估网络性能。其中，AHP可用于获取网络属性的权重。

根据获得的权重，可以使用以下三种方法对网络进行分类以做出判断，但这些方法也会导致切换次数的增多。

（1）基于 RSS 的垂直切换算法。为了满足通信业务需求的多样化，给用户提供最好的通信 QoS，不同架构、不同特点的无线网络的互通和融合将是必然的趋势。在异构网络融合的环境下，网络状况的复杂性和异构性使得用户需要频繁地变换网络归属和管理域，所以如何为用户无缝地提供高质量的数据传输服务和最佳的使用体验，无论用户处于何种位置和条件下，都可以根据目前的网络状态，自适应地采取最佳接入方式并根据用户位置和业务情况在不同接入方式间进行平滑切换是必须要解决的关键问题。移动性管理技术正是解决这些问题的关键技术。垂直切换技术如图 9-3 所示。

随着垂直切换研究的深入，一些其他领域的方法也被用于垂直切换研究。

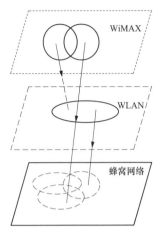

图 9-3　垂直切换技术

例如，人工智能领域的相关方法如神经网络被应用于垂直切换，其通过检测信号强度来进行切换判决。同时，由于用户对网络参数的判断往往是模糊的，因此部分国内研究者开始采用模糊逻辑的方法对进行定量分析，并将其应用到垂直切换中，结果则更为准确，然而随之带来的是较高的计算复杂度。相关经济学领域的方法也被用于垂直切换研究，如基于博弈论的垂直切换算法，其将垂直切换过程抽象为博弈过程，通过博弈方法，以最大化用户的收益为目标进行垂直切换的判决，然而切换次数高的问题依然没有解决。

考虑 RSS、QoS、网络能耗和费用这四个准则，终端在获得判决参数后，通过效用函数选出在判决时刻最适合服务当前终端的网络 j，即可切换至网络 j。对于候选网络 j，判决时刻的效用函数可表示为：

$$U_j = w_{\mathrm{RSS}}\,\mathrm{RSS}_j + w_{\mathrm{QoS}}\,\mathrm{QoS}_j + w_C\left(\frac{1}{C_j}\right) + w_P\left(\frac{1}{P_j}\right) \tag{9-1}$$

式中：U_j 为网络 j 的效用值；RSS_j、QoS_j、C_j、P_j 分别为网络 j 的 RSS、QoS、网络费用和网络能耗，并且需经过数值标准化处理；w_{RSS}、w_{QoS}、w_C、w_P 为四个判决准则对应的权值。

将电波在自由空间传播过程中产生的损耗统称为路径损耗，假设天线是各向同性的理想天线，则 RSS 可表示为：

$$\mathrm{RSS} = P_{\mathrm{te}} - L_{\mathrm{pl}} \tag{9-2}$$

式中：P_{te} 为网络的发射功率；L_{pl} 为路径损耗，可以表示为：

$$L_{\mathrm{pl}} = 32.44 + 20\log d + 20\log f \tag{9-3}$$

由于每个网络 RSS 的取值范围差距较大，所以在垂直切换过程中，需将 RSS 归一化后再作为效用函数的参数参与网络效用值的计算，以保证切换的公平有效性。如定义网络 j 的归一化 RSS 为：

$$\mathrm{RSS}_{j\_\mathrm{nor}} = \frac{\mathrm{RSS}_j^c - \mathrm{RSS}_j^{\mathrm{th}}}{\mathrm{RSS}_j^{\max} - \mathrm{RSS}_j^{\mathrm{th}}} \tag{9-4}$$

式中：$\mathrm{RSS}_{j\_\mathrm{nor}}$ 为网络 j 的归一化 RSS；RSS_j^c 为多媒体终端从网络 j 接收到的当前信号强度；$\mathrm{RSS}_j^{\mathrm{th}}$ 为网络 j 的 RSS 门限值；$\mathrm{RSS}_j^{\max}$ 为多媒体终端与网络 j 的基站或接入点距离 $d_0 = 1\mathrm{m}$ 时的 RSS。

当前的垂直切换算法没有很好地融合网络侧和用户端的切换策略，并且大多数垂直切换方案只考虑纯垂直切换，即在蜂窝网络与无线局域网共存的异构网络环境下，算法只需决定何时使用蜂窝网络和何时使用无线局域网。但在实际中，往往存在有多种可用的网络（同构的或者异构的）同时覆盖的情况，此时仅仅考虑水平或垂直切换是远远不够的。因此，一个良好的垂直切换方案需要保证有从众多候选网络中选择最优目标网络执行切换的能力，不管是进行水平切换还是垂直切换。

基于信号强度的网络选择算法，主要采用各无线网络的 RSS 参数进行判决，为用户选择接入 RSS 最高的网络。该算法能有效减少乒乓效应。目前多模态网络垂直切换技术的研究主要面向 5G 与 Wi-Fi 等无线网络的融合，缺少 5G 与有线通信技术的融合组网垂直切换技术，且针对地下环境，如地下管廊、地下智慧变电站等场景，垂直切换技术的研究相对较少。

（2）基于多属性决策的垂直切换算法。多属性决策切换流程如图 9-4 所示，移动终端首先检测收集周围网络参数并计算各个网络性能值，然后判断当前网络是否满足通信需求，不满足则触发切换。若执行切换，则进行资源分配、链路连接。

首先，备选方案组由实际问题决定，一般是确定的；而属性集合的确定则依赖于决策者的偏好和需求，不同的属性选择对决策结果有着极大的影响，因而选择合适的属性是非常重要的，需要决策者在相关领域具有一定的实际经验。总的来说，属性的选择应当尽量优先考虑那些影响力较强的属性，各个属性之间尽量相互独立，以减少属性间的依赖，维持决策结

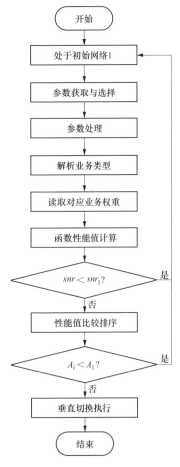

图 9-4　多属性决策切换流程

果的准确性。属性选择的个数也要有一定的限制，当属性选取过多，如大于 7 个时，就应该将其进行分层处理，方便之后的数据处理和模型构建。

其次，确定好选取的 m 个属性和 n 个候选方案后，建立起对应的决策矩阵 $\boldsymbol{D}' = (d'_{ij})_{m \times n}$。由于属性量纲可能不同，在进行下一步操作之前要对决策矩阵

进行规范化处理，得到规范化决策矩阵 $\boldsymbol{R}' = (r'_{ij})_{m \times n}$。其常用方法如下：

$$r'_{ij} = \frac{d'_{ij}}{\sum\limits_{i=1}^{m} d'_{ij}} \tag{9-5}$$

$$r'_{ij} = \frac{d'_{ij}}{\max\limits_{i=1,2,\cdots,m} d'_{ij}} \tag{9-6}$$

$$r'_{ij} = \frac{d'_{ij}}{\sqrt{\sum\limits_{i=1}^{m} d'^{2}_{ij}}} \tag{9-7}$$

对于式（9-5），矩阵 $\boldsymbol{R}'$ 中各列向量之和为 1，即为均一化；对于式（9-6），矩阵 $\boldsymbol{R}'$ 中各列向量中最大值为 1，即为最大化；对于式（9-7），矩阵 $\boldsymbol{R}'$ 中各列向量的模为 1，即为模一化。经过以上变换，有 $0 \leqslant r'_{ij} \leqslant 1$。此外，当属性区分效益型和成本型时，需要进行不同的规范化方法。对于效益型属性，其属性越大，决策者对其偏好程度越高；成本型则反之。为了克服以上两种规范化方法的不足，主客观组合赋权法应运而生。要考虑决策者的意志和偏好，同时客观考虑属性值间的差异程度，从而更好地平衡和确定各属性的权重，力求更准确有效的决策结果。其中，主客观赋权常用两种方法进行权值拟合，即乘法集成法和加法集成法，其公式依次为：

$$w_i = \frac{\alpha_i \beta_i}{\sum\limits_{i=1}^{m} \alpha_i \beta_i} \tag{9-8}$$

$$w_i = \lambda \alpha_i + (1-\lambda)\beta_i \qquad (0 \leqslant \lambda \leqslant 1) \tag{9-9}$$

式中：w_i 为第 i 个属性的权重；α_i 和 β_i 分别为第 i 个属性的主观权重和客观权重；λ 为调节系数，通常取 $\lambda = 0.5$。

最后，进行候选方案的综合评价，为用户选择最佳方案。在多属性决策方法中，综合评价方法良多，如简单加权和算法、灰色关联法、逼近理想值排序法、删除选择法等。利用不同的评价方法得到的决策结果不尽相同，需根据实际情况进行选择。

（3）基于模糊逻辑的垂直切换算法。模糊逻辑能通过模拟人脑的不确定性概念进行判断和推理，在垂直切换的判决过程中，通常将其用于处理一些具有模糊性和无法有效量化的参数，如网络参数波动、终端速度、用户偏好等。如图 9-5 所示，模糊推理主要包括模糊化、模糊推理、去模糊化三个过程。在进行切换判决时，首先根据终端当前的业务类型选择适宜的输入隶属度函数，对模糊性参数进行模糊化处理；其次按照模糊等级和参数个数构建知识库，并按其中的模糊规则进行模糊推理；最后将输出隶属度函数的值进行去模糊化，从而得到候选网络的得分。

图 9-5　模糊推理的过程

现有垂直切换算法已将模糊推理运用于切换判决的过程中。例如，一种基于模糊逻辑的动态多属性垂直切换算法，首先通过分层模糊推理系统评估出切换的必要性，然后结合负载、吞吐量、终端速度等参数，并采用 TOPSIS 算法决策得出最优切换网络。将移动边缘计算引入异构无线网络场景中，提出一种基于多属性决策和模糊逻辑的网络选择方案，其通过动态自适应、模糊推理、层次分析和综合属性评估几个过程，有效地减少了乒乓效应，提高了用户满意度。模糊逻辑可以处理切换判决过程中具有模糊性、随机性的参数，该算法可以表示为：

$$U = \sum_{n=1}^{N} p_{i,n} w_{i,n}$$
(9-10)

式中：$p_{i,n}$ 和 $w_{i,n}$ 分别为本地通信用户第 i 个和第 n 个网络参数对应的权值。

该算法需要决策者自行建立权重判断矩阵来确定其影响参数的重要程度，因而具有较大的主观性；且当判断矩阵一致性检验无法通过时，需要再次调整构造判断矩阵。但是，多属性决策算法作为现代决策科学的重要组成部分，经常用于解决有限决策方案中的多属性（指标）优选或排序问题，非常适用于异构无线网络（heterogeneous wireless networks，HWNs）环境下的多参数判决。

2. 协议适配技术

如何实现不同通信系统之间的有效通信一直是一个重要的问题，而协议不匹配是导致这一问题的重要原因。虽然有些协议具有相同的功能，但它们之间并不能进行通信。究其原因，一是大量的系统安装基础来自不同的设备生产商，其协议的开发并没有一个统一的标准；二是协议会随着通信技术的发展而发展，换句话说，通信技术仍处于一个不断发展进步的状态，随着新协议代替旧协议，不同的体系架构共存，为了实现更好的性能，牺牲向上的兼容性是不可避免的。因此，协议转换作为解决这一问题的关键技术，持续受到关注。协议转换实质上是一种映射，即把某一协议的收发信息序列映射为另一协议的收发信息序列，使得支持不同协议的收发端设备可以实现数据传输。

融合网络的研究最早由美国加州大学伯克利分校的 BARWAN 项目提出，并首次将不同类型的网络组合构成异构网络以支持运行不同网络协议的网络设备。目前，互联网和物联网产业的繁荣发展也催生了大量的新型协议，如多协议标签交换（multi-protocol label switching，MPLS）、1553 总线协议和 IP-in-IP 等。融合网络为了支持这些新的网络协议，必须持续不断地更新中转设备的协议解析能力，以满足不同设备之间的通信需求。由于设备来自不同的设备制造商，且每个设备制造商都有自己独特的网络协议，因此网络协议随着产品的更新换代也在不断地更新。而硬件开发周期长和部署成本较高的问题，也意味着融合网络的部署和设计具有实验困难、更新成本高和硬件升级周期长的特点。

（1）物联网网关技术。物联网网关用于实现不同无线通信协议间的转换和数据转发，对解决融合网络的通信问题起到了重要的作用。常见的物联网网关主要包括用于解决单一通信协议与互联网通信问题的物联网网关，以及基于嵌入式操作系统开发，可以兼容多接口、多协议及多通信标准的物联网网关，如MQTT 协议设计的无线网关与智能家居网关。目前，物联网网关一般用于实现两个方向的数据通信，即从云服务器到无线终端设备以及从无线终端设备到云服务器。其中，后者往往是小数据量的采集、处理及入库。而随着应用的发展，无线终端设备的通信协议种类会变得更多，这对物联网网关实现复杂环境下的数据收发提出了更高的要求。同时，从云服务器到无线终端设备的通信也会出现无线终端数量多、数据流量大的情况，容易造成时延和数据拥塞，导致功耗增大，严重时甚至会导致通信无法正常进行。物联网网关如图 9-6 所示。

图 9-6　物联网网关

由于物联网网关在物联网系统中的重要地位，对物联网网关的研究在近年来受到了国内外各大厂商和学者的重视。在国内外各大厂商的研究方面，基于其自身的商用需求，大部分由厂商研发并发售的物联网网关都只适用于特定场景或特定的通信协议。例如，由美国克尔斯博科技公司与加州大学洛杉矶分校合作研发的 MIB 系列物联网网关，根据不同的网关型号使用不同的接口，有以太网接口、USB 接口、RS-232 串行接口；华为公司生产的 AR 系列物联网网关，支持可编程逻辑控制器、RS-485 等通信模块，支持以太网接口，支持快速倒换；思泰电子公司为现代工业的安全通信所设计的一款物联网网关，具有高密度的通信接口和 I/O 接口，支持以太网、USB 3.0 等接口。这些物联网网关大都集中于工业方面的用途，并未考虑民用方面的需求。目前，关于物联网网关的一个研究热点是如何兼容多接口、多协议，解决更复杂情况下的物联网通信。针对这一研究热点，国内外各个学者和研究团队也给出了一些解决方案。通过结合无线传感器网络（wireless sensor networks，WSN）技术，设计了一种基于 Web 的无线传感器网关，可以方便地对各个传感器节点进行管理，并且该网关可适配多种通信协议，可以更灵活地接入不同类型的 WSN，但这也增大了网关的功耗。提出了一种新型可配置的智能网关，该网关具有可插拔的 Gable 架构，可根据不同的网络对具有不同通信协议的模块进行定制和插拔，且具有统一的外部接口，适合灵活的软件开发，具备很好的可扩展性、灵活性，但网关的通信效率会受到一定的影响。另外，基于智能手机设计了一种物联网网关的解决方案，诞生了一种更高层次的、统一的、可拓展的智能手机软件架构，可以用于实现物联网设备的发现和管理以及数据收集、处理并转发到互联网或云端。

（2）多模协议适配技术。目前，核心通信协议的逻辑结构以树形结构为主，所以可以将全部通信协议均变成一个与其相符的树形语义模型，同时对协议适配器实施分化式进化，构建多模协议适配模型。多模协议适配模型可理解为基于有限状态机（finite state machine，FSM）的协议适配器，多模协议适配模型的节点与协议适配器的状态相呼应。

多模协议适配模型根据异构网络通信数据流向设计成输入树与输出树。如果多模协议适配模型的表达内容为输入接口协议，即属于输入树。输入树的逻辑关联性和输出树的输出结果存在直接干扰关系。如果多模协议适配模型的表达内容为输出接口协议，即属于输出树。输出树由输出结构的逻辑所构建，不代表状态与状态转移行为。多模协议适配模型如图 9-7 所示。

（3）网络协议解析。异构协议的区别体现在传输数据包的格式中，对其进

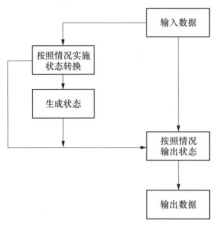

图 9-7 多模协议适配模型示意图

行协议转换其实就是对数据包进行处理的过程。数据包的结构一般可以分为包头、包尾以及净负载。包头和包尾中包含着体现协议特点的各项信息以及控制字段，净负载是需要传递的信息数据。在数据包的处理过程中，首先需要对数据包进行解析，提取出协议信息序列的各个字段，如源/目的 ID、同步信息、差错信息、长度信息、地址信息等，然后根据输入协议和输出协议之间的映射关系，通过协议内容处理和异构协议转换，构建起符合输出协议标准的数据包

包头与包尾，并与净负载重新组合成新的数据包。数据包处理过程中需要保持净负载内容不变，即保证信息传递的正确性。根据处理过程，可以将协议转换的关键技术分为协议包头解析技术、协议内容处理技术以及异构协议转换技术三部分。

解析就是识别通信设备和提取包头中特定字段的过程。现有的解析器更多考虑的是如何提高解析速率、扩大吞吐量以及实现负载均衡等，可识别的协议类型单一且固定，并且对数据字段的提取顺序等操作在设计时便固化在硬件中，无法进行更改，因此只适用于固定的场景。这种功能单一的解析器显然不能承担起融合网络中多协议解析的任务。想要实现多协议之间的协议转换，首先需要一款支持多协议解析且具有可编程性的解析器，可以对网络中的所有协议类型的数据包进行数据解析。实现解析器设计的方法可以分为两种：一种通过软件实现，主要是通过设计解析算法或将解析流程图转换为有限状态机来实现解析器对协议扩展的支持，具有周期短、灵活性高的特点；另一种通过硬件实现，一般是通过三态内容可寻址存储器（ternary content addressable memory，TCAM）或随机存取存储器（random access memory，RAM）等存储匹配表项来指导解析器工作，具有高速稳定的优点，但一般可重构性较差，灵活性较低。

3. 协作组网技术性能影响

随着多业务接入和大数据传输的快速发展，本地通信网络的性能优化变得尤为重要。在此背景下，协作组网技术成为提升本地通信性能的关键技术之一。协作组网技术通过优化资源分配、数据传输路径选择和协同工作机制，可

以显著改善本地通信的可靠性、时延、资源利用率等关键指标。协作组网技术通过使用多个节点或路径进行数据传输，可以提高本地通信网络的可靠性。当某个节点或路径发生故障时，其他节点或路径可以接替传输任务，确保数据的连续性和可靠性。协作组网技术通过选择最佳的传输路径、优化路由和减少拥塞，可以缩短数据从发送端到接收端的传输时间，降低通信的延迟。协作组网技术通过合理分配数据流量和资源，避免资源的浪费和拥塞情况，可以提高带宽的利用效率，从而提升网络的整体性能。

在传统的基于无线自组网的定位系统中，每个用户节点通过测量获得与多个邻居参考节点的距离或者角度等信息，然后利用特定的数据融合方法估算出自身的位置。在参考节点较少的情况下，系统的定位精度和可靠性会显著下降。协作定位通过引入用户节点之间的信息测量来辅助定位，可以有效提高系统的定位性能。在参考节点较少的情况下，协作定位对于保证定位系统的可靠性具有重要意义。常用的定位测量方法包括接收信号强度指示（received signal sterngth indication，RSSI）、到达角（angle of arrival，AOA）、到达时间（time of arrival TOA）以及到达时间差（time difference of arrival，TDOA）等。针对资源有限的无线自组网的定位问题，RSSI 定位误差较大，AOA 定位的能量消耗和系统复杂度较高，TOA 技术定位精度较高且不需要多天线的辅助。协作组网定位模型如图 9-8 所示。

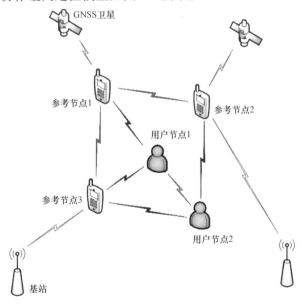

图 9-8 协作组网定位模型

总体而言，协作组网技术能够提高本地通信网络的可靠性、降低时延、提升带宽利用率、增加网络容量和吞吐量，并实现负载均衡和流量优化。这些优化措施可以改善本地通信的性能，提供更高效、可靠和稳定的通信服务，适应日益增长的多业务接入需求和大数据传输场景。

9.2 抗干扰技术

抗干扰技术是指在信息传输、通信或信号处理过程中，为了减少或排除外部干扰对系统性能的影响而采取的一系列技术手段。随着电子设备和通信系统的普及和复杂化，设备之间的相互影响和外部干扰的问题变得越来越突出。这些干扰可能导致设备性能下降、通信质量恶化甚至系统崩溃，为了满足电子技术的发展和通信系统的需求，抗干扰技术也在不断升级，以便更好地传输信号。

9.2.1 抗干扰技术的基本原理和方法

本地多种通信技术体制的融合会使网络干扰环境更加复杂。严重的异构网络干扰以及同类网络干扰将导致边缘区域设备性能较差，无法保证网络的QoS，甚至造成覆盖空洞，这是阻碍融合网络性能提升的重要因素。采用有效的干扰协调技术合理抑制网络干扰是研究融合网络组网及其性能的前提，干扰协调方法的研究主要集中在时域、频域、空域以及功率控制四个方面。

1. 基于时域的干扰协调方案

基于时域的干扰协调方案，主要是采用对部分时域资源进行静默的几乎空白子帧（almost blank subframe，ABS）策略，使得数据传输中心在某些子帧的控制信道上完全不发送数据，调整数据传输序列，避免数据跨网络干扰；通过对参考信号接收功率（reference signal receiving power，RSRP）施加偏置值的方式，将部分负载转移，协调异构网络中干扰节点的信号。

在异构网络中，若宏基站与小基站使用相同的时频资源服务用户，当其子帧对齐时，它们的控制及数据信道会发生重叠，若不采取干扰协调方法，则小基站用户会受到宏基站的严重干扰。为了减轻小基站用户受到的干扰，可以在宏基站使用 ABS 策略。ABS 策略的特点在于最小传输，其中仅传输系统工作所必需的基本信息。不使用 ABS 策略时，宏基站与小基站的正常帧结构如图9-9 所示。

在异构网络中，由于宏基站与小基站的功率差异，引入小区覆盖扩

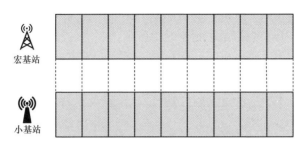

图 9-9　宏基站与小基站的正常帧结构

展（cell range expansion，CRE）策略实现宏基站与小基站的负载平衡后，扩展用户受到宏基站的干扰更严重，所以需要对宏基站引入 ABS 策略。ABS 策略主要通过使宏基站在扩展用户调度期间静默的方式来保护扩展用户。引入 ABS 策略后，宏基站与小基站的帧结构如图 9-10 所示。

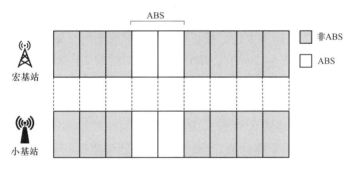

图 9-10　引入 ABS 策略后宏基站与小基站的帧结构

　　为了减少对扩展用户的干扰，在 ABS 期间，宏基站只发送参考信号，不发送控制信号或数据信号；而在非 ABS 期间，宏基站正常服务宏基站用户。小基站则仅在宏基站使用 ABS 期间调度受到宏基站严重干扰的扩展用户，由于扩展用户在 ABS 期间不再受到来自宏基站的干扰，从而能够显著提升扩展用户的性能；对于小基站中心用户而言，其在非 ABS 期间进行调度。ABS 可以按静态方式配置，或者采用根据某些参考标准（如用户负载）优化 ABS 比例的动态机制配置。宏基站层引入 ABS 策略后，可以显著降低对扩展用户的干扰，提升扩展用户的性能。该方案调度快且复杂度较低，但由于宏基站在 ABS 期间保持静默，会造成时频损失，导致宏基站用户的性能出现损耗。

　　为了节省宏基站在 ABS 期间的时频损失，平衡宏基站用户及小基站扩展用户的性能，宏基站在 ABS 期间可以选择降低功率后发送信号并在降低功率的子帧中进行宏基站用户调度的方式，该方案被称为低功率几乎空白子帧（low power almost blank subframe，LP-ABS）策略。引入 LP-ABS 策略后，宏基站与小基站的帧结构如图 9-11 所示。

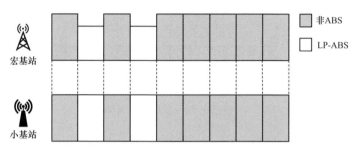

图 9-11　引入 LP-ABS 策略后宏基站与小基站的帧结构

具体地，在引入 CRE 与 LP-ABS 策略后，宏基站在 LP-ABS 期间，降低一定的功率后发送信号并服务宏基站用户；而在非 LP-ABS 期间，宏基站以正常功率服务宏基站用户。小基站则在 LP-ABS 期间调度扩展用户，由于在 LP-ABS 期间宏基站降低功率工作，故扩展用户受到的干扰会降低，从而提升了扩展用户的性能；对于小基站中心用户而言，其在非 LP-ABS 期间进行调度。LP-ABS 中子帧比例及降低功率的比例可以采用静态模式配置，其中 ABS 比例是固定的，并且降低的功率可以等于 CRE 的偏置值。此外，LP-ABS 配置也可以采用动态模式。在动态配置模式中，宏基站与小基站的调度需要进行协商，并确定 ABS 比例及功率降低值。LP-ABS 策略能够重新利用 ABS 来保障宏基站用户的需求，同时降低对小基站扩展用户的干扰；但由于 LP-ABS 策略中需要对 ABS 比例以及降低的功率值进行配置，该方案的调度复杂度较高且存在更多的干扰波动。

2. 基于频域的干扰协调方案

目前，最常见的基于频域的干扰协调方案分为部分频率复用（fractional frequency reuse，FFR）和软频率复用（soft frequency reuse，SFR）两种。

（1）部分频率复用方案。如图 9-12 所示，部分频率复用方案将整个频带划分为公共子带 B_{comm} 和私有子带 B_{priv} 两部分。其中，公共子带用于中心用户调度，频率复用因子为 1，发射功率较低；私有子带用于边缘用户调度，频率复用因子大于 1，一般为 3，发射功率较高。部分频率复用方案的频带划分满足式（9-11）：

$$\begin{cases} B_{priv} = \sum_{i=1}^{3} B_{priv}^i \\ B_{priv} + B_{comm} = B \end{cases} \quad (i=1,2,3) \quad (9\text{-}11)$$

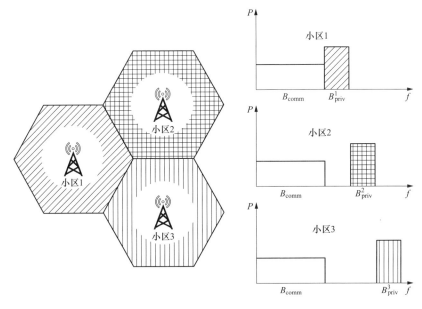

图 9-12　部分频率复用方案

部分频率复用方案将整个小区划分为中心区域和边缘区域，如何确定用户在小区中的位置，对于部分频率复用方案的实施至关重要。常见的划分用户位置的方法有基于用户到基站的距离和基于用户的 RSRP 两种。这两种方法在不考虑阴影衰落时，在一定程度上是等效的，即一个距离门限值对应着一个 RSRP 门限值。

部分频率复用方案通过对频域资源的划分，并辅以不同的发射功率进行干扰协调。具体来说，对于中心用户，距离服务基站较近，可以采用较低的发射功率进行通信，这样一方面节省了功率资源，另一方面降低了对邻近小区的干扰；对于边缘用户，将频谱资源正交划分，避免了相邻小区间的同频干扰，并且使用较大的发射功率提升了通信性能。

（2）软频率复用方案。软频率复用方案是对部分频率复用方案的改进，性能得以进一步提升。如图 9-13 所示，软频率复用方案也将整个小区划分为中心区域和边缘区域，但是在频带划分上和部分频率复用方案有所不同。软频率复用方案将可用频带划分为主频带 B_{major} 和次频带 B_{minor} 两部分。其中，主频带可以在小区任何区域使用，需要保证相邻小区的主频带正交。当主频带用于小区中心用户调度时，其发射功率较低；而当主频带用于边缘用户调度时，其发射功率较高。次频带只能用于中心用户，且发射功率较低。软频率复用方案的频带划分满足式（9-12）：

$$\begin{cases} B = \sum_{i}^{3} B_{\text{major}}^{i} \\ B_{\text{major}}^{i} + B_{\text{minor}}^{i} = B \end{cases} \quad (i=1,2,3) \tag{9-12}$$

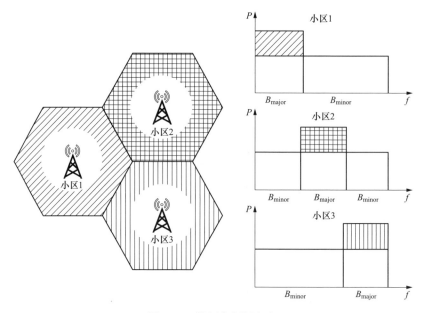

图 9-13 软频率复用方案

由式（9-12）可知，软频率复用方案中每个小区都可用系统全部带宽，相较于部分频率复用方案提升了频谱利用率。此外，软频率复用方案为了有效地降低对相邻小区边缘用户的干扰，对于边缘用户和中心用户使用不同的发射功率。设边缘用户的发射功率为 P_{major}，中心用户的发射功率为 P_{minor}，软频率复用方案的不同用户发射功率可以表示为：

$$\begin{cases} P_{\text{major}} = P_{\max} \\ P_{\text{minor}} = \beta \times P_{\max} \end{cases} \quad (0 \leqslant \beta \leqslant 1) \tag{9-13}$$

式中：$P_{\max}$ 为最大发射功率。当 $\beta = 0$ 时，中心用户发射功率为 0，小区可用频带为总频带的 1/3，此时频率复用因子为 3；当 $\beta = 1$ 时，中心用户发射功率等于最大发射功率，此时无主次频带之分，小区可用全部频带资源，频率复用因子为 1。由此可见，软频率复用方案的频率复用因子并不是一成不变的，而是随着主次频带发射功率比 β 动态变化，因此称为"软"频率复用方案。

相比部分频率复用方案，软频率复用方案结合功率控制技术，各小区都可以同时使用所有频谱资源，因此提升了频谱效率。此外，软频率复用方案可以通过调节主次频带发射功率比，调整频率复用因子，适应不同的用户分布，具备一定的自适应能力。

3. 基于空域的干扰协调方案

基站采用波束成形干扰协调技术,可以将发射波束以较窄的角度对准服务节点,抑制其他网络的干扰并且提升边缘节点的信干噪比。考虑到本地通信网络中设备节点数量较多,可利用协作多点传输(coordinated multiple points transmission/reception,CoMP)技术将在地理位置上相互分离的若干数据传输节点划入同一个协作集,共同协作对数据进行发送和接收,或对协作集中的资源进行联合调度。在发射端和接收端设计对应的预编码矩阵,可以通过预编码矩阵将期望信号和干扰信号分别放置于相互独立的信号子空间内,用来消除干扰。

根据协作基站交互的信息类型的不同,可以将 CoMP 技术分为即协作调度/协作波束成形(coordinated scheduling/coordinated beamforming,CS/CB)和联合处理(joint processing,JP)两大类。

(1)在协作调度/协作波束成形中,协作基站之间只需要交互信道状态信息(channel state information,CSI)以及调度信息。对于一个协作用户而言,其业务数据是由其自身的服务基站传递的,但是相关的调度决策以及天线的波束成形操作都是由协作集中的多个基站共同决定的。因此,通过协作调度/协作波束成形技术可以有效地避免用户受到其他协作基站的干扰。协作调度/协作波束成形如图 9-14 所示。

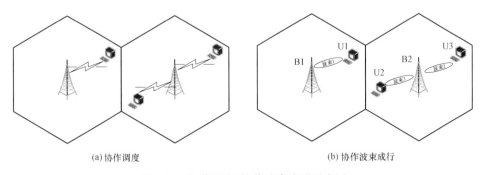

图 9-14　协作调度/协作波束成形示意图

(2)在联合处理中,协作基站之间不仅要交互 CSI 以及调度信息,还需要交互用户的数据信息。按照后续处理方式的不同,联合处理技术又分为联合传输和动态节点选择/动态节点静默(dynamic point selecting/dynamic point blanking,DPS/DPB)。

1)联合传输。协作集中的基站在一个传输时间间隔(transmission time

interval，TTI) 内同时对 CoMP 用户发送信号，协作基站共享 CoMP 用户的 CSI 和数据信息，基站间的协作传输可以将协作集中对 CoMP 用户产生的小区间干扰转化成有用信号，属于干扰利用的范畴。在联合传输过程中，由于协作基站之间需要共享用户 CSI、调度信息、用户数据等，因而有较高的回传带宽和较低的等待时间要求。根据协作基站为用户提供的服务类型，联合传输又可分为相干传输和非相干传输。相干传输是利用协作基站的联合预编码和同步传输来实现相干合束（coherent combining，CC）的过程。非相干传输过程不需要进行联合预编码。

2）动态节点选择。CoMP 中每次从协作集中选择具有最好信道状态的一个基站服务 CoMP 用户的过程，称为动态节点选择。CoMP 用户在每个时刻动态地测量协作基站的 RSRP，选择 RSRP 最大的一个基站进行信号传输。动态节点选择是联合传输的一种特殊情况，由于协作基站间不共享用户数据信息，仅共享用户 CSI，从而降低了方案执行的复杂度和回传链路开销。

3）动态节点静默。CoMP 用户被协作集中的某个基站服务时，对 CoMP 用户的 RSRP 大于某个阈值的基站不发送数据信号（称为静默），以规避对 CoMP 用户的干扰。动态节点静默具有与动态节点选择相同的特点，仅共享用户 CSI。

在 JP 中，对于一个协作用户而言，同一时刻将会有协作集中的多个基站来为该用户提供服务。该方式的优点是可以显著提高用户的吞吐量，但是频谱效率相对较低。而在动态节点选择/动态节点静默中，对于一个协作用户而言，同一时刻只有协作集中的一个基站来为该用户提供服务，其他的协作基站通过静默相应的资源来减小对该用户的干扰。联合处理如图 9-15 所示。

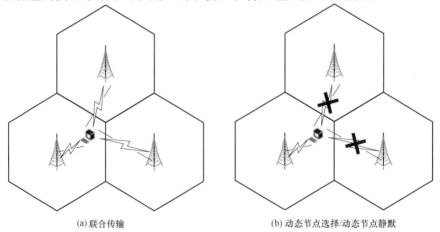

(a) 联合传输　　　　　　　　　　　　(b) 动态节点选择/动态节点静默

图 9-15　联合处理示意图

进行 CoMP 联合处理首先需要在网络中形成基站的协作集。协作集的划分方式按照时间周期可以分为静态划分、半静态划分和动态划分。

1）静态划分。根据各基站的位置、路径损耗等，静态地将相邻的基站划入同一个协作集中，以避免协作集内部各小区之间的干扰，此时协作集中成员的数目是固定不变的。静态划分具有信令开销较低、运算量较少而实现简单的优点，但缺点是难以适应信道状态的动态变化。

2）动态划分。动态划分的协作集，其成员数目不固定，而是根据用户测量后反馈的 CSI，动态地选择 CoMP 用户的协作基站。动态划分的优点是可以较好地适应用户信道质量的变化，因而具有比静态划分更高的灵活性，但缺点是基站的信令开销较大，实现复杂度较高。

3）半静态划分。半静态划分是静态划分和动态划分在灵活性和复杂度之间的折中。首先设置一个测量集，将满足一定条件的基站纳入该测量集。CoMP 用户根据 CSI 选择测量集的子集作为协作集。半静态划分具有较静态划分更高的灵活性，通过调整测量集和协作集的形成方式，可以在信令开销和性能中取得较好的平衡。

4. 基于功率控制的干扰抑制方案

基于功率控制的干扰抑制方案，是根据 QoS 要求动态调整功率，协调相邻节点的发射功率，从而避免异构网络间的相互干扰，且易与其他干扰抑制技术结合。

基站发射功率大小决定着小区覆盖范围与吞吐量，功率域干扰协调技术通过调整基站发射功率大小，在提升或保持接收信号中有用信号强度的同时降低干扰信号强度，从而抑制小区间干扰，提高系统吞吐量，且对降低系统能耗也有一定作用。功率控制方案按照控制方式的不同，可以分为集中式功率控制与分布式功率控制。其中，集中式功率控制方案需要网络的全局信息，应用于小区及用户数较多的异构网络中时复杂度较高；而分布式功率控制方案不需要掌握网络的全局信息，更适用于异构网络。按照信号传输方向的不同，可以分为上行链路功率控制与下行链路功率控制；根据用户终端是自动进行功率调整还是与基站协同进行发射功率调整，可以分为开环、闭环和外环三种控制方式；根据功率调整的周期性，可以分为离散功率控制和连续功率控制；根据控制命令的测量指标，可以分为基于信号功率、基于信号干扰比（signal interference ratio，SIR）和基于误码率（bit error rate，BER）三种控制方式。图 9-16 对功率控制方式分类进行了详细的说明。由于改变基站发射功率将影响下行信道质量指标的测量，因此下行链路通常采用功率分配方式。

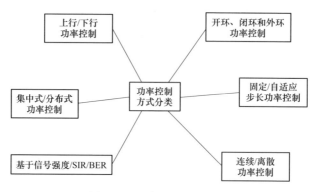

图 9-16 功率控制方式分类

LTE 上行链路功率控制是指一系列算法和工具的集合，通过它们可以对不同上行物理信道和信令的发射功率进行控制，以保证业务数据和信令在 eNode B 侧使用适当的功率进行接收。这说明应该保证足够的功率来对相应的信息进行正确解调接收。在同一时间，发射功率不应过高，因为这会对相邻小区造成不必要的干扰。发射功率依赖于信道属性，包括信道衰减、接收机的噪声和干扰水平。下行链路功率控制广泛应用于蜂窝网络等集中式网络架构和设备到设备（device-to-device，D2D）等分布式网络架构中，其研究场景也从单一网络到多层异构网络逐步深入。该技术不仅能够有效抑制网络中的区间干扰问题、增大系统容量，而且能够在不影响网络 QoS 的前提下，结合子信道分配等手段，动态调整基站等设备的发射功率，从而达到提升系统能量效率、实现绿色网络的目的。

开环是指用户终端的发射功率取决于下行路径损耗；闭环是指系统可以通过功率控制命令直接调整终端的发射功率。因为这些功率控制命令是系统对接收到的上行功率进行测量得到的，所以称为"闭环"。与闭环功率控制相比，开环功率控制不需要信道反馈信息，反应更加迅速。当信道处于深衰落时，开环会使功率幅度调节过大而产生误调，所以开环功率控制仅用于随机接入过程。闭环功率控制要求基站发送额外的控制命令，在精确度方面优于开环功率控制，但其在一定程度上会增加网络的信令开销与负担。由于两者具有各自的优缺点，因此需要在特定的场合使用恰当的控制方式。目前，大部分研究重点关注以开环功率控制为基础的闭环功率控制方法，即链路建立时采用开环，进行精确调整时采用闭环。

5. 其他干扰抑制方案

（1）基于小小区分簇的干扰管理方案。分簇干扰管理方案将小小区划分为在无线资源上正交的簇，以消除每个簇内小区间的干扰。分簇思想有利于分布式实施，但是需要小小区之间有干扰信息才能形成有效的分簇。

（2）采用随机几何的干扰管理方法。该类方法用于分析网络极限性能，研究各种部署场景下系统关键参数对系统性能的影响。

（3）基于预编码的干扰对齐技术。基于预编码的干扰对齐技术，指通过无线通信网络特定覆盖范围内所有的节点共享相同的传输频率，基于 CSI 分别在发射端和接收端设计对应的预编码矩阵，通过预编码矩阵将期望信号和干扰信号分别放置在相互独立的信号子空间内，进而实现频谱资源的充分利用，提升系统谱效率。在异构网络中，基于预编码的干扰对齐技术可以用来消除网络中层与层之间、层内不同微小区之间以及微小区内不同用户之间的干扰。

（4）基于无线资源管理的干扰协调技术。相比基于预编码的干扰对齐技术，基于无线资源管理的干扰协调技术旨在通过无线资源的有效控制、分配和调度等实现对不同节点之间干扰的抑制。需要注意的是，该技术对于同频干扰理论上不能达到完全消除，只能通过对无线资源的管控和节点的调度抑制干扰。

（5）小区间干扰协调技术。小区间干扰协调技术的基本原理是对系统资源使用设置一定的限制，以协调多个小区的动作，从而达到避免或者降低小区间干扰的目的。

9.2.2   抗干扰技术对本地通信网络性能的影响

城市电网本地通信网络存在异构网络，异构网络产生干扰的起因主要是信道数量有限而网络请求各异。而在电力物联网领域，可将这种干扰具体理解为小基站之间作用范围的重叠与相互复用，这种模式又称组网、同频组网或异频组网。针对此场景，可在异构网络中引入干扰协调技术。由于 Wi-Fi、5G、LoRa、蓝牙等技术之间存在重合频率，必然会带来一定同频干扰，为了提高网络性能，需要针对本地通信网络的四种场景进行干扰协调设计，一般采用干扰协调技术减小异构网络间的干扰。可以考虑频域干扰协调、时域干扰协调、空域干扰协调和功率域干扰协调等技术。

其中，频域干扰协调技术主要基于频率复用减小网络间的干扰，但由于本地通信网络中采用的技术较多，涉及的频段也较多，因此频域干扰协调技术减小异构网络间的干扰实现较为困难。为了满足本地通信网络融合互通的发展需求，需要进一步从时域对干扰进行管理。最常见的时域干扰协调技术为基于 ABS 的时分共存方法，其基本思想是在 LTE 置空的子帧上进行传输。ABS 最

早是在 3GPP Realease 10 中引入的 LTE 关键功能，旨在降低 LTE 下行子帧的
传输功率，协调宏基站和微基站共存的异构系统。因此，可以利用 LTE 置空
的子帧进行数据传输，并且吞吐量随着 ABS 数目的增加而增大。为了使干扰
节点能够达到所需的 QoS，3GPP 在 Realease 11 中引入了增强型干扰协调技
术。如图 9-17 所示，其基本思想是通过引入 LP-ABS 解决方案来严格控制数据
信道的传输功率，以进一步减小节点之间的相互干扰。

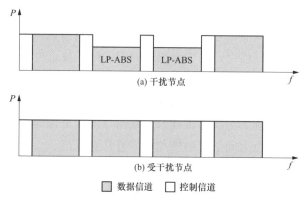

图 9-17 LP-ABS 的时域干扰抑制示意图

在本地通信网络中，由于需要多个网络融合互通，网络拓扑结构往往变得
很复杂，节点数量较大，频域和时域干扰协调技术受到限制。可以通过 CoMP
传输技术有效地抑制干扰信号并增强期望信号。CoMP 传输技术的基本思想是
多个传输点在相同时频资源上相互协作，接收或发送来自同一节点的数据。
CoMP 技术可以分为两大类：一是联合处理，要求多个协作节点不仅要共享该
节点的 CSI，而且要共享该节点的数据信息，因此对回传链路的时延和传输带
宽都有较高要求，适用于理想回传场景；二是协作调度/波束成形，要求节点
只选择一个节点作为数据传输节点，其他节点只在频谱分配上或者波数上进行
干扰规避。在协作调度/协作波束成形中，协作节点之间不需要共享节点的
CSI，只需要传递节点的 CSI，因此对回传链路要求没有联合处理高，适用于理
想回传和非理想回传场景。

本地通信网络中，包括功率在内的资源由众多节点共享，如何有效地分配资
源，在满足各自要求的同时最小化对其他节点的干扰就显得至关重要。利用功率
控制可以有效减小节点间的干扰，且易与其他干扰抑制技术结合。采用功率控制
可以直接控制节点的覆盖范围和网络容量，并根据 QoS 要求进行动态调整。功率
控制通过协调相邻节点的发射功率，可以避免异构网络间的相互干扰。

9.3 覆盖增强技术

在电力物联网本地通信网络中，确保良好的无线覆盖是保障网络通信质量的前提。本节针对城市电网的多样化业务场景，探索适用于电力物联网的无线通信覆盖技术，研究覆盖增强技术在本地通信网络中的应用。基于对城市电网典型场景网络业务接入需求的深入分析，本节对双层拓扑结构中的汇聚层节点覆盖问题展开综合因素分析，如将覆盖范围、拓扑稳定、能耗均衡及传输性能等优化需求定义为子目标函数，加权设计出多目标优化问题，确定匹配特定业务场景的最优覆盖方案，以提高通信网络的覆盖性能。

本节针对多模态本地通信网络"边端、端端"覆盖增强，研究定向天线、天线拉远、分布式多天线、多跳等典型覆盖优化技术的特性，根据其适用性与业务场景进行匹配，实现最优的融合互通网络覆盖；同时开展信号增强技术研究，以城市电力地下管廊场景为例，采用基于改进灰狼算法——NDGWO 的覆盖优化技术，通过增强无线信号，扩展网络覆盖，在尽量保证网络其他性能指标的情况下，实现传输节点的自我调节，提升无线网络的覆盖率与资源利用率，延长网络的使用寿命。

9.3.1 覆盖优化技术的特性研究

1. 无线信号覆盖模型

阴影衰落、路径损耗等实际场景因素会直接影响设备的连接策略，进而影响网络的覆盖性能。为确定在城市电网某些特定场景（如地下管廊、地下变电站等）中具体的信号覆盖情况，可构建电力环境中的无线信号覆盖模型，对路径损耗进行线性拟合，同时考虑建立阴影衰落、附加时延、时延扩展等参数的统计模型。

在无线传播的研究领域，研究人员已经针对各种传播环境（包括乡村、城市、山区等）提出了许多经验模型。这些模型大多适用于覆盖范围较大的室外场景中，根据统计意义上的环境数据即可获得覆盖模型所需的参数。但在城市电网环境中，设备的分布主要以室内为主，在本地通信的覆盖优化中，必须着重考虑室内覆盖及 QoS。由于室内的传播环境呈现出与室外环境不同的特点，因此有必要对室内覆盖模型进行研究。

室外无线信道的传播损耗主要由环境中的建筑物造成的绕射损耗与反射损耗，以及植被造成的散射损耗与穿透损耗组成；而室内无线信道的传播损耗主要由各类设备引起的反射与衍射损耗，穿透墙壁、楼层与障碍物引起的穿透损耗等组成。如果要进行室内电力系统的规划，则需要特定扇区的详细信息，如障碍物的几何分布、障碍物表面材料的反射特性，以及预期的使用方式等。室内信号覆盖模型可分为室内统计模型与射线跟踪模型。

ITU-RP.1238 推出了一种被认为可以通用于不同扇区的统计模型，利用它可以明确地计算每堵墙造成的损耗。该模型的路径损耗计算公式为：

$$L_{\text{total}} = 20 \log_{10} f + N \log_{10} d + L_f(n) - 28 \tag{9-14}$$

式中：N 为对数距离路径损耗因子；f 为频率（MHz）；d 为发射机与接收机的间距（m）；L_f 为楼层穿透损耗因素（dB）；n 为发射机与接收机间的楼层数。

基于统一绕射理论（uniform geometrical theory of diffraction，UTD）和射线跟踪技术的室内场强预测模型能够更准确地预测室内环境下的传播损耗，从而建立室内覆盖模型，其准确度远高于室内统计模型。这类模型综合了经验数据与电磁理论，基于较精确的地理信息分别计算多径信号（直射信号、绕射信号、反射信号等）的信号强度，最终进行叠加得到结果。被广泛应用于移动通信和个人通信环境（室外宏蜂窝、街道微蜂窝和室内微蜂窝）中的预测无线电波传播特性的技术，可以用来辨认多径信道中收发射机间所有可能的射线路径。一旦所有可能的射线被辨认出来，就可根据电波传播理论来计算每条射线的幅度、相位、延迟和极化，然后结合天线方向图和系统带宽就可以得到到达接收点的所有射线的相干合成的结果，从而构建电力环境中的无线信号覆盖模型。

2. 定向天线技术

在某些特定的电力场景中，如地下管廊、地下变电站等，无线信号往往较弱，存在不少的通信盲区。为解决管廊或者矿井中基本无信号或者覆盖效果差的问题，性能优良的定向天线成为该环境下天线的首选。定向天线将能量约束在一个特定方向，形成一定宽度的波束。由于波束集中，在天线功率相同的情况下，使用定向天线会比使用全向天线的通信距离更远一些。同时，由于定向天线通信时仅通过特定方向的波束进行，在空间其他方向上的节点不会受到干扰，从而大大提高了空间复用率。因此，将定向天线应用于无线自组网，不但能增加节点的通信范围，降低节点的能耗，提升网络性能，还能提高网络的抗干扰性和安全能力。

对部署的天线进行调整可以达到改变区域覆盖率的目的。按照形成波束的方式，定向天线可以分成两类：一类是自适应波束天线，也称智能天线，它是利用自适应空间数字处理技术在空间产生定向波束，并使天线增益最大的波束（主波束）对准用户信号要发射的方向；另一类是多波束转换天线，它使用了较为先进的波束转换技术。

多波束转换天线是使用多个并行的波束覆盖节点的四周，将节点的四周分割成若干个锥形区域，需要在哪个扇区方向进行通信，就调整到相应的扇区，如图 9-18 所示。多波束转换天线的每个波束都有固定的指向，且天线阵元数目决定了波束的宽度，波束宽度又决定了天线的波束数目。波束宽度越大，覆盖节点四周所需的波束就越少；波束宽度越小，覆盖节点四周所需的波束就越多。当波束转换天线不使用波束中心进行通信时，通信效果就会非常差。因此，波束转换天线不像自适应波束天线那样，在通信时必须使用波束中心对准对方。但是，与自适应波束天线相比，波束转换天线有成本低、天线阵列结构相对简单等优点。

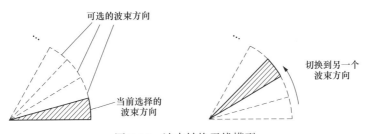

图 9-18 波束转换天线模型

自适应波束天线和波束转换天线相比，是使用了复杂性更高的天线阵列和数字信号处理器（digital signal processor，DSP）来辨别邻居节点的 AOA，迅速形成并调整主瓣波束指向邻居节点，如图 9-19 所示。天线覆盖的区域是一个扇形，符号 φ、θ、r 分别表示波束的方向、波束的宽度以及波束的覆盖半径。其中，r 的大小是随着发送节点传输功率的大小而变化的。使用自适应波束天线进行通信，在发送信号时，可以根据邻居节点的方向动态地调整波束的覆盖半径 r 并且指向 φ，使其波束扇区覆盖到邻居及节点，然后发送消息；在接收信号时，可以全向侦听，将波束调整到来波方向接收信号。自适应波束天线的

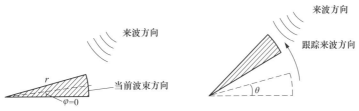

图 9-19 自适应波束天线模型

优点是可以提高网络的抗干扰能力和网络的通信质量，缺点是成本较高。

定向天线应用于多模态通信时，要面临很多天线本身之外的问题。一方面，自适应波束成形需要准确获知发射机和接收机的位置或方向，因此如何获取和更新节点位置信息是要解决的首要问题。另一方面，定向电波发射会对用户接入、网络结构等带来很大的影响，这给网络协议设计带来了挑战。目前，定向天线在无线自组网中的应用主要是解决邻居发现、拓扑控制、网络协议等方面的问题。

定向天线邻居发现通常分为知情发现和盲发现两种。知情发现是指网络中节点预先知道其他节点的位置再进行定向的邻居发现。节点通过全向天线或者GPS来获取周围邻居节点的位置信息，从而加快邻居发现过程。但是，在发现过程中使用全向天线并不是很好的选择，而且通过GPS获取周围节点位置信息也较为复杂，实现起来困难。盲发现是指网络中节点在开始邻居发现时没有其他节点的位置信息，节点只能通过定向发送或定向接收来实现波束对齐，节点需要通过许多轮的扫描来确保相邻节点的彼此发现。定向天线拓扑控制的研究中，原来的拓扑控制工作主要集中在确保网络连接和减小链路间干扰。目前，有在波束控制和波束切换系统中生成连通拓扑的启发式算法，也有用于生成低链路间干扰的拓扑算法。

3. 射频拉远技术

为提高城市电网场景中的信号覆盖性能，可采用新型的覆盖方式——射频拉远（radio remote head，RRH）技术解决。该技术将基站分为无线基带控制和拉远单元两部分，使基带信号转换为光信号传送，并在远端进行射频处理和功率放大。拉远单元部分可以单独进行远程设定，进而在灵活构建网络的同时降低运营成本。射频拉远系统结构如图9-20所示。

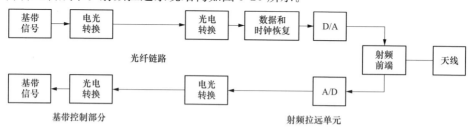

图9-20 射频拉远系统结构

在下行链路中，基带控制部分产生数字信号，经过电光转换和基带接口处理后通过光纤链路传输到射频拉远单元（remote radio unit，RRU），进行光电转换和基带接口处理，然后进入数据和时钟恢复模块；完成D/A转换并经过滤波、上变频、功率放大器后，通过天线将射频信号发送出去。在上行链路中，射频拉远单元接收射频信号，经过滤波、低噪声放大器、自动增益控制、下变频以及 A/D 转换后，进行电光转换和基带接口处理并通过光纤链路传输到基带控制部分，然后经过光电转换和基带接口处理并恢复出数字基带信号。

射频拉远单元引入了一种新型的网络覆盖模式，即分布式覆盖。它将大容量宏蜂窝基站集中放置在中心机房内，对基带部分进行集中处理，利用光纤将基站中的射频部分拉到远端的射频单元，并放置在网络规划所确定的节点上，从而避免了机房和天线之间通过馈线的连接，以及节省了常规解决方案中所需要的大量机房；同时，通过采用大容量宏基站支持大量的光纤拉远，可实现系统容量与覆盖范围之间的转化。射频拉远单元和基站的连接接口有通用公共无线接口（common public radio interface，CPRI）和异步串行接口（asynchronous serial interface，OBASI）两种。RRU 和基站的连接如图 9-21 所示。

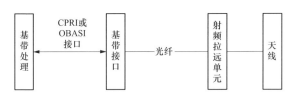

图 9-21　射频拉远单元和基站的连接

射频拉远技术主要有以下特点：

（1）使用视频拉远技术可以有效解决人口密集区域或者高楼密集区域的信号覆盖问题，通过构建星形、树形、链形、环形等各种结构的网络，可以完成灵活有效的布局。例如，对于购物中心、机场、车站等人流密集区域，以及企业总部、办公楼或地下停车场等信号难以到达的区域，利用射频拉远技术可以有效扩展覆盖区域的范围，并显著提高信号覆盖质量。

（2）视频拉远技术将以前基站模块的射频部分分离出来，因此射频前端可以实现与天线更紧密的连接，而不需要通过较长的馈线与天线连接，从而减小了由天线馈线引起的损耗。

（3）通过将无线基带控制部分与射频拉远单元分离，可以将烦琐的维护工作简化到无线基带控制端。

（4）一个基带控制端可以连接多个射频拉远单元，这样既节省了空间，又降低了建设成本，因而能够提高组网效率。

（5）连接射频拉远单元和基带控制部分的接口采用光纤，损耗小，稳定性强，从而有效缓解了常规解决方案中电力消耗高的问题。

4. 分布式多天线技术

相比集中式多天线系统，分布式多天线系统将 MIMO 技术与分布式天线系统（distributed antenna system，DAS）相结合，从而具有更好的频谱效率。由于其具有分布式架构特点，分布式多天线系统可以改善异构网络的覆盖性能；同时，由于其具有卓越的频谱效率增益，分布式多天线系统能满足城市电网融合网络中各设备节点的数据传输速率需求。分布式多天线系统模型如图 9-22 所示。远端天线单元（remote antena unit，RAU）处于网络的不同位置，每个 RAU 上可以有多根天线，每个 RAU 通过光纤或者同轴电缆与中央处理单元相连。在下行链路，RAU 可以同时发送相同的数据符号给设备用户，实现空间分集；在上行链路，RAU 负责接收设备终端发送的信号。RAU 不负责对信号的处理，所有信号的处理都集中在中央处理单元上进行。这一方面增加了基站的有效覆盖面积，另一方面使组网方式更灵活、简单，减少了基带单元的建设成本。

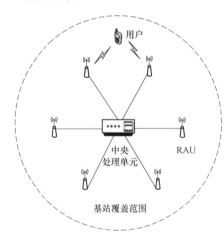

图 9-22　分布式多天线系统结构

分布式多天线系统具有组网灵活、易扩展、能耗低、覆盖范围广等优点。一方面，分布式多天线系统中天线采用分布式结构布置，缩短了天线与用户终端之间的平均距离，扩展了系统的有效覆盖范围，同时减少了发射功耗；另一方面，分布式多天线系统利用 MIMO 技术提高了频谱利用率，有效增加了通信系统容量，同时空间分集有效改善了多径衰落下信号传输的健壮性。

分布式多天线系统能够利用空间复用以及宏分集的优点，然而由于不同 RAU 到终端设备之间的传播路径不尽相同，每个路径上都会受到不同程度的大尺度信道衰落的影响。这使得对分布式多天线系统信道的理论性能分析变得更为复杂。

分布式多天线系统相比集中式多天线系统具有以下优势：

（1）分布式天线布置在网络的不同位置，可以缩短终端设备到 RAU 的平均距离，减少网络边缘的覆盖盲点，有效提高异构网络的覆盖性能。

（2）减少了设备终端相对于 RAU 的接入距离，可以降低天线的发送功率。

（3）RAU 之间可以协作为设备终端发送数据，可实现空间分集，从而提高信号接收质量和信号传输的可靠性。

（4）移动中的设备终端可以选择为其服务的 RAU，不需要进行切换，从而提高分布式系统的切换性能。

（5）RAU 之间相对距离较远，彼此之间的信号相关性比较低，可以利用系统资源以提高系统的空间复用增益。

此外，RAU 的数量以及位置可以根据不同的业务需求进行灵活配置，这对系统的性能有重要影响。

5. 多跳协作技术

在许多电网典型场景下，如城市地下综合管廊的狭长环境，主要采用点到点或者点到多点的拓扑结构，中心节点与各个终端通过单跳无线链路相连，控制各终端对无线网络的访问，使用中心式网络结构进行覆盖增强效率较低。而多跳自组网是一种很好的增强方案，其采用网状拓扑结构，使各网络节点以无线多跳方式相连，利用分布式思想构建动态自组织的多跳网络，允许处于该网络覆盖范围内的设备在任何时间、任何地点都可以对中心网络进行高速访问。因此，利用该方案可以很灵活地组建网络，而无须对网络进行预先配置，且搭建成本低，具有较强的鲁棒性，与其他需要基础设施建设的网络形式相比更加方便、快捷。

在无线自组网中采用 Wi-Fi 技术可以实现较高的传输速率，但其通信距离仅有几百米，这限制了自组网的应用范围，因此可通过引入多跳机制来扩展网络覆盖范围。此外，新兴的 LoRa 技术在实现超远距离传输的同时，能够在射频层面保持较低的功耗，并且具有很强的抗干扰能力，这在很大程度上弥补了传统自组网物理层技术的不足。而 Mesh 多跳路由器除了具有传统的无线路由器的网关/中继功能外，还具有支持网络互连的路由功能。这些多跳路由器的接口可以基于不同的无线接入技术构建并提供多种类型的网络接入。通过无线多跳通信，可使无线链路间的距离更短、发射功率更小、节点间干扰更少且频率重用效率更高，可在同等大小发射功率、不牺牲信道容量的情况下扩展现有网络的覆盖范围，并为不具有直接视距无线链路的用户提供非视距连接。同时，相比单跳网络内基于各个不可靠终端设备的通信，无线多跳 Mesh 网络内路由器组成一个无线骨干网，专门为终端设备提供可靠网络连接，在无线域内提供了大覆盖范围、高连通性以及健壮性的协作方式。

9.3.2　面向城市地下管廊的覆盖优化技术

本小节以城市电力地下管廊场景为例，对覆盖增强技术在电力物联网本地通信网络中的应用进行详细分析。WSN 是一种基于无线通信技术连接的分布式多跳自组网络，由一系列广泛分布在待监测区域内具有通信、存储功能的传感节点组成。WSN 具有成本低、部署便捷等优点，被广泛应用于新型电力系统中的电力信息监测、收集等场景。城市电力地下管廊作为电力系统的重要组成部分，其狭长的环境特点给 WSN 的覆盖带来了挑战，不规则形状、障碍物以及电磁干扰等因素可能导致其通信质量降低，影响网络性能和数据传输的可靠性。为解决这一问题，本小节通过引入基于最低接入速率约束的电力监测覆盖感知模型，并结合神经元映射和差分进化的改进灰狼算法，提出一种针对城市电力地下管廊场景的覆盖增强方案。该方案旨在优化网络的覆盖性能，在保证业务通信质量的同时提高算法覆盖优化效果，以满足电力物联网本地通信网络的实际需求。

1. 电力监测覆盖感知模型

城市电力地下管廊内部环境复杂，设备分布不规则，存在障碍物和盲区，这些因素使得优化无线传感器节点的覆盖面临困难，如难以完全覆盖某些区域或可能产生死角和盲区。这对 WSN 的部署和优化存在着一定的挑战。为实现管廊内的全面监测和信息传输，传感器应该覆盖整个管廊区域，包括墙壁、墙顶、管道和地面等。

为更贴近实际传感器节点的部署环境，设监测区域为存在障碍物的 $L \times W$ 矩形二维平面，共分布有 I 个可移动的同构 WSN 节点，其集合表示为 $\lambda_i = \{1, \cdots, i, \cdots, I\}$，WSN 节点 i 的二维坐标为 (x_i^S, y_i^S)；同时，均匀分布有 J 个待监测节点，其集合表示为 $\lambda_j = \{1, \cdots, j, \cdots, J\}$，待监测节点 j 的二维坐标表示为 (x_j^G, y_j^G)。WSN 节点 i 与待监测节点 j 之间的欧几里得距离为：

$$d_{i,j} = \sqrt{(x_i^S - x_j^G)^2 + (y_i^S - y_j^G)^2} \tag{9-15}$$

假设每个待监测节点都有一个时延约束的采集类业务，并将 $T_j = (L_j, D_j)$ 表示为待监测节点 j 的业务，其中 L_j 表示业务数据的大小（kbit），D_j 表示最大容忍时延（s）。为满足电力 WSN 业务的通信时延和可靠性要求，本书提出了基于最低接入速率的监测概率模型，即：

$$p_{i,j}^{cov} = \begin{cases} 1, & d_{i,j} \leqslant r_s, R_{i,j} \geqslant R_j^{min} \\ 0, & \text{otherwise} \end{cases} \tag{9-16}$$

式中：$p_{i,j}^{cov}$ 为待监测节点 j 是否被 WSN 节点 i 所覆盖；r_s 为 WSN 节点的感知半径；$R_j^{min} = L_j / D_j$ 为满足业务 T_j 所需的最低速率；$R_{i,j}$ 为待监测节点 j 接入 WSN 节点 i 时的业务速率，根据香农容量公式，业务速率的计算公式为：

$$R_{i,j} = \frac{B}{I}\ln(1 + \gamma_{i,j}) \tag{9-17}$$

式中：B 为系统总带宽；$\gamma_{i,j}$ 为信噪比。假设相邻 WSN 节点使用互相独立的子信道，故待监测节点 j 的干扰仅包括连接同一 WSN 节点带来的区内干扰，则 $\gamma_{i,j}$ 的计算方式为：

$$\gamma_{i,j} = \frac{s_{i,j}P_j \mid g_0 \mid^2 d_{i,j}^{-\alpha}}{\sigma^2 + \sum\limits_{k \in \lambda_{ji} \backslash (j)} s_{i,k}P_k \mid g_0 \mid^2 d_{i,k}^{-\alpha}} \tag{9-18}$$

式中：$s_{i,j} \in \{0，1\}$ 为 WSN 节点 i 与待监测节点 j 连接关系的指示变量；P_j 为待监测节点 j 的发射功率；g_0 为服从复高斯分布 $CN(0,1)$ 的瑞利衰落信道系数；α 为传输信道大尺度衰落对应的路径损耗指数；σ^2 为加性高斯白噪声的功率；λ_{ji} 为节点 i 所服务的待监测节点的集合。

通过计算所有待监测节点的联合感知概率，得到管廊区域的总覆盖率为：

$$C_r = \frac{J - \sum\limits_{j=1}^{J}\prod\limits_{i=1}^{I}(1 - p_{i,j}^{\text{cov}})}{J} \tag{9-19}$$

2. 改进灰狼算法——NDGWO

将最大化管廊区域的总覆盖率作为优化模型的目标函数，由于该目标函数高度非凸，传统的凸优化方法难以有效解决问题。相比之下，群智能算法被广泛认为是解决电力通信网络中 WSN 覆盖优化问题的有效方法。在应用过程中，传感器节点的部署多采取均匀分布或按需分布，未考虑监测场景中实际业务的通信需求，因此对待监测环境中目标个体的覆盖率较低，存在大量覆盖冗余和覆盖盲区。考虑到终端节点的业务需求和障碍物存在的特殊部署环境要求，为解决 WSN 覆盖不均等问题，面向电力通信网络的 WSN 覆盖优化问题应采用启发式算法。

灰狼优化算法（grey wolf optimizer，GWO）是由澳大利亚格里菲斯大学学者 Mirjalili 等人于 2014 年提出的一种群智能优化算法。该算法是受到灰狼捕食猎物活动的启发而开发的一种优化搜索方法，具有收敛性能较强、参数少、易实现等特点。GWO 算法根据灰狼个体在种群中的社会层级，模拟群体的包围狩猎机制来求最优解，在 WSN 中被广泛应用。许多研究表明，与粒子群优化（particle swarm optimization，PSO）和差分进化（differential evolution，DE）等算法相比，GWO 算法具有更好的收敛性和搜索能力。然而，GWO 算法容易陷入局部最优，且稳定性较差。因此，本小节基于 GWO 算法提出了改进的 NDGWO 算法，该算法的实现过程包括以下几个阶段。

（1）基于神经元映射的种群初始化。设种群中共有 K 个灰狼个体，每个个体代表一种 WSN 节点部署方案，灰狼种群集合表示为 $\boldsymbol{X} = \{\boldsymbol{X}_1, \cdots, \boldsymbol{X}_k, \cdots, \boldsymbol{X}_K\}$，种群中第 k 个个体的位置表示为 $\boldsymbol{X}_k = [x_{k,1}, x_{k,2}, \cdots, x_{k,2I}]^{\mathrm{T}}$，其中第 $2i$ 和第 $2i-1$ 维变量分别代表传感器节点 i 的纵坐标和横坐标。采用基于神经元映射的种群初始化方法，将混沌值引入搜索空间，以确保种群均匀分布并保持多样性。神经元映射是具有非线性反馈的混沌映射，该映射主要由双曲正切函数和指数函数构造，可表示为：

$$z_{k+1} = \eta - 2\tanh\varphi\exp(-3z_k^2) \tag{9-20}$$

式中：z_k 为初始化第 k 个灰狼个体时所对应的混沌值；η 为衰减因子；φ 为比例因子。一般在 $\eta \in (0, 1)$ 时，神经元映射产生的序列为混沌状态。本书参数取值为 $\eta = 0.5$，$\varphi = 5$。根据式（9-20）进行仿真，其结果如图 9-23 所示。

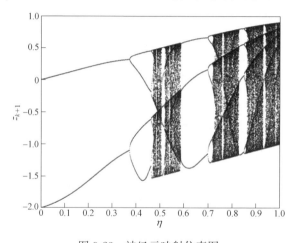

图 9-23　神经元映射仿真图

对于式（9-20）所产生的混沌序列，可通过将其线性映射到搜索空间的上下界得到灰狼个体在搜索空间中的坐标值，即：

$$\boldsymbol{X}_k(0) = \boldsymbol{X}_{\min} + z_k(\boldsymbol{X}_{\max} - \boldsymbol{X}_{\min}) \tag{9-21}$$

式中：$\boldsymbol{X}_{\max}$ 和 $\boldsymbol{X}_{\min}$ 分别为节点可部署区域的上界和下界向量。混沌序列在整个搜索空间内具有良好的分布特性，因此初始种群的个体也具有较好的分布特性，从而确保了种群的均匀分布和多样性。

（2）个体位置更新策略。在 NDGWO 算法中，通过计算各节点部署方案的覆盖率来评估灰狼个体的适应度值。基于个体适应度的排序高低，取种群中适应度在前 3 位的个体为 α、β、δ 狼，其余个体为 ω 狼，分别表示为 $\boldsymbol{X}_\alpha$、$\boldsymbol{X}_\beta$、$\boldsymbol{X}_\delta$ 和 $\boldsymbol{X}_\omega$。

狼群的狩猎由 α、β 和 δ 狼引导，通过头狼的位置信息猜测猎物所处的位置，并引导 ω 狼更新其位置。ω 狼通过向 α、β 和 δ 狼学习，以一定的步长接近并移动到新位置，因此第 t 次迭代中灰狼个体的位置更新策略为：

$$\begin{cases} D_\alpha(t) = |\boldsymbol{C}_1 \cdot \boldsymbol{X}_\alpha(t) - \boldsymbol{X}_\omega(t)| \\ D_\beta(t) = |\boldsymbol{C}_2 \cdot \boldsymbol{X}_\beta(t) - \boldsymbol{X}_\omega(t)| \\ D_\delta(t) = |\boldsymbol{C}_3 \cdot \boldsymbol{X}_\delta(t) - \boldsymbol{X}_\omega(t)| \end{cases} \tag{9-22}$$

$$\begin{cases} \boldsymbol{X}_1(t) = \boldsymbol{X}_\alpha(t) - \boldsymbol{A} \cdot D_\alpha(t) \\ \boldsymbol{X}_2(t) = \boldsymbol{X}_\beta(t) - \boldsymbol{A} \cdot D_\beta(t) \\ \boldsymbol{X}_3(t) = \boldsymbol{X}_\delta(t) - \boldsymbol{A} \cdot D_\delta(t) \end{cases} \tag{9-23}$$

$$\boldsymbol{X}_\omega(t+1) = \frac{\boldsymbol{X}_1(t) + \boldsymbol{X}_2(t) + \boldsymbol{X}_3(t)}{3} \tag{9-24}$$

式中：$D_\alpha(t)$、$D_\beta(t)$ 和 $D_\delta(t)$ 分别为 ω 狼与 α、β 和 δ 狼个体的距离；$\boldsymbol{C}_1$、$\boldsymbol{C}_2$ 和 $\boldsymbol{C}_3$ 为随机系数向量；$\boldsymbol{A}$ 为灰狼个体的运动步长，其计算公式为：

$$\boldsymbol{C} = 2\boldsymbol{r}_2 \tag{9-25}$$

$$\boldsymbol{A} = 2a \cdot \boldsymbol{r}_1 - a \tag{9-26}$$

式中：$\boldsymbol{r}_1$、$\boldsymbol{r}_2$ 为 $[0，1]$ 内随机数构成的向量；a 为收敛因子。

该算法采用了一种基于正弦函数的非线性收敛因子，其主要作用是使算法在早期阶段可以有效搜索全局解空间，同时在迭代逐渐收敛时对局部解空间进行精细搜索。收敛因子 a 的计算公式为：

$$a(t) = a_{\text{first}} - (a_{\text{first}} - a_{\text{final}}) \cdot \sin\left[\left(\frac{t}{T_{\max}}\right)^\lambda \cdot \frac{\pi}{\mu}\right] \tag{9-27}$$

式中：a_{first}、a_{final} 分别为控制参数的初值和终值，在本书中为 2 和 0；μ 和 λ 为调节参数；$T_{\max}$ 为算法的最大迭代次数。

相比典型的收敛因子，如指数收敛因子、对数收敛因子，该非线性收敛因子有着从全局搜索到局部搜索的转变，避免了对数收敛因子过于激进导致搜索精度降低以及指数收敛因子过于保守导致收敛速度降低的情况。该收敛因子降低了算法前期的变化速度，可提高稳健性。不同收敛因子随迭代次数的变化曲线如图 9-24 所示。

（3）差分进化策略。在 NDGWO 算法中，差分进化策略通过随机选择两个个体生成差分矢量，并利用变异、交叉和选择等操作对当代个体进行扰动，最终通过群体差异的演化寻找全局最优解。其中，变异策略扩大了种群的多样性，增强了算法跳出局部最优的能力。该算法在迭代初期采用较大的动态变异概率，以促进全局搜索；而在迭代后期通过降低变异概率来避免算法陷入局部最优。差分进化策略的主要步骤如下：

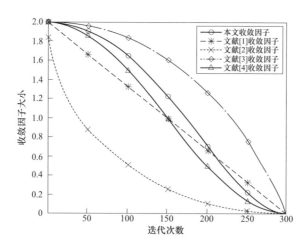

图 9-24 不同收敛因子随迭代次数变化曲线

首先，将 2 个不同个体的差分矢量加入第 3 个个体中进行变异。变异个体的生成可表示为：

$$\boldsymbol{V}_k(t) = \boldsymbol{X}_k(t) + F[\boldsymbol{X}_{k1}(t) - \boldsymbol{X}_{k2}(t)] \qquad (9\text{-}28)$$

式中：$\boldsymbol{V}_k(t)$ 为第 t 次迭代中第 k 个个体产生的变异向量；$\boldsymbol{X}_k(t)$ 为选中的原个体；$\boldsymbol{X}_{k1}(t)$、$\boldsymbol{X}_{k2}(t)$ 分别为从当前种群中随机选择的两个不同的个体；F 为缩放比例因子，本书中设置为 $F \in [0.4，1.0]$。

其次，变异个体与原个体进行交叉得到新的个体。本书设置了随迭代次数动态变化的交叉概率以提高搜索的精度和速度，差分进化的交叉概率为：

$$p_{\text{cro}} = 0.8(T_{\max} - t)/T_{\max} \qquad (9\text{-}29)$$

最后，在交叉策略完成后对新个体与原个体进行比较，选择适应度更高的个体，其选择策略为：

$$\boldsymbol{X}_k(t+1) = \begin{cases} \boldsymbol{V}_k(t), C_r[\boldsymbol{V}_k(t)] > C_r[\boldsymbol{X}_k(t)] \\ \boldsymbol{X}_k(t), C_r[\boldsymbol{V}_k(t)] \leqslant C_r[\boldsymbol{X}_k(t)] \end{cases} \qquad (9\text{-}30)$$

（4）越位向量处理策略。在 NDGWO 算法中，种群的狩猎机制和个体的差分进化策略通常会导致越界个体的产生。常用的处理方法是将其重置到区域边界上，但这样会降低种群多样性并丧失个体搜索信息，最终导致算法搜索精度下降。因此，本书提出了一种随机回归的越界处理策略，即：

$$x'_{k,i}(t) = \begin{cases} x_i^{\max} - \delta[x_{k,i}(t) - x_i^{\max}], x_{k,i}(t) > x_i^{\max} \\ x_i^{\min} + \delta[x_i^{\min} - x_{k,i}(t)], x_{k,i}(t) < x_i^{\min} \\ x_{k,i}(t), x_i^{\min} \leqslant x_{k,i}(t) \leqslant x_i^{\max} \end{cases} \qquad (9\text{-}31)$$

式中：$x'_{k,i}(t)$ 为第 k 个灰狼个体中的越界节点 i 更新之后的位置；δ 为 $[0，1]$

内的随机数；$x_i^{\max}$、$x_i^{\min}$ 分别为第 i 维变量的上下界。

9.3.3　基于 NDGWO 的覆盖优化算法

本小节基于 NDGWO 算法对 WSN 进行覆盖优化，通过优化传感器节点的位置使待监测区域的覆盖率最大化。

1. NDGWO 节点部署优化算法的步骤

NDGWO 节点部署优化算法流程如图 9-25 所示。

（1）初始化 J 个待监测节点的位置和任务信息、感知半径 r_s、种群数量 K、最大迭代次数 $T_{\max}$、节点可部署区域的上下界 $\boldsymbol{X}_{\max}$、$\boldsymbol{X}_{\min}$ 等相关参数。

（2）采用神经元映射方法对灰狼种群进行混沌初始化，其中每个灰狼个体包含 I 个 WSN 节点的位置，代表一种 WSN 节点位置的分布方案。

（3）根据式（9-22）计算各灰狼个体适应度值并从高到低排序，确定适应度前 3 位的个体为当前迭代 α、β、δ 狼。

（4）根据式（9-27）计算并更新收敛因子 a 的值，并根据式（9-25）和式（9-26）生成参数 $\boldsymbol{A}$ 和 $\boldsymbol{C}$。

（5）根据式（9-22）计算种群中其他灰狼个体与 $\boldsymbol{X}_\alpha$、$\boldsymbol{X}_\beta$ 和 $\boldsymbol{X}_\delta$ 的距离，并依据式（9-23）和式（9-24）更新每个灰狼个体的位置。

（6）若满足变异条件 $\text{rand}() \leqslant p_{\text{cov}}$，则根据式（9-28）对种群个体的位置进行变异、交叉操作，否则执行步骤（9）。

（7）计算差分变异后灰狼个体的适应度值，若优于扰动前，则更新个体位置为变异后的位置，否则保持原位置不变。

（8）根据式（9-31）对越界个体进行回归处理。

（9）记录前种群信息，并更新最优个体信息。

（10）判断算法迭代次数 t 是否达到最大迭代次数。若达到，则将当前最优的灰狼个体作为最优节点部署方案并输出最优覆盖率；否则，令 $t = t + 1$ 并返回步骤（4）继续执行循环。

2. 仿真设置与结果分析

为验证 NDGWO 算法的有效性，以某一中型城市的电力地下管廊交汇场景为例，设计地下管廊环境覆盖优化仿真实验。将待监测区域建模为 40m × 20m 的矩形平面，构建网络仿真环境。其中，设置有四个 15m × 5m 的障碍区域，WSN 节点感知半径 $r_s = 3$m，可以部署在管廊中间的墙顶区域及靠墙的管线区域；待监测节点的业务类型以信息采集类业务为主，待监测节点包括以 1m 间隔分布在管线上的运行状态监测节点以及以 5m 间隔分布在墙顶的环境

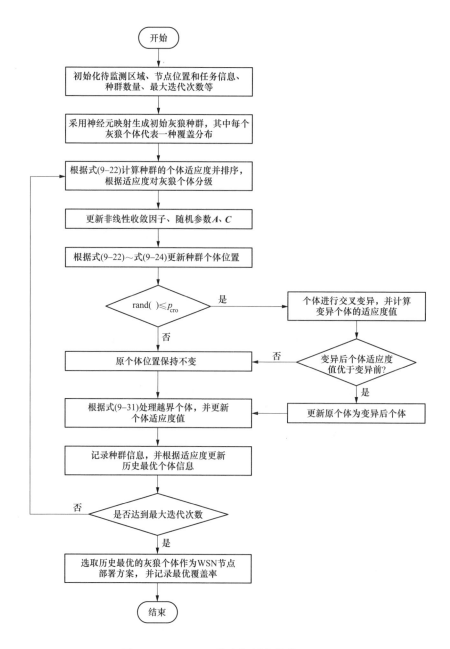

图 9-25　NDGWO 节点部署优化算法流程

信息采集节点等。考虑到地下管廊中电磁环境的复杂性，路径损耗指数取为 $\alpha = 3.7$。仿真参数设置见表 9-1。

表 9-1   仿真参数设置

仿 真 参 数	取 值
系统总带宽（MHz）	5
种群数目	50
最大迭代次数	300
待监测终端节点数目	400
传感器节点数目	15、20、25、30、35、40
非线性收敛因子控制参数	$\mu = \lambda = 2$
WSN 节点发射功率（dBm）	20
终端时延需求（s）	[1, 2]
终端任务量大小（kbit）	[100, 200]
噪声功率（dBm）	−70
管廊环境路径损耗指数	3.7
GWO 算法其余参数	见文献 [1]
改进粒子群算法其余参数	见文献 [4]

在融合了大量水、电、气等多种工程管道的地下管廊中，WSN 能够随时随地远程监控管廊内大量的电压、电流、相位角、温度、湿度、频率等信息，并将采集到的相关信息及时传送至控制平台。图 9-26 给出了在电力地下管廊环境下的 NDGWO 算法覆盖优化对比。图 9-26（a）给出了 $I = 25$ 时的初始节点分布，其中 WSN 节点随机部署在目标区域内，覆盖率为 75.25%，存在覆盖空洞和覆盖冗余问题；图 9-26（b）给出了经 NDGWO 算法优化后的传感器节点最终部署情况，相较于初始的随机部署，节点位置更为均匀，覆盖率有显著提升。对比图 9-26（a）与图 9-26（b）可知，利用 NDGWO 算法得到的网络最终部署覆盖率达到 97.75%，网络覆盖率增量达 22.5%。

图 9-27 给出了在传感器节点数 $I = 25$ 且初始种群最优覆盖率相同时，NDGWO 算法、GWO 算法、改进粒子群算法与采用精英策略的随机部署算法的收敛情况。从中可以看出，相对于随机部署，利用这 4 种算法优化后的覆盖率均有显著提高。其中，NDGWO 算法具有良好的收敛情况，节点覆盖率可达 100%；改进粒子群算法的优化效果较差，节点覆盖率为 97.50%；GWO 算法由于中期上升缓慢，陷入局部最优，最终节点覆盖率为 96.75%。而 NDGWO 在迭代过程中具有较快的收敛速度，并且能够多次跳出局部最优解。一方面，这是由于引入了非线性收敛因子和差分进化策略，使得 NDGWO 算法寻找全局最优解的能力有显著的提高，传感器节点能够在复杂环境中动态调整其部署

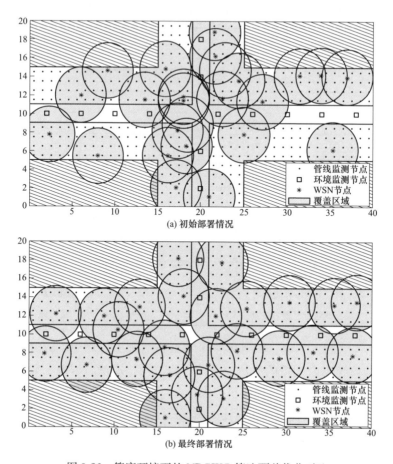

图 9-26 管廊环境下的 NDGWO 算法覆盖优化对比

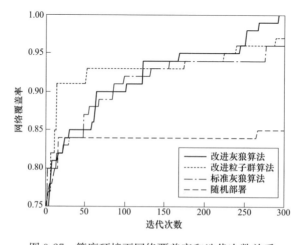

图 9-27 管廊环境下网络覆盖率和迭代次数关系

策略，使得种群搜索更有效地向最优逼近，从而避免了局部最优的问题，提高了算法的优化精度；另一方面，这得益于使用神经元映射的方法进行混沌初始化，使得种群中灰狼个体的初始分布不会聚集在同一区域，种群的多样性得到了有效的保证，从而加速了算法的收敛。GWO 算法的线性收敛因子并不能权衡全局搜索和局部搜索，同时种群的多样性和当前最优解没有得到很好的保持，因此收敛速度较慢，并易陷入局部最优。改进粒子群算法由于仅通过历史最优和当前最优个体作为种群搜索的指引，其搜索方向缺乏动态调节，从而因种群的多样性不足而易发散且求解精度较低。

第 10 章 本地通信网络资源调控关键技术

10.1 本地通信网络资源调控技术背景及架构

本章面向电力物联业务发展趋势，关注本地通信网络的通信、存储、计算三类资源的一体化调控问题，以前瞻性的视角探讨依靠本地通信网络处理大带宽、高并发、低时延业务的承载模式，提出基于资源虚拟化的本地网络弹性高效调控技术体系。本章从本地通信网络架构出发，重点探讨以下三方面问题：

（1）如何将物理通信、存储、计算资源抽象映射到可感可控的虚拟资源，适应网络设备及相关协议的异构性。

（2）如何对虚拟资源实现视图化统一调控，为上层网络管理系统与业务系统提供一体化接口。

（3）如何针对通信、存储、计算三类资源实现一体化建模与调控，优化网络资源利用效率，保障电力本地通信业务 QoS。

为此，本章提出了包括物理资源层、虚拟资源层、一体化调控层的本地通信网络资源调控技术架构，如图 10-1 所示。下面将分别从本地通信资源调控技术、本地存储资源调控技术、本地算力资源调控技术、网络资源虚拟化统一表征与度量技术、本地通存算多维资源联合调控技术五方面展开介绍。

10.2 本地通信资源调控技术

本地通信资源调控技术是指在局域网或本地网络范围内，通过使用不同的技术手段来合理分配和管理通信资源，以优化网络性能和提供更好的用户体验。这些技术主要用于解决局域网中可能出现的拥塞、带宽限制和资源竞争等问题。基于软件定义网络（software defined network，SDN）的网络管理模式目前已经逐步替代传统黑盒网络，广泛应用于本地通信资源调控。

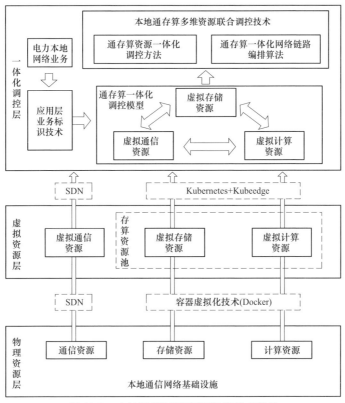

图 10-1　本地通信网络资源调控技术架构

　　随着电力物联网中传感器、边缘计算和智能终端等技术的不断发展，对设备、流量和网络的复杂高级管控需求不断提升。然而原有本地通信资源管理架构中多平面紧耦合导致的黑盒化、依赖化和静态化问题，将会制约电力互联网技术稳定性和扩展性，而服务规模的成长将会带来性能问题。将 SDN 应用到本地通信资源调控中，即将设备网元的控制决策和管理功能从数据层面分离出来由控制器集中处理，同时为用户提供可编程接口，能够有效解决当前本地网络和服务中遇到的很多问题，如异构设备的自动管理、复杂网络的灵活控制和大规模业务模式的动态部署等。因此，本节提出以 SDN 为基础对本地通信资源进行整体调控和部署，主要从本地 SDN 的总体架构、OpenFlow 交换模块、流表分布式存储控制、基于二叉树结构的流表部署，以及控制节点的分层部署控制等几个方面进行介绍。

10. 2. 1　本地 SDN 的总体架构

　　SDN 将网络的控制平面与数据平面分离，通过集中式的 SDN 控制器对网络进行统一编程和管理。传统的计算机网络中，网络设备（如交换机和路由器）通常同时具有控制平面和数据平面，这意味着网络设备既负责控制数据包的转发规则，也负责实际转发数据包。而在 SDN 中，控制平面被抽象出来，集中到一个独立的 SDN 控制器中。SDN 的主要特点包括控制平面的集中化、数据平面的分离化、具有灵活性和可编程性、网络虚拟化。SDN 的优势在于简化了网络管理，提高了网络的灵活性和可扩展性，同时加强了网络安全。

  SDN 在本地通信资源调控中具有关键意义。它的灵活性使得 SDN 在本地通信资源调控方面能够提供更高级别的控制和优化。SDN 最根本的特性是数据层与控制层的解耦，并允许用户在控制平面编程控制转发平面，通过 OpenFlow 协议在两个平面间进行联系，转发平面按照控制平面下发的指令进行工作。SDN 分为应用层、控制层和数据层三层，其总体架构如图 10-2 所示。

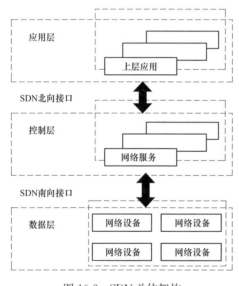

图 10-2　SDN 总体架构

  （1）应用层主要为用户提供服务，用户可以通过编程实现自己的业务需求，无须考虑底层的设备环境。SDN 北向接口为用户提供了大量的 RESTful 接口，每个应用程序都可以使用多个北向接口驱动程序提供的服务。应用层程序通过北向接口与控制层实现数据交互，多用于解决网络可视化、网络安全及负载均衡等问题，用户可以按照需求编写多样化的解决方案。

  （2）控制层是最关键的一层，其核心是 SDN 控制器，在业务层和数据层之间起着承上启下的作用。控制层主要通过集中控制的特性实现来自应用层的业务需求，又通过南向接口与数据层通信，实现对网络设备的控制。

  （3）数据层主要由网络设备组成，包括交换机和路由器等，这些网络设备区别于传统的网络设备，不具备控制和管理的功能，只能进行转发操作。数据层的转发操作是由控制层通过南向接口下发的流表进行控制的，其中最主流的南向接口通信协议为 OpenFlow 协议。

  基于 SDN 的上述特性，SDN 相对传统网络的优势已经显而易见。一方面，在 SDN 网络中可以方便地获取全局网络信息，利用这些信息可以归纳成网络视图，从而实现对网络的监控；另一方面，当网络中出现拥塞或者故障时，SDN 网络可以通过全局网络视图快速找到问题所在并有针对性地修改路由或进行负载均衡，提升网络性能。

10.2.2　OpenFlow 交换模块

OpenFlow 协议是应用广泛的 SDN 南向接口协议，最早于 2009 年由 Nick Mckeown 教授的团队提出。OpenFlow 协议连接了控制层和数据层，并按照 SDN 控制器中的规则生成并下发流表，实现对数据层数据包转发的控制。

OpenFlow 通过其上的流表和组表实现网络数据包的转发。OpenFlow 交换模块上还有一个连接控制器的通道，交换模块通过该通道向控制器发送消息并接收交换模块下发的流表项。交换模块的流表项主要由匹配域（match field）、优先级（priority）、计数器（counter）、指令集（instruction）和计时器（timeout）五大部分组成。

匹配域的作用是匹配数据包，可以与数据包的输入端口、源 IP 地址、目的 IP 地址等关键字段进行匹配。优先级代表流表项匹配的优先级，即在数据包到达交换模块时，会先从优先级较高的流表项开始匹配，遇到优先级相同的流表项则按照其被下发的时间顺序进行匹配。计数器主要用于统计流表项匹配到的数据包数量，可以方便用户对网络流量进行统计。指令集表示匹配到该流表项的数据包要执行的操作，如转到下一条流表项进行匹配、转发到指定端口、泛洪到所有端口、丢弃该数据包等。计时器则用于记录该流表项的生存时间，生存时间分为空闲超时时间（idel timeout）和硬超时时间（hard timeout）两种。其中，空闲超时时间表示该流表项在此时间内没有匹配到数据包就会自动删除，硬超时时间则表示该流表项从创建到自动删除的固定时长。

当数据包到达交换模块后，会先根据优先级与交换模块中的流表项进行匹配。如果匹配到流表项，则执行流表指令集中的命令并更新计数器上的统计数据，如果执行的命令是转到其他流表项进行匹配则重复上述过程。如果匹配不到流表项，则查看是否有 Table-miss 流表项，如有则执行，没有则丢弃该数据包，如图 10-3 所示。

OpenFlow 协议中的消息分为控制器-交换模块消息（controller-to-switch）、异步消息（asynchronous）和对称消息（symmetric）三类，每类消息又有多种子消息，SDN 通过这些消息实现控制平面和转发平面的交互。其中，控制器-交换模块消息由控制器发起，多用于查询当前网络状态或下发流表项，典型的有 Read_state 消息和 Packet-out 消息；异步消息是交换模块向控

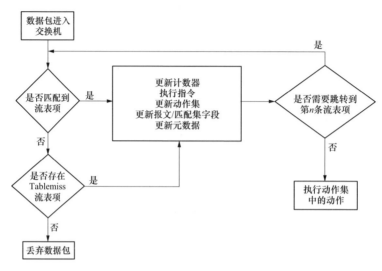

图 10-3 数据包匹配过程

制器发送的消息，多用于返回当前网络设备状态或请求路由，典型的有 Port-status 消息、Flow-removed 消息和 Packet-in 消息；对称消息则是交换模块和控制器都可以发起的消息，多用于建立和保持两者间的连接，典型的有 Hello 消息和 Echo 消息。

10.2.3 流表分布式存储控制

在基于 SDN 的本地通信网数据层，流表（FlowTable）作为其中的重要控制实体，主要由包头域、动作表和计数器等字段组成，是本地通信网络数据转发处理的基础。当前，为了实现细粒度的流量控制和复杂的网络处理，网络节点中所需存储的流表的大小和数量变得巨大。

在本地通信网络资源受限的条件下，为了实现节点中大规模流表的有效存储，目前大多采用基于 Hash 的分布式存储控制机制。利用基于节点多维信息的存储位置选择方法和一种基于流表匹配域的 Hash 空间构造策略，能够根据节点存储能力实现流表的划片分区。

由于控制器能够实时监测数据层中所有节点的状态，当某个设备节点的存储空间即将用尽时（称为 overflowNode），控制器会及时发现并为 overflowNode 实施流表分布式存储控制，使其他具有较大剩余存储空间的多个节点共同存储 overflowNode 中的流表。这些节点作为一个组共同存储流表，并相互协作完成数据转发。

当 overflowNode 节点出现时，首先确定流表分布式存储的位置。本小节根据待存储流表规模和节点多维信息，选择合适的节点部署 overflowNode 中的过载流表，主要考虑的因素如下：

（1）距离控制器的跳数。SDN 网络中控制器一般部署在各个域的网关或簇头节点，而 overflowNode 不一定能够和控制器直接相连，数据流会通过其他节点经过多跳传输到控制器。如果将 overflowNode 中的部分流表迁移到该节点与控制器的通信路径中，既能做到分布式存储，又能减少由于分布式存储造成的流表查找资源消耗。

（2）距离 overflowNode 的跳数。选择分布式存储位置时，应要求存储位置与 overflowNode 距离尽可能小，以避免在数据包转发或流表查找时发生多跳传输带来的通信消耗。

（3）可用存储空间（Sto）。选择存储位置时，应选择可用存储空间大的节点作为候选存储位置，以减少流表分布式存储所需的节点数量。通常 SDN 节点的可用存储空间不会达到最大可存储流表数量，以防止流表过载影响网络性能。

（4）重复性。重复性表示候选位置是否已经存储了其他节点的流表。为了方便管理，选择分布式存储位置时应尽量选择未保存其他节点流表的节点。

在流表的分布式存储位置 DisNode 确定后，控制器将 overflowNode 的流表分散到这些节点中。放置方法随机时，overflowNode 在数据转发过程中将遍历所有相关节点以搜寻所需流表，会极大影响服务时延和网络负载。传统的部署方式，如轮询法，没有考虑流表本身的特点，管理效率低且不灵活。而利用流表匹配域，使用面向本地通信网络数据内容的流表 Hash 值空间构建方法时，能够保证快速高效的流表定位和识别，同时能够平衡各个存储位置的流表存储负载。

如图 10-4 所示，控制器将一个 Hash 空间分成 | DisNode | 个子空间，每个子空间对应一个分布式部署位置，当一个流表的 Hash 值位于某子空间内时，该流表就被部署在对应节点。

为了实现 SDN 节点流表的负载均衡，需要依据各个节点的可用存储空间确定 Hash 子空间大小，可用存储空间大的节点分配的 Hash 子空间大，可用存储空间小的节点分配的 Hash 子空间小。考虑到每个流表的匹配域是各不相同并互相独立的，可利用流表的匹配域构建 Hash 空间。在传统的 Openflow 协议中，匹配域包括 Ingress port、Rthernet source、thernet destination 等字段，但本地通信网络通常是以数据为中心的网络，即获得感兴趣数据的重要程度远

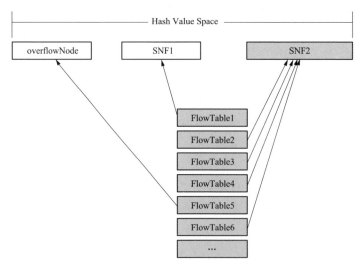

图 10-4   流表 Hash 空间

高于明确数据所在地址的重要程度，因此通常采用"地点—时间—数据类型"的流表扩展匹配字段构建 Hash 空间。

10.2.4 基于二叉树结构的流表部署

在流表分布式存储的情况下，得到流表总空间后，需要确定各个存储位置的 Hash 子空间以完成流表的部署。部署方法应该便于节点的流表查询与数据路由，以避免流表分布式存储造成无效数据转发。考虑到 SDN 转发节点不仅能够进行精确匹配，也能进行模糊匹配，一组细粒度匹配域的精确流表可以由一个粗粒度匹配域的模糊流表替换。根据上述分析，目前基于二叉树的 Hash 空间分区方法来实现流表在多个节点的分布式部署，如图 10-5 所示。

二叉树根节点表示整个流表 Hash 空间，子节点精确度比父节点精确度多一位，由上到下二叉树节点匹配域的粒度越来越小，匹配精度越来越高。中间节点代表某 Hash 区间的模糊流表，叶节点是待部署的具体流表项，因此每一类流表、每个流表都可以由二叉树中的一个节点表示。从左到右，将每个叶子节点连接，可以得到流表对应 Hash 值的升序排列。根据各个存储位置的可用存储空间与二叉树节点所能覆盖的流表数量，进行流表部署。

在流表分布式存储后，overflowNode 只存储自身的部分流表，因此可能无法处理到达的数据包。如果直接向控制器请求，既增加控制器负载，也失去了流表分布式存储的意义；如果遍历所有参与分布式存储的节点，则会增加路由时延和网络消耗。

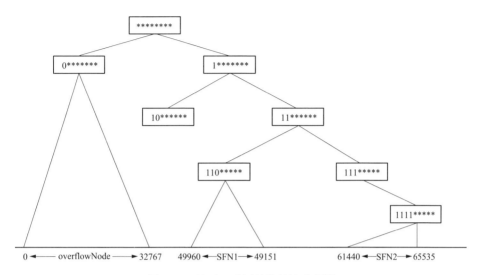

图 10-5　基于二叉树结构的流表部署

如果流表的分布式部署位置是一条链式路径，当 overflowNode 没有匹配流表时，将数据流转发到存储其部分流表的链式路径的下一跳节点，并重复该过程直到最后一个存储位置；如果依旧没有找到匹配流表，最后一个存储节点向控制器发送 Packet-in 消息，之后控制器将指导数据流进行转发，并按照上述步骤部署新流表到合适节点。

如果流表的分布式存储位置是网式路径，在分叉节点处部署表示流表位置信息的模糊匹配流表。根据流表部署时，构建的二叉树信息很容易找到所需的粗粒度流表，如图 10-5 所示，在 overflowNode 处安装"101＊＊＊＊（16 位)-SNF1"和"1111＊＊＊＊＊（16 位)-SNF2"；当数据流到达 overflowNode 并且没有找到原有匹配流表时，overflowNode 会根据粗粒度流表信息将数据流转发到可能存储对应匹配流表的节点。

10.2.5　控制节点的分层部署控制

在基于 SDN 的本地通信网络控制层面，控制器部署位置与分配区域对设备节点的控制时延和控制成本有着重要影响。随着本地通信网络规模和承载服务数量的不断增大，原有的单一集中式控制架构存在单点失效和性能瓶颈等问题。另外，由于服务收益、地理位置和控制频率等因素的影响，各个设备节点的重要程度都不一致，而重要节点的控制性能应该被优先考虑，特别是对资源受限的本地通信网络环境。

（1）节点重要性综合评估。设备节点的重要性是控制层优化的核心影响因素，本地通信网络所接入的业务设备终端提供的服务多样，不同节点提供的服务会影响其重要程度；同时，节点本身的设备属性也是重要性评估的关键因素；此外，由于评估模型的目的是优化子控制器位置，因此需要考虑节点与控制器之间的通信频率。基于以上分析，评估模型的指标体系见表 10-1。一层准则因子包含设备属性、服务属性和控制频率。设备属性包括设备类型、设备位置和设备所有者。当本地通信网络节点是一种与紧急服务类型相关的设备（如烟雾报警器、温度报警器等），位于敏感区域（如机密室），属于重要所有者（如警察）时，该节点的重要程度更高。服务属性包括服务的控制延迟要求、安全隐私要求、服务用户和服务利润。当本地通信网络节点提供的服务要求低延迟、加密、涉及重要用户或提供的利润越高时，它越重要。控制频率指在一定时间段内节点和控制器进行控制通信的次数，其值越大，该节点对网络控制性能的影响越大。

表 10-1 评估模型的指标体系

一层准则因子	二层指标	含义
设备属性	设备类型	是否为紧急设备
	设备位置	是否位于敏感区域
	设备拥有者	是否属于重要用户
服务属性	控制时延要求	时延敏感的服务个数
	安全隐私要求	安全需求高的服务个数
	服务用户	重要用户的服务个数
	服务利润	高利润的服务数目
控制频率	单位时间段内与控制器的通信次数	

准则层中的三个指标具有模糊性和不确定性，其中设备属性能够间接说明本地通信网络节点出现重要服务的可能性，而服务属性直接表示节点对于当前网络服务的重要程度，两者具有较强的关联关系。另外，对本地通信网络节点的重要性评价，很多情况下没有绝对的衡量标准。

（2）控制节点部署策略。控制器节点作为基于 SDN 的本地通信网络控制层的核心网络实体，其控制架构、部署位置和覆盖范围对于整个网络的控制性能具有重要影响。在智能建筑、智慧城市和智慧交通等通信网络应用场景中，大部分研究工作将 SDN 控制器部署在远端云服务器或边缘网关中。

当 SDN 控制器部署在某本地通信网络子域的边缘网关时，单一集中式的 SDN 的本地通信资源控制架构在链路开销、故障容忍和硬件复杂性等方面表现较差，特别是当网络规模或服务负载较大时，这些问题将变得更加严重；当

SDN 控制器部署在远端服务器时，基于 SDN 的本地通信网络控制架构在节点控制延迟、事件响应能力和可扩展性等方面存在不足；当 SDN 控制器部署在服务器和边缘网关节点构成的分布式控制架构时，能够提高整体的网络控制性能，但是由于控制逻辑依然位于网关之上，对于子域内的本地通信网络设备节点控制性能提升有限。故在最新的研究中，为了克服上述问题，大多采用适用于 SDN 的主从式层次控制框架，如图 10-6 所示。

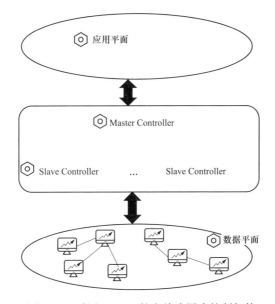

图 10-6　适用于 SDN 的主从式层次控制架构

每个 SDN 子域都部署一个 Slave Controller，Master Controller 部署在网关上。其中，Slave Controller 可以通过与 Sink 节点共存的控制单元实现，或使用轻量级虚拟化技术实现。由于单个节点资源能力有限，Slave Controller 可能无法管理子域中的所有节点，而部署多个子控制器会带来高昂成本。因此，在通常的控制框架中，Slave Controller 仅用于控制重要的本地通信网络节点，其余的普通节点仍由 Master Controller 管理。每个 SDN 节点仅与一个控制器关联。在某些情况下，Slave Controller 和 Master Controller 合作完成网络控制。例如，当更新由 Slave Controller 控制的 SDN 节点流表时，Master Controller 预先计算更新控制命令并委托 Slave Controller 执行更新操作，这是因为网络更新通常需要全网状态，而 Slave Controller 不具备这种能力。总之，Master Controller 负责需要全网状态或大量资源的控制功能；则 Slave Controller 通常是轻量级的，负责不需要全网信息的简单控制功能，如设备管理和事件响应。分层控制框架使控制层更接近本地通信网络设备节点，因此能够进一步减小设备的控制延迟和控制成本。协作式控制机制还实现了控制器的负载均衡，提高了控制平面的可靠性。

10.3 本地存储资源调控技术

本地存储资源调控的目的是将存储功能推广到本地边缘设备和节点，以满足本地通信网络环境中海量数据的存储需求。本地通信网络中终端数量和数据流量不断增大，为了进一步缓解负载压力、节省传输成本，就有必要对本地存储资源进行调控。海量的数据资源和复杂的存储环境也对本地存储技术提出了更高要求。鉴于此，本节从本地存储数据的安全性、网络带宽压力、本地网络可靠性以及业务质量提升等方面考虑，设计了本地存储资源分布式调控方案。

本节提出的本地存储资源调控技术采取如下技术方案：将本地通信终端所在一层作为边侧，以业务系统作为云端，利用云边协同的方式实现云侧对本地存储资源的分配管理，即在边侧存储具体的存储卷，从而提升边侧用户的应用体验；针对边侧未命中的数据，本地存储系统会选择就近数据节点调取所需的数据。云侧集群和边侧存储集群协同工作，从而降低时延、节省带宽。同时，利用隧道通信机制实现边边通信。由于网络地址转换（network address translation，NAT）技术的限制，在本地实现跨局域网数据复制，内容分发网络（content distribution network，CDN）技术就是就近访问最好的案例：通过在靠近用户的一侧缓存部分数据来提升用户体验。不同于 CDN 的一点是，本节构建的本地分布式存储系统能够实现地理位置更近的数据复制和访问，而这依赖于边边数据通信路由及隧道分发功能的实现。

10.3.1 本地分布式存储资源调控架构

本小节提出了一个轻量级、易扩展、高可用并且面向本地通信网络场景的分布式存储资源调控架构，其采用 Kubernetes＋Kubeedge 混合结构。轻量级体现在，该系统将传统分布式存储系统需要实现的节点权限认证、状态监控、负载均衡等功能模块交由业务系统侧 Kubernetes 集群解决，从而简化了边缘存储系统的架构；易扩展体现在，对于系统内的任意边缘节点，Kubernetes 可根据存储配置需求，决定是否将其纳入存储集群，无须人工介入；高可用体现在，系统中的各个组件均在 Kubernetes 集群的监控之下运行，保证了各组件的数量以及性能的稳定。Kubeedge 支持本地设备上的应用程序和服务，允许在本地节点上运行容器化应用程序，并提供与云端的连接和通信。在边缘侧，通过 Kubeedge 提供对本地网络设备容器化的计算、存储和网络资源的直接管理能力，以及与云端的协调和同步功能。

图 10-7 展示了本地分布式存储资源调控的整体架构。在本地通信网络中，通信终端所在一层为本地侧，用于分布式存储各项资源，在业务系统侧部署云端集群。云端使用 Kubernetes 集群，而本地端则使用 Kubeedge 集群。云侧和本地侧通过建立隧道连接进行通信。该隧道主要用于传递云端 Kubernetes 集群的控制命令和向云端报告边缘设备的状态，而不用于数据传输。云端部署了多个控制器，用于管理本地数据中心的对象。每个控制器负责一个本地存储集群。

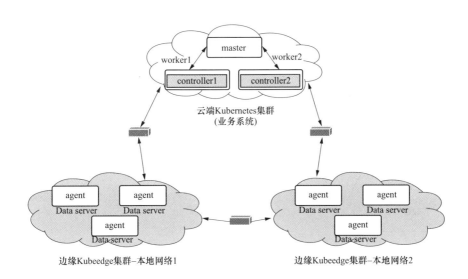

图 10-7 本地分布式存储资源调控的整体架构

为了支持可扩展的分布式数据存储，本地集群通信通过隧道来实现，从而将单个局域网的数据存储扩展到跨局域网的数据存储，这有助于数据灾备。图 10-7 显示，每个本地存储节点都有一个 agent 模块，其负责建立边缘设备之间的隧道连接以及数据流量转发。集群中的各节点通过 Kubernetes 提供的 service 功能进行交互。通过 service，系统可以提高负载均衡能力和后端应用的高可用性。本地侧的分布式存储采用多主多从的架构设计，多个容器以多副本方式部署成一个 service，数据存储服务器只需要访问相应的 service 即可与主控服务器进行交互。

另外，不同于传统存储场景的网络环境，本地存储场景的网络环境通常是跨局域网的，为了将更多的可用存储节点纳入存储集群，可使用边缘代理服务网格框架，通过隧道的方式打破局域网环境的限制。本地的存储硬件也不同于传统的存储环境，传统的存储硬件多为高端存储设备，而本地环境中的存储硬件更为低配和异构，只有将更多的存储节点状态信息上报给主控节点，才能让主控节点做出更为合理的存储资源分配。

图 10-8 所示为本地局域网内的存储架构，其只涉及本地集群内部的存储架构，不包括云端的控制器部分。由于本地节点间大多不可直达，可通过直接 Kubernetes 提供的相关服务地址访问运行本地存储系统客户端的节点。请求到达客户端后，客户端根据请求，首先查看本节点缓存中是否存在该请求需要访问数据的地址，如果找到，则直接访问；如果没有找到，再从 Kubernetes 提供的 ConfigMap 中查找；如果仍没有找到，才从本地的主控服务器中查找。这样的三层缓存查找减小了数据位置查找的延迟，提升了客户端读写存储系统数据的速度。

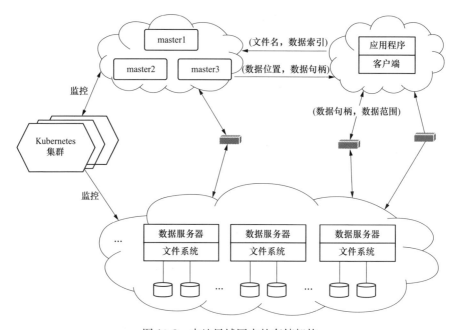

图 10-8　本地局域网内的存储架构

下面详细阐述主控服务器、数据存储服务器、存储客户端、云端控制器四个组件的设计，以及存储数据一致性和数据组织方式设计。

（1）主控服务器设计。图 10-9 为主控服务器设计图。主控服务器内部各模块的具体功能如下：

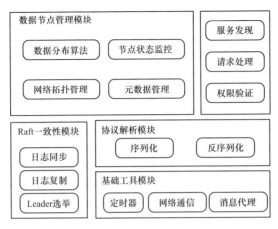

图 10-9 主控服务器设计图

1）数据节点管理模块。该模块包括数据分布算法、节点状态监控、网络拓扑管理、元数据管理等功能。其中，数据分布算法通过收集来自数据存储节点的实时存储信息进行运算，从而选出最佳的数据存储节点；节点状态监控用于探测数据节点的状态，以及收集数据存储节点的实时资源使用状况；网络拓扑管理方便数据分布算法选出邻近的数据存储节点，使近邻节点首先被访问；元数据管理主要负责各分片数据块的元数据信息管理。

2）Raft 一致性模块。该模块主要用于通过同步多副本数据节点日志信息，从而保证多副本数据节点的一致性。

3）基础工具模块。该模块包括定时器、网络通信和消息代理三大工具。其中，定时器主要针对主控服务器中某些业务需要在一定时间之后才会触发而设计；网络通信部分采用多路复用的方式设计了一个 Reactor 模式的通用网络库，方便上层业务使用；消息代理模块主要通过当前主流的隧道技术打通本地侧的跨网通信问题。

4）客户端服务模块。该模块主要提供服务发现、请求处理、权限验证功能。其中，服务发现模块通过 Kubernetes 的 List-Watch 机制实时监控集群中的服务地址，并提供给边缘客户端节点；请求处理模块用于接收客户端的任务请求，并作出响应；权限验证模块用于防止非法节点获得数据存储的位置信息、保证数据的安全性，所以客户端的元数据请求都需要经过权限验证。

（2）数据存储服务器设计。图 10-10 为数据存储服务器设计图。数据存储服务器内部各模块的具体功能如下：

1）数据存储服务模块。分片算法模块主要为数据可靠性服务，通过分片

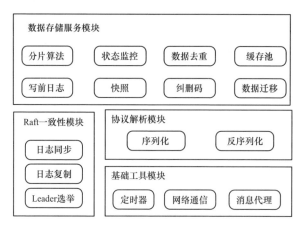

图 10-10　数据存储服务器设计图

算法对数据进行切割，从而让数据的去重效率达到最优；状态监控模块主要监测本存储节点当前的资源使用情况，并实时上报给主控服务器，以方便主控服务器选择合适的数据存储服务器进行数据存储；缓存池的设计是为了加快数据的读取速度，对于一些热点数据，可提升读数据的效率。

2）Raft一致性模块。在数据存储服务节点上，该模块主要通过同步多副本存储集群中的日志，从而达到对数据存储操作的一致性。如果某些节点出现故障或者日志丢失，还需由领导人（Leader）追加其丢失的日志，以及进行数据同步等操作。

3）基础工具模块。该模块包括定时器、网络通信和消息代理等工具，具体作用与主控服务器中的类似。

（3）存储客户端设计。图 10-11 为存储客户端设计图。存储客户端各模块的具体功能如下：

1）主控节点交互模块。主控节点交互模块用于从主控节点获取当前存储集群中的网络拓扑结构、各存储节点服务地址等。

2）存储节点交互模块。存储节点交互模块根据获得的网络拓扑信息以及各节点状态信息等，通过一系列哈希运算从待定的存储节点中选出最适合存储当前数据的存储节点。

3）CSI Driver 交互模块。CSI Driver 交互模块连接边缘存储集群与 Kubernetes 集群，为 Kubernetes 集群中的容器应用提供持久化的存储能力。客户端的容器存储驱动模块主要通过实现 Kubernetes 中的应用编程接口直接与 API-server 进行交互，然后与容器存储驱动模块交互。

4）缓存管理模块。缓存管理模块主要是为加快数据存储速度，缓存部分

图 10-11　存储客户端设计图

存储节点与容器存储接口驱动模块的位置映射关系。

5）基础工具模块。基础工具模块中新增了 FUSE 库，即用户态空间文件系统，用于客户端与 Linux 底层文件系统的交互。其他工具与主控服务器、数据存储服务器的工具相同。

（4）云端控制器设计。云端控制器主要是对一些在 Kubernetes 中声明的资源的状况进行监控。利用 Kubernetes 的 API-server 组件可以实时地对这些资源进行增、删、改、查等操作，方便云端控制器组灵活地对其所声明的资源进行管控。

图 10-12 所示为云端控制器组的主要模块。下面分别对各个模块进行描述：

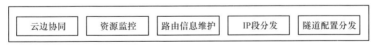

图 10-12　云端控制器组的主要模块

1）云边协同。云边协同模块主要用于监控在云端声明的资源在本地的使用情况，以及收集本地上传的网段信息，方便后续 IP 段的分发。

2）资源监控。在存储系统真正部署到边缘集群时，需要实时对本地存储卷的使用情况以及云端的持久卷等资源进行监控，以方便后续策略的实施。

3）路由信息维护。云端会实时收集本地侧上传的网络配置信息，然后形成路由表，方便分发给本地侧需要进行跨局域网通信的节点，以实现边边通信。

4）IP 段分发。云端控制器通过从本地侧收集的网段信息，一方面给新加入的本地节点分配可用的网段，另一方面回收本地侧失效节点之前所占用的网段。

5）隧道配置分发。云端控制器收集本地侧各节点的网络配置信息，生成路由配置表，当本地侧节点需要跨网通信时，实时分发隧道配置信息给本地节点中的代理应用，代理应用使用 IPSec、IPTables 等技术实现隧道和流量转发。

（5）存储数据一致性设计。图 10-13 所示为数据节点的一致性模型，数据节点间通过 Raft 一致性算法实现各 DataServer 数据的一致性。Bolt 数据块为最终文件被分割的单元，每个数据服务器包含快照、日志、网络通信等模块。在该数据节点一致性模型中，如果某个数据节点失效，Kubernetes 会在其他可用节点中选择一个满足需求的节点加入数据服务集群，然后数据节点根据 Raft 一致性算法自动选择一个新的主数据存储服务节点。

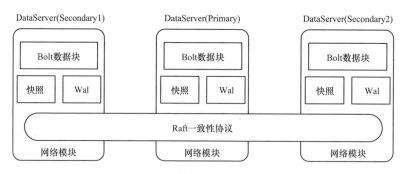

图 10-13　数据节点一致性模型

边缘分布式存储的数据节点容错默认采用三副本容错方案。向数据节点写入 Bolt 数据时，会先在 DataServer 的日志中记录该操作，日志结构中带有一个版本号，主数据服务节点每次向数据服务节点进行追加操作时，被写入日志文件中的日志都会自动增加版本号。如果三副本数据节点发生故障，如某个节点因为故障挂机后重新加入进来，主数据服务节点再次进行数据复制时会先检查备份数据节点日志文件中最后一条日志的版本号，如果发现该版本号比当前版本号低，则会将最新的日志操作和在此期间记录的日志同步到重新加入的备份数据服务节点。

（6）数据组织方式设计。Bolt 数据组织方式如图 10-14 所示。

数据分割后的 Bolt 数据组织方式共有 ID、Checksum、Length、Binary

ID	Checksum	Length	Binary Data	Metadata	...

图 10-14 Bolt 数据组织方式

Data、Metadata 等字段，具体含义如下：

1）ID。用于全局标识唯一的 Bolt 数据。

2）Checksum。用于将 Bolt 数据进行持久化或者在读数据时进行校验，以防止数据在中途出错。

3）Length。标识 Bolt 数据的长度信息。

4）Binary Data。具体存储 Bolt 数据的二进制格式。

5）Metadata。标识 Bolt 数据的元数据信息，其与文件的元数据信息类似，包括拥有者、创建日期、上次修改日期等。

（7）操作日志的组织方式。图 10-15 所示为客户端操作日志的组织方式，包括 ID、Checksum、Length、Operation、VersionID 等字段，具体含义如下：

ID	Checksum	Length	Operation	VersionID	...

图 10-15 操作日志的组织方式

1）ID。用来在该数据服务节点上唯一标识该日志。

2）Checksum。用于将日志数据持久化或者在读数据时进行校验，以防止数据在中途出错。

3）Length。标识该日志数据的长度信息。

4）Operation。用于具体表示客户端的操作，如追加或者读等。

5）VersionID。当主 DataServer 在给从数据服务节点写日志时，需要保证备份数据服务节点拥有客户端上次的操作日志；如果因为备份数据服务节点出现故障后重新加入集群，还需要根据版本号为该数据服务节点追加上这段时间内客户端的操作日志。

上面分别介绍了 Bolt 数据和操作日志数据的组织格式，但在实际实现时，为了方便数据的读取，如客户端可以根据数据服务节点的分布拓扑图，从物理拓扑位置更近的数据服务节点读取数据。另外，主数据服务节点将客户端发送来的数据同步备份到从数据服务节点时，只需将 Bolt 数据块存放到内存，操作日志持久化成功后，便返回数据复制成功信息给主数据服务节点。这样设计的原因是，可以在易失性内存中先将 Bolt 数据块以哈希链表的形式组织起来，当哈希链表的数据量达到一定程度时，再将哈希链表中的数据顺序持久化。而对于客户端的操作日志，由于数据量较小，且日志类数据一般为多写少读的数据，可直接将此类数据持久化。下面详细介绍用链地址法组织易失性内存中的哈希链表。

图 10-16 所示为易失性内存中的哈希链表组织方式。其中，第一列代表哈希值索引，每个 Bolt 数据经哈希运算后会得到一个哈希值，系统会根据该值将相应的 Bolt 数据块添加到该哈希值链表的后面，每个哈希值后面形成一个哈希链表。Bolt 数据的链接前后位置关系会根据数据到达内存的先后顺序而定，先到达的数据块链接到该哈希值链表的前面，后到达的数据块链接到该哈希值链表的后面。每个哈希链表的后面都链接了一个空指针，以标识该哈希值对应链表的结束位置。系统根据边缘存储节点的实际物理内存空间，设定哈希链表的大小阈值，当数据量达到阈值时，系统便将哈希链表中的数据块按顺序写入磁盘。

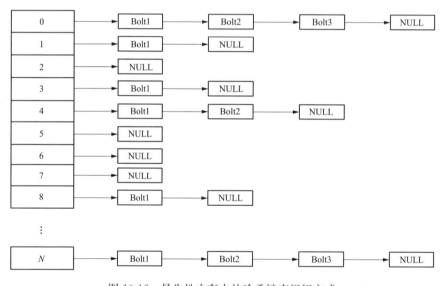

图 10-16　易失性内存中的哈希链表组织方式

在易失性内存中采用哈希链表的方式组织数据块是为了延迟写数据。由于对数据的操作具有局部性，系统在此前操作的数据在不久后被再次操作的概率较高，将这部分数据延迟写，可减少访问磁盘的次数，提升整个存储系统的性能。例如，刚被挂载在链表上的数据块被再次操作时，只需从哈希链表中摘取即可。

10.3.2　多维特征存储资源调度算法

鉴于本地通信网络不稳定、存储资源有限、网络拓扑结构复杂等，为达到高效利用本地存储资源的目的，设计一种高效的存储资源调度算法显得尤为重要。本小节阐述了一种适用于本地通信网络的多维特征存储资源调度算法，其能够将数据合理地分布到各存储节点，使边缘存储资源得到合理的利用，并将尽量减少或避免出现数据分布倾斜的情况。

本地存储客户端能够与多个数据中心进行数据存储和提取，并且在设计存储资源调度算法时，重点考虑了需要云边协同的复杂边缘存储场景。该算法旨在有效地分配边缘环境中的异构存储资源。为了最大限度地利用本地存储资源，本地存储资源调度管理中心实时收集各本地存储节点的存储状态，并以图的形式维护这些存储状态，其中每个节点都包含存储剩余容量、节点所在区域、节点剩余电量等信息。存储资源调度算法根据这些信息计算出最合适的存储节点，并合理设计资源调度方案。

存储资源调度算法的设计如下所述：令 $N = \{n_1, n_2, \cdots, n_n\}$ 为本地边缘网络中的一系列存储节点，对于每一个 $n_i (\forall \in \mathbf{N})$ 拥有一系列的特征参数 $P = \{p_1, p_2, \cdots, p_n\}$。这些特征参数用来计算每个节点的存储能力，节点的当前存储能力主要由节点的剩余存储空间、CPU 运算速度、剩余电量、RAM 剩余空间以及响应主控节点的延迟等决定。

每一个加入存储集群的节点都会实时发送自身的存储特征信息给主控服务节点，主控服务节点根据接收到的特征信息，决定哪些存储节点的存储状态能够满足当前的存储需求。对于每个节点（n_i）的存储能力（sa），根据每个参数的重要程度（W）进行计算的过程为：

$$n_i^{sa} : W_x P \rightarrow G \tag{10-1}$$

其中，每个参数的权重 $W \in (0 \rightarrow 1)$，所有参数的权重之和等于 1，即：

$$\forall p \in P, \exists ! w(0,1) : \sum_{i=0}^{P} w_{pi} = 1 \tag{10-2}$$

数据的最大副本数用 r 表示，r 可以调整。如果设置了一个副本数，然而存储节点的数量却不能满足要求，则 r 的值将根据现有条件进行调整，所以 r 是一个在 1 到最大存储节点数之间的自然数。在存储系统中，至少要保证拥有一个副本去存储数据，所以如果集群中存储节点数量充足，存储系统将拥有很大的冗余性和健壮性。

$$r \in N : 1 \leqslant r \leqslant N \tag{10-3}$$

最后，定义 $u_{nj,pi}$ 为针对某个特定节点 n_j 的特定属性 p_i 的真实值，因此可以针对每个节点的存储状态参数，使用 u_{np} 计算每个存储节点的存储能力。

$$\forall n_j \in \mathbf{N}, \exists p_i \in P : u_{nj,pi} \in \mathbf{R} \tag{10-4}$$

这些参数由每个边缘存储节点发送给主控服务节点。例如，node5（n_5）

可能会发送它的可用存储空间（p_3）为 $u_{n5,p3}=512\text{MB}$。将该消息发送给主控节点后，存储调度算法将正则化每个特征值，以简化存储资源调度算法的复杂度。下面将以矩阵的形式表示每个节点参数簇的真实值：

$$\begin{bmatrix} u_{n0,p0} & \cdots & u_{nn,p0} \\ \vdots & \ddots & \vdots \\ u_{n0,pp} & \cdots & u_{nn,pp} \end{bmatrix} \tag{10-5}$$

为了能够和其他节点比较存储能力，有必要正则化每个存储节点的参数。每个参数将被正则化到 0 和 1 之间的某个值，即：

$$\forall n_j \in \mathbf{N}, \exists p_p \in P : x_{nj,pi} = \frac{u_{nj,pi}}{\max(u_{n0,pp}, u_{nn,pp})} \tag{10-6}$$

经过正则化后的矩阵为：

$$\begin{bmatrix} u_{n0,p0} & \cdots & u_{nn,p0} \\ \vdots & \ddots & \vdots \\ u_{n0,pp} & \cdots & u_{nn,pp} \end{bmatrix} = \begin{bmatrix} \dfrac{u_{n0,p0}}{\max(u_{n0,pp}, u_{nn,pp})} & \cdots & \dfrac{u_{nn,p0}}{\max(u_{n0,pp}, u_{nn,pp})} \\ \vdots & \ddots & \vdots \\ \dfrac{u_{n0,pp}}{\max(u_{n0,pp}, u_{nn,pp})} & \cdots & \dfrac{u_{nn,pp}}{\max(u_{n0,pp}, u_{nn,pp})} \end{bmatrix}$$

$$\tag{10-7}$$

一旦所有的参数都被正则化后，先前定义的权重将被代入式（10-6）以计算每个节点的存储能力，即：

$$\forall n_j \in \mathbf{N}, \exists p_p \in P : z_{nj,pi} = x_{nj,pi} \cdot w_{pi} \tag{10-8}$$

等式（10-7）和等式（10-8）整合后，将会变为：

$$\begin{bmatrix} z_{n0,p0} & \cdots & z_{nn,p0} \\ \vdots & \ddots & \vdots \\ z_{n0,pp} & \cdots & z_{nn,pp} \end{bmatrix} = \begin{bmatrix} x_{n0,p0} \cdot w_{p0} & \cdots & x_{nn,p0} \cdot w_{p0} \\ \vdots & \ddots & \vdots \\ x_{n0,pp} \cdot w_{pp} & \cdots & x_{nn,pp} \cdot w_{pp} \end{bmatrix} \tag{10-9}$$

存储节点的存储能力的最后推算结果为：

$$\forall n_j \in \mathbf{N}, \exists ! n_j^{sa} = \sum_{p=0}^{P} \ln(z_{np}) + \mu_j + \varepsilon_j \tag{10-10}$$

其中，μ_j 表示存储节点是否与其他存储该数据的存储节点处于同一个局域网，其值只能为 0 或 1，要至少保证有一个节点与其他节点不在同一个局域网，这样可以有效保障因物理灾害而导致的数据完全丢失问题；ε_j 表示当前存储节点与主控节点的通信延迟情况，其值为 0 和 1 之间的一个随机值，值越大表示延迟越小。

最后，依据之前设置的副本数量 r，选择 r 个最佳的存储节点。

10.4　本地算力资源调控技术

本地算力资源调控是指在本地网络的分布式计算环境中，对本地算力资源进行动态管理和优化，以实现更高效、更可靠、更经济的计算任务执行。在本地分布式计算系统中，存在多类计算节点或计算设备，每个节点都拥有一定的计算资源。本地算力资源调控的目标是最大化利用这些资源，使计算任务能够以最佳方式在不同节点间进行分配和执行。位于业务系统侧的云计算体系虽然具有强大的资源服务能力，但这一计算模式依赖于远程的数据中心，数据传输可能会受到网络延迟的影响，对于某些实时性要求较高的应用可能不太适用，并且会受到安全性与成本的制约。

为了将算力下沉到本地边缘侧，本地算力资源调控可采用边缘计算的思想，其具有低传输时延的优点和资源受限的缺点。本地算力资源调控将计算资源推向用户设备或靠近用户的边缘节点，因此可以降低数据传输的时延，实时和高效地提供计算服务。

10.4.1　本地网络设备算力调度架构

本小节介绍本地网络设备算力调度架构，通过在本地通信终端内部署容器化模块，支持本地网络算力资源统筹、虚拟化与灵活调度。该方案中，本地通信终端作为轻量级的本地计算节点，具备体积小、成本低、功耗低的特点。

轻量级本地计算平台方案是在多种硬件架构上部署相同的服务或应用，考虑到整个平台设备之间的硬件异构性，需要一种方法来实现硬件资源与软件资源的分离及抽象，以屏蔽硬件异构性从而使软件能在不同设备上运行。可以使用轻量级虚拟化技术来解决上述问题。

由于嵌入式处理器的硬件异构所带来的架构体系以及指令集的不同，一般的操作系统无法在单板机上使用，因此首先需要在单板机上编译出可用的操作系统。通过编译操作系统内核的方式来修改内核驱动，生成可以兼容运行的操作系统固件。

本地通信终端借助虚拟化技术实现多功能融合，其在完成操作系统安装后已经具备了实现轻量级虚拟化的基础。基于 Linux 操作系统在本地通信终端上实现 Docker 容器引擎，容器虚拟化允许硬件资源与软件分离，使相同软件能够在多个硬件架构上执行。容器技术为本地通信终端提供了服务交付能力，使其能够在快速地实例化服务及应用的同时保持服务的隔离，并提供灵活的可扩展能力。对于充当网络交换机的本地通信终端节点，可基于容器引擎启动容器实例并启用 OpenFlow 交换模块，利用网络虚拟化技术赋予节点网络交换的能力。本地通信终端可以提供以太网接口及无线网接入。由于本地通信终端的网卡数量有限，当本地通信终端作为网络交换机使用时，可以使用 USB 千兆网卡对其进行网络接口扩展，如果业务场景需要进一步支持光纤，可在 USB 网卡上连接光电转换模块。

至此，本地通信终端作为一个轻量级本地计算节点，在主控芯片上依靠轻量级容器化与虚拟化技术实现了多功能融合，如图 10-17 所示。作为组成平台的关键设备，在支撑节点功能目标的同时需要支撑节点的可管理性和可编排性。本地通信终端利用虚拟化技术并通过资源的优化管理，最大限度地利用其有限的资源来支持实际应用。同时，本地通信终端基于 OpenFlow 协议实现虚拟交换机制，从而可以通过 SDN 控制器进行全局网络控制和管理。多个本地节点设备通过低时延网络连接形成统一资源池，控制编排层面进行合理的资源管理与调度，实现应用和服务的快速、灵活部署。在本小节中，本地通信终端作为本地节点共同组成本地计算网络，其算力资源由 Kubeedge 进行协调和统筹管理。Kubeedge 利用边缘设备的计算能力来运行应用程序和服务，从而能够在边缘环境中更高效地进行数据处理、分析和决策。

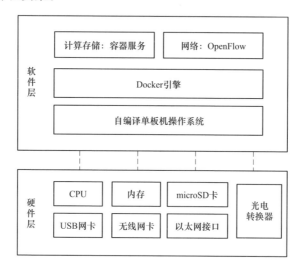

图 10-17　本地通信终端容器化架构

10.4.2　本地分布式计算集群搭建

单节点容器集群中的所有容器共用一台主机上的内存、CPU 等资源，节点需要具备较高的资源配置，低配置节点得不到有效利用。此外，单节点集群会导致系统可用性大大降低。为了满足本地侧业务需求，需要将单节点容器集群扩展为多节点容器集群，以充分利用低成本节点，运行容器化云边服务，从而可以充分利用本地通信终端节点的多功能特性来构建跨主机的单板计算机容器集群以提供服务。

图 10-18 所示为分布式本地计算集群。该集群中的节点由本地通信终端组成，集群架构为典型的主从分布式。在讨论集群的功能时，由于每个本地通信终端扮演的功能角色不同，因此进一步将集群中的节点分为边缘中心节点（edge center node，ECN）、边缘网络节点（edge network node，ENN）、边缘服务节点（edge server node，ESN）三类。每个节点上基于 Docker 引擎运行着不同数量的容器，这些容器构成了容器集群对外提供服务。在这种架构下，虽然单台计算节点的资源是有限制的，但是整个集群的资源并不会受到单个节点资源的限制，通过增加集群节点的数量，可以对其资源进行弹性扩展。

图 10-18 中展示出了示例性场景。其中，ECN 为负责控制编排分布式集群的控制节点，控制节点是融合网络中节点集群的大脑，集成了 SDN 控制器和容器编排器的功能，用于监测、管理和调度网络中的计算、存储和网络资源。控制节点通过 OpenFlow 协议与负责网络转发的本地通信终端节点进行通信，实时掌握网络拓扑，并下发流表操作信息进行可编程的网络控制。控制节点作为容器编排器（如 Kubernetes）的主节点，借助容器编排器可以实现容器实例的自动化

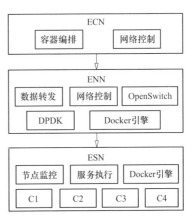

图 10-18　分布式本地计算集群

管理和调度，从而实现计算、存储资源的自主管理。ENN 为负责网络交换的本地节点，作为集群中的交换节点提供数据交换功能。ENN 可以构建网络拓扑完成平台组网，ENN 也可以构建 AP，提供无线网络接入能力。ESN 为负责提供容器服务的本地节点，与 ENN 直接相连，操作并利用 Docker 引擎提供的虚拟化功能来托管容器化物联网服务。

10.4.3 本地计算容器服务编排

1. 基础环境搭建

（1）在 ECN 上部署 Kubernetes Master 组件（有 kube-apiserver、kube-scheduler 及 kube-controller 等）并开发控制编排中心向平台管理员提供相关功能，包括控制服务、调度服务、Docker 私有镜像仓库、资源及服务监控和日志分析等。控制服务主要负责操作 Kubernetes 的接口进行容器集群的管理；调度服务综合考虑实时资源状况及应用性能要求，对平台内应用服务和节点资源进行合理分配和调度，并暴露调度算法接口给管理员，方便管理员根据服务的特点自定义调度器；储存在 Docker Hub 公有库上的镜像存在拉取速度缓慢的缺点，在控制编排中心搭建集群 Docker 私有镜像仓库用于存储开发者构建的镜像，加快服务拉取创建的速度；搭建资源及服务监控用于实时掌握平台节点资源使用变化以及应用实例的运行情况。

（2）在 ESN 上部署 Minion 组件（有 kubelet 及 kube-proxy 等）并向边缘用户提供分布式容器服务。ESN 节点是实际运行容器实例的节点，负责创建、启动和停止容器，并且提供代理功能；ECN 节点负责对外提供管理服务，并且通过和 ESN 节点的交互来实现对集群的操作管理。

2. 服务创建流程

完整的服务创建流程如图 10-19 所示。

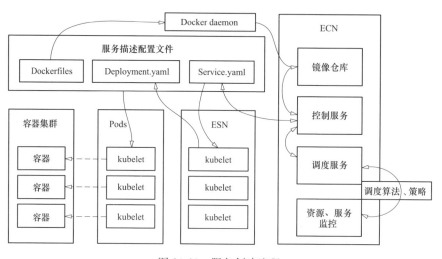

图 10-19 服务创建流程

（1）镜像制作及服务描述配置文件配置。容器服务的创建需要有私有镜像仓库中的镜像作为支撑。制作镜像的关键在于编写 Dockerfile 镜像文件，开发者在 Dockerfile 文件中描述组装镜像的步骤，通过 Docker 的 build 命令创建自定义镜像并上传镜像仓库。

在轻量级本地计算平台中，需要通过 Service 对象定义提供的应用服务。Service 定义了一个服务的访问入口，通过 Service 入口地址及端口号可以找到提供服务的 ESN，进而访问其背后的真正 Pod 实例。为了使 ESN 能够正确地部署服务，需要向平台提供对应的 Service 描述文件（Service. yaml）以及 Pod 部署描述文件（Deployment. yaml），文件格式为 . yaml。

（2）服务创建更新。轻量级本地计算平台上的开发者根据自己的应用需求开发相应的服务并根据 Dockerfile 制作成镜像文件上传至私有镜像仓库。首先编写要创建服务的 Service 描述文件并执行，此时服务并未被真正创建，因为真正支撑服务的 Pod 还没有创建部署。在服务第一次被创建时，平台上容器服务 Pod 的创建采用异步拉取策略，开发者在控制编排中心配置服务与部署文件的对应关系。当用户请求到来时，根据请求路径获取服务对应的 Pod 部署配置文件并由 Deployment 控制器来启动服务容器。执行过程中控制编排中心从私有镜像仓库拉取镜像文件部署 Pod 以实例化分布式容器服务，容器编排器按照选定的调度策略选择资源足够合适的节点设备托管所请求的应用程序，并支持请求的负载均衡。至此，服务已经创建完毕，用户请求经由全局负载均衡系统分发到边缘节点中，交给容器进行处理。

平台的应用服务在上线后仍会不断迭代更新，这就需要平台支持服务的更新操作。开发者需要将迭代更新的应用重新打包并上传至私有镜像仓库，并更新 Deployment 配置文件中的服务镜像版本。当容器编排器检测到镜像版本更新时，通知部署该服务的 ESN 设备重新下拉镜像及时进行服务更新。轻量级本地计算平台提供的应用服务均采用分布式编排方式，在更新时对指定服务进行滚动更新，对部署应用的节点进行逐个更新，以保证应用的高可用性。

（3）服务调度。在服务创建的过程中，一方面，控制编排中心的调度服务需要根据指定的调度算法选择合适的工作节点来实例化服务对应的 Pod 容器；另一方面，容器编排器需要为已有服务提供动态的资源配置，通过服务调度算法合理规划平台整体资源，维持平台内资源分配载的平衡以提供高性能服务。

容器编排器在 kube-scheduler 组件的基础上向管理员提供调度服务接口，允许开发人员自定义调度算法或策略。在编写 Pod 部署文件时指定自定义调度器，自定义调度器文件的核心是读取 API Server 中状态为 Pending 的 Pod，根据开发者定义的算法找到合适的节点，然后将绑定事件发送给控制服务完成绑定。如图 10-20 所示，调度服务会不断向控制服务查询待调度的 Pod 列表以及当前集群中可用的 Node 列表，将其与开发人员指定的调度算法和策略一起作为调度服务的输入，输出为调度算法选择的节点和 Pod 的对应关系，并将绑定信息写入 etcd 中存储，同时提交绑定事件，控制服务监听到相应事件后调用 kubelet 接口在对应节点上下载镜像并启动容器。默认的调度流程分为以下两步：一是预选过程，即按照一定策略选出所有节点中符合待调度 Pod 要求的节点；二是打分过程，即从筛选后的 Node 列表中按照一定策略进行打分，选出分数最高的作为目标 Node。

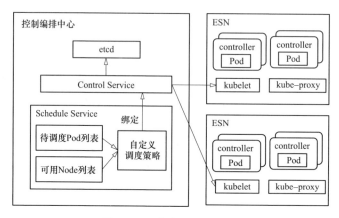

图 10-20 自定义服务调度

3. 资源及服务监控

在轻量级本地计算平台的部署和运行中，资源及服务监控也是平台重要的组成部分。通过资源监控可以实时掌握平台节点资源的使用变化以及应用实例的运行情况，这对于应用提供者而言是重要的运维和决策基础。同时，平台集群节点 CPU、内存及网络的变化情况对资源及服务调度也至关重要。轻量级本地计算平台提供资源及服务的监控系统，包括容器集群资源监控和应用服务日志监控两部分。

（1）容器集群资源监控。容器集群资源监控主要负责向运维人员提供可视化的节点资源的使用现状及变化趋势，便于运维人员维护整个集群的健康稳定运行；同时，负责向集群控制编排中心的服务调度模块提供每个节点资源的使用情况，便于调度器选择合适节点启动服务容器。Dashboard 是 Kubernetes 提供给用户负责管理和监控集群的可视化工具。可在其基础上通过开源工具 cAdvisor 和 Heapster 扩充其功能：将 cAdvisor 集成在 kubelet 中，两者是一对一的关系，当 kubelet 启动之后，cAdvisor 会对 ESN 上的节点及容器资源状况进行实时监控并采集性能数据，包括 CPU、内存使用情况、网络吞吐量及文件系统使用情况等；Heapster 通过访问每个节点的 kubelet 来调用 cAdvisor 的接口，对集群中各个 Node、Pod 上的容器资源数据进行采集，并将数据汇总保存到后端存储系统中，传输给 Dashboard。平台管理员根据可视化的集群资源监控数据做出运维决策，如根据节点的资源消耗数据判断是否增加新的机器，通过 Pod 及容器的详细运行数据了解应用的性能情况和瓶颈等。此外，可在控制编排中心开发资源监控插件，负责周期性地获取集群各个节点硬件资源以及网络资源的使用情况，并不断输入调度服务，以完成正确可靠的服务调度。容器集群资源监控方案如图 10-21 所示。

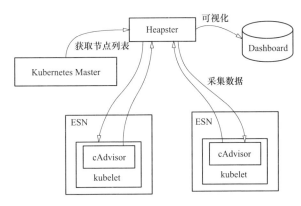

图 10-21　容器集群资源监控方案

（2）应用服务日志监控。在轻量级本地计算平台中，服务日志的收集和集中处理对应用开发者而言具有重要作用。通过分析日志可以快速定位错误，提高预警风险。可结合开源日志解决方案 ELK（包括分布式搜索引擎 Elastic Search、日志采集解析工具 Logstash、分析可视化平台 Kibana）和分布式消息队列 Kafka 在轻量级本地计算平台上构建实时日志消息系统。实现过程中，在分布式集群的各个节点上安装轻量级日志收集工具 Filebeat 用于监控相关日志文件，并将生产日志消息输入 Kafka 消息队列。Logstash 消费 Kafka 中的日志数据进行格式化解析及条件过滤，将分析结果以分片形式压缩存储在 Elastic Search 中并建立检索索引，最后通过 Kibana 访问数据接口对日志进行可视化呈现。

10.5　网络资源虚拟化统一表征与度量技术

涵盖多种异构通信网的本地融合网络具有更强的网络扩展性、更充分的网络资源、更多样的业务服务能力等多方面的优势,能够满足网络用户多样性的需求、提高网络的可靠性和抗攻击能力等。但是,由于本地通信网络的密集组网、多种无线组网方式并存等特征,其中通常包含着海量且类型多样的终端,用户的需求各异,导致网络中业务的资源需求也千差万别;由于网络应用也逐渐朝着多样化和个性化的方向发展,各种网络的发展带来的新业务形态不断涌现,典型应用场景如小颗粒采集、大带宽、实时交互等具有差异化 QoS 需求的业务。而传统的本地网络由于其频带利用率低、功能较为单一等缺点,不再能够保证用户的 QoS 及用户多样化的业务需求。受限于复杂多样的网络结构,本地通信网络中也存在着单个网络节点或终端的资源受限的问题,仅靠单个节点难以同时满足各种业务的通信、存储和计算等多维资源需求,通常需要进行多节点间的资源协同分配;同时,由于网络的动态与有机统一特性,网络中某一维度资源的改变也会影响其他维度资源的使用,需要考虑多个维度的资源的联合分配。因此,需要建立通存算资源的一体化分配模型,以实现本地通信网络中资源的协同分配。针对上述问题,国内外许多学者与机构已有一些多维资源分配模型相关的研究,但已有的研究在进行多维资源的分配时,对于涉及的每一维资源通常都是单独处理,没有联合考虑多维资源对优化目标的影响,且通常忽略了系统的复杂性与动态性,因此求解得到的资源分配结果通常无法保证系统能够获得较好的性能。

因此,本节主要探讨本地通信网络中网络资源虚拟化统一表征与度量问题,首先提出业务流在本地网络体系下的标识方法,建立本地通信网络中通存算资源的一体化分配模型,将网络中多节点间通信、存储和计算三维资源的协同分配问题转化为多节点间带有时延属性的存储和计算二维资源的协同分配问题,以及通信层面的链路优化问题,并提出相应问题模型的数学表示。

10.5.1 应用层业务标识技术

在本地通信网络资源调控体系下,准确高效地识别具体电力业务的类型、终端、特征是开展面向多业务资源调配的前提。随着电力业务的丰富化与复杂化发展,大量异构的物联终端、通信协议快速涌现,仅凭 IP 地址、MAC 地址等设备地址信息判别业务类型已无法适应细粒度需求,更无法满足涉及多网关的本地一体化网络路由寻址需求。针对上层应用难以直接判别业务信息的问题,需从终端与网络的交互考虑,在应用层维度建立统一的本地侧业务设备与数据标识机制。

目前,电力物联本地通信网络存在诸多应用层物联协议,主要有 MQTT、

CoAP、LwM2M、XMPP、HTTP 等。每一种协议都有各自的优势与特点，需要根据实际业务情况对本地通信网络设施进行协议适配。

为了实现物联终端与业务系统之间的通信传输，下面以应用最为广泛的 MQTT 协议作为两者之间通信的标准协议。MQTT 协议是由 IBM 推出的一种网络通信协议。MQTT 专为计算能力不高的终端设备而设计，当设备在低带宽、不稳定的网络环境中工作时，它可以支持与网络数据的有效交互，以便远程传感器和控制设备能够与服务器及时通信。

MQTT 协议的主要作用是在物联网系统中为一系列终端设备及客户端提供不同主题的消息发布与订阅服务，使用户端能够通过云平台对目标设备的数据及其状态参数进行及时监测。MQTT 的应用环境都是以客户端和服务器为底层结构进行具体开发与搭建的。因为 MQTT 协议工作在物联网协议层的 TCP 协议之上，所以物联网系统中的所有设备端的通信都需要采用 TCP 方式与云平台连接，然后云平台依据上报的主题分类来对相应的设备进行准确的消息配置。MQTT 协议也可以为物联网系统提供一个安全、稳定的通信环境。MQTT 协议能够成为物联网系统中使用最多的消息传输协议，因为其具有一些其他通信协议无法替代的特点，见表 10-2。

表 10-2　　　　　　　　　　　　　　MQTT 协议的主要特点

特　点	注　释
轻量级	对网络的稳定性要求较低，且保证数据在传输过程的有效性
消息发布/消息订阅	为终端设备提供多种解耦方式，保证设备间的正常通信
三种 QoS 消息传递类型	三种消息传递类型为消息的准确传输与接收提供保障
提供遗嘱机制	为订阅者（客户端）提供高效的主题消息推送模式

1. MQTT 数据包结构

在采用 MQTT 协议进行通信时，需要发送或处理的数据必须严格遵循 MQTT 数据包格式。如图 10-22 所示，MQTT 控制报文由固定报头、可变报头、有效载荷三部分组成。

图 10-22　MQTT 控制报文结构

（1）固定报头。固定报头是每一个 MQTT 数据包最先被识别的表示位，所以每一个采用 MQTT 协议进行通信的数据包都必须携带一个固定报头，其只需要占 16bit（位），即 2B（Byte，字节），见表 10-3。

表 10-3　　　　　　　　　　　　　　固定报头格式

bit	7	6	5	4	3	2	1	0
Byte1	MQTT 数据包类型				标定数据包类型的指示位			
Byte2	剩余长度							

在 MQTT 数据包中，剩余长度主要用来表明当前数据包中除了固定报头外剩余数据所占的字节数，其内容主要包括可变报头和真实的数据。通常情况下，剩余长度所表示的数据长度的编码方式是可变的，数据段会通过判断所剩数据的字节数来选取一种合适长度的编码方式。MQTT 协议中的数据包类型共有 14 种，每种类型都起着不同的作用。

（2）可变报头。可变报头在 MQTT 数据包中主要承担着区分某类数据包的作用。虽然可变报头不是每一个数据包都必需的，但是它对于大部分数据控制包的使用还是非常重要的。可变报头能够随着报文类型的变化而变化，也能够根据数据中涵盖的数据类型识别符进行具体识别。当设备端（客户端）需要对一类数据报文进行多次发送时，若在其发送过程中产生了中断或需要进行多次重发该数据等不良情况下，设备端需要根据每次发送的数据情况来对数据标识符进行调整。否则，当数据标识符与每次发送数据的类型不一致时，会导致数据无效或丢失。

（3）有效载荷。有效载荷是一个非常重要的数据组成部分，主要用于确保数据报文中涵盖的设备端 ID、用户信息、消息质量以及相关主题信息等重要数据的准确性与稳定性。但是，有效载荷并不是每一个 MQTT 数据包都必需的。该数据字段旨在携带应用消息与数据，主要应用于 CONNECT、SUBSCRIBE、SUBACK、UNSUBSCRIBE 四类数据报文。

2. MQTT 功能设计

本地通信网络的 MQTT 应用架构如图 10-23 所示。本地通信终端通过集成相应的 MQTT 通信模块，起到 MQTT 与 MQTT-SN 协议网关的功能，即作为物联设备与后端业务系统之间数据传输、命令下发的桥梁，并利用业务信息实现更为高效的本地网络控制。

首先，MQTT 功能设计的目的是接入网络的物联设备能够通过数据接入盒接入 TCP 网络，其用户会主动向业务系统发送相关的 MQTT 请求连接命

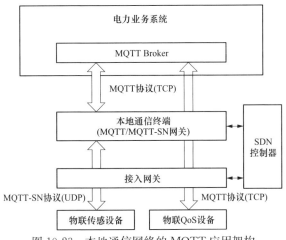

图 10-23　本地通信网络的 MQTT 应用架构

令，请求完成 MQTT 的通信连接。

其次，MQTT 通信建立成功后，其用户会向目标服务器发送相关的主题订阅命令；该服务器在接收到相关的命令后，会对订阅的主题进行确认并向客户端返回主题订阅成功命令。

最后，整个系统会完成一个 Keep Ping 命令，且在 Keep Ping 命令保持的时间段内，设备端还需要向目标服务器发送一次或多次数据报文。这样可以有效地保证每次网络连接过程中的数据传输的稳定性与准确性。如图 10-24 所示，通过 MQTT 通信模块的设计与实现，能够有效地将 TCP 连接、MQTT 连接、相关主题订阅等功能有机结合，为 MQTT 数据传输提供一份有效的保护。

此外，MQTT-SN（MQTT for sensor network）协议是 MQTT 协议的传感器网络版本，特别针对某些计算能力和电量非常有限的传感业务终端。MQTT-SN 运行在用户数据报协议（user datagram protocol，UDP）上，同时保留了 MQTT 协议的大部分信令和特性，如订阅和发布等。本地通信终端充当 MQTT-SN 网关这一角色，负责把 MQTT-SN 协议转换为 MQTT 协议，并和业务系统的 MQTT Broker 进行通信。MQTT-SN 协议支持网关的自动发现。

3. 应用层标识设计

在 MQTT 协议里，Topic 是设备与业务系统之间通信的

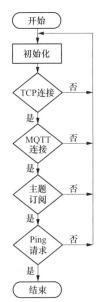

图 10-24　MQTT 协议的通信流程

205

管道，设备通过 Topic 实现消息的发送和接收。可以通过 Topic 对不同的业务设备进行应用层维度的标识。

（1）定义 Topic 类的功能。Topic 类的格式以正斜线（/）开头并进行分层，以区分每个类目。

例如，/＄｛productKey｝/＄｛deviceName｝/user/update。其中，＄｛productKey｝和＄｛deviceName｝两个类目为既定类目；后缀和前缀类目用于区分不同功能的消息。

＄｛productKey｝表示产品的标识符（ProductKey）。在指定产品的 Topic 类中，需替换为实际的 ProductKey 值。

＄｛deviceName｝表示设备的名称（DeviceName）。在指定产品的 Topic 类中，＄｛deviceName｝是该产品下所有设备的名称变量，不需要替换为实际设备名称。

（2）定义 Topic 类的操作权限。Topic 类的操作权限包括发布、订阅以及发布和订阅。

1）发布。该产品下设备可以向该 Topic 类对应的设备 Topic 类发布消息。

2）订阅。该产品下设备可以订阅该 Topic 类对应的设备 Topic 类以获取消息。

3）发布和订阅。该产品下设备同时具备发布和订阅的操作权限。

在产品 Topic 类的基础上，使用具体的＄｛productKey｝/＄｛deviceName｝通配一个唯一的设备，并与前缀、后缀类目组成的完整 Topic，就是具体设备的 Topic。

设备 Topic 类与产品 Topic 类格式一致，区别在于 Topic 类中的变量＄｛deviceName｝，在设备 Topic 类中是具体的设备名称（DeviceName）。

例如，产品 a19mzPZ＊＊＊下设备 device1 和 device2 的具体 Topic 类为：

/a19mzPZ＊＊＊/device1/user/update；

/a19mzPZ＊＊＊/device2/user/update。

设备 Topic 标识的生成如图 10-25 所示。

4. 业务数据标识的实现机制

下面以物联传感、充电桩、应急通信三类业务为例，简单介绍 Topic 对业务数据标识的实现机制。

（1）物联传感。以地下管廊场景为例，可以为多个管廊区间的温湿度及烟雾传感器数据设计以下主题：

Underground_pipe_gallery/Area_1/temperature；

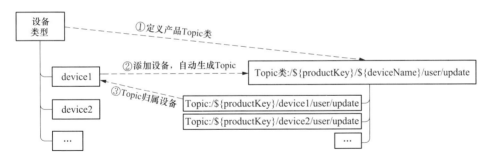

图 10-25 设备 Topic 标识的生成

Underground_pipe_gallery/Area_1/humidity;

Underground_pipe_gallery/Area_1/smoke;

Underground_pipe_gallery/Area_2/temperature;

Underground_pipe_gallery/Area_2/humidity;

Underground_pipe_gallery/Area_2/smoke;

Underground_pipe_gallery/Area_3/temperature;

Underground_pipe_gallery/Area_3/humidity;

Underground_pipe_gallery/Area_3/smoke。

接下来，可以通过订阅 Underground_pipe_gallery/Area_1/＋主题获取 Area_1 的温湿度及烟雾传感器数据，通过订阅 Underground_pipe_gallery/＋/ temperature 主题获取三个区域的温度传感数据，通过订阅 Underground_pipe_ gallery/♯主题获取管廊内所有的数据。

（2）充电桩。充电桩的上行主题格式为 ocpp/cp/＄{cid}/notify/ ＄{action}，下行主题格式为 ocpp/cp/＄{cid}/reply/＄{action}。

ocpp/cp/cp001/notify/bootNotification：充电桩上线时向该主题发布上线请求。

ocpp/cp/cp001/notify/startTransaction：向该主题发布充电请求。

ocpp/cp/cp001/reply/bootNotification：充电桩上线前须订阅该主题以接收上线应答。

ocpp/cp/cp001/reply/startTransaction：充电桩发起充电请求前须订阅该主题以接收充电请求应答。

（3）应急通信。具体如下：

chat/user/＄{user_id}/inbox：一对一通信，用户上线后订阅该收件箱主题，将能接收到其他用户发送给自己的消息；向其他用户回复消息时，只需将该主题的 user_id 换成其 id 即可。

chat/group/＄{group_id}/inbox：消息群发，在群组内的用户可订阅该主题以获取对应群组的消息，回复群聊时直接向该主题发布消息即可。

Fuser/＄{user_id}/state：用户在线状态，用户可以订阅该主题以获取其他用户的在线状态。

req/user/＄{user_id}/add：①添加好友，可向该主题发布添加好友的申请（user_id 为对方的 id）；②接收好友请求，用户可订阅该主题（user_id 为自己的 id）以接收其他用户发起的好友请求。

resp/user/＄{user_id}/add：①接收好友请求的回复，用户添加好友前，须订阅该主题以接收请求结果（user_id 为自己的 id）；②回复好友申请，用户向该主题发送消息以表明是否同意好友申请（user_id 为对方的 id）。

10.5.2　本地网络资源一体化调控模型

新型电力系统下，电力本地网络中承载的业务更加多样化和复杂化。设备实时状态采集、电动汽车车联网、输电线路无人机巡检等新兴业务相互协助，互相影响；新能源业务需要采集新能源项目规划数据以及设备的实时运行状态数据，以此进行本地侧的智能化数据分析，为响应故障和开展新业务提供重要支撑。

本小节的研究面向多种有线和无线通信网络共存的本地通信网络场景，如图 10-26 所示，分为业务终端、接入网关、通信终端、电力通信传输网、电力通信业务系统五个层次。各层次间交互逻辑如下：业务终端如智能手机、监控摄像头、电力传感终端、巡检机器人等经由各类网关如 Wi-Fi、LoRa 等接入通信终端层，由通信终端通过有线/无线专网接入电力通信传输网，最终连接到电力通信业务系统实现各种业务功能。其中，通信终端通过无线组网或有线连接的方式互联，并由 SDN 控制器实现融合终端与接入网关资源的统一调控。目前，已经有许多关于异构网络之间经过协议转换进行跨域通信的研究，因此在本小节所述的场景中，认为不同网络中存在可以跨域通信的网络节点，该节点可以将业务数据传输至其他网络中。

终端产生的业务在业务终端和通信终端之间的接入层进行资源的调度与分配。在本小节中，使用虚拟化技术将接入层中的网络节点抽象为具有通信、存储和计算资源且互相存在连接关系的节点，进而形成逻辑接入层，在逻辑接入层中进行业务的资源分配，如图 10-27 所示。

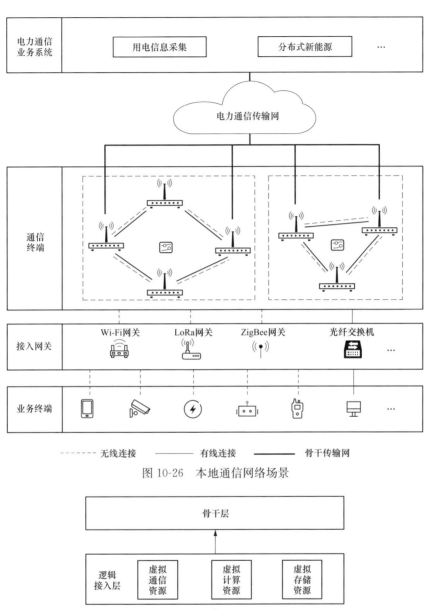

图 10-26　本地通信网络场景

图 10-27　抽象化资源结构

可用 $G = \{V, E, T, I\}$ 来表示当前网络基础设施的拓扑，各个参数的含义如下：

$V = (V_f, V_u)$ 表示顶点集。其中，V_f 为网络中相互连接组网融合的终端集合；V_u 为电力传输网络边缘的汇聚节点集合（通常为交换机），也为接入侧流量最终汇入传输网的端口，可能存在多个。节点的属性包括节点的计算能力 C_i^N（cycle/bit）和存储容量 S_i^N（bit）。

$E = \{E^0, E^1\}$ 表示节点间通信链路的集合，其中包括有线连接与无线组网两种类型的链路。链路的属性包括链路的通信带宽 R_{ij}^N（bit/s）和传输距离 Dis_{ij}^N（m）。本小节中网络拓扑结构的邻接矩阵定义为 $\boldsymbol{A} \in \mathbf{R}^{N \times N}$，其中元素的取值为 0 或 1。若节点之间没有链路连接，则该位置元素为 0，否则为 1。

$T = \{t_i \mid i = 1, \cdots, n\}$ 表示业务请求的集合。业务请求可以用四个参数来描述，分别为传输数据量 D_i^T（bit）、存储数据量 D_i^S（bit）、计算数据量 D_i^C（cycle/bit）、通信带宽 R_i^T（bit/s）和最大允许时延 τ_i（s）。为方便计算，认为一个网络节点在同一时间内只能为一个业务以全部的 CPU 资源进行计算服务。

I 表示接入侧通信技术的集合。接入侧流量可以划分为 Wi-Fi、LoRa、ZigBee、有线等多种技术类型，不同的通信技术所承担的业务种类有其自身的特性，如 Wi-Fi 具备较强的大带宽传输能力，通常承载监控视频传输等业务；LoRa 在传感数据采集方面应用广泛，其传输流量具备周期性和稳定性。因此，进一步定义网络流量矩阵 $\boldsymbol{X} \in \mathbf{R}^{N \times N}$ 为网络中链路间流量的特征矩阵，矩阵 $\boldsymbol{Y} \in \mathbf{R}^{N \times |I|}$ 为网络内各融合终端接入的不同技术类型流量。可以认为各通信技术流量特征相互独立，但彼此存在线性相关的流量补偿关系。

10.5.3　本地通存算优化问题模型

本小节阐述网络节点中通信、计算和存储三种资源的协同分配。其中，通信资源指节点间的通信带宽，单位为 bit/s；计算资源以 CPU 主频来定义，单位为 cycle/bit；存储资源主要指节点的内存容量，单位为 bit。面对不同的业务需求，本地通信网络需要提供差异化的通信、计算和存储资源的组合，因此需要使用与业务相匹配的资源分配策略来满足业务的需求。但由于通信、计算和存储资源分别属于不同的资源范畴，具有不同的定义与度量形式，因此需要将三者映射到同一维空间，采用同一度量形式，建立多维资源与网络性能的约束和转换关系。在本小节中，以最小化业务时延为目标进行通存算资源的联合分配，系统优化目标如下：

$$\min_{(R,S,C)} T \tag{10-11}$$

s. t.

$$R_i^T \leqslant R_{ij}^N (i,j) \in P_i \tag{10-12}$$

$$D_i^S \leqslant S_j^N, j = S_i \tag{10-13}$$

$$T \leqslant \tau_i \tag{10-14}$$

即在满足业务需求且不超过网络节点资源限制的条件下，以最小化业务时延为目标进行函数的优化，其中 P_i 为业务 i 在网络中传输所经过的路径。

然而，本地通信网络中业务种类和需求多样，在进行资源分配的过程中，发现存在这样的情况：由于单个节点无法满足业务所有维度的资源需求，需要在不超过业务时延限制的前提下，在网络中搜索其他资源充足的节点协同处理，进行多节点组合中三维资源（R，S，C）的协同分配。但由于不直接连通的多节点间三维资源的联合分配问题复杂度高、求解困难，而通信带宽在计算中通常以数据在节点传输过程中产生的时延的形式来表征，因此每个节点可以看作带有通信时延的存储、计算资源块。利用该特点，可将三维资源（R，S，C）的协同分配问题转化为带有时延属性的二维资源（S，C）的分配策略计算问题以及通信链路编排策略问题。

1. 带有时延属性的资源分配策略模型

（1）通信资源模型。本地通信网络支持无线 Mesh、Wi-Fi、5G 等多种组网方式，该网络中的通信资源为节点间的通信带宽资源，而不同组网方式所能够支持的通信带宽不同，通信带宽资源范围直接决定了业务数据传输速率的大小。由于网络中业务请求带宽不能多于当前网络节点可以提供的最大带宽资源 $R_{\max}$，因此针对通信带宽有如下约束：

$$R_i^T \leqslant R_{ij}^N, (i,j) \in P_i \tag{10-15}$$

一方面，业务在当前节点传输需要在当前节点的前一个业务传输完成后进行，因此业务在当前节点处的等待时间为：

$$T_w^{ij} = \max\{0, T_{\text{latest}}^j - T_{\text{cur}}^i\}, i \in [0,n], j \in [0,m] \tag{10-16}$$

式中：T_{latest}^j 为节点 j 中上一个任务传输或计算完成的时间；T_{cur}^i 为任务 i 传输到当前节点为止所产生的总时延。

另一方面，根据业务请求在网络中的传输速率，请求在节点间传输时产生的传输时延还与业务的传输数据量、发送节点与接收节点间链路的通信带宽有关，计算公式为：

$$T_t^{ijk} = \frac{D_i^S}{R_{jk}^N}, i \in [0,n], j,k \in [0,m], j \neq k \tag{10-17}$$

因此，任务 i 在节点间传输产生的通信时延为：

$$T_R^{ijk} = T_w^{ij} + T_t^{ijk}, i \in [0,n], j,k \in [0,m], j \neq k \tag{10-18}$$

（2）存储资源模型。存储资源是指各个节点所拥有的内存资源。考虑到存储资源至少应满足业务的存储资源请求 S_i，因此针对业务请求的存储资源有如下约束条件：

$$D_i^S \leqslant S_j^N, j = S_i \tag{10-19}$$

业务的存储时延与业务的存储数据量以及节点的存储速率有关。由于通常情况下业务的存储数据量并不太大，不同设备存储数据的所用时间相差不多，因此本小节中忽略了不同设备向内存中存储数据的速率差异，认为节点的存储速率统一为 v_j^N。因此，业务存储数据产生时延的计算公式为：

$$T_S^i = \frac{D_i^S}{v_j^N}, i \in [0,n], j \in [0,m] \tag{10-20}$$

（3）计算资源模型。计算资源在本小节中是指 CPU 资源，每个网络节点所拥有的 CPU 资源用 C_i^N（cycle/bit）表示。

业务在节点中进行计算时会产生计算时延，计算时延与业务的计算数据量以及节点的 CPU 资源有关，计算公式为：

$$T_C^i = \frac{D_i^T}{C_i^N}, i \in [0,n] \tag{10-21}$$

一个业务请求发出到完成所产生的时延由请求在节点间的传输时延、存储时延和计算时延三部分组成，计算公式为：

$$T_i = \left[\sum_{(j,k) \in P_i} T_s^{ijk} \right] + T_S^i + T_C^i \tag{10-22}$$

当业务请求产生后，要在当前本地通信网络中以最小的时延完成该请求的同时，尽可能少地占用不必要的系统资源，保证系统吞吐量的最大化。但是，实际上当业务请求产生后，由于大带宽业务占用带宽较大的特点，若经过过多节点的转发，虽然转发过程中没有占用这些中间节点的计算和存储资源，但节点的通信资源被较多占用，在此期间其他希望使用该节点资源的请求无法被响应，会造成该时段内网络资源的浪费，从而降低网络吞吐量。因此，为减少占用不必要的网络资源，尽量减少业务传输过程中中间节点的数量，应在优化目标中对中间节点的数量进行惩罚，保证以尽可能少的转发次数完成资源的分配。系统优化目标与约束条件如下：

$$\min f(x) = \min \left\{ \left[\sum_{(j,k) \in P_i} T_R^{ijk} \right] + T_S^i + T_C^i + \lambda n_i \right\} \tag{10-23}$$

s. t.

$$R_i^T \leqslant R_{ij}^N, (i,j) \in P_i \tag{10-24}$$

$$D_i^S \leqslant S_j^N, j = S_i \tag{10-25}$$

$$\left[\sum_{(j,k) \in P_i} T_R^{ijk} \right] + T_S^i + T_C^i \leqslant \tau_i \tag{10-26}$$

式中：$\sum_{(j,k) \in P_i} T_s^{ijk}$ 为业务 i 在各节点间传输产生的总传输时延；P_i 为业务 i 在网络中传输所经过的路径；T_S^i 为业务请求 i 的存储时延；T_C^i 为业务 i 的计算时延。

限制条件式（10-24）用于保证业务在网络传输过程中所经过路径的通信带宽都能够满足业务的带宽需求；限制条件式（10-25）用于保证业务进行存储的节点的存储资源都能够满足业务的存储资源需求，其中 S_i 为请求 i 选择的存储节点；限制条件式（10-26）用于保证完成业务请求的时延不超过业务规定的最大允许时延。

2. 通信链路路由编排策略模型

随着电力通信网络和电网的关系越来越密切，信息的实时交互有着越来越严格的要求，降低网络链路拥塞对业务的安全可靠传输尤为重要。网络资源分为链路带宽资源和节点资源（节点处理能力和节点缓存容量）。由香农定理可知，链路可传输的最大带宽必须不小于节点的数据处理能力，如此才能避免数据过载传输以及可能出现的传输超时、数据丢包等状况。若链路可利用带宽小于业务流量的需求带宽，则会导致数据包在交换机节点的缓存区排队等候，业务流量过多直至缓存溢出时会造成数据丢包；若链路带宽占用率过剩且不能被充分利用，则会造成网络资源浪费。因此，网络中带宽资源的合理分配有利于电力业务的实时传输，合理的业务路由编排控制策略会提高网络传输效率。

电力本地通信网络的服务范围通常以台区为单位。各类电力业务终端经由接入点与网络连接并承担相应业务，业务流量通过电力通信传输网接入上层业务系统，而与其他台区业务的直接关联较少。由通信终端构成的子网成为孤立的接入网络与电力专网之间的桥梁，为多种本地通信技术提供灵活的上行接入链路。通信子网因此需要承载大量且随机性强的通信流量，其内部链路存在快速阻塞劣化的风险。

这里将网络流量预测看作一个多通信技术的多维数据预测任务。SDN 控制器能够以 dt 为周期采集交换机节点所有端口的状态参数和交换机节点中流表的状态参数。

由于各台区接入侧流量相互独立，这里分别对 t 时刻的流量矩阵 $\boldsymbol{Y}^t$ 进行预测，从而能够得到总接入流量。鉴于融合终端的特性，通过查询通信接口吞吐量并汇总域内所有的融合终端数据的方式能够得到 t 时刻的 $\boldsymbol{Y}^t$ 矩阵数值（包括所有节点）。

综上所述，流量预测任务被描述为基于过去时刻的流量矩阵 Y，训练得到一个映射函数 f，去预测未来 T 个时间步的流量矩阵，即：

$$f\big[(Y^{t-d+1}, Y^{t-d+2}, \cdots, Y^t)\big] = [Y^{t+1}, Y^{t+2}, \cdots, Y^{t+T}] \qquad (10\text{-}27)$$

下面进一步提出业务路由编排策略的优化模型，即根据 SDN 对网络状态的感知与 $t+dt$ 时刻链路流量预测情况为即将到来的电力业务选择符合时延与可靠性要求的路径，建立面向拥塞缓解的优化目标，由 SDN 控制器实时计算最优路由并下发至融合终端。

设 $Dly(e_{i,j}^t)$、$Rel(e_{i,j}^t)$ 分别为 t 时刻 SDN 控制器所感知链路 $e_{i,j}$ 的时延和可靠性。假定网络状态信息采集间隔为 dt，源节点到目的节点间的路由集中路径 R_n 通常由多条链路组成，R_n 所经过的每条链路 $e_{i,j}$ 的当前带宽占用率、链路时延与可靠性均不相同，需要分别对每条路径的指标进行建模衡量。

（1）路径可靠性。假定较短时间内单一链路可靠性不会发生较大变化，因此 $t+dt$ 时刻的路径可靠性被定义为 t 时刻 SDN 控制器采集到的链路可靠性之积：

$$Rel(R_n^t) = \prod Rel(e_{i,j}^t), e_{i,j} \in P_n^t \qquad (10\text{-}28)$$

（2）业务时延。可表示为：

$$T_n = \sum_{j=1}^{m-1} d_j \Big/ v_{\text{data}} + m T_{\text{process}} + T_{\text{jitter}} \qquad (10\text{-}29)$$

式中：T_n 为电力业务从路径 R_n 的发起端到目的端所用的总时长；d_j 为链路 1_j 的长度；v_{data} 为信号在链路中的传播速度；T_{process} 为节点转发处理时延；m 为路径 R_n 中融合终端的总数；T_{jitter} 为随机抖动时延。

（3）路径负载系数。数据流路径对整体链路的负载的影响体现在两方面：一是所占用的带宽总量，在数据流恒定的条件下，路径带宽占用量取决于在网络中经过的链路数；二是对链路的负载程度影响，当原链路 j 负载较高时，应尽量避免继续为链路加压而致使其劣化。这里用链路负载均衡度来衡量新增链路对整体链路负载的影响。

为避免预测中的高负载链路进一步恶化，设业务占用带宽为 S_{new}，则业务带宽在链路中的占比为 $OS = S_{\text{new}}/MB(e_{i,j})$；对于每条链路设置流量变动预测值 $S_{\text{ch}}(e_{i,j})$，该值随业务流的加入情况而实时更新，初始时 $S_{\text{ch}}(e_{i,j}) = X^{t+dt}(e_{i,j})$。加入该业务流后，可预见的剩余链路带宽为 $RM(e_{i,j}) = MB(e_{i,j}) - X^t(e_{i,j}) - S_{\text{ch}}(e_{i,j}) - S_{\text{new}}$。

接着通过评估业务流对路径负载的综合影响，定义路径负载系数并将其作为主要优化目标：

$$Rel(P_n) = \sum [OS \times X^t(e_{i,j})/RM(e_{i,j})]\zeta_{P_n}, e_{i,j} \in P_n^t \qquad (10\text{-}30)$$

式中：$\zeta_{P_n} = (1+\rho)^n$ 为随链路转发次数衰减的惩罚项。

进而给出该多业务路由编排问题的优化模型：

$$优化目标：\min(负载系数)$$

s. t.

$$业务链路集可靠性满足率 > 要求阈值$$
$$业务链路集传输时延满足率 > 要求阈值$$

10.6　本地通存算多维资源联合调控技术

本节在网络资源虚拟化统一表征与度量的基础上，进一步提出针对上述问题的解决方法，实现面向多业务的通存算资源一体化高效调控。

10.6.1　本地通信网络通存算资源一体化分配方法

根据上述本地通信网络多维资源联合调控模型，本小节提出一种多维资源联合调控方法，该方法基于改进的遗传算法（genetic algorithm，GA）并结合模拟退火算法（simulated annea-ling，SA）进行多维资源分配策略的计算，有效提高了网络吞吐量和本地通信网络的资源利用率。

传统的资源分配算法在解决多维资源联合优化问题时，计算复杂度高，算法收敛速度较慢，为了加快求解速度，可以使用智能算法进行迭代优化求解。遗传算法具有并行性且收敛快等优点，但也存在易陷入局部最优、不能保证得到全局最优解的缺点，需要对其进行一定改进。而模拟退火算法能够扩大算法的搜索范围，提高解的多样性，可以避免陷入局部最优的问题；但是，模拟退火算法收敛速度较慢，尤其在计算涉及大量的个体时，效率过低，耗时较长。因此，在进行本地通信网络通信、计算、存储资源一体化联合分配方法的设计时，要在改进的遗传算法基础上引入模拟退火算法的思想，将两者相结合，进行优势互补，以实现在加快收敛速度的同时提高求解精度。该方法的核心思想是在进行遗传迭代时并不是以概率 1 为完全接受条件，而是以一定的概率接受一个比当前全局最优解更差的解当作新的全局最优解，从而避免陷入局部最优解的问题。

该算法的流程如图 10-28 所示。

（1）染色体编码。本方案采用二进制编码，每个基因代表网络中的一个节

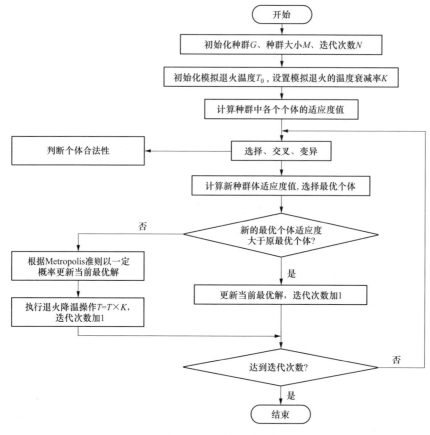

图 10-28 算法流程图

点，基因位为 0 表示当前业务不经过该节点，为 1 则表示当前业务会经过该节点。值得注意的是，一个染色体编码并不仅仅对应着一种资源分配方案，因为业务经过节点的先后顺序是不确定的。染色体编码如图 10-29 所示。

图 10-29 染色体编码

（2）个体合法性判断。在进行种群初始化、遗传、变异等操作过程中，会产生具有新基因型的个体，但不是所有产生的个体都符合当前业务对资源的要求，因此在将新产生的个体放入种群之前，需要进行个体的合法性判断，淘汰不符合要求的个体。个体合法性的判断主要关注两个方面：①是否有足够的计算/存储资源；②是否存在满足业务带宽需求的转发路径。

判断是否存在足够的计算和存储资源，即判断当前基因型为 1 的节点中是否存在两个节点能够满足业务的计算和存储资源需求。若存在，则进行下一步；若不存在，则说明该个体不合法。

若找到了满足业务计算/存储需求的节点，则需要判断是否存在满足带宽需求的转发路径。由于业务会经过所有基因型为 1 的节点，因此需判断是否所有网络节点的带宽都能够满足当前业务的带宽需求，若存在不满足的节点，说明该个体不合法。

（3）适应度函数。在本方案中使用适应度函数对个体进行评估，其中适应度函数 $U(x) = 1/f(x)$。由于个体与资源分配方案并不是一一对应的关系，为了能够快速得到最优分配方案，在个体适应度函数的计算过程中，为每个染色体添加最优资源分配方案的标志位数组，如图 10-30 所示。其中，标志位为 0 表示该节点仅进行业务的转发，标志位为 1 表示该节点进行业务的计算，标志位为 2 表示该节点进行业务的存储。根据标志位就可以知道该业务最优的资源分配方案。

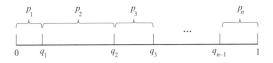

图 10-30 为染色体添加标志位

（4）个体选择方式。采用轮盘赌的方法从原种群中选出两个个体进行交叉和变异。其中，个体被选中的概率与其在种群中所有个体适应度之和的占比有关。若群体的个体总数是 M，则一个个体 x_i 被遗传到下一代种群中的概率为：

$$p(x_i) = f(x_i)/[f(x_1) + f(x_2) + \cdots + f(x_M)] \tag{10-31}$$

该个体的积累概率为：

$$q(x_i) = \sum_{j=1}^{i} p(x_j) \tag{10-32}$$

轮盘赌概率计算原理如图 10-31 所示。

图 10-31 轮盘赌概率计算原理

（5）算法仿真示例。为验证本方案的性能，使用软件 MATLAB R2020b

对算法的运行情况进行模拟，其中主要的数据参数见表 10-4。

表 10-4   仿真参数

参　　　数	取　　值
无线 Mesh、Wi-Fi 组网通信带宽 R_1、R_2（Mbit/s）	200
5G 组网通信带宽 R_3（Mbit/s）	1000
不同网络的节点间通信带宽 R_4（Mbit/s）	300
网络节点 CPU 频率 f（GHz）	1～4
网络节点存储资源 D（GB）	2～256
种群数目 M	100
最大迭代次数 I	500
交叉概率 P_c	0.9
变异概率 P_m	0.01
初始温度 T_0（K）	1000
降温速率 K	0.95
转发节点惩罚系数 λ	0.1

本次实验选择了本地网络内部资源分配方案（Local）、随机资源分配方案（Random）进行资源分配效果的对比，选择仅使用遗传算法（GA）、仅使用模拟退火算法（SA）进行迭代优化效果的对比，本方案记为 MT-GSA。

图 10-32 所示为本方案与其他两种分配方案在不同业务数量时的业务平均时延。从中可以看出，在本方案中，随着大带宽业务请求的增多，平均处理时

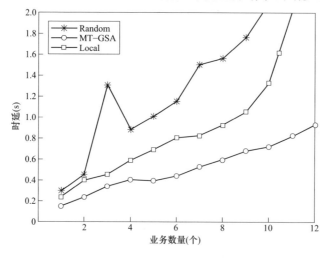

图 10-32　大带宽业务平均时延

延平滑缓慢增长；在本地网络内部资源分配方案中，由于业务请求只能使用本地网络节点的有限资源，而大带宽业务通常需要占用大量资源，随着业务请求的增多，小型本地网络设备中资源耗尽，平均处理时延明显增大且增速逐渐加快；而在随机资源分配方案中，由于不同节点的资源被随机分配，业务需要在这些节点间进行传输，占用大量不必要的资源，虽然有一定概率能够以较小的时延响应业务，但由于资源分配不合理，随着业务数量的增加，剩余资源越来越少，难以满足后来的业务请求，导致后来业务处理时延迅速增加。由此可见，本方案能够以较小的时延高效地实现大带宽业务的资源分配。

图 10-33 显示了网络中大带宽业务与其他业务同时存在时其他业务的平均处理时延。在该场景中假定每产生一个其他类型的业务，也会产生一个大带宽业务请求等待处理，即当网络中存在 n 个其他类型的业务时，也会存在 n 个大带宽业务，此时网络中共有 $2n$ 个业务等待处理。从图 10-33 可知，随着网络中业务总数的增加，其他类型业务的平均处理时延呈缓慢上升趋势。随着网络中业务数量的增加，内部资源分配方案、随机资源分配方案已经不能在规定时间内为业务进行资源分配，造成请求阻塞，导致网络吞吐量降低。由此可见，本方案能够在以较小时延进行业务资源分配的同时，最大化网络吞吐量，能够同时满足更多业务的资源分配需求。

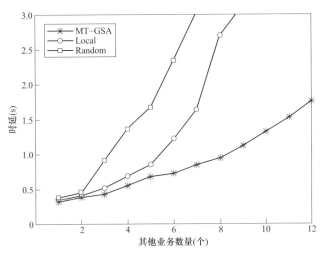

图 10-33　其他业务平均时延

图 10-34 为本方案与其他两种分配方案在不同业务数量时带宽资源的利用率情况。从中可知，随着业务请求数量的增加，网络中带宽资源的利用率也随之提高。在本方案中，随着业务数量的提升，资源利用率平缓增加，说明本方

案能够高效利用网络中的空闲带宽资源；而在另外两种资源分配方案中，随着业务数量的增加，剩余的带宽资源无法得到合理分配，业务资源需求无法得到满足，导致资源利用率不再进一步增加，也从侧面说明了本方案能够实现最大化网络吞吐量的业务资源分配。由此可见，本方案能够高效利用网络资源、最大化网络吞吐量。

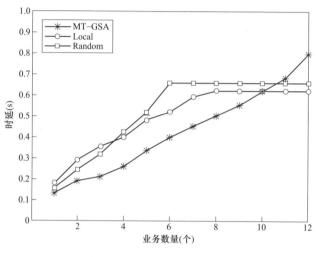

图 10-34　带宽资源利用率

图 10-35 所示为本方案与其他两种智能求解算法在不同迭代次数下对某一业务分配方案的时延。从中可知，随着迭代次数的增加，三种方案都能够在达到规定迭代次数后得到最优资源分配方案。本方案能够以较快的速度得出更优的分配方案；仅使用了遗传算法的求解方案虽然比本方案更快求出解，但得到的最优分配方案的时延高于本方案求得的最优解，这反映了遗传算法虽然迭代速度更快，但容易陷入局部最优解；而仅使用了模拟退火算法的方案虽然得到了最优解，但是由于其有一定概率从当前最优解中跳出，因此迭代速度较慢，需要更长的时间计算求解。这也说明了在两种智能求解算法中，遗传算法更适合进行快速迭代，而模拟退火算法则更适合进行当前最优解附近的微小调整，反映了遗传－模拟退火算法的合理性。由此可见，本方案能够在较短时间内快速进行问题求解，得到具有最短时延的资源分配策略，具有正确性和有效性。

10.6.2　本地通信网络多业务链路编排算法

合理、有效的路由规划方案对电力物联网具有重大意义。随着电力物联网的发展，电力物联网的通信网上承载的业务也越来越多。如果路由规划不合

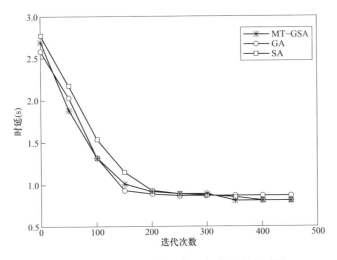

图 10-35　不同求解算法的业务分配方案时延

理，会导致某条链路或者节点上承载的业务过多，一旦链路或者节点发生中断，将会对电网系统的正常运行造成巨大的破坏。因此，在生成路由编排策略时，要考虑均衡各条链路的负载，还要保证业务的时延性与可靠性要求。

解决上述问题仍然存在以下两大技术挑战：

（1）电力业务流量预测是一个长期的过程，然而传统时序预测模型如长短期记忆网络（long short-term memory，LSTM）、门控循环单元（gate recurrent unit，GRU）均存在严重的遗忘问题，即当序列长度过长时，对序列信息的建模将不精确。这是因为当序列过长时，序列后部的梯度很难通过反向传播将梯度传到前边的序列。

（2）由不同通信技术承载的电力业务流量存在不可忽视的互补偿效应。这是因为在新型电力系统下，涌现出诸多拥有多样化接入能力的智能业务终端，该类终端可能通过改变自身接入方式来获取更优的业务质量，从而使不同通信技术流量逐渐呈现出互相关关系，这将对流量预测造成影响。

为了解决上述问题，本小节提出了基于向量自回归（vector autoregression，VAR）的 LSTM-Attention 预测模型（VAR-LA），将原问题建模为多元时序预测问题，在建模时融合了历史流量序列与实时流量序列，以及利用 Attention（注意力）机制配合 LSTM 的更新机制来对流量序列信息进行建模。VAR-LA 模型结构如图 10-36 所示。

VAR-LA 模型在结构上分为两部分，分别为历史流量信息模块和实时流量信息模块。历史流量信息模块对要预测的业务流量信息在长周期上进行建模，

221

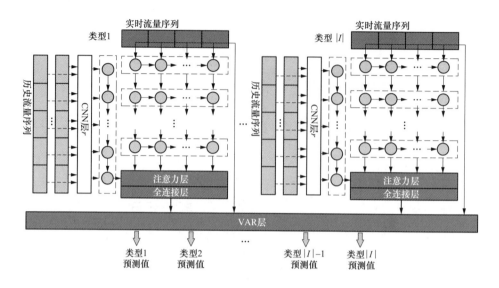

图 10-36　VAR-LA 模型结构

如过去一周的流量信息。实时流量信息模块对本日业务流量的实时模块进行建模，如过去 30min。这两个模块使得该模型能够学到业务在长周期上的流量变化规律，还能够根据业务在短期内流量的突发变化，对长周期结果进行一定调整，从而兼顾了预测的实时性和周期性。

涵盖 T_{day} 日的历史流量样本数据（$\in \mathbf{R}^{T_{day} \times acq_{day}}$），按采集时间对齐后首先进入 CNN 层进行特征提取，依次进行卷积、池化和节点展开（降维）操作。该模型采取一维卷积，卷积核只按照单一的时域方向进行卷积。

对每 k 个时间步的序列向量进行特征提取，得到一个特征 o_i。当一个卷积核提取完一条样本的序列数据后，会得到一个 $acq_{day} - k + 1 \times 1$ 的特征矩阵 $\mathbf{O} = [o_1, o_2, \cdots, o_{t-k+1}]$。CNN 共有 r 个卷积核，卷积后再进行最大池化操作，将其降维成长度为 $r \times (acq_{day} - k + 1)$ 的特征向量。

VAR-LA 模型分别对历史流量特征向量和实时流量序列采用了单层 LSTM 和多层 LSTM。LSTM 具有记忆功能，可以提取非线性数据的时序变化信息。它引入了输入门、遗忘门、输出门，同时添加了候选态、细胞态和隐状态。细胞态存储长期记忆，可以缓解梯度消失；隐状态存储短期记忆。上一层 LSTM 的输出是下一层的输入，一层一层往下传递，最后一层 LSTM 隐藏层的输出会进入 Attation 层进行进一步处理。

Attation 机制可以提升 LSTM 中重要时间步的作用，从而进一步降低模型的预测误差。Attation 机制本质上就是求最后一层 LSTM 输出向量的加权平均和。将 LSTM 隐藏层输出向量作为 Attation 层的输入，通过一个全连接层进行训练，再对全连接层的输出使用 Softmax 函数进行归一化，得出每一个隐藏层向量的分配权重，权重大小表示每个时间步的隐状态对于预测结果的重要程度。

权重训练过程为：

$$\text{Score}_t = H^t \times h^t \tag{10-33}$$

$$a_t = \text{Softmax}(\text{Score}_t) \tag{10-34}$$

式中：H^t 为对历史流量信息处理后，最后一个单元的输出；h^t 为实时流量信息模块的输入，即 t 时刻业务的流量信息；Score^t 为每个隐藏层输出的得分；a^t 为各输出权重系数。

再利用训练出的权重对隐藏层输出向量求加权平均和，计算结果为：

$$C_t = \text{sum}(a_t \times o_t) \tag{10-35}$$

最后，将由全连接层输出的各通信技术流量初步预测结果和实际流量序列输入 VAR 层。VAR 模型通常用于描述多变量时间序列之间的变动关系，即：

$$\boldsymbol{Y}_t = \boldsymbol{\Phi}_1 \boldsymbol{Y}_{t-1} + \cdots + \boldsymbol{\Phi}_p \boldsymbol{Y}_{t-p} + \varepsilon_t, t = 1, 2, \cdots, T \tag{10-36}$$

式中：$\boldsymbol{Y}_t$ 为 k 维内生变量列向量，表示 t 时刻各通信技术的全连接层输出——实际接入流量；$\boldsymbol{Y}_{t-i}$ 为滞后的内生变量；$\boldsymbol{\Phi}_i$ 为 VAR 模型的待估系数矩阵，$\boldsymbol{\Phi}_i \in \mathbf{R}^{|I| \times |I|}$，$i = 1, 2, \cdots, p$，记给定时刻 t 的 $\boldsymbol{\Phi}_t = [\varphi_1, \varphi_2, \cdots, \varphi_p]_t^T$；$\varepsilon_t$ 为 k 维白噪声向量，$\varepsilon_t \sim N(0, \Sigma)$，它们相互之间可以同期相关，但不与自己的滞后项相关，Σ 为 ε_t 的协方差矩阵，是 $k \times k$ 的正定矩阵。

当前时刻某一通信技术的流量由承载原业务流量的变化和其他通信技术流量的互补偿效应决定，后者可被认为在一定时期内属于平稳序列。

对于 VAR 模型中的每一个方程，都可以采用普通最小二乘方法（ordinary least square method，OLS）进行估计，且估计量具有一致性和无偏性。

$$\boldsymbol{\Phi}_t = \underset{\boldsymbol{X}}{\text{argmin}} \frac{1}{2} \|\boldsymbol{Z} - \boldsymbol{QX}\|_F^2 = (\boldsymbol{Q}^T\boldsymbol{Q})^{-1}\boldsymbol{Q}^T\boldsymbol{Z} \tag{10-37}$$

其中

$$\boldsymbol{Z} = \begin{bmatrix} \boldsymbol{Y}_{t-p+1}^T \\ \vdots \\ \boldsymbol{Y}_t^T \end{bmatrix} \in \boldsymbol{R}^{p \times |I|}, \boldsymbol{Q} = \begin{bmatrix} \boldsymbol{v}_{t-p+1}^T \\ \vdots \\ \boldsymbol{v}_t^T \end{bmatrix} \in \boldsymbol{R}^{p \times (|I|d)}$$

$$\boldsymbol{v}_t = \begin{bmatrix} \boldsymbol{Y}_{t-1} \\ \vdots \\ \boldsymbol{Y}_{t-p} \end{bmatrix} \in \boldsymbol{R}^{(|I|p)}$$

将 $\boldsymbol{\Phi}_t$ 代入式（10-36）可计算得到经 VAR 层处理后各类型接入侧流量的最终预测值。

基于已有的区分通信技术的接入侧流量的预测结果，可以根据流量守恒原则得到更加准确的 $t+\mathrm{d}t$ 时刻的链路负载情况。

本小节提出的路由编排方案基于电力通信网络的 SDN 集中化控制，将网络的控制平面和数据转发平面分离，物理设备主要负责数据的转发，实现底层物理设备差异的屏蔽；网络管理权限由 SDN 控制器负责，通过软件编程的方式，满足不同电力业务的传输需求和提供网络状态感知功能。

SDN 集中控制器通过对电力通信网络状态的综合分析，并考虑传输路径的带宽与传输时延而采用动态路由编排策略来灵活控制业务路由。SDN 集中控制器中的存储模块每隔一定时间周期采集并记录底层交换设备的端口参数和流表参数。在路径参数计算时，根据采集的端口已转发的流量，计算出 t 时刻每条链路的带宽占用情况。SDN 中内置的预测算法根据采集的历史数据，预测 $t+\mathrm{d}t$ 时刻的链路带宽占用率。最后，综合考虑网络当前时刻的链路带宽占用率、下一采样周期的链路带宽占用率与路径传输时延，全面评价并计算出不同传输路径的负载指数。SDN 以实时计算并控制业务路由的能力，为即将到来的电力业务分配到合适的传输路径，最大限度地满足不同电力业务的丢包率与时延等传输需求，并实现网络负载均衡。

本小节所述的本地通信网络的多业务链路动态编排算法流程如图 10-37 所示。对于新增的业务流，通过深度优先搜索（depth first search，DFS）算法遍历可达链路，得到符合约束的业务路径集合 P，并划分成满足约束的集合 P_a 和不满足约束的集合 P_b。当 P_a 不为空集时，对集合中所有路径计算负载指数，选择负载最优的路径进行下发；当 P_a 为空集时，在 P_b 中选择最接近满足业务需求的路径进行下发。某路径 P_n 被下发后，更新路径中所有链路的 $S_{ch}(P_n)$ 与已占用带宽矩阵值 $RM(P_n)$。

为了客观评价所提路由编排策略在电力业务丢包率、平均传输时延和网络链路平均带宽占用率方面的性能，本小节构建了 12 个融合终端节点、2 个电力传输网侧交汇节点、30 条双向链路（包含 6 条有线链路和 24 条无线组网链路）的本地通信网络仿真环境，在本地服务器 Mininet 环境下进行链路流量生成与链路状态模拟。

为了验证 VAR-LA 模型计算 $t+\mathrm{d}t$ 时刻接入侧流量与链路带宽占用情况的有效性，清晰显示预测的电力通信网络链路流量变化的趋势，在本实验中总共模拟了 5 种通信技术类型的接入流量数据，根据真实的电力本地通信场景中的

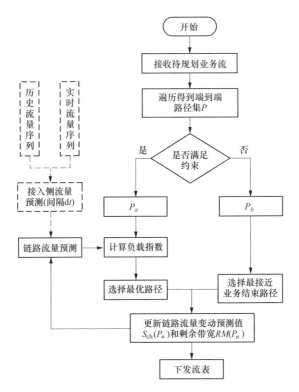

图 10-37　多业务链路动态编排算法流程

业务开展情况确定流量分布，并添加其他设备接入产生的随机噪声。通信技术
承载业务数比例为 $1 : 2 : 4 : 1 : 2$，平均业务流量比例为 $5 : 1 : 1.5 : 0.5 : 2$，
分别对应融合终端中的 Wi-Fi、ZigBee、LoRa、RS-485、以太网 5 种通信接入
技术。分散到每个时刻的平均接入流量总规模约为 2Gbit/s。

　　为了更好地显示本小节所述算法的优越性，选择目前几种主流的路由编排
策略开展对比实验，分别为静态路由策略（static routing strategy，SRS）、最
短路径路由策略（shortest path routing strategy，SPRS）和基于约束的最短路
径路由策略（constraint-SPRS，CSPRS）。SRS 指在运行过程中路由表保持固
定，缺乏对远处节点的感知，是一种传统网络架构下的贪心寻址策略。SPRS
是一种应用比较广泛的路由编排算法，业务总是以距离目标节点最短的路径传
输，网络负载量较大，节点数据处理能力一定时，易导致拥堵的节点更加拥堵
甚至网络性能恶化。加上时延要求以及节点和链路负载上限条件的 CSPRS，能
够根据节点及邻居节点到目的节点的长度和节点拥塞状况动态调整数据传输路
径，从而实时减少数据包平均等待时间，提高传输效率，但是容易受到邻居节

点的影响而选择局部最优路径，以致影响网络性能。本地网络环境参数见表
10-5。

表 10-5　　　　　　　　　　　　　　本地网络环境参数

参　　　数	取　　　值
电力业务并发数	10～150
业务请求带宽（Mbit/s）	0.08～32
最大有线链路带宽（Mbit/s）	500
最大无线链路带宽（Mbit/s）	160
无线多跳链路衰减因子	0.8
业务传输周期（s）	0.1～30

　　在测试不同路由编排策略对网络性能的影响时，根据表 10-5 中设置的各个
网络参数值，通过改变网络电力业务的并发请求数，使网络负载（即并发的电
力业务总数）逐步增长，然后分析不同网络负载情况下包括本小节方法在内的
四种路由编排策略的平均链路负载率、业务承载率、平均路径时延、丢包率的
变化，仿真结果如图 10-38 所示。

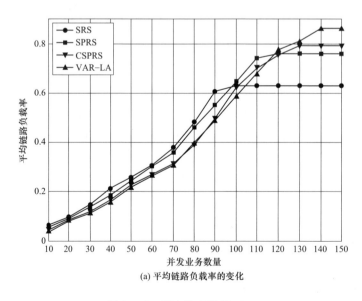

(a) 平均链路负载率的变化

图 10-38　算法仿真效果（一）

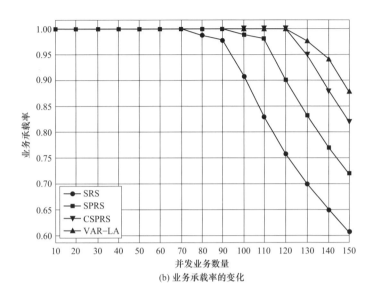

(b) 业务承载率的变化

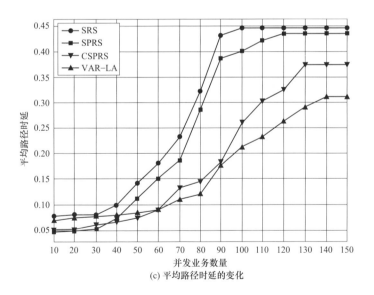

(c) 平均路径时延的变化

图 10-38　算法仿真效果（二）

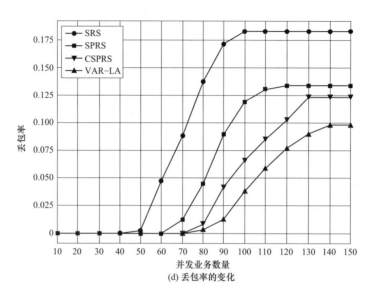

图 10-38　算法仿真效果（三）

　　总体来看，得益于能够感知和提前预测链路的负载情况，本小节所提出的结合了网络流量感知的算法在各个方面均有明显优势。本小节算法在相同标准下能够承载更多电力业务，相比其他算法更晚（并发 140 个业务左右）进入链路饱和状态，对链路的利用效率明显更高。同时，在平均时延与丢包率指标的对比中，基于本小节算法的实验网络展现出更为优秀的通信性能，实现了流量预测的路由编排策略使得网络即使在达到饱和后依然能维持良好的通信稳定性。

第 11 章　本地通信安全增强关键技术

11.1　本地通信终端安全增强技术

11.1.1　本地通信终端安全协议形式化分析

1. 现有安全协议的形式化分析技术

现有安全协议的形式化分析技术分为逻辑推理、模型检测和定理证明技术。

（1）逻辑推理技术是基于知识和信念推理的分析方法，它由一些命题和推理规则组成。命题表示主体对消息的知识或信念。逻辑推理技术主要包括信念逻辑和知识逻辑两种推理方法，通过逻辑学的基本原则，从系统初始状态以及接收和发送的消息出发，构建用户的信念或知识，并通过一系列的推理公式推导出新的信念和知识，最终判断协议是否满足安全目标。如果最终的知识和信念的断言集里不包含所要得到的目标知识和信念断言，那么说明协议存在安全缺陷。目前，逻辑方法主要被其他分析方法用来表示协议实体的知识建模。

（2）模型检测技术的安全协议分析方法也称状态检测方法。模型检测技术主要利用有限状态机理论，通过状态空间搜索方法来检测协议的安全性，其基本思想是将安全协议看作包含一个状态集合、一个动作集合、一个状态转移集合的分布式系统。协议的执行过程就是状态的迁移过程，协议验证过程就是遍历整个状态空间，检查是否可以由初始的状态到达某个不安全状态或者可以引发某种不良行为的状态的过程。初始状态到最终状态之间的所有状态构成了一个协议执行轨迹，如果一个协议不安全，就可以通过协议轨迹给出相应的反例。目前，对于协议分析来说，模型检测已经被证明是一个非常成功的方向：一方面，它自动化程度高，验证过程不需要人的参与；另一方面，如果协议有缺陷，就能够自动产生反例。但它的缺点也很明显：一方面，容易产生状态空间爆炸的问题，所以不能用于比较复杂的协议分析；另一方面，一般需要指定运行参数（如运行实例和主体的数量），由于指定运行参数的不确定性，因此没有发现错误并不能保证协议正确。

（3）定理证明技术将需要证明的安全目标以定理的形式进行描述并进行数学证明。其目的是证明协议满足安全属性，而不是去寻找协议的攻击。所以，定理证明方法针对的是问题的正面。定理证明技术的优点是可以分析无限大小的协议，而不限制主体参与协议运行的回合；其缺点是证明过程不能全部自动化，需要人工进行"专家式"的干预，因此在使用范围上受到一定限制。目前，这类方法中比较活跃的是基于符号投影积分器（symbolic projection integrator，SPI）演算的方法、基于串空间理论的方法和基于符号轨迹的方法。

2. 基于安全角度的协议分析步骤

在以上三种方法中，模型检测技术虽然是寻找协议漏洞的一种良好且快速的方法，但是容易产生状态空间爆炸，并且无法在找不到漏洞时证明协议的安全性；定理证明和逻辑推理技术具有语义的精确性和逻辑推理的完备性，能在寻找协议漏洞的同时证明协议的安全性，但是分析过程需要人工进行"专家式"的干预，无法全部自动化。因此，要将以上三种分析技术进行结合，考虑本地通信网络的安全威胁，从安全角度对提出的协议进行分析，包括以下步骤：

（1）相互认证和会话密钥建立。为确保通信双方在无线传感器网络这一复杂环境下都能与合法实体通信，而不是试图伪装成其他方，就必须要完成相互认证。在相互认证的过程中，要建立以后通信的会话密钥，该会话密钥必须满足只有通信双方及其信任的实体才能知道，由每个协议参与者分别产生的参数通过一定的计算得出并不能被攻击者所破获。

（2）抵御中间人攻击。攻击者与通信的两端分别创建独立的联系，并交换其所收到的数据，使通信的两端认为其正在通过一个私密的连接与对方直接对话，但事实上整个会话都被攻击者完全控制。在中间人攻击中，攻击者可以拦截通信双方的通话并插入新的内容。中间人攻击是一个（缺乏）相互认证的攻击。

（3）抵御模拟攻击。为了尝试这种攻击，应考虑攻击者可以主动监控网络行为，并试图捕获智能电能表和服务提供商之间通过不安全通道传递的消息。这里考虑以下两种情况：

1）智能电能表冒充攻击。如果攻击者一定要冒充智能电能表，则智能电能表产生的消息会由攻击者代表智能电能表进行复制；同时，使服务提供商相信消息是合法的，并且接收自一个经过身份验证的智能电能表。

2）服务提供商模拟攻击。如果攻击者必须模拟服务提供商，则服务提供商产生的消息需要攻击者代表服务提供商进行复制；同时，使智能电能表相信消息是合法的，并且接收自一个经过认证的服务提供商处。

（4）降低通信代价。针对无线传感器网络所要具备的低功耗性能，需要对协议流程中数据流向所涉及的数据进行检查，在保证协议流程不被影响的前提下，给出通信中不必要数据的删除建议，最终降低协议通信代价进而实现低功耗目标。

3. 本地通信终端安全协议形式化实现过程

（1）协议形式化描述。将用自然语言描述的安全协议流程、安全假设和安全目标翻译为精确的，形式化的描述；安全协议可以用自然语言、程序设计语言等非形式化方法描述。用自然语言描述的优点是可读性好，但描述不准确，可能会有歧义，必须手工完成；用程序设计语言描述的优点是便于协议的实现，但可读性差，描述安全协议并发性、不确定性以及安全目标的能力较差。为了克服安全协议非形式化描述方法的以上缺陷，必须采用形式化描述方法。

安全协议的形式化描述一般针对安全协议诚实角色和安全协议攻击者建模，描述安全协议角色进行消息交互、处理的步骤，以及安全协议运行的前提假设。形式化描述语言基于数学模型，克服了非形式化描述的不精确性和二义性。使用程序语言概念具有形式化的语法和语义，可以描述安全协议的并发性、不确定性。它是进行形式化描述的一种规范，抽象于具体的实现环境，因此可作为标准的描述语言，其有利于通过相应的分析工具对协议的安全目标进行自动化分析，也有利于使用自动化工具建立安全协议的开发环境。协议流程的形式化描述至少包含协议阶段的划分、协议实体的确定、实体的初始知识确定、协议的操作以及协议的形式化建模等。

1）协议阶段的划分。协议的阶段是指协议标准中相互独立的不同子协议或某个协议的不同阶段。不同的子协议可能在相同的时间运行并相互制约，因此需要加以区分。

协议阶段划分完成后，可以将不同协议阶段独立进行分析。对于具有单向制约关系的协议阶段，如前后关系（如先注册后认证），可以将后者作为制约方（如注册阶段）的协议结果，将前者作为被制约方（如认证阶段）的前提条件来进行验证。

2）协议实体的确定。对于一个确定的子协议，需要明确在形式化模型下其包含哪些实体。

将具有确定初始知识，并可以独立完成消息的接收、处理和发送的主体或主体的一部分称为实体。实体可以为协议标准规定的主体，如服务器、客户端、设备或应用等，也可以是主体的一部分，如设备中的某个组件或服务器的数据库等。

3）实体的初始知识确定。实体的初始知识为该协议运行前实体所知道的信息，包括但不限于其他实体的 ID、公钥等。一般来说，协议标准文档会指明各主体之间拥有的初始知识，但是，在重新划分协议实体后，实体的初始知识可能与标准给出的不同。由多个主体合并而来的实体享有所有主体的初始知识，当子协议受到其他子协议或父协议制约时，主体知识可能发生变化，初始知识可能由其他协议决定。在确认实体的初始知识时，需要去除标准文档中与安全目标无关的字段。

4）协议的操作。协议的操作分为三个部分，分别是接收消息、数据处理和发送消息。协议操作的形式化描述方式如下：①根据协议标准，确定每个实体与哪些实体发生通信。②根据协议标准，确定每个实体与各个实体接收和发送消息的先后顺序。③根据协议标准，确定每个实体的数据处理操作，数据处理操作只能包含该实体的初始知识以及历史接收的数据。在处理过程中，仅筛选与协议目的和安全目标相关的操作。例如，若记录日志的操作只是便于协议的诊断和恢复，则不需要翻译为形式化的描述。④根据协议标准，确定每个实体之间接收和发送的消息，消息内容仅包含与协议目的和安全目标相关的字段。在协议过程中产生的中间量，可以根据标准利用其他名字代替。

5）协议的形式化建模。形式化的协议通过分析工具支持的语言进行描述和建模。①安全假设的形式化描述方法。安全假设即协议的攻击者模型，是指协议运行过程中，对运行环境中的密码算法、数据保护、信道等安全能力的假设，也可以理解为协议运行过程中，攻击者具备的能力。协议一般可以被部署在安全假设不同的环境中。在不同的环境中，攻击者的能力可能很强，也可能很弱，这会让分析过程变得更加复杂。②安全目标的形式化描述方法。自然语言描述的安全目标往往比较笼统，一个安全目标语句可能蕴含多项内容，安全目标的形式化描述可将协议的目标按分类精确描述。

（2）验证分析结论。总结协议分析工具的自动化输出，验证协议存在的问题。

安全协议是由参与通信的实体按特定的步骤做出一系列交互动作完成的，这些交互动作实现了通信本身，而动作的内容则隐含了一些密码学算法的实现，其中的密码学变换算法从数学上提供了达到一定程度通信安全的基本机制。抛开算法本身的数学内容不谈，而对达到通信安全的机制在逻辑抽象的层次上进行分析，就产生了安全协议验证的形式化方法。

安全协议的形式化验证是对已经存在的安全协议进行验证，判断这些安全协议是否达到预期的目标，即协议是否是安全的。协议验证技术主要解决协议的正确性问题（包括协议的活性、循环可达性、一致性、完备性、自恢复性和有界性等）。对于安全协议而言，还需要验证协议的安全性。

11.1.2　本地通信终端协议代码安全技术

协议代码安全部分可以通过静态分析、规则匹配分析和人工智能分析三种手段进行评测。目前，基于源代码的静态分析技术主要有以下四种：数据流和模式匹配技术、符号执行的分析技术、抽象解释的分析方法、以值流分析为主的分析方法。

1. 数据流和模式匹配技术

数据流和模式匹配分析技术是早期静态分析工具经常采用的技术，包括到达定值分析、活跃变量分析、静态单赋值技术等。这类分析技术的优点是效率高、算法复杂度低。但是，这类分析技术最大的缺点是路径不敏感，无法实现跨函数分析，往往需要再借助函数内联、摘要技术等进行补充分析，从而导致复杂度增加。采用数据流分析的精度偏低，市场上 Fortify SCA、Testbed、C++test 主要采用这种分析技术。

（1）到达定值分析。

定值（definition）：变量 x 的定值是（可能）将一个值赋给 x 的语句。

到达定值（reaching definition）：如果存在一条从紧跟在定值 d 后面的点到达某一程序点 p 的路径，而且在此路径上 d 没有被"杀死"（如果在此路径上有对变量 x 的其他定值 d'，则称变量 x 被该定值 d'"杀死"了），则称定值 d 到达程序点 p。

直观地讲，如果某个变量 x 的一个定值 d 到达点 p，则在点 p 处使用的 x 的值可能就是由 d 最后赋予的。

到达定值分析的主要用途：

1）循环不变计算的检测。如果循环中含有赋值 $x=y+z$，而 y 和 z 所有可能的定值都在循环外面（包括 y 或 z 是常数的特殊情况），那么 $y+z$ 就是循环不变计算。

2）常量合并。如果对变量 x 的某次使用只有一个定值可以到达，并且该定值把一个常量赋给 x，那么可以简单地把 x 替换为该常量。

（2）活跃变量分析。

活跃变量：对于变量 x 和程序点 p，如果在流图中沿着从 p 点开始的某条路径会引用变量 x 在 p 点的值，则称变量 x 在点 p 是活跃（live）的，否则称变量 x 在点 p 不活跃（dead）。

入口处的活跃量：判断变量是否被重新赋值，判断的路径起点是对应的定值 d 后的终点是对应基本块的入口。通俗地说，就是某个定值 d 在去往某个基本块 B 入口前对应的变量是否被重新赋值。

出口处的活跃量：判断变量是否被引用，判断的路径起点是对应的基本块的出口终点不确定。通俗地说，就是从某个基本块开始之后要判断的变量是否有被引用。

前者用于判断定值在某个基本块是否能用，后者用于判断变量是否为无用变量。

活跃变量信息的主要用途：

1）删除无用赋值。所谓无用赋值，就是如果 x 在点 p 的定值在基本块内所有后继点都不被引用，且 x 在基本块出口之后又是不活跃的，那么 x 在点 p 的定值就是无用的。

2）为基本块分配寄存器。如果所有寄存器都被占用，并且需要申请一个寄存器，则应该考虑使用已经存放了死亡值的寄存器，因为该值不需要保存到内存。

如果一个值在基本块结尾处是死的，就不必在结尾处保存它。

（3）静态单赋值技术。

静态单赋值（static single assignment，SSA）是一种中间表示形式。之所以称为单赋值，是因为每个名字在 SSA 中仅被赋值一次。

几乎所有的热门编译器/解释器/虚拟机都支持 SSA。在进行中间表示时，SSA 可以保证每个被使用的变量都有唯一的定义，即 SSA 能带来精确的使用-定义（use-define）关系。许多利用使用-定义关系的优化能更精确、更彻底、更高效，如常数传播、死代码删除、全局变量、部分冗余删除、强度削弱、寄存器分配等。

为了节省内存空间、简化 SSA 上的算法，需要将插入的 PHI 节点数目最小化。因为 PHI 节点本身只是一个概念性的节点，若插入过多不必要的 PHI 节点，算法就需要在控制流图（control flow graph，CFG）的汇聚点针对每个分支做分析。可以借用变量的支配边界进行 PHI 节点数目的最小化。一般都通过直接计算支配边界的方式插入 PHI 节点。

由于数组和指针会使编译器无法确定使用和定义的具体变量，因此对于复杂的数组和指针之类的访存，给出了一种如下定义方式，即通过引入 maydef、mayuse 和 zero version 使得编译器也能对包含数组和指针的程序做 SSA 分析。若通过指针为其所指区域赋值，就在此处插入 maydef，表示可能对变量做了定义。同理，对使用指针所指向区域的值赋值，就插入一个 mayuse。因为无法确定指针所指向的到底是哪个变量，为了正确性，需要对所有变量都插入 maydef 动作。mayuse 也是针对所有变量的。

当指针操作较多时，以上方式会引入过多的新变量版本，因此就有必要增加 zero version。zero version 的作用就是尽量把 maydef 所带来的版本数降低，将那些很可能不会有数组和指针的都使用相同的 zero version。例如，某个变量通过 maydef 产生了一个新版本之后，若还会有新的 maydef 操作，则直接生成 zero version，不再生成新的 version。

2. 符号执行的分析技术

符号执行是将软件源代码中变量的值采用抽象化符号的形式表示，并模拟执行，分析中是基于路径敏感的。符号执行算法的复杂度非常高，对于代码量比较大的软件会发生状态爆炸。为了做到精度与效率的折中，研究领域提出了很多改进算法，采用较多是 Saturn，其基于布尔可满足性对缺陷进行计算求解，函数内采用路径敏感分析，函数间采用摘要分析。其缺点是函数内检测精度还可以，但是跨函数分析精度较差。分析效率上，基本上可以实现 10 万～100 万行/h。国外代码检测工具中 Klocwork Insight、Coverity Prevent 采用了符号执行技术。

符号执行是一种程序分析技术，它可以通过分析程序来得到使特定代码区域执行的输入。顾名思义，使用符号执行分析一个程序时，该程序会使用符号值作为输入，而非一般执行程序时使用的具体值。在到达目标代码时，分析器可以得到相应的路径约束，然后通过约束求解器来得到可以触发目标代码的具体值。

符号执行的主要目标是：探索尽可能多的、不同的程序路径。对于每一条程序路径，①生成一个具体输入的集合（主要能力）；②检查是否存在各种错误，包括断言违规、未捕获异常、安全漏洞和内存损坏。

生成具体测试输入的能力是符号执行的主要优势之一：从测试生成的角度来看，它允许创建高覆盖率的测试套件；而从 bug 查找的角度来看，它为开发人员提供了触发 bug 的具体输入，该输入可用于确认和调试打开的错误，生成它的符号执行工具的数据。

（1）传统的符号执行技术。符号执行的主要思想就是将输入（input）用符号而不是具体值来表征，同时将程序变量表征为符号表达式。因此，程序的输出就会被表征为一个程序输入的函数，即 fun(input)。在软件测试中，符号执行被用于生成执行路径的输入。在具体的执行过程中，程序在特定的输入上运行，并对单个控制流路径进行探索。

执行路径：一个取值为 true 和 false 的序列 seq＝{p_0，p_1，…，p_n}。如果是一个条件语句，那么 p_i＝ture 则表示这条语句取值为 true，否则取值为 false。

执行树：一个程序的所有执行路径可表征为一棵执行树。

（2）现代的符号执行技术。主要包括：

1）混合执行测试（concolic testing）。当给定若干个具体的输入时，混合执行测试动态地进行符号执行。混合执行测试会同时维护两个状态：

精确状态（concrete state）：将所有变量映射到其具体值。

符号状态（symbolic state）：仅映射具有非具体值的变量。

不同于传统的符号执行技术，由于混合执行测试需要维护程序执行时的整个精确状态，因此它需要一个精确的初始值。

2）执行生成测试（execution-generated testing，EGT）。EGT 由 EXE 和 KLEE 工具实施和扩展，其工作原理是区分程序的具体和符号状态。EGT 在执行每个操作之前，会检查每个相关的值是精确的还是已经符号化了的，然后动态地进行混合精确执行和符号执行。如果所有的相关值都是实际的值（即精确的，concrete），那么直接执行原始程序（即操作，operation）；否则（至少一个值是符号化了的），该操作将会被符号执行。

3. 抽象解释的分析方法

抽象解释理论是 Cousot 于 1977 年提出的在保证程序语义分析可靠性的基

础上对程序语言进行抽象的理论。抽象解释理论的基本思想是用抽象语义代替具体语义来描述源程序语言，以确定程序抽象语义和具体语义之间的转化关系，然后求解程序抽象语义，利用得到的抽象语义来实现具体语义的计算，程序抽象执行的结果能反映程序真实执行的部分信息。抽象解释理论以损失精度为代价来确保计算的可行性和高效性。该理论本质上是一种在计算精度和计算效率上获取平衡的静态分析方法。目前，基于抽象解释的静态分析方法主要用于分析和验证系统的非功能性，其中主要包括运行时错误的验证（程序中是否含有除零错误、是否发生数组越界、是否发生算术溢出等）、最坏情况下执行时间（worst-case execution time，WCET）的计算等。

基于抽象解释的静态分析框架主要分为 3 个阶段，即预处理阶段、分析阶段和验证阶段。

（1）在预处理阶段，由于抽象解释的静态分析工具是一个基于程序的分析工具，其直接分析的对象是源程序，因此需要在预处理阶段将源程序转化成与之等价的抽象形式，即通过词法分析器和语法分析器得到源代码的抽象语法树，然后转化成便于分析的状态迁移系统。一般选择程序控制流图来表示源程序的状态迁移关系。一些成熟的抽象解释工具，如 ASTREE，在此阶段还会进行一些参数化的处理，以便在实际验证分析时通过配置不同的参数来调节分析器的效率和精度。

（2）分析阶段是抽象解释理论表现的主要阶段。在该阶段，构建特定的抽象域，将程序的具体语义转化到抽象语义上，然后结合抽象域和控制流图的信息，运用抽象解释中的迭代策略计算程序控制流图中所有节点的不动点抽象值，从而完成分析。抽象解释理论中的所有计算都是在抽象域中展开的，抽象域是抽象解释中的核心元素。在程序数值性质的验证方面，目前使用的经典抽象域主要有区间抽象域、八边形抽象域、多面体抽象域、椭圆抽象域等。抽象域的构成主要包括以下两个方面：

1）域元素。域元素指具体程序在抽象域中的表示方法。具体域和抽象域之间的关系可以通过一个 Galois 连接来表示。如果变量在某一节点处的取值表现在区间抽象域中，该抽象域即为变量在该节点处的取值区间。实际验证时需根据不同的需求选择域元素的表示方法。

2）域操作。抽象值在抽象域中的操作方法。一般将域操作分为以下 4 类，即交和并、区间算术运算、迁移函数、加宽和变窄算子。

（3）在验证阶段，将得到的程序节点上的不动点抽象值转化为程序具体的变量约束关系，并根据系统的需求文档和设计说明文档对程序的变量数值性质进行分析，判断变量的数值性质是否满足规约，得到分析结果，从而完成整个抽象解释的静态分析过程。

利用工业界常用的仿真、模拟和测试等方法虽可以找到程序中的错误，却无法保证程序中没有错误。而基于抽象解释的静态分析过程需要对程序语义进行抽象，其分析过程会覆盖所有的执行路径，可以对程序的正确性进行验证，但是程序执行路径的过于近似可能导致产生虚假反例。也就是说，抽象解释方法在验证结果为正确时，可以保证程序中没有错误；但在验证结果为错误时，不能保证程序中一定有错误。自动化分析验证方法中误报的产生会带来额外的工作量。在分析过程中，常需要根据实际情况选择不同精度和效率的分析方法，分析精度越高，其分析效率就越低。因此，需要一种参数化的分析框架，根据实际情况配置不同的参数，以满足分析过程对不同精度的需求。

以抽象解释为主的分析方法，会将被检测代码中的每一条语句的影响简单模型化为一个抽象的状态变化，使分析更简易，但代价是丧失了一定程度的分析完备性。抽象解释本质上是一种在计算效率与精度之间取得平衡，通过损失部分计算精度来保证计算的可行性，再通过多次迭代计算来增强计算精度的抽象逼近方法。抽象解释通过多面体、区间分析以及八面体技术实现。以抽象解释为主的分析方法，主要缺陷是效率较低。代表性工具是 Polyspace，虽然其基本上不会出现漏报，但是对于 1000 行/h 的检测效率来说，很难在工程实践中运用。

4. 以值流分析为主的分析方法

值流分析模型结合了控制流分析、数据流分析中的定值使用以及调用关系分析构建值流图。通过点与点之间的连线表达变量的定值使用关系，每个值流子图表达了某个变量到其值发生改变之前的生命周期。在值流分析模型基础上衍生出了值依赖分析模型，通过结合指向分析、区间分析等方法，使程序模型能够更加精确地表达变量值之间的依赖关系，为缺陷检测提供了更为精化的模型，但其精度与效率还有提高的余地。FastCheck 采用值流分析进行内存泄漏检测。Saber 采用全稀疏值流模型，在 FastCheck 的基础上进行了改进，通过引入指向分析和修改影响分析技术，提高了检测精度。CoBOT 是北京大学相关团队开发的一款采用值依赖分析方法的代码静态分析工具。

静态值流分析（static value flow analysis，SVF）框架是在 LLVM 编译器基础上开发的。它首先使用 clang 将程序的源代码编译成位代码文件，然后在链接时间优化（link time optimization，LTO）阶段使用 LLVM gold plugin 将其合并在一起，生成一个完整的程序 bc 文件。接着执行过程间指针分析，以生成构建内存 SSA 表单所需的信息点，从而识别顶级变量和地址以获取变量的 def 使用链。生成的值流信息可用于支持一系列客户端应用程序，如内存泄漏检测和空指针检测。值流还可用于引导更精确的指针分析，以便以迭代方式提高值流和指针分析的精度。

5. 基于规则匹配的扫描方法

通过对以上评测技术的展开分析可知，目前工业界各类用于代码审计的静态分析工具，依靠的大都是数据流和模式匹配技术、符号执行的分析技术、抽象解释的分析方法、以值流分析为主的分析方法等静态分析方法，这些方法都有各自的优势以及各自的缺点和瓶颈。鉴于电力低功耗宽窄融合无线传感器网络通信协议代码与常规源代码之间的差异，以及电力低功耗宽窄融合无线传感器网络通信协议代码的独特性（如对于低功耗协议代码的要求），实际项目中除采用一般的静态分析技术进行安全评测外，通常还采用规则匹配的方式对协议代码进行扫描，并将扫描结果进行汇总分析，输出检测报告。

实际项目中采用的检测引擎必须遵守以下原则：①可对目标语言进行扫描分析；②支持自定义规则的添加，以满足电力低功耗宽窄融合无线传感器网络通信协议代码检测的要求；③依赖于现代静态代码分析技术；④开源。

例如，Joern 是一个基于抽象语法树（abstract syntax tree，AST）和代码属性图（code property graph，CPG）的开源静态代码安全分析工具，它支持批量源代码问题扫描，能够扫描硬编码的凭证、XPath 注入攻击、跨站脚本攻击、不安全的反序列化等诸多不安全源代码问题，且还在持续更新。

Joern 本身支持多数不安全代码的检查规则，并且支持自定义规则的添加，满足了作为检测引擎所应遵循的原则。

目前检查规则支持一些常见的源代码中不安全问题的暴露，并且在规则制定时，可以根据问题的严重性，给规则赋予一个 Severity 分数，以表示该规则匹配到的问题的严重性。检查测结果会反馈所有问题以及对应的 Severity 分数，用户也可以根据需求设置阈值，要求只反馈 Severity 分数大于阈值的问题。如需对某个协议代码进行安全性评估，可将所有问题的 Severity 分数的累计值作为评估指标。

6. 基于人工智能的分析技术

因为人工智能方法在源代码安全检测上的应用尚不成熟，目前可作为备选方案。

若现有的不安全源代码数据足够多，则可以通过"静态分析＋人工智能"的方案进行安全评测，其流程如下：

（1）训练过程。从输入训练样本源代码开始，使用 Joern 提取源代码的程序依赖图（program dependence grap，PDG），然后从程序依赖图中一些关键的应用程序接口（application program interface，API）调用代码行（key line）开始切片，保留与 key line 有数据依赖和控制依赖关系的所有代码行，并以代码行为节点，以依赖关系为边构成 XFG，依赖关系不区分种类。对生成的执行流图（execution flow graph，XFG）进行预处理，首先对节点进行标准化，将自定义的变量名标准化为 VAR1、VAR2，自定义的函数名标准化为 FUN1、FUN2 等，对预定义的一些关键 API 和保留字不做标准化处理，这里标准化后的样本成为 XFG′。使用 Doc2vec 将 XFG′中的节点嵌入为定长向量，然后将节点向量与边的信息输入图神经网络（graph neural network，GNN）进行训练，输出训练后的模型。

（2）预测过程。首先将待检测源代码经过与训练时相同的步骤生成 XFG′，将 XFG′送入 GNN 进行预测。如果预测为 0（安全），则不做处理；如果预测为 1（不安全），则进行进一步的解释处理，将不安全样本的 XFG′进行扰动（去掉某些节点或边），使用启发式算法搜索将对预测结果变化影响最大的子图 XFG″作为该 XFG 的解释结果（对结果影响最大的几行代码），然后返回最终结果。

以上描述所用到的工具及技术如下：

Joern 是一个对源代码进行静态分析的平台，可以对源代码生成代码属性图、程序依赖图、控制流图、数据流图、抽象语法树，支持对下游程序分析的任务。这里使用 Joern 提取了源代码的程序依赖图，并基于程序依赖图进行代码切片，尽可能用少的数据表示更多的代码语义信息。

Doc2vec 和 Word2vec 都是进行词嵌入的方法。Word2vec 只基于词的维度进行"语义分析"，并不具有上下文的"语义分析"能力。而 Doc2vec 在 Word2vec 的基础上增加了一个段落向量，保留了上下文的信息，因此比 Word2vec 更适合对代码语义和代码语法进行特征提取。

11.1.3　本地通信终端固件安全技术

本小节介绍本地通信终端固件安全检测的常规步骤以及每一步所涉及的现

有的检测工具和方法。

1. 信息收集及固件获取

信息收集是指通过多种途径收集固件的相关技术文档和详细使用说明。为便于检测和挖掘固件漏洞，需要搜集固件的相关基础信息，包括但不限于基于的 CPU 架构、操作系统平台、引导程序配置、硬件原理图、代码行估计、源代码存储库位置、设计和数据流程图、渗透测试报告。

为进一步详细分析固件，获取固件的途径包括但不限于通过通用异步接收发送设备（universal asynchronous receiver/transmitter，UART）和联合测试工作组（joint test action group，JTAG）直接从硬件中提取、直接从制造商/供应商处获取、通过设备行为模拟诱骗下载。

固件获取的方法：

（1）可以通过抓取升级过程的流量信息，得到智能设备通过网络升级固件的具体流程，通过模拟固件升级的流程获取固件。

（2）直接读存储芯片。

（3）通过调试接口读取。有些产品的主板上会暴露硬件开发调试时所用的接口，利用这些接口和相配套的硬件调试器，在个人计算机与智能设备之间建立连接，然后根据接口的通信协议规范把存储在 Flash 中的数据读取出来。

2. 固件解析

获取固件后需要分析其特征信息，包括固件文件类型、潜在的根文件元数据、编译基于的平台等，并提取固件文件系统。

目前设备固件的自动化解析主要依赖于二进制分析工具（binary analysis tool，BAT）或 Binwalk。BAT 最初的设计目的是通过字符串匹配和计算二进制文件和压缩数据之间的相似性来检测通用公共许可证（general public license，GPL）冲突。其后继工具下一代二进制分析（binary analysis next generation，BANG）增加了对更多种类的解包文件格式的支持，并且为解包文件添加了新的上下文信息特性。Binwalk 方便使用，易于扩展，是目前应用最广泛的固件自动化解析工具，它能搜索、识别嵌入固件镜像内的文件和代码。FRAK 也是一个嵌入式设备固件镜像解包、分析和重新打包的框架，并且仅支持部分固件格式（如 Cisco IoS 和 IPhone、HP LaserJet 打印机等）。

3. 固件安全性分析

（1）静态检测技术。静态分析是指可以在不执行程序代码的情况下，通过分析程序特征发现漏洞，是通用计算平台最常用的自动化分析工具。由于设备固件程序往往是商业程序，很少公开源代码或文档，因此通常只能通过对固件进行逆向处理，再结合一些传统的程序静态分析技术进行分析。

整个分析流程可以分为两个步骤，即目标程序提取与信息恢复和基于程序分析的漏洞发现。前者是从固件中提取出待分析的目标程序，并恢复出目标程序的语法、结构信息；后者是建立漏洞分析规则，基于已获得的程序信息，通过程序分析技术发现漏洞。

静态分析的具体过程如下：

1）提取出固件及其中要分析的代码段。

2）将代码段转换为汇编语言或中间语言描述的形式。使用 IDA Pro 之类的逆向工具，或者借助于 Angr 之类的分析平台，将目标程序转换为统一的 VEX 中间语言描述形式做进一步的分析。IDA Pro 可以支持 X86、ARM、MIPS 等多种指令格式的二进制汇编代码转换，而且可以恢复出函数调用关系、字符串引用等信息。

3）结合逆向工具或者二进制分析平台，恢复出程序变量、函数、结构以及控制流图等信息。

4）结合静态程序分析技术，如模糊哈希、污点分析等，实施漏洞挖掘。

近年来，在固件漏洞静态检测方面，更关注一些后门类和污点类的漏洞检测。后门类一般是为了方便设备调试或管理而特意留的一些接口，或者是开发人员在开发过程中无意留下的一些开发痕迹（如硬编码的证书、认证绕过等）。污点类漏洞是由于缺少数据清洗，程序以一种非预期的方式使用攻击者的恶意数据而引起的（如命令注入、缓冲区溢出等）。

针对后门类的漏洞，Firmalice 使用静态程序分析生成固件的程序依赖图，获取一个从入口点到特权程序点的认证切片，再通过符号执行判断路径的约束中是否存在具有确定性的约束，如果存在，就可以认定为后门类漏洞。

针对污点类的漏洞，DTaint 首先将二进制固件转换为中间描述形式，对于每一个函数，通过识别出指针名、间接调用等方式，自下向上生成过程内和过程间的数据流图，并基于数据流图追踪 sinks，执行后向深度优化遍历，生成从 sinks 到 sources 的路径，通过检查路径上的污点数据约束条件判断是否存在污点类漏洞。

（2）符号执行技术。符号执行技术是一种用符号值替代具体值而执行程序的技术，能够有效辅助静态分析技术。符号执行技术首先将程序输入或者关注且无法确定的变量用符号值表示，然后根据程序控制流进行传播，将之后的变量表示为符号值和常量构成的表达式。当程序执行不同路径时，会生成对符号值的约束，可通过约束求解来分析路径执行的条件。由于程序漏洞通常可以建模为相关变量不满足特定的约束，因此可以利用符号执行技术辅助漏洞挖掘。

Davidson 等提出基于 KLEE 符号执行引擎构建的开源工具 FIE，可用于 MSP430 微处理固件的自动化漏洞检测。该工具的核心思想是通过符号化的方式，建立硬件行为（中断等）的统一描述模式，并进行符号执行分析。在此基础上，通过状态剪枝和内存污染的方式提升分析覆盖率，并保证能够分析简单固件程序的所有路径。该工具支持内存破坏类和外围 I/O 误用类漏洞的分析，但仍存在以下限制：①由于该工具是使用 KLEE 符号执行引擎构建的，因此需要固件程序的源代码；②由于符号执行和设备真实执行存在差异性或者存在程序的误配置，导致分析出来的所有漏洞都需要进一步获得人工确认；③循环带来的路径和状态爆炸问题在该工具中依然没有得到有效解决。

针对固件实现缺陷，Firmalice 是一个二进制分析框架，能够自动检测固件程序中的认证旁路漏洞。Firmalice 构建在符号化执行引擎上，结合了程序切片的相关技术来提高其扩展性。它基于攻击者执行特权操作时所需能力，构建了一种新型的认证旁路漏洞模型，可用于分析固件中的后门程序。

FirmUSB 是一种用于 USB 协议的固件分析框架，它使用 USB 协议的领域知识来检查固件映像并确定其可以产生的活动。FirmUSB 的优点是检测时不需要源代码，可以检测 USB 中的 BadUSB 攻击；缺点是它没有对不同的厂商进行定制，仍然存在绕过测试的方法，而且支持的架构有限。

（3）模糊测试技术。模糊测试技术是通过在真实环境或者虚拟环境中运行程序，向运行程序发送大量有效或无效的输入，并观察程序在运行过程中的行为特征，与典型缺陷行为特征相匹配以达到检测的目的。目标测试平台可以是真实设备、仿真平台、固件托管平台，测试用例生成方式可以是生成式、变异式。

根据程序执行反馈的获取情况，可以将模糊测试分为白盒、黑盒和灰盒测试。

1）白盒测试是通过分析被测程序的内部机制和执行被测程序时收集的信息来生成测试用例，通常会对程序进行动态污点分析或符号执行以获取精确的程序执行和状态信息。IoTFuzzer 采用了一种基于污点的模糊测试方法，它利用数据流分析确定如何控制 IoT App 以生成有意义的测试用例，进而对远程设备进行模糊测试。

2）黑盒测试是将测试对象当作黑盒子，按照指定的规范随机生成测试用例。在嵌入式设备测试领域，一些表现良好的协议测试工具（如 Peach 1、Sulley、Boofuzz 2 等）都属于黑盒测试的范围。RPFuzzer 提出了一种两阶段的模糊测试用例生成模型，它结合人工分析和历史漏洞数据生成有效的测试用例，并且引入了基于修改的 Dynamips 调试器，在异常发生时记录寄存器的值，以有效定位漏洞。

3）灰盒测试的典型特点就是可以使用目标的执行反馈来指导测试用例的生成。PROSPECT 通过模糊测试不同的网络协议实现并且监控部分仿真的系统的状态，它在火灾报警系统中发现了一个先前未知的 0-day 漏洞。

针对固件实现缺陷，Firm-AFL 是一款高效的 IoT 固件灰盒模糊器，它通过启用模糊处理来解决兼容性问题。

针对软件配置缺陷，confdiagnoer 是一种用于 Java 软件的自动配置错误诊断工具，它使用静态分析、动态分析和统计分析将不良行为与特定配置选项联系起来。该工具不需要用户提供测试预言机（检查软件是否运行正常），因此是完全自动化的。它可以诊断崩溃和非崩溃错误，优点是缺陷检测误报率低。

（4）同源性分析技术。物联网设备固件的开发通常复用了大量第三方开源组件，如 OpenSSL 等。这就导致在不同厂商、类型、CPU 架构的设备固件中，存在着大量由同一源代码编译而成的二进制代码。因此，研究人员开始探究基于同源二进制代码相似性比较的大规模漏洞发现的方法，并取得了较大的进展。二进制固件同源漏洞关联的基本思路是从二进制固件代码/漏洞代码中提取其特征，进行某种形式的编码，然后对编码后的特征进行相似度计算，以确定二进制固件代码中是否存在漏洞。根据所使用的相似度算法的种类，可以将该分析技术划分为以下几种类型，即基于模糊哈希算法的二进制关联、基于图匹配的漏洞搜索、基于学习的漏洞搜索和基于语义的漏洞搜索。

据调查了解，待检测固件中包含大量的 bin 格式文件。但是，与模糊测试技术和符号执行技术相关的工具很难对该格式的文件进行数据提取和安全性检测，而与静态检测技术相关的工具针对性比较强，只能检测固定类别的安全漏洞。为了能够检测各种类型的固件安全漏洞，可以基于同源性检测方法来开发固件安全性检测工具。

11.2　本地通信网络安全增强技术

11.2.1　轻量级安全加密技术

现代分组密码算法大多遵循轮函数多轮迭代的设计准则，轮函数是轻量级分组密码算法设计的关键。轮函数包括混淆层和扩散层，其中混淆层由非线性运算（如 S 盒、模加运算、与运算等）构成，扩散层由可逆的线性运算构成。
S 盒是非线性的最常用的混淆技术，根据其输入输出长度，常见的有 8bit 的 S
盒和 4bit 的 S 盒。其中，算法采用 8bit 的 S 盒，硬件占用面积较大，软件实现
效率较高；而算法采用 4bit 的 S 盒，硬件占用面积小，软件实现效率较低。针
对 4bit 的 S 盒，Bit-Slice 技术可以提高其查找的效率。线性运算需要具有的较
强扩散性，通常采用极大距离可分（maximum distance separable，MDS）矩
阵、比特置换、异或和循环移位等操作构成。轮函数要具有强雪崩特性，由轮
函数迭代生成的算法要能抵抗差分、线性、中间相遇等分析方法的攻击，还要
具有好的实现效率。轮函数的构造是分组密码设计中最重要的环节，结合 S 盒
和线性层最常见的轮函数构造方法，便于进行算法的安全强度评估，提供强的
安全性。轮函数也是影响算法加解密速度的关键部件。常见密码算法轮函数结
构如图 11-1 所示。

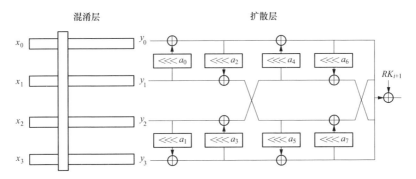

图 11-1　常见密码算法的轮函数结构示意图

　　针对低功耗电力无线传感器网络环境的新型轻量级分组密码算法设计时，
综合考虑了各种结构的特点、算法的安全性、软件实现的速度和硬件实现的代
价。新型轻量级分组密码算法的设计原理如图 11-2 所示。
　　针对低功耗电力无线传感器网络环境，新型轻量级分组密码算法的设计集
中研究如何在保持一定安全性要求的情况下，压缩传输、存储数据量，降低功
耗的有效途径。该方案的基本思想是利用 Lai-Massey 结构混淆扩散速度快、加
解密一致且适合软件实现的特点，在 Lai-Massey 结构的基础上，针对其轮函数
较为复杂的弱点，通过引入自回归带外部输入（autoregressive with exogenous
inputs，ARX）结构，即用模加、异或、循环移位等操作替代传统的 S 盒作为
算法的非线性组件，尽可能轻量化轮函数的实现，加快算法的软件实现速度。
同时，研究在常用的各类芯片下，分组长度、加密轮数、轮函数分支数等参数
对算法性能的影响，并结合安全自动化分析方法，给出线性分析、差分分析和

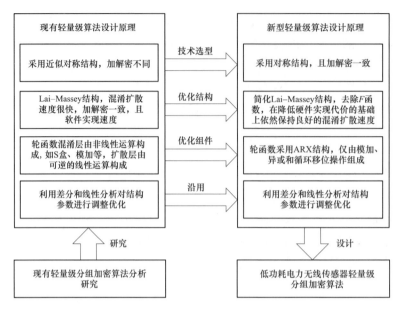

图 11-2　新型轻量级分组密码算法的设计原理

零相关分析等安全分析的结果。基于此，完成在不同场景、不同条件下新型轻量级分组密码算法的设计与安全分析。

　　Feistel、SPN 和 Lai-Massey 结构是算法设计中常用的三种成熟结构。然而在实际的算法设计中，大多采用前两种结构，基于 Lai-Massey 结构设计的算法较少。但是值得注意的是，Lai-Massey 结构具有良好的混淆扩散能力，并且结构对称，有利于组件的并行计算。该方案算法结构在 Lai-Massey 结构的基础上进行简化，去除 F 函数而增设模加操作，在降低硬件实现代价的基础上依然保持了良好的混淆扩散速度。Lai-Massey 算法结构如图 11-3 所示。

　　该方案算法结构将输入均分为 4 支进行运算，具有轮函数结构紧凑、组件使用较少、利于指令执行、便于轻量级算法实现的优势。首先，对输入各分支的组数进行优化，可减小每个组件的大小（运算比特数为分组的 1/4），增加组件的个数，从而增加算法设计的灵活性，并有利于轮函

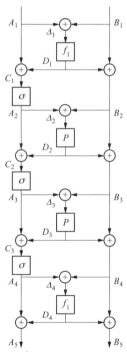

图 11-3　Lai-Massey 算法
结构示意图

数中组件的并行运算；其次，算法结构分为 4 支，使得算法中每个组件的运算为分组大小的 1/4，从而使其每个分支更适合在 32bit 和 64bit 平台下的软件实现；最后，算法采用单路（1-way）实现方式，在硬件实现方面，算法的轮函数消耗门电路的操作仅包含 2 个 $n/4$(bit) 模加操作和 3 个 $n/4$(bit) 异或运算，密钥生成算法中仅包含简单的线性组件。因此，算法基于轮函数实现时，硬件面积占用较小，易于轻量化实现。模 2 加运算原理如图 11-4 所示。

firstBit	1	0	0	0	1	0	1	1
$\oplus$								
secondBit	0	0	0	0	1	1	1	1
$\oplus$								
thirdBit	1	0	0	0	1	0	0	1
=								
resultBit	0	0	0	0	1	0	1	1

图 11-4　模 2 加运算原理示意图

以循环位移、模加运算替换 S 盒的方法，使轮函数更为简洁，并减小了其内存消耗与代码量；不同分组长度使用相同的轮函数，保证了针对算法的结构类安全性分析结果的一致性；同时，与使用 S 盒算法相比，有利于提高算法的软件性能。S 盒原理如图 11-5 所示。

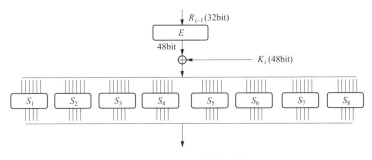

图 11-5　S 盒原理示意图

在常用各类芯片下，以差分分析和线性分析为主要手段，结合安全自动化分析方法，对算法的分组长度、加密轮数、轮函数分支数、循环移位等参数进行分析调整，优化抵抗现有攻击的能力，最终给出在各类场景下参数的合理设置，实现了安全与效率的统一。

本方案设计的新型轻量级分组密码算法，所有版本采用相同的轮函数，无 S 盒和复杂线性层，仅由模加、异或和循环移位操作组成，即 ARX 结构算法，结构简单易实现。轻量级分组密码算法的轮函数结构如图 11-6 所示。为了加解密的相似性，最后一个轮函数运算时省略最后一个线性置换操作。

247

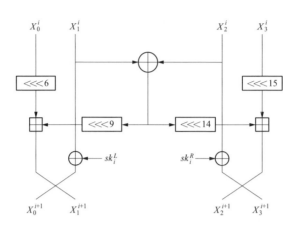

图 11-6　轻量级分组密码算法的轮函数结构

（1）模加运算。模（mod）的含义为求余，即给定一个正整数 p、任意一个整数 n，一定存在等式 $n=kp+r$。其中，k、r 为整数，且 $0\leqslant r<p$，称 k 为 n 除以 p 的商，r 为 n 除以 p 的余数。

p 对于正整数和整数 a、b，定义如下运算：

取模运算：$a\%p$（或 $a\bmod p$），表示 a 除以 p 的余数。

模 p 加运算：$(a+b)\%p$，其结果是 $a+b$ 的算术和除以 p 的余数。也就是说，$(a+b)=kp+r$，则 $(a+b)\%p=r$。

数论中的模加运算有这样的性质：

$$(a+b)\bmod n=(a\bmod n+b\bmod n)\bmod n$$
$$=(a\bmod n+b)\bmod n$$
$$=(a+b\bmod n)\bmod n$$

由此可见，一个数的取模问题可以拆分成两个求和数的取模问题，这显然属于动态规划能够解决的问题。对于一个 m 位的整数 x，可以将其按照十进制拆解为 $x=x_0\times10^{m-1}+x_1\times10^{m-2}+\cdots+x_{m-2}\times10+x_{m-1}$。对于其中的 $i-1$ 和 i 位做如下分析：

令 $j=x_{i-1}\bmod n$，则：

$$(x_{i-1}\times10+x_i)\bmod n=[(x_{i-1}\times10)\bmod n+x_i]\bmod n$$
$$=\{[(x_{i-1}\bmod n)\times10]\bmod n+x_i\}\bmod n$$
$$=[(j\times10)\bmod n+x_i]\bmod n$$
$$=(j\times10+x_i)\bmod n$$

由此定义 $c[i,j]$ 为前 i 位数模 n 余数为 j 的个数，原问题为 $c[m,0]$，第 i 位的取值 $k=0\sim9$，穷举一遍后前 i 位余数为 $(j\times10+k)\%n$ 的个数，等于前 $i-1$ 位余数为 j 的个数的累计和，则其递归式为

$$\begin{cases} c[0,0]=1, c[i,j]=0, & i=0, j\neq 0 \\ c[i,(j\times 10+k)\%n]=c[i-1,j], & i\neq 0, k=0\sim 9 \end{cases}$$

（2）异或操作。异或运算也称半加运算，其运算法则相当于不带进位的二进制加法。二进制下用 1 表示真，0 表示假，则异或运算法则为：$0\oplus 0=0$，$1\oplus 0=1$，$0\oplus 1=1$，$1\oplus 1=0$（同为 0，异为 1）。这些法则与加法是相同的，只是不带进位，所以异或运算常被认作不进位加法。

异或操作的逻辑表达式：$F=AB'+A'B$，其真值表见表 11-1。

表 11-1　异或操作真值表

A	B	F
0	0	0
0	1	1
1	0	1
1	1	0

异或逻辑的关系是：当 A、B 不同时，输出 $F=1$；当 A、B 相同时，输出 $F=0$。

（3）循环移位操作。循环移位操作就是把数值变成二进制，然后循环移动的过程。换句话说，循环移位操作就是将移出的低位放到该数的高位（循环右移）或把移出的高位放到该数的低位（循环左移）。左移和右移动都是对整数进行的操作，在 Win32 控制台应用程序中，整型占 4B（32bit）。

1）循环左移操作过程如图 11-7 所示。

循环左移操作过程可以分为 3 步：①将 x 左端的 n 位先移动到 y 的低 n 位中，$x\gg(32-n)$；②将 x 左移 n 位，其右端的低位补 0，$x\ll n$；③进行按位或运算，$x\gg(32-n)\,|\,x\ll n$。

2）循环右移操作过程如图 11-8 所示

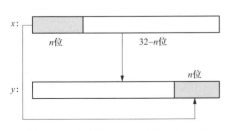

图 11-7　循环左移操作过程示意图

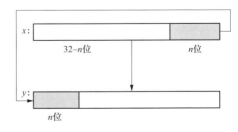

图 11-8　循环右移操作过程示意图

循环右移操作过程可以分为 3 步：①将 x 左端的低 n 位先移动到 y 的高 n 位中，$x \ll (32-n)$；②将 x 右移 n 位，其左端的高 n 位补 0，$x \gg n$；③进行按位或操作，$x \ll (32-n) \mid x \gg n$。

假如有一个无符号的数据 val，长度为 N，需要循环移动 n 位，则可以利用以下公式：

循环左移：$\text{val} \gg (N-n) \mid \text{val} \ll n$。

循环右移：$\text{val} \ll (32-n) \mid \text{val} \gg n$。

11.2.2　轻量级身份认证技术

针对 STM32 系列芯片的处理能力与三层局域网（包含接入节点、汇聚节点和传感器节点）的结构特点，结合物理不可克隆函数（physical unclonable function，PUF）具有的良好的软件实现特性，设计了一种基于 PUF 的硬件指纹认证方法，实现对局域网内通信节点的认证需求。

该认证方案主要分为注册和认证两个阶段。注册中心部署在接入节点的上层管理服务器或局域网计算机上。设备唯一标识字段（每个设备有 128B 标识字段）用于对设备进行认证。轻量级分组密码算法的密钥长度为 64bit，每次从 128B 对应的 1024bit 标识字段中选取 64bit 即可实现密钥的随机更新。

1. 注册过程

设备初始化过程是把传感器的功能代码（包含传感器的信号采集和处理程序、轻量级分组密码算法和认证算法等）和设备号写入传感器的 Flash 区，实现传感器初始化的过程。注册与初始化阶段流程如图 11-9 所示，具体过程如下：

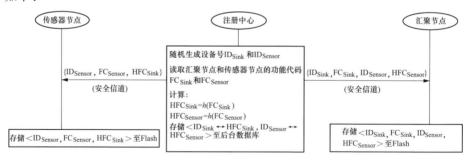

图 11-9　注册与初始化阶段

（1）设备号和功能代码哈希值生成。利用设备 UID 生成设备号 ID_{Sink} 和 $\text{ID}_{\text{Sensor}}$ 并存储至 Flash，之后读取功能代码 FC_{Sink} 和 $\text{FC}_{\text{Sensor}}$ 并计算 $\text{HFC}_{\text{Sink}} = h(\text{FC}_{\text{Sink}})$ 和 $\text{HFC}_{\text{Sensor}} = h(\text{FC}_{\text{Sensor}})$。

（2）设备注册并初始化。注册中心将 HFC_{Sink} 和 HFC_{Sensor} 分别发送至传感器和汇聚节点，并存储至传感器和汇聚节点的 Flash 中。

1）注册中心生成汇聚/传感器节点身份标识：

int ID_Gen(unsigned int UID_i，unsigned int TS，unsigned int $* ID_i$)

其中 i 表示 Sink 或 Sensor

in：UID_i　汇聚/传感器节点 UID　96bit

　　TS　时间戳　64bit

out：ID_i　汇聚/传感器节点身份标识指针

return：0　生成成功

　　　　Others　生成失败

2）注册中心生成汇聚/传感器节点功能代码哈希值：

int HFC_Gen(unsigned long $* FC_i$，unsigned int $* HFC_i$)

in：FC_i　汇聚/传感器节点功能代码指针

out：HFC_i　汇聚/传感器节点功能代码哈希值指针

return：0　生成成功

　　　　Others　生成失败

3）汇聚/传感器节点注册：

int Reg(unsigned int ID_i，unsigned long $* FC_i$)

in：ID_i　汇聚节点身份标识　64bit

　　FC_i　汇聚节点功能代码指针

return：0　初始化成功

　　　　Others　初始化失败

4）汇聚节点初始化：

int Sink_Init(unsigned int $ID_{Sensor}(i)$，unsigned int $HFC_{Sensor}(i)$)

in：$ID_{Sensor}(i)$　第 i 个传感器节点身份标识　64bit

　　$HFC_{Sensor}(i)$　第 i 个传感器节点功能代码哈希值　128bit

return：0　初始化成功

　　　　Others　初始化失败

5）传感器节点初始化：

int Sensor_Init(unsigned int HFC_{Sink})

in：HFC_{Sink}　汇聚节点功能代码哈希值　128bit

return：0　初始化成功

　　　　Others　初始化失败

注册/初始化交互流程如图 11-10 所示。

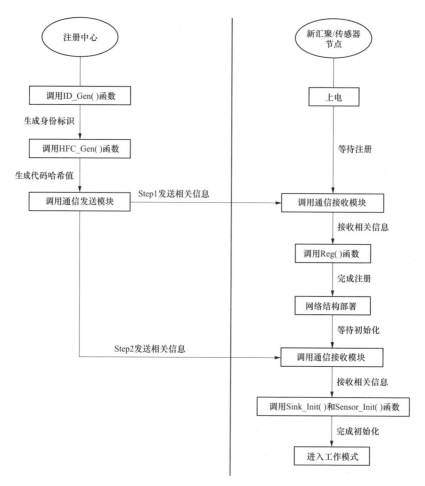

图 11-10　注册/初始化交互流程

2. 认证过程

认证过程包括注册中心与接入节点/汇聚节点的参数传递、汇聚节点和传感器的身份认证和临时会话密钥协商。认证与会话密钥协商阶段流程如图 11-11 所示，具体过程如下：

（1）汇聚节点生成随机位置数据 Pos，获取当前时间戳 TS_1，读取 ID_{Sink} 和 FC'_{Sink}，并计算 $HFC'_{Sink} = h(FC'_{Sink})MPos = (Pos \parallel ID_{Sink}) \oplus h(HFC'_{Sink} \parallel TS_1)$ 和 $V = h(Pos \parallel ID_{Sink} \parallel HFC'_{Sink} \parallel TS_1)$，之后发送认证指令，以及发送 HFC'_{Sink}、$MPos$ 和当前时间戳 TS_1 给传感器（广播）。

（2）传感器接收到消息后，验证时间戳 TS_1 的新鲜度，并读取 HFC'_{Sink}，之后计算 $(Pos' \parallel ID_{Sink}) = MPos \oplus h(HFC_{Sink} \parallel TS_1)$ 和 $V' = h(Pos' \parallel ID_{Sink} \parallel HFC_{Sink} \parallel TS_1)$；

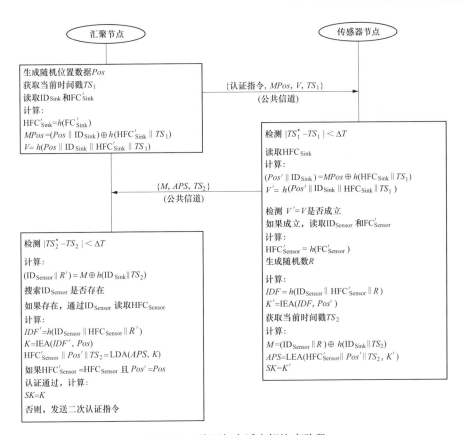

图 11-11　认证与会话密钥协商阶段

检测 $V' = V$ 是否成立，如果成立，读取 $\text{ID}_{\text{Sensor}}$ 和 $\text{FC}'_{\text{Sensor}}$ 并计算 $\text{HFC}'_{\text{Sensor}} = h(\text{FC}'_{\text{Sensor}})$，生成随机数 R，之后计算 $IDF = h(\text{ID}_{\text{Sensor}} \| \text{HFC}'_{\text{Sensor}} \| R)$ 和 $K' = \text{IEA}(IDF, Pos')$；最后获取当前时间戳 TS_2 并计算 $M = (\text{ID}_{\text{Sensor}} \| R) \oplus h(\text{ID}_{\text{Sink}} \| TS_2)$、$APS = \text{LEA}(\text{HFC}'_{\text{Sensor}} \| Pos' \| TS_2, K')$ 和 $SK = K'$。

（3）汇聚节点收到消息后验证时间戳 TS_2 的新鲜度，之后计算 $(\text{ID}_{\text{Sensor}} \| R') = M \oplus h(\text{ID}_{\text{Sink}} \| TS_2)$，并根据 $\text{ID}_{\text{Sensor}}$ 读取 $\text{HFC}_{\text{Sensor}}$，计算 $IDF' = h(\text{ID}_{\text{Sensor}} \| \text{HFC}_{\text{Sensor}} \| R')$、$K = \text{IEA}(IDF', Pos)$ 和 $\text{HFC}'_{\text{Sensor}} \| Pos' \| TS_2 = \text{LDA}(APS, K)$。如果 $\text{HFC}'_{\text{Sensor}} = \text{HFC}_{\text{Sensor}}$ 且 $Pos' = Pos$，认证通过并计算 $SK = K$。否则，对该传感器进行二次认证。

1）汇聚节点生成认证信息：

void Sink_Gen_Auth(unsigned int Pos，unsigned int ID_{Sink}，unsigned long * FC_{Sink}，unsigned int TS，unsigned int * $MPos$，unsigned int * V)

in：Pos　随机位置数据　64bit

ID$_{Sink}$　汇聚节点身份标识　64bit

FC$_{Sink}$　汇聚节点功能代码指针

TS　时间戳　64bit

out：*MPos*　伪随机位置数据指针

　　　V　认证参数指针

2）传感器节点完成认证：

int Sensor_Auth(unsigned int *MPos*，unsigned int *V*，unsigned int *TS*)

in：*MPos*　伪随机位置数据　128bit

　　V　认证参数　128bit

　　TS　时间戳　64bit

return：0　认证通过

　　　　Others　认证未通过

3）传感器节点生成认证信息：

void Sensor_Gen_Auth(unsigned int HFC$_{Sink}$，unsigned int ID$_{Sensor}$，unsigned long * FC$_{Sensor}$，unsigned int *TS*，unsigned int *R*，unsigned int * *M*，unsigned int * *APS*)

in：HFC$_{Sink}$　汇聚节点功能代码哈希值　128bit

　　ID$_{Sensor}$　传感器节点身份标识　64bit

　　FC$_{Sensor}$　传感器节点功能代码指针

　　TS　时间戳　64bit

　　R　随机数　64bit

out：*M*　参数传递信息指针

　　　APS　认证参数指针

4）汇聚节点完成认证：

int Sink_Auth(unsigned int *M*，unsigned int *APS*，unsigned int *TS*)

in：*M*　参数传递信息　128bit

　　APS　认证参数　128bit

　　TS　时间戳　64bit

return：0　认证通过

　　　　Others　认证未通过

5）会话密钥生成：

void Session_Gen(unsigned int *K*，unsigned int * *SK*)

in：*K*　临时加/解密密钥　128bit

out：*SK*　会话密钥指针

认证交互流程如图 11-12 所示。

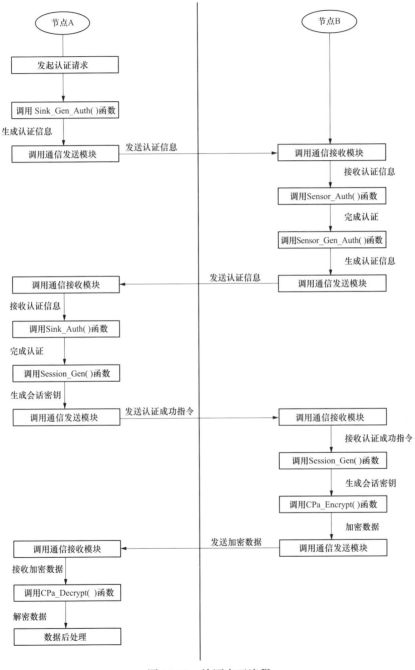

图 11-12　认证交互流程

11.3 本地通信应用安全增强技术

11.3.1 安全态势感知技术

安全态势感知实现框架如图 11-13 所示。

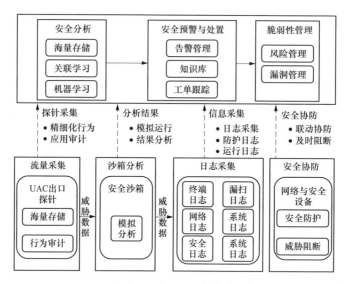

图 11-13 安全态势感知实现框架

1. 多维度、层次化数据采集与融合方法研究

多维度、层次化数据采集是网络安全态势感知技术的基础，该研究从网络、业务、主机等组件采集运行日志数据，从安全设备采集防护数据，从探针设备采集应用分析数据、从沙箱设备采集威胁分析数据等，为安全监测提供多种数据来源。

（1）多维设备运行日志数据获取与分析。控制、计量、监测等智能化设备在运行过程中均会产生日志。日志中包含了大量的数据，通过日志分析可以获取设备的运行状态及历史动作。计量、监测终端的日志数据规模相对较小，可以采用现有的各种 UNIX/Linux 工具——awk、grep、sort、join 等来分析日志。当数据量较大时，可以基于字典树算法，实现日志实时聚类分析。

字典树（Trie），又称前缀树，是哈希树（Hash Tree）的一种变种。它的核心思想是以空间换时间，常常用于统计、排序和保存大量的字符串（但不局限于字符串）。在字典树的每个 Node 中保存一个字符以及该节点的所有子节点，并且每个 Node 中都带有一个标志位，用来标识由根节点出发到该节点为止能否组成一个完整的字符串。

通常规定根节点对应空字符串，由于字典树是一种有序树结构，所以同一个节点的所有子节点都有相同的前缀。一般情况下，不是所有的节点都能组成一个完整的字符串，只有叶子节点和部分内部节点所对应的节点才能组成一个完整的字符串。

字典树的一个典型应用是搜索引擎系统中的文本词频统计，其最大优点是利用字符串的公共前缀来减少查询时间，最大限度地减少无谓的字符串查询以提高查询效率。

（2）基于探针的智能终端流量数据采集技术。流量探针采用特征检测技术、异常行为检测技术、威胁情报技术、黑白名单技术、基线技术、静态高级持续性威胁（advanced persistent threat，APT）技术等多种技术相结合的方法，通过对网络流量的深度包解析和流解析，实现对各种网络威胁的全面有效检测；同时通过配置策略方式记录所关注的流量，以便后期根据相关的事件日志对当时的攻击进行回溯分析和追踪取证。

流量探针采用的流量采集技术通常有以下四种：

1）Sniffer。Sniffer 是一种常用的网络安全技术，其通过在交换机的镜像端口设置数据采集点来捕获数据报文。这种方式采集的信息最全面，可以完全复制网络中的数据报文。但是，Sniffer 技术的应用也受到了一定的限制，大多数厂商的设备不支持跨虚拟局域网（virtual local area network，VLAN）或者跨模块镜像数据，因此可能需要在多个网段安装探针，在部署上比较复杂。通常企业网络的 VLAN 很多，一般不可能实现全部 VLAN 的监控。流量很大的网络中采用的端口镜像会对网络设备的性能造成一定的影响，而且对所有数据报文都进行采集在吞吐量很大的网络中也是难以实现的。

2）SNMP。SNMP 是一种主动采集方式，采集程序需要定时取出路由器内存中的 IP Accounting 记录，同时清空相应的内存记录，如此才能继续采集后续的数据。这对路由器的性能会造成较大的影响，而且取得的数据只包含接口层的数据，没有 MAC 地址信息，对于伪造源口地址的蠕虫病毒无能为力。

3）Netflow。Netflow 是 Cisco 公司的专有技术，其早期版本需要统计所有的网络数据报文，因此对网络设备的性能影响较大，第 8 版以后的版本提供了采样功能。但是，Netflow 数据中只有基于流的统计信息，只记录端口等数据，也没有 MAC 地址信息。

4）sFlow。sFlow 采用采样的方式，其通过设置一定的采样率进行数据捕获，对网络设备的性能影响很小。sFlow Agent 一般采集数据报文的前 128B，通过封装后发往 sFlow Receiver，数据报文中包括完整的源和目的 MAC 地址、协议类型、TCP/UDP、端口号、应用层协议，甚至统一资源定位符（uniform resource locator，URL）。

该研究拟将流量探针部署在智能终端，实时对流量数据进行采集记录，经过汇聚和预处理将流量信息发送到后端数据库。可通过分析软件进行实时监视，利用图表显示分析统计结果或导出报表文件。通过条件设置还能够利用流量探针的数据捕获功能对网络流量进行实时采集或流量镜像，进行报文的协议分析。

该研究拟采用 SNMP 等采集方式，支持不同厂商不同类型多源异构数据的接入，接入设备扫描类型包括但不限于系统漏洞扫描、Web 漏洞扫描、僵尸检测、入侵检测、DDoS 检测、蜜罐、应用行为审计、数据库行为审计、日志审计等。

（3）基于沙箱技术的威胁分析数据采集。沙箱技术通过重定向技术，把程序生成和修改的文件定向到自身文件夹中。这些数据包括注册表和一些系统的核心数据。通过加载自身的驱动来保护底层数据，属于驱动级别的保护。沙箱可改变系统提供的安全性，允许代码执行，但不允许对计算机的更改或者对机密数据的读取。沙箱提供的架构与具体保证依赖于操作系统。

沙箱在进程级别上操作。所有需要装在沙箱中的内容都需要生存在进程中。最小的沙箱配置需要两个进程：一个是权限控制器，称为代理（broker）；另一个是一个或者多个沙箱化的进程，称为目标（target）。在文档和代码中，这两个术语始终有精确的内涵。沙箱作为一个动态链接库，必须链接到代理和目标可执行程序中。

由于安全威胁在沙箱中运行也是安全的，所以沙箱技术可以用来测试安全威胁，建立安全威胁库。

2. 态势感知安全监测关联分析模型与判决算法研究

（1）基于属性特征的安全事件关联分析模型及判决。基于属性特征的关联分析模型是指从事件自身的角度出发，分析属性特征之间的关联特性，并以此为基础配置关联策略，根据事件属性对其进行匹配检测。由于各种类型的安全事件具有各自的特征，因此该类方法要求人们对事件有较为深刻的理解，较多地依赖于专家知识，无法对未知问题进行有效关联。基于属性特征的安全事件关联分析及判决方法包括以下几种：

1）基于有限状态机的关联分析及判决方法。将有限状态机技术应用到网络安全事件的关联分析中，其本质在于某个安全事件会带来多个可能的事件序列。基于状态机的关联分析模型的优点在于确定了系统状态及转换函数后，描述系统各行为动作时是清晰明确的，具有极强的逻辑约束性，适合逻辑性较强的系统应用场景。在网络入侵检测方面，可用于业务逻辑清楚且安全要求较高的应用场景，但是也因为其具有强逻辑性，难以区分攻击事件和人员误操作，所以会带来通用性不好的缺点；同时，在确定了状态转换逻辑之后，不支持场景的动态变化，针对不同的应用场景必须重新建立状态模型，且当环境发生变化时需要进行适当调整。

2）基于规则的关联分析及判决方法。该模型最易实现且效率最高，但其缺点也很明显，即使用不灵活且配置困难。在实际应用中，通常根据指定的条件动作关系设计和制定关联规则，即为每个规则指定一个条件和相应的操作。对一个规则的评估由相应的输入事件触发，这些规则通常被称为事件条件操作规则。

（2）基于逻辑推理的安全事件关联分析模型及判决。基于逻辑推理的安全事件关联分析技术是指从事件之间的关联关系出发，合理选择和有效运用相关知识，利用专家知识进行推理，最后完成问题求解。常用的技术方法有实例推断和模型推断。

1）基于实例推断的关联分析及判决方法。基于实例推断的思想源于现实生活中的应用场景。在现实生活中，一些类似情形总是重复发生，处理某一特定情形的方法在其他情形中也能适用，而这些类似的情形并非要与该特定情形完全一致。因此，当试图解决一个问题时，都是从曾经经历过的类似案例出发。基于实例推断的关联技术主要依据这一思想，利用类比推理的方法得到新问题的近似解答，再加以适当修正，使之完全适合新问题。

2）基于模型推断的关联分析及判决方法。该方法将系统中的每一个部件表示为一个模型，因此需要对模型进行结构描述和行为描述。该方法的缺点在于解决问题的复杂性较高。在基于模型的关联分析系统中，每个管理对象都有一个模型作为其副本与之相联系，一个模型实际上就是一个软件模块，事件之间的关联通过各个模型相互协作实现。虽然基于模型推断的关联技术在实现上会使用基于规则的方法，但是与基于规则的方法针对特定行为的事件模式不同，它更关注一系列事件序列或模型状态，在此意义上它更接近于基于有限状态机的方法。在应用中，基于模型推断的关联技术较多应用于逻辑回路的错误诊断。

（3）基于概率统计的安全事件关联分析模型及判决。具体包括以下几种：

1）基于投票机制的关联分析及判决方法。通过投票机制可以定位网络中的错误或异常。通常情况下，不同的节点事件不能提供故障位置的确切信息，但是可以指示一定的方向和范围来辅助决策。在故障定位过程中，基于投票机制的关联分析引擎事先获知网络的拓扑结构，并且可以计算出每个网络组成元素的投票数量，从而得到故障发生的可能位置。

2）基于依赖图的关联分析及判决方法。该方法通过将收集到的安全警报映射到基于时序信息的图形中，将警报之间的关系表示为一个有向图，其中节点集表示警报，节点相连的边表示连接警报（节点）的时空关系，也称报警关联图。报警关联图具有以下优点：①从管理角度看，图是比较简单的模型，即图的形式可以很好地反映节点之间的关联关系；②在关联图上的操作实现具有鲁棒性，即添加或删除对象和依赖关系都是简单的原子任务；③图表是一种自然的分布式结构，易于管理，可以由不同的管理员独立添加或删除对象和从属关系。

3）基于贝叶斯网络模型的关联分析及判决方法。贝叶斯网络是最强大的概率图形之一，用于表示不确定性的域间知识。贝叶斯网络用于解决告警关联问题时具有明显的优势：①关联分析的处理速度快；②可以通过填充条件概率表，合并先验知识和专家知识；③便于引入新数据以发现未观测到的变量概率；④可以通过网络传播更新适应新的数据和知识。但是该方法也存在一定的缺点：需要大量的训练活动以取得先验概率，且依赖于专家知识；基于贝叶斯网络的概率推理是 NP 难问题，针对大型网络实际上很难实施有效的解决方案。

4）基于马尔可夫模型的关联分析及判决方法。马尔可夫模型是由离散状态和状态转移概率矩阵组成的随机模型，在此模型中的事件被假定遵循马尔可夫特性，模型的下一个状态只取决于当前状态，而不依赖于之前事件的顺序。在马尔可夫模型的定义中，须事先设定好状态间的跃迁概率和初始状态概率，这些参数可以静态定义，也可以通过对数据集进行训练得到。马尔可夫模型经过训练得到定义相关的概率，即通过对一连串事件的评估获得概率值，并将概率值与门限值进行对比，从而确定事件之间是否存在关联性。

（4）基于机器学习的安全事件关联分析及判决。基于机器学习的安全事件关联分析技术应用数据挖掘和机器学习的方法训练数据集，生成事件关联规则，通过关联分析得到新型攻击事件模式，是一种可实时运行的事件关联方法。这种方法的优点在于可以自动地为安全事件建立关联模型，为分析管理大量报警信息节省时间，其结果提供的信息便于分析人员阅读；缺点在于需要对数据进行训练，可能造成结果线程过于庞大，不存在于线程中的数据则无法进行关联，进而影响最后分析结果的准确性。

人工神经网络通过大量相互关联的处理单元即神经元共同作用来解决具体问题，该模型主要受人脑中的神经系统模型的启发。各神经元之间相互关联，每个神经元可被看作一个简单的自动处理单元，本地提供内存和单向通道，使其与其他神经元进行通信。人工神经网络通常用于复杂关系的建模或数据输入与输出之间存在非线性依赖关系的场景。

11.3.2　基于 Docker 容器行为分析的边缘物联代理应用安全监控技术

容器化技术能够降低开发难度和周期，提升设备自动化水平，是以后智能化设备的发展方向。国家电网公司推出的融合终端、能源路由器等智能终端均采用容器化技术，Docker 是目前应用最多的容器化实现方式。本小节研究基于 Docker 容器行为分析的边缘物联代理应用安全监控技术，通过记录并存储 Docker 的行为信息，通过这些行为信息分析判断容器行为是否存在异常，并根据制定的策略进行安全决策与处理，以提高 Docker 系统的隔离性与安全性。基于 Docker 容器行为分析的边缘物联代理应用安全监控实现框图如图 11-14 所示。Docker 容器监控系统包含三个子模块，即 Docker 容器行为收集与存储模块、Docker 容器行为分析与异常检测模块、安全隔离策略制定与执行模块。

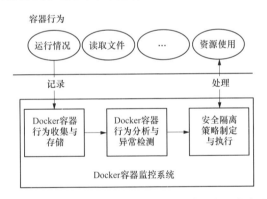

图 11-14　基于 Docker 容器行为分析的边缘物联代理应用安全监控实现框图

（1）Docker 容器行为收集与存储模块。Docker 容器行为收集与存储模块整体架构如图 11-15 所示。该模块通过信息采集工具获取 Docker 容器的状态信息，如运行情况、读写文件记录、占用资源状况等，将获得的信息形成日志并对各节点上的日志进行收集与存储。

Docker 容器行为收集与存储模块在架构上主要分为信息采集、日志收集与预处理和日志存储三部分。每个节点上有一个信息采集器，通过数据收集工具Docker 指令、LSM 钩子函数和资源监控工具等收集节点上各个容器的数据，

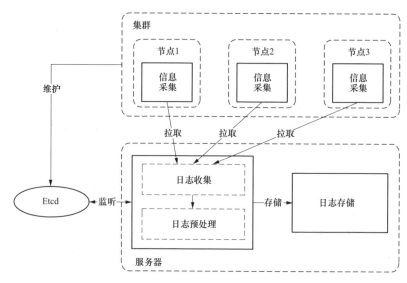

图 11-15　Docker 容器行为收集与存储模块整体架构

并形成日志。服务器上的日志收集工具会拉取并接收信息采集器形成的日志数据，并对数据进行预处理，完成数据解析和格式化，并将预处理后的日志传递给日志存储数据库进行存储。另外，Etcd 系统由集群维护，将节点和容器的信息存储在 Etcd 目录中，同时，服务器利用 Etcd 的 Watch 接口监听该目录，从而监听集群节点和容器的信息和状态。

（2）Docker 容器行为分析与异常检测模块。Docker 容器行为分析与异常检测模块整体架构如图 11-16 所示。该模块接收日志数据后对其进行处理与分析，判定是否存在异常情况，以及系统是否遭遇某种攻击，并将判定结果传送给安全决策与处理模块，以便对异常容器行为进行相应处理。

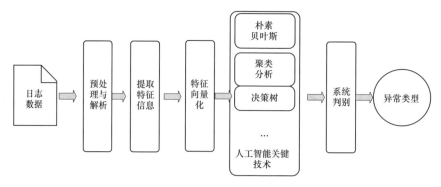

图 11-16　Docker 容器行为分析与异常检测模块整体架构

Docker 容器行为分析与异常检测模块接收容器日志数据，对原始日志数据进行处理解析、提取特征信息并构建特征向量，以便使用机器学习的方法对特征向量进行学习，从而判断容器行为是否异常。

首先，从日志系统模块接收日志原始数据并进行预处理与解析。预处理主要是将日志数据中的无效信息进行剔除，无效信息包括重复信息、无用信息等。之后需要对预处理后的数据进行解析，分析日志结构与信息，获取日志针对每个事件的模板。日志解析是从无结构的日志中提取相应的事件模板，每个模板由多个指定参数构成，作为后续特征提取的基础。由于日志数量庞大，按固定时间窗口分割的方式，将庞大的日志划分为多个部分进行检测。即设定固定的时间范围作为窗口，对窗口内的日志内容进行解析，提炼其中的事件模板，将日志切分成一组日志事件序列 $\text{Log} = \{e_1, e_2, \cdots, e_n\}$，进而从提取信息中选择合适的变量和分组来表示相关内容，并进行数字化向量表示，构建特征向量，方便后续进行机器学习。例如，将一段时间窗口内的信息组成一个日志序列，根据日志解析后的事件模板进行分析。

其次，进行异常检测，主要是使用机器学习的方法（如朴素贝叶斯算法、k 近邻算法、决策树与随机森林算法等）对特征向量进行学习，产生一个异常检测模型，通过对输入特征矩阵机器学习模型进行训练，从而生成一个异常检测模型，并使用该模型对新的日志进行检测。例如，在将日志信息标记为正常或者某种攻击类型后，根据提取的特征进行聚类分析。首先，对各个特征赋予不同权重；其次，将特征向量进行归一化处理；再次，定义特征向量之间的相似性（即距离大小）；最后，通过定义阈值，对日志间的相似性进行判断，定义异常类型。针对异常检测结果，进一步进行人工分析和确认，结果可以作为样本加入数据集中，对模型进行修正。

最后，系统判别检测结果。该模块利用贝叶斯、聚类分析、决策树等算法检测攻击行为和异常类型，最终采取投票机制判定异常类型，并将结果传送给安全隔离策略制定与执行模块。

（3）安全隔离策略制定与执行模块。安全隔离策略制定与执行模块根据检测到的异常类型，结合制定好的安全策略，决定对容器行为的处理方式，并通过 Docker 指令或参数配置等方式对异常容器进行处理。

安全隔离策略制定与执行模块的安全策略是根据接收到的异常类型和管理者添加的其他约束条件与处理规则制定的。

策略 1：当分析到日志信息的访问文件申请中有非法访问请求（如访问宿主机受访问限制的文件、访问其他容器的可读写镜像层等）时，识别为非法访问请求异常，进行强制访问控制，拒绝访问请求；同时，查询容器是否以 Privileged 特权运行，若发现存在由于配置不当引起的容器获得超级用户权限能力，则需要限制该容器进程的权限，关闭 Privileged 特权。若非法访问请求对象是系统内核文件，则需要检查容器是否非法挂载到内核文件夹；如果发现非法挂载，则需要解除挂载并对系统内核文件进行文件隔离。

策略 2：当分析到日志信息中某进程在某一段时间里频繁访问数据库，则需要对进程信息进行分析，分析在此段时间内该进程是否需要频繁调用数据库信息。若这一时段或这一进程并非在提前标注好的允许频繁调用数据库内容的范围中，则拒绝该进程接下来的数据库访问请求；若该进程接下来依然多次申请访问数据库，可联系该进程的重要程度、是否为重要服务提供基础服务等约束条件决定是否限制其访问数据库的权限，甚至强制关闭容器。

策略 3：当分析到日志信息中某容器短时间内创建了大量的文件时，扫描文件大小，若创建的是大量空文件，则判定为 iNode 攻击，停止该容器后续的创建文件请求，并删除所有空文件以释放 iNode 文件夹空间；若创建的文件不是空文件，则分析该容器是否有创建这些文件的实际需要，并根据实际情况决定是否限制该容器后续创建文件的请求。

策略 4：当分析到日志信息中某容器短时间内创建了大量的进程时，检测当前 CPU 和内存的使用情况，若该容器占用系统资源过多，则拒绝后续该容器创建进程的请求并判断创建这些进程的必要性，关掉无用进程，对于明显创建大量无用进程以消耗系统资源的容器，采取关闭容器或删除容器的操作。

11.4 基于内生安全理念的本地通信安全增强技术

基于内生安全理念的本地通信安全增强技术须具备设备可信、网络安全、数据可控三个特征。城市电网本地通信网络内生安全实现框架如图 11-17 所示。

（1）设备可信方面。内生安全实现框架拟从以下三个方面进行保障：一是基于设备自身的物理不可克隆特性提取设备指纹，保证设备身份的唯一性和不可复制性；二是对成本、功耗、体积要求不高的边设备或端设备，集成可信硬件模块以实现设备可信；三是对成本、功耗、体积要求较高的小型化、低复杂度、低成本端设备，不宜集成可信硬件模块，而是通过软硬件及固件安全、代码缺陷检测等确保设备软硬件环境可信。

1）基于设备物理不可克隆特性提取设备指纹。PUF 利用设备自身内在的

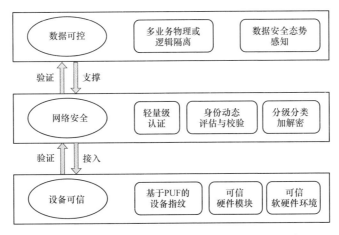

图 11-17　城市电网本地通信网络内生安全实现框架

物理构造，依赖设备芯片特征的硬件函数实现电路，具有唯一性和随机性。它通过提取芯片制造过程中必然引入的工艺参数偏差，实现激励信号与响应信号唯一对应的函数功能。基于 PUF 提取的设备指纹能够很好地保证设备身份的唯一性和不可复制性。

2）集成可信硬件模块。可信硬件模块可为设备提供可信根，能够保证设备系统、应用各个层级的安全可信。但集成可信硬件模块会提高设备的复杂度，适用于对成本、功耗、体积要求不高的边设备或者端设备，但不适用于传感等对成本、功耗、体积要求高的端设备。

3）设备软硬件环境可信。从设备的软件和硬件环境分别进行讨论：

针对设备软件环境可信，可通过以静态分析为主、辅以人工智能的方式，从软件的源代码入手，实现对源代码漏洞、后门、可疑行为的检测，对协议代码中可能存在的安全漏洞、设计缺陷等问题进行代码级别的检测。具体来说，就是收集整理相关源代码中不安全的加密算法、不恰当的资源权限分配、明文传输的敏感信息、不适当的身份验证、隐藏字段等代码缺陷并对其进行特征提取，结合现代人工智能技术，检测源代码中可能存在的漏洞、后门、可疑行为。

针对设备固件环境可信，可通过静态分析和动态分析两种方法，对目标固件进行提取、解包、识别、逆向、分析、检测，以期发现固件中存在的安全隐患，如是否存在敏感信息泄漏、是否存在明文密钥、是否存在逻辑炸弹等。具体来说，就是针对不同的固件型号和压缩格式，有针对性地使用特定的解析固件工具得到固件中的文件系统。通过静态分析，如符号执行、字符串匹配、辅助人工分析等手段，检测其是否存在栈溢出漏洞、是否存在逻辑炸弹、是否留有后门函数、是否使用了不安全的 API 等；通过动态分析，如模糊测试，监控是否存在运行异常。

（2）网络安全方面。内生安全实现框架拟从以下三个方面进行保障：一是通过轻量级身份认证技术实现本地通信网络边端设备之间的认证，保障网络中不存在非法接入；二是针对网络中的关键设备，如边设备，进行持续的身份动态评估与校验，实现网络关键设备的持续可信；三是依据网络设备类型应用分级分类的加解密技术，保障网络中传输数据的保密性和完整性。

1）轻量级身份认证。针对城市电网本地通信网络中的端设备，特别是低成本、低功耗、小存储、低复杂度的传感设备，传统计算机网络中的身份认证机制往往无法适用，亟须减少认证环节的报文交互环节中的发送过程。这是轻量化身份认证机制的重要手段。

2）持续身份动态评估与校验。针对城市电网本地通信网络中的关键设备，应用持续身份动态评估与校验技术，确保关键设备身份持续合法、可信，避免因关键设备故障或其他原因导致的网络身份系统评估失效。

3）分级分类数据加密。依据 Q/GDW 12147—2021《电网智能业务终端接入规范》，智能终端应内置安全芯片，且宜基于国家密码管理部门认可的密码算法。但目前尚无标准规定本地通信网络中结构简单、低成本、低复杂度且数据量较小的传感类设备的加密算法。然而，由于传感类设备受成本、尺寸和功耗等限制，内置安全芯片的可行性较差，也可采用软件加密方式实现简单的数据加密。

（3）数据可控方面。内生安全实现框架拟通过多业务数据安全隔离和数据安全态势分析实现城市电网本地通信网络数据的可控。

1）多业务数据安全隔离。通过物理隔离或者逻辑隔离手段将不同业务承载在不同资源或逻辑分区上，使得不同业务之间不会相互干扰，进而保证业务的安全性。

2）数据安全态势感知。开展安全传感数据采集与融合方法研究、安全监测关联分析模型与判决算法研究。通过基于探针的流量采集与分析，设备、网络、安全等日志的读取和分析，结合沙箱技术，实现多维、层次化安全传感数据的获取与融合；基于关联分析、机器学习等算法实现安全分析与判决，建立告警库，实现安全预警与处置以及脆弱性管理。

第 12 章　电力本地通信网络发展趋势及关键技术

12.1　电力本地通信网络的发展趋势

电力本地通信网络的发展趋势主要体现在以下几个方面：

（1）电力本地通信网络的可靠性提高。随着电力系统的不断发展，对电力本地通信网络的可靠性要求也越来越高。电力通信本地网络需要具备更高的抗灾能力和故障恢复能力，以满足电力系统的安全需求。

（2）电力本地通信网络的智能化发展。随着智能电网的建设和发展，电力本地通信网络也需要实现智能化发展。电力本地通信网络需要具备更强的信息处理和数据分析能力，以支持智能电网的运行和管理。

（3）电力本地通信网络的宽带化和 IP 化。电力本地通信网络需要具备更高的传输速率和更低的传输时延，以满足大量数据传输的需求。同时，电力本地通信网络也需要实现 IP 化，以支持更多的业务类型和更高的 QoS。

（4）电力本地通信网络的绿色化和环保化。随着环保意识的不断提高，电力本地通信网络也需要实现绿色化和环保化。电力本地通信网络需要采用更环保的技术和设备，以降低能源消耗和环境污染。

（5）电力本地通信网络的虚拟化和云化。随着云计算技术的发展，电力本地通信网络也需要实现虚拟化和云化。电力本地通信网络需要采用更高效的虚拟化技术和云计算技术，以提高资源利用效率和降低成本。

总之，电力本地通信网络的发展趋势主要体现在可靠性提高、智能化发展、宽带化和 IP 化、绿色化和环保化以及虚拟化和云化等方面。这些趋势将为电力行业的发展带来巨大的机遇和挑战。

未来电力本地通信网络是电力系统与通信网络的结合，是实现智能电网和能源互联网的重要基础。下面从多模态通信融合技术、软件定义网络（software defined network，SDN）/网络功能虚拟化（network functions virtualization，NFV）与网络能力开放技术、时间同步技术、定位服务技术、边缘计算技术、区块链技术等多方面介绍未来电力本地通信网络的发展趋势。

12.2　多模态通信融合技术

多模态通信融合技术是未来电力本地通信网络的关键发展方向，能够打通异构本地通信网络之间的资源共享通道，提高本地通信网络间的协作能力，最优化资源配置，进一步提高对电力业务的灵活支撑能力。电力系统和通信网络之间的紧密结合将成为实现智能电网的基础。在传统的电力通信网络中，通常使用单一的通信手段，如光纤通信或无线通信，这限制了通信网络的灵活性和可靠性。

12.2.1　未来电力本地通信网络的通信手段

未来的电力本地通信网络将采用多种通信手段，包括光纤通信、微波通信、毫米波通信和无线传感器网络等。这种多种通信手段的融合将使电力本地通信网络更加灵活、可靠和高效，为智能电网和能源互联网的建设提供强有力的支持。

（1）光纤通信。光纤通信是一种使用光纤作为传输介质的通信技术。光纤通信具有带宽大、延迟低、可靠性高和抗干扰性能强的特点，适用于长距离、高带宽的通信场景。在未来的电力本地通信网络中，光纤通信将主要用于电力设备密集区域或主干网的数据传输，如传感器数据、监测数据、图像和视频等的传输。

（2）微波通信。微波通信是利用微波频段进行通信的技术。它具有覆盖范围广、安装维护成本较低的特点，适用于远距离传输和边缘区域的通信场景。在电力本地通信网络中，微波通信可以用于连接不同的电力站点和边缘设备，实现跨区域的通信。

（3）毫米波通信。毫米波通信是一种利用毫米波频段进行通信的技术。毫米波通信具有带宽大、时延低的特点，可以实现高速数据传输。在未来电力本地通信网络中，毫米波通信可以用于高密度的设备的连接。例如，在电力设备集中的区域，通过毫米波通信可以实现高速的数据交换和实时通信。

（4）无线传感器网络。无线传感器网络是由大量分布在空间中的无线传感器节点组成的网络，用于感知和采集环境中的各种信息。在电力本地通信网络中，无线传感器网络可以用于对电力设备的监测和控制。例如，通过无线传感器网络可以实时监测电力设备的温度、湿度、振动等参数，提前发现潜在的故障风险并采取相应的措施。

12.2.2　多模态通信融合技术的应用场景

多模态通信融合是将不同通信手段无缝地整合在一起，使它们能够互相补充、协同工作，提高整体通信网络的性能。通过多模态通信技术的融合，可以优化网络资源的利用，提高通信带宽和数据传输速率。多模态通信融合技术在未来本地通信网络中可以应用于多种场景。以下是一些典型的应用场景：

（1）智能电力设备监测与控制。多模态通信融合技术可以用于实时监测和控制智能电力设备。例如，通过光纤通信传输高清视频监测电力设备的运行状态，使用无线传感器网络采集设备的温度、湿度等参数，结合毫米波通信实现实时的远程控制。

（2）电力设备数据采集与传输。在未来的电力本地通信网络中，各种类型的电力设备可能需要同时传输大量的数据，如监测数据、运行状态、故障信息等。多模态通信融合技术可以根据不同的数据类型和通信需求，选择最合适的通信手段，以实现高效、稳定的数据采集与传输。

（3）边缘计算与数据处理。随着电力系统的数字化和智能化程度的提高，边缘计算技术将在未来的本地通信网络中得到广泛应用。多模态通信融合技术可以将数据传输到边缘设备进行实时处理和计算，避免将大量数据传输到中心化的数据中心，从而提高数据处理效率和降低网络延迟。

（4）灾难监测与应急响应。多模态通信融合技术可以用于灾难监测与应急响应。例如，在自然灾害发生时，通过多模态通信融合技术可以实时获取受影响区域的监测数据，辅助决策和应急响应工作。多模态通信技术的融合还可以提高通信网络的可靠性和鲁棒性。当某个通信手段发生故障时，其他通信手段可以自动接替，从而确保通信的连续性和稳定性。这对于电力系统的可靠运行和故障诊断非常重要。

总的来说，未来电力本地通信网络中的多模态通信融合技术将广泛应用于智能电力设备监测与控制、电力设备数据采集与传输、边缘计算与数据处理以及灾难监测与应急响应等场景，为电力系统的智能化、高效化和安全运行提供强大支持。

12.3 SDN/NFV 与网络能力开放技术

12.3.1 SDN/NFV 技术

1. SDN/NFV 技术的意义

SDN 和 NFV 技术对电力物联网本地通信能力提升的意义主要体现在以下几个方面：

（1）提升网络性能。SDN/NFV 技术可以提升电力物联网的网络性能。通过网络功能的虚拟化，可以实现更高效的数据处理和更快速的响应，满足电力物联网对实时性和可靠性的需求。

（2）增强灵活性。SDN/NFV 技术可以增强电力物联网的灵活性。通过网络功能的虚拟化，可以动态地添加、删除或迁移电力设备，从而更好地适应电力系统的变化和需求。

（3）优化资源利用。SDN/NFV 技术可以通过共享资源的方式，优化电力物联网的资源利用。通过网络功能的虚拟化，不同的电力设备可以共享硬件资源，从而提高资源利用效率。

（4）提升安全性。SDN/NFV 技术可以通过将网络功能与硬件解耦的方式，提升电力物联网的安全性。通过网络功能的虚拟化，可以将安全策略从网络设备转移到软件层面，从而更好地应对网络攻击和数据泄露等安全威胁。

（5）降低运营成本。SDN/NFV 技术可以通过自动化管理和优化资源配置的方式，降低电力物联网的运营成本。通过网络功能的虚拟化，可以实现电力设备的自动化管理和监控，从而减少人工干预和降低运营成本。

SDN/NFV 技术是未来电力本地通信网络的关键技术。传统的网络架构往往是静态的，难以适应电力系统对通信网络的灵活需求。SDN/NFV 技术可以实现网络功能的虚拟化以及网络控制与数据转发的分离。这两项技术的引入将为电力本地通信网络带来革命性的变化和提升。

2. SDN 技术

SDN 是一种通过将网络控制平面与数据平面分离的方式来实现网络控制的技术。在传统网络架构中，网络控制和数据转发功能通常是紧密耦合的，这使得网络的管理和配置比较复杂且不灵活。而 SDN 通过引入集中式控制器，实现了对整个网络的集中式编程和管理。控制器可以根据网络流量、拓扑结构和应用需求来制定灵活的网络路由策略，从而更好地适应电力系统对通信网络的需求。

在未来的电力本地通信网络中，SDN 技术将发挥重要作用。

首先，SDN 可以帮助实现电力系统对网络的灵活配置和动态调整。电力系统在不同的时间和场景下，对通信网络的需求可能不同。SDN 技术可以根据电力系统的实际需求，对网络进行灵活配置，提高网络资源的利用率和性能。

其次，SDN 可以实现网络的智能管理和优化。通过集中式的控制器，SDN 可以对网络流量进行实时监测和分析，根据实时的流量情况来优化网络路由，实现网络的智能管理。这将有助于提高电力本地通信网络的性能和稳定性。

最后，SDN 可以支持网络的可编程性。传统网络往往需要对每个网络设备进行独立的配置，而 SDN 可以通过编程的方式对整个网络进行集中式管理，从而降低了网络管理的复杂性和成本。

3. NFV 技术

NFV 是一种将传统网络设备的功能虚拟化为软件模块的技术。传统的网络设备往往以硬件形式存在，而 NFV 技术将这些网络功能转换为软件，可以在通用的服务器上运行。这样一来，网络功能可以根据需要进行灵活部署和调整，而无须依赖专用硬件设备。

在未来的电力本地通信网络中，NFV 技术的应用将具有重要意义。

首先，NFV 可以帮助实现网络功能的快速部署和调整。在电力系统中，对通信网络的需求可能随着电力设备的变化而变化。通过 NFV 技术，网络功能可以根据实际需要进行动态部署和调整，从而提高了网络的灵活性和可维护性。

其次，NFV 可以降低网络的部署和维护成本。传统的网络设备往往需要独立的硬件设备，并且每个设备都需要进行单独的配置和管理。而 NFV 技术可以将网络设备的功能虚拟化为软件模块，在通用服务器上共享运行，从而节省了硬件成本和管理成本。

最后，NFV 可以支持网络的弹性扩展。在电力系统中，通信网络可能需要在短时间内扩展或收缩。通过 NFV 技术，可以根据实际需要动态增加或减少网络功能的实例，实现网络资源的弹性调配。

12.3.2　网络能力开放技术

网络能力开放技术是 SDN/NFV 技术的重要补充，它在未来的电力本地通信网络中具有巨大的潜力和价值。网络能力开放技术允许网络功能和资源对外开放和共享，通过开放接口和标准化协议，第三方应用可以直接调用电力本地通信网络的功能和资源，实现更多样化的服务和应用。这种开放性的特点将推动电力本地通信网络的创新和发展，促进智能电网的建设和运营。

通过网络能力开放技术，一方面，电力本地通信网络将能够向第三方应用开放各种网络功能和资源，包括网络控制、数据传输、数据处理等。这将为开发者和服务提供商提供更多样化的服务和应用开发空间，从而满足电力系统不断增长的需求。例如，第三方应用可以利用开放的网络功能和资源开发智能能源管理系统、电力设备监测与预警系统、电力负荷预测和调度系统等。另一方面，电力本地通信网络中的资源可以实现共享与优化。例如，不同供电局或企业可以共享网络资源，实现资源的高效利用和优化配置。这将带来网络资源的整合效益，从而降低资源浪费，提高网络的整体性能。

网络能力开放技术将激发技术创新和竞争。网络能力开放技术将为电力本地通信网络建立开放、共享的生态系统提供契机。开放的网络接口和标准化协议将吸引更多的开发者和合作伙伴加入电力本地通信网络的建设和运营中，共同推动生态系统的发展。这将形成一个多元化、协作性强的生态系统，加速电力本地通信网络的创新和升级。不同的开发者和厂商可以基于开放的网络功能和资源进行技术创新，推出更具竞争力的产品和服务。这将促进技术的不断进步和演进，推动电力本地通信网络向更智能、更高效的方向发展。

综上所述，SDN/NFV 与网络能力开放技术在未来电力通信网络中将推动电力系统向智能化、高效化、可靠化方向发展。具有多样化的服务与应用、可以灵活配置和动态调整、能够降低部署和维护成本、能够促进技术创新与竞争、能够实现资源共享与优化，这些优势和机遇将共同推动电力本地通信网络的创新和发展，为智能电网的建设与运营提供强有力的支持。

12.4 时间同步技术

随着电力系统的数字化和智能化程度的提高，电力设备之间需要实现高度精确的时间同步，以保证数据的准确性和可靠性。网络时间同步是指通过一种特定的协议或技术将多个网络设备的时钟进行同步，使它们具有相同的时间参考。在电力通信网络中，准确的时间同步对于确保电力设备之间的协同工作、数据采集和能源调度等任务至关重要。时间同步技术在未来电力本地通信网络中将发挥关键作用。

时间同步技术可以用于电力设备的同步，还可以支持电力系统的广域测量和同步测量，实现电力系统的高精度监测和控制。此外，时间同步技术可以用于支持电力系统对外部时间源的校准，确保电力系统与其他系统之间的数据交换的一致性和准确性。在未来的电力通信网络中，可以发挥作用的时间同步技术有网络时间协议（network time protocol，NTP）、全球定位系统（global positioning system，GPS）等。

12.4.1　NTP 时间同步技术

NTP 是一种用于同步网络设备时钟的协议，最早由 David L. Mills 于 1985 年提出。NTP 工作在应用层，通过使用 UDP 协议进行时间同步。它采用一种分层的客户-服务器体系结构，通过选择合适的参考时钟源（称为时钟源服务器），将时间信息传递给客户端设备，从而实现网络设备之间的时钟同步。

NTP 的工作原理包括以下几个关键步骤：

（1）选择合适的时钟源服务器。NTP 客户端从一组可用的时钟源服务器中选择一个合适的参考时钟源，其通常是具有高精度和稳定性的时间服务器。

（2）测量时钟偏差。NTP 客户端通过向时钟源服务器发送时间请求，并获取其回复的时间戳来测量自己的时钟偏差。

（3）计算时钟校正。根据时钟偏差和延迟信息，NTP 客户端计算出自己的时钟校正值，并将其应用于本地时钟。

在未来的电力通信网络中，NTP 将继续扮演重要角色。电力系统中的各种设备需要准确的时间戳来进行数据采集、事件记录、故障诊断等任务。NTP 可以确保网络设备具有高精度和一致的时间参考，从而保证电力通信网络的稳定性和可靠性。

12.4.2　GPS 时间同步技术

GPS 是由美国政府维护的由一组卫星组成的导航系统，用于提供全球范围内的位置和时间信息。GPS 系统中通过卫星广播的精确时间信号，可以用于准确同步网络设备的时钟。

在使用 GPS 进行时间同步时，网络设备需要连接到至少 4 颗 GPS 卫星，通过测量从卫星接收信号的传播时间来计算设备的时钟偏差。由于 GPS 卫星具有高精度的原子钟，因此可以提供非常准确的时间参考。

在未来的电力通信网络中，GPS 将继续发挥重要作用。GPS 不仅可以提供高精度的时间同步，还可以用于定位服务、时间戳校准、事件记录等方面。特别是在分布式电力系统和智能电网中，各种设备都需要高度同步的时钟，以确保协同工作和数据的准确性。

12.4.3 其他时间同步技术

除了 NTP 和 GPS，其他时间同步技术也在不断发展，有望为电力本地通信网络提供更高精度的时间同步服务。

（1）IEEE 1588，也称精确时间协议（precise time protocol，PTP），是一种用于实时系统中高精度时间同步的协议。相比 NTP 和 GPS，IEEE 1588 可以在微秒级别实现设备之间的时间同步，因此特别适用于对时间同步要求更为苛刻的应用场景。IEEE 1588 利用网络中的主从时钟模式来实现高精度的时间同步。其中，主时钟在网络中广播时间戳，从时钟通过收集这些时间戳来进行时钟校准。

（2）光纤同步技术是利用光纤传输中光信号传播速度稳定的特性来实现时间同步。光信号的传播速度通常受温度和折射率等因素的影响较小，因此光纤同步技术可以提供较高的时间同步精度。在电力本地通信网络中，通过使用光纤传输时间同步信号，可以在不同设备之间实现高度同步的时钟，从而提高数据采集和能源调度的精度。

（3）氢原子钟是一种高精度的原子钟，其原理是通过测量氢原子的能级跃迁频率来实现时间的计量。氢原子钟具有非常高的稳定性和精度，可以提供亚微秒级别的时间同步。在未来的电力本地通信网络中，引入氢原子钟技术可以为有高精度要求的应用场景提供可靠的时间同步服务，如智能电网中对电力设备的精确调度和同步数据采集。

总的来说，未来时间同步技术的发展将朝着更高精度、更可靠的方向前进。IEEE 1588、光纤同步技术和氢原子钟技术都是有潜力的候选技术，它们可以为电力本地通信网络提供更精准的时间同步服务，确保电力设备之间的协同工作、数据采集和能源调度等任务的准确性和稳定性。这些时间同步技术的不断发展和应用，将为未来智能电力系统的建设和运营提供有力支持。

12.5 定位服务技术

定位服务技术在未来的电力本地通信网络中将发挥关键作用。通过在电力设备和通信终端上集成定位模块，可以实现对电力设备和人员的实时定位，提高电力设备的管理效率和安全性。这些定位服务可以采用多种定位技术，包括 GPS、北斗卫星定位系统、无线传感器网络等。

12.5.1　典型的定位服务技术

1. GPS 定位服务

在电力本地通信网络中，GPS 可以通过在电力设备和通信终端上集成 GPS 接收模块，实现对电力设备的实时定位。

在未来的电力本地通信网络中，GPS 技术将用于实现电力设备的实时定位与监控。通过在电力设备和通信终端上集成 GPS 接收模块，电力公司可以准确获取电力设备的位置信息，包括变电站、变压器、输电线路等的位置信息。这有助于电力公司实时监控设备的运行状态，发现设备故障和异常。当设备发生故障时，电力公司可以快速定位故障设备，及时派遣维修人员进行处理，避免设备的进一步损坏。通过 GPS 实现设备的实时定位与监控，电力公司可以提高设备管理的效率和设备运行的可靠性。通过 GPS 定位信息，电力公司可以实时了解电力设备的位置和分布情况，合理安排设备的调度和管理。此外，电力公司可以根据设备的位置信息进行分组调度，实现设备的合理利用和资源管理，提高设备维护的效率和资源利用的效益。

2. 北斗卫星定位服务

北斗卫星定位系统是由中国政府维护的导航系统，类似于 GPS 系统，通过一组卫星提供全球定位和导航服务。北斗卫星定位系统在电力本地通信网络中的应用与 GPS 类似，可以实现电力设备的实时定位和位置感知。

除提供与 GPS 定位服务相同的功能外，北斗卫星定位系统还提供短报文服务，这是一种可以实现低速、小容量数据通信的服务。在未来的电力本地通信网络中，电力公司可以利用北斗短报文服务实现设备之间的简单通信和数据传输。例如，维修人员可以通过北斗短报文服务向电力设备发送简单的指令和命令，实现对设备的遥控和操作。此外，电力设备之间可以通过北斗短报文进行消息通信。

3. 无线传感器网络定位服务

无线传感器网络是由大量分布在空间中的传感器节点组成的网络。这些传感器节点可以实时采集周围环境的数据，并通过通信协议将数据传输给其他节点或基站。在电力本地通信网络中，利用无线传感器网络可以实现电力设备和环境的实时监测与定位。

基于无线传感器网络的定位服务，首先需要在电力设备附近和电力线路上部署大量的传感器节点。这些传感器节点可以是微型传感器、摄像头或其他类型的传感器，用于采集环境参数数据和设备状态信息。节点的布置位置需要考

虑覆盖范围和定位精度的要求，以确保对电力设备的监测和定位能够有效
实现。

在传感器节点布置好之后，还需要运用定位算法实现节点的定位。传感器
节点可以利用 TOA、AOA、RSSI 等方式，通过与其他节点之间的相互通信来
实现相对定位。同时，可以引入卡尔曼滤波等算法来对节点的位置信息进行融
合和优化，提高定位的精度和稳定性。

12.5.2 定位服务技术的应用和优势

在电力本地通信网络中，定位服务技术具有以下应用和优势：

（1）实时设备定位。通过定位服务技术，电力系统可以实时获取电力设备
的位置信息，包括变电站、变压器、电缆线路等的位置信息。这样可以帮助电
力公司准确掌握设备的位置和状态，及时进行设备维护和故障排除。

（2）设备管理和调度。定位服务技术可以为电力设备的管理和调度提供重
要支持。通过定位信息，电力系统可以快速定位并调派维修人员，实现快速响
应和故障处理，从而提高设备的可用性和可靠性。

（3）基于位置的智能应用。定位服务技术可以为电力系统提供基于位置的
智能应用。例如，可以根据设备的位置信息进行区域性能耗优化，实现电力资
源的合理分配和节约；还可以通过定位数据进行电力负荷预测和资源调度，优
化电力系统的运行效率。

（4）安全管理。定位服务技术可以帮助电力公司监控电力设备的位置和运
行状态，预防设备的非法操作和盗窃行为。在紧急情况下，定位服务技术也可
以帮助快速定位事故地点，实施紧急救援措施。

综上所述，定位服务技术的应用将有助于提高电力系统的运行效率、安全
性和可靠性，推动电力本地通信网络向更智能、高效的方向发展。

12.6 边缘计算技术

边缘计算是未来电力本地通信网络的重要发展方向之一。边缘计算是一种
新兴的计算模式，它将数据处理和计算推向网络边缘，与传统的集中式计算模
式相对立。在边缘计算中，数据不再需要全部传输到中心化的数据中心或云服
务器进行处理，而是在靠近数据源的边缘设备或边缘节点上进行处理和分析。
这种分布式的计算模式可以有效减小数据在网络传输过程中的延迟和带宽消
耗，提高数据的处理速度和实时性。边缘计算技术依赖于在边缘设备上运行的

边缘节点，这些节点可以是智能手机、物联网设备、传感器、边缘服务器等。边缘节点可以具备一定的计算和存储能力，能够在本地进行数据处理和分析。

12.6.1　边缘计算的基础架构

边缘计算的基础架构主要包括边缘设备、边缘服务器和边缘网关、云端服务器等组件。这些组件相互协作，形成边缘计算的基础设施，为数据处理和计算提供支持。

（1）边缘设备。边缘设备是指部署在网络边缘的终端设备，如传感器、智能手机、物联网设备等。边缘设备通常具有一定的计算能力和存储能力，可以对采集到的数据进行预处理和初步分析。这些设备在本地进行数据处理和决策，从而降低了数据传输到中心化的数据中心的需求，减小了网络延迟和带宽消耗。

（2）边缘服务器。边缘服务器是部署在网络边缘的服务器，其位置通常靠近边缘设备。边缘服务器具有更强大的计算和存储能力，可以承担较为复杂的数据处理和计算任务。边缘服务器负责接收边缘设备传输的数据，并进行进一步的处理和分析，将重要的数据传输到云端服务器或其他边缘服务器进行集中存储和分析。

（3）边缘网关。边缘网关是连接边缘设备和边缘服务器的关键组件。边缘网关位于边缘设备和边缘服务器之间，负责数据的转发和处理。边缘网关在本地进行数据的汇聚和过滤，将重要的数据传输到边缘服务器进行进一步处理，同时将其他数据传输到云端服务器进行存储和分析。边缘网关还可以实现边缘设备与云端服务器之间的无缝连接，提供更加灵活和高效的数据传输和处理。

（4）云端服务器。云端服务器是位于数据中心的服务器，具有强大的计算和存储能力。通过将边缘计算和云计算相结合，云端服务器负责处理大规模数据的分析和存储任务，实现对海量数据的处理和管理。边缘设备和边缘服务器通过边缘网关与云端服务器进行连接，形成了边缘计算和云计算协同工作的体系结构。

12.6.2　边缘计算技术的应用

在电力系统中，边缘计算技术可以支持实时数据处理和智能决策，提高电力系统的响应速度和稳定性。边缘计算技术在未来电力本地通信网络中的应用包括：

（1）实时数据分析。边缘计算能够实现实时数据分析，通过在网络边缘进行数据处理，电力系统可以迅速对实时数据进行分析和处理。在智能电网中，边缘计算可以用于实时监测电力设备的运行状态，进行故障预警和即时处理。这样的实时数据分析将大大提高电力系统对设备运行状况的感知能力，实现智能化的设备管理和运维。

（2）降低数据传输成本。传统的数据处理方式是将数据传输到中心化的数据中心进行处理，再返回结果。这样的过程会占用大量的网络带宽和资源，导致网络拥堵和传输延迟。而边缘计算将数据处理和计算推向网络边缘，减少了大量数据传输到中心化的数据中心的需求。这样一来，网络带宽消耗和传输成本将大大降低，从而提高了电力本地通信网络的效率和性能。

（3）支持智能决策。通过在网络边缘进行数据分析和处理，边缘计算可以快速得出结论和推荐建议，为电力系统的决策提供实时、准确的数据支持。例如，在电力负荷预测和资源调度方面，边缘计算可以根据实时采集的数据，帮助电力系统做出智能决策，实现能源的高效利用和资源的合理分配。

（4）增强网络安全。由于边缘计算可以在设备本地进行数据处理和计算，因此减少了数据在网络传输过程中的暴露机会，从而提高了数据的安全性和隐私保护。在电力本地通信网络中，安全性一直是一个重要的关注点，边缘计算技术的应用有助于加强网络的安全保护，防止数据泄露和恶意攻击。

综上所述，边缘计算技术在未来电力本地通信网络中将发挥重要作用。它可以通过在实时数据分析、降低数据传输成本、支持智能决策和增强网络安全等方面的应用，为电力系统提供高效、智能、安全的服务支持。这将推动电力本地通信网络的智能化和高效化发展，进一步提升电力系统的运行效率和稳定性。

12.7 区块链技术

12.7.1 区块链技术的意义

区块链技术对电力物联网本地通信网络能力增强的意义主要体现在以下几个方面：

（1）提升数据安全性和透明性。区块链技术可以提供不可篡改的数据记录，使得电力数据更加安全和透明。通过区块链技术，可以实现电力数据的分布式存储和共享，有效防止数据被篡改或伪造，同时保证数据的完整性和一致性。

（2）优化能源交易。区块链技术可以优化能源交易过程，提高交易的效率和透明度。通过区块链技术，可以实现电力交易的去中心化，降低交易成本和时间，同时保证交易的公正性和安全性。

（3）增强设备互操作性。区块链技术可以增强电力设备的互操作性。通过区块链技术，可以实现不同品牌、型号和协议的电力设备之间的数据共享和交互，提高设备的兼容性和互操作性。

（4）促进能源互联网发展。区块链技术可以促进能源互联网的发展。通过区块链技术，可以实现能源生产和消费的智能化和自组织化，推动能源互联网的构建和发展，同时提高能源利用效率和降低能源成本。

（5）优化电力行业管理。区块链技术可以优化电力行业的管理。通过区块链技术，可以实现电力行业管理的去中心化和智能化，提高管理效率和降低管理成本，同时保证管理的公正性和透明度。

总之，区块链技术对电力物联网本地通信网络的意义主要体现在提升数据安全性和透明性、优化能源交易、增强设备互操作性、促进能源互联网发展以及优化电力行业管理等方面，这将为电力行业的发展带来巨大的机遇和挑战。

12.7.2　区块链技术的类型

区块链技术是一种基于密码学和分布式计算的新兴技术，它的核心特点是分布式、去中心化的数据存储和管理方式。在区块链中，数据被记录在一个个区块中，并通过密码学技术链接成一个不断增长的链条，每个区块包含前一个区块的哈希值，以确保数据的完整性和安全性。区块链的去中心化特性意味着没有单一的中央机构控制数据，每个参与者都可以验证和记录交易，从而形成一个安全可信的网络。区块链可以根据其部署方式和参与者权限的不同，分为联盟链（consortium blockchain）、公有链（public blockchain）和私有链（private blockchain）三种类型。每种类型的区块链在未来电力通信网络中都有各自的优势和劣势。

（1）联盟链。联盟链是由多个实体或组织共同管理和控制的区块链网络。在联盟链中，参与者需要得到授权才能加入，并且这些参与者通常都是事先确定的，具有较高的信任度。联盟链通常具有较高的性能和可扩展性，因为参与者数量相对较少，交易的确认速度较快。在未来的电力通信网络中，联盟链可以应用于电力系统内部的数据共享和管理，提高数据的可信度和共享效率。然而，联盟链的弊端是中心化程度较高，且由于参与者是事先确定的，可能存在一定程度的信任问题。

（2）公有链。公有链是一种完全去中心化的区块链网络，任何人都可以参与其中，而无须获得授权。公有链中的数据和交易都是公开透明的，所有参与者都可以验证和记录交易。公有链的优势在于高度的安全性和去中心化特性，没有单一的控制机构，数据不易被篡改或操纵。然而，公有链的劣势是其性能和扩展性较差，且由于交易和数据需要全网节点共同验证和记录，导致交易确认速度较慢。在未来的电力通信网络中，公有链可以用于提供公开透明的电力数据记录和交易，增加数据的可信度和透明度，但需要解决性能和隐私保护等方面的挑战。

（3）私有链。私有链是由单一实体或组织独自控制和管理的区块链网络。在私有链中，参与者需要获得授权才能加入，只有被允许的参与者可以验证和记录交易。私有链通常具有较高的性能和隐私保护性，因为参与者数量有限，交易只需在授权节点之间进行。在未来的电力通信网络中，私有链可以用于内部数据的安全传输和隐私保护，以防止敏感信息被泄露。然而，私有链的劣势在于其去中心化程度较低，可能存在被操纵和控制的风险。

12.7.3 区块链技术的应用

在未来的电力通信网络中，各种类型的区块链技术可以根据不同的场景和需求进行灵活应用。联盟链适用于电力系统内部的数据共享和管理，公有链可以用于提供公开透明的电力数据记录和交易，私有链则适用于内部数据的安全传输和隐私保护。未来电力通信网络可以结合不同类型的区块链技术，发挥其各自的优势，提高电力数据的安全性、可信度和透明度。同时，需要克服各种类型区块链技术所面临的挑战，包括性能、隐私保护、拓展性等方面的问题，实现电力通信网络的高效、智能和安全发展。区块链在未来的电力本地通信网络有以下几方面的应用：

首先，区块链技术可以应用于电力数据的安全传输和存储。电力本地通信网络中涉及大量的电力数据传输和交换，这些数据对于电力系统的管理和运营至关重要。采用区块链技术可以确保数据的真实性和不可篡改性，防止数据被篡改或伪造，提高电力数据的安全性和可信度。

其次，区块链技术可以支持电力本地通信网络的智能化运营。通过将智能设备、传感器与区块链相结合，可以实现设备之间的可信交换和智能协作。例如，在智能电网中，通过区块链技术，设备可以自动进行能源交易，实现能源的高效配置和分配。同时，区块链可以为电力本地通信网络提供智能合约功能，实现自动化的数据处理和决策，提高电力系统的响应速度和管理效率。

最后，区块链技术可以改善电力本地通信网络的隐私保护和安全性。在传统的中心化数据管理模式下，电力数据容易受到黑客攻击或面临泄露的风险。而采用区块链技术时，数据是分布式存储的，每个参与者只能查看其拥有的数据，而无法访问其他数据，从而提高了数据的隐私保护和安全性。

区块链技术是未来电力本地通信网络的新兴技术，其分布式、去中心化的特性为电力数据的安全传输和存储提供了保障。在未来的电力本地通信网络中，区块链技术将成为一项关键的技术，为电力系统的智能化、高效化和安全化发展提供有力支持。

第四部分
实 践 篇

第 13 章　新型电力系统本地通信
网络典型实践案例

13.1　国家电网公司输变电设备物联网体系与应用案例

国家电网公司坚持需求导向、注重基层实效，围绕设备安全、质效提升和价值挖掘，开展总体架构设计、关键技术研究和典型场景布局，构建设备状态全景化、数据分析智能化、设备管理精益化的输变电设备物联网，通过泛在物联和深度感知，不断提高电网资源配置能力、安全保障能力和智能互动能力，于 2019 年提出《输变电设备物联网建设方案》，为"三型两网、世界一流"战略落地提供安全保障。

13.1.1　建设目标

一是构建基于感知层、网络层、平台层和应用层的输变电设备物联网总体架构，形成一体化布局；二是形成输变电设备物联网关键核心标准，研究物联网关键技术，形成标准和技术的双轮驱动；三是推动物联网在输电、变电、换流等多领域、多场景的广泛应用，努力开创"设备安全可靠、管理精益高效、价值共建共享"的电网设备管理新格局。

13.1.2　总体结构设计

输变电设备物联网总体架构分为感知层、网络层、平台层和应用层 4 个层级，如图 13-1 所示。

（1）感知层。感知层由各类物联网传感器、网络节点组成，分为传感器层与数据汇聚层两部分，实现传感信息采集和汇聚。传感器层由各类物联网传感器组成，用于采集不同类型的设备状态量，并通过网络将数据上传至汇聚节点。物联网传感器分为微功率无线传感器（微瓦级）、低功耗无线传感器（毫瓦级）、有线传感器三类。数据汇聚层由汇聚节点、接入节点等网络节点组成，

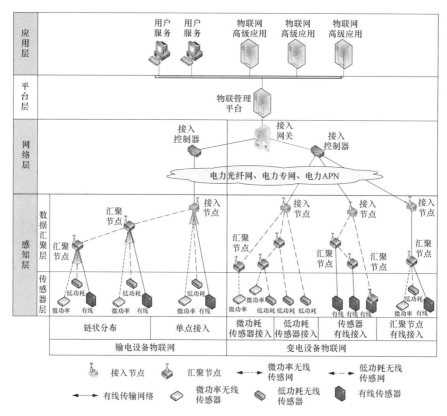

图 13-1 输变电设备物联网总体架构

各类节点装备构成微功率/低功耗无线传感器网络和有线传输网络全兼容、业务场景全覆盖的传感器网络，同时搭载可用软件定义的边缘计算框架，实现一定范围内传感器数据的汇聚、边缘计算与内网回传。

（2）网络层。网络层由电力无线专网、电力 APN 通道、电力光纤网等通信通道及相关网络设备组成，为输变电设备物联网提供高可靠、高安全、高带宽的数据传输通道。

（3）平台层。基于国家电网公司统一的物联管理平台实现物联网各类传感器及网络节点装备的管理、协调与监控，物联网边缘计算算法的远程配置，以及多源异构物联网数据的开放式接入和海量数据存储。

（4）应用层。应用层用于数据高级分析与应用以及运检业务管理支撑。针对传感数据类型繁杂、诊断算法多样化等需求，部署开放式算法扩展坞，建立统一算法容器及 I/O 接口，利用大数据、人工智能等技术，实现算法模块标准化调用，为电网运检智能化分析管控系统以及生产管理系统（production management system，PMS）等提供业务数据和算法能力支撑。

13.1.3　整体功能定位

输变电设备物联网通过感知层的多种类型传感器实现设备状态全面感知；通过网络层对感知数据进行可靠传输，实现信息高效处理；在平台层，通过国家电网公司统一的物联管理平台汇集物联采集数据，进行标准化转换后分发到国家电网公司数据中台；基于国家电网公司数据中台，通过应用层对物联网感知数据进行高级分析与应用，实现信息共享和辅助决策。输变电设备物联网各层级功能定位如图 13-2 所示。

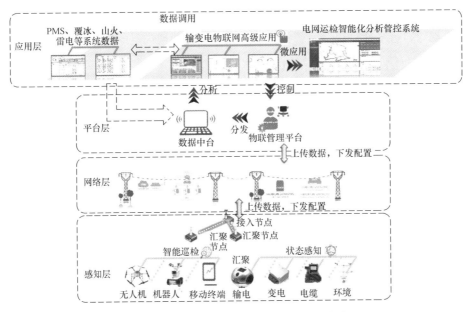

图 13-2　输变电设备物联网各层级功能定位

（1）电网运检智能化分析管控系统将物联网数据与其他系统数据进行联合高级分析与应用，以微应用模块为交互窗口对结果进行集中展示，实现输变电设备物联网各类数据信息的及时推送和实时共享。

（2）PMS2.0 基于国家电网公司数据中台向物联网应用层提供输变电设备台账和历史试验数据信息，与物联网感知数据进行设备对应和身份识别，实现快速资产定位和历史信息追溯。

（3）雷电、覆冰、山火、台风、地质灾害、舞动、电缆线路、气象、架空线路等通道环境监测预警系统基于国家电网公司数据中台向物联网应用层系统提供输变电设备本体和环境等信息，实现多源数据融合与多维综合分析。

（4）各类在线监测系统基于国家电网公司数据中台向物联网应用层系统提供已有在线监测设备获取的实时监测数据，与物联网感知数据互为补充，共同支撑物联网高级分析与应用。

（5）调度管理系统、用电信息采集系统、营销业务系统等其他专业生产系统基于国家电网公司数据中台向物联网应用层系统提供相关数据，通过物联网高级分析与应用产生共享数据信息，辅助其他专业管理人员决策，促进输变电设备物联网价值共享，支撑国家电网公司泛在物联网建设。

13.1.4　标准体系

为提升输变电设备物联网的互联互通能力与系统可靠性，建立基于通信协议与规约、边缘计算规范、装备技术规范和装备管理规范的标准体系。

1. 通信协议与规约

在通信协议的统一性方面，各供应商产品的私有协议无法相互兼容，各自形成封闭体系，导致传感器网络系统大量重复建设，无线频谱资源无序利用，而通用无线通信协议无法完全适应电力行业长距离、多态组网、低功耗等业务需求，需要有针对性地进行网络协议优化设计。在装备可靠性及管理方面，传感器、网络节点等设备的技术参数与检测标准不统一，需要对其可靠性和运行寿命进行规范，并对装备管理提出明确要求。

通信协议与规约包括 Q/GDW 12020—2019《输变电设备物联网微功率无线网通信协议》、Q/GDW 12021—2019《输变电设备物联网节点装备无线组网协议》、Q/GDW 12186—2021《输变电设备物联网通信安全规范》、Q/GDW 12184—2021《输变电设备物联网传感器数据规范》。输变电设备物联网通信协议与规约的逻辑关系如图 13-3 所示。

Q/GDW 12020—2019 定义了适合输变电微功率传感器（微瓦级）的底层通信协议。

Q/GDW 12021—2019 定义了低功耗传感器（毫瓦级）、汇聚节点、汇聚节点（中继）及接入节点之间的通信组网底层协议。

Q/GDW 12186—2021 规范了输变电设备物联网的信息安全要求，明确了从感知层到应用层各类设备的数据加密要求和方法，以确保通信数据的机密性、完整性和可用性。

Q/GDW 12184—2021 规定了传感器感知数据的编码方式，将微功率传感器、低功耗传感器、汇聚节点、汇聚节点（中继）、接入节点之间的通信数据编译为输变电设备物联网的标准格式数据包。

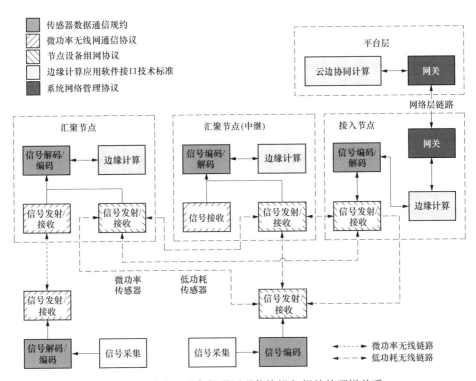

图 13-3　输变电设备物联网通信协议与规约的逻辑关系

《输变电设备物联网系统网络管理协议》基于国家电网公司统一物联管理平台，定义了输变电接入节点和传感器、汇聚节点、接入节点等输变电设备专业应用之间的参数配置接口和方法。

2. 边缘计算规范

边缘计算规范主要包括 Q/GDW 12185—2021《输变电设备物联网边缘计算应用软件接口技术标准》，其基于国家电网公司统一边缘计算框架定义了输变电边缘分析算法与边缘计算框架之间的接口协议。

3. 装备技术规范

装备技术规范包括 Q/GDW 12084—2021《输变电设备物联网微功率无线传感网模组技术规范》、Q/GDW 12083—2021《输变电设备物联网无线节点装置技术规范》，其规范了传感器、节点装备的外形、尺寸、寿命、安全防护等级、电磁兼容性、测试方法等方面的标准和要求。

4. 装备管理规范

装备管理规范有 Q/GDW 12087—2021《输变电设备物联网节点装备现场

施工安装技术规范》，其统一了传感器和节点装备的采购、安装、调试、验收和运维等方面的标准和要求。

13.1.5 典型应用场景

1. 变电设备物联网应用场景

变电设备物联网应用全景如图 13-4 所示。

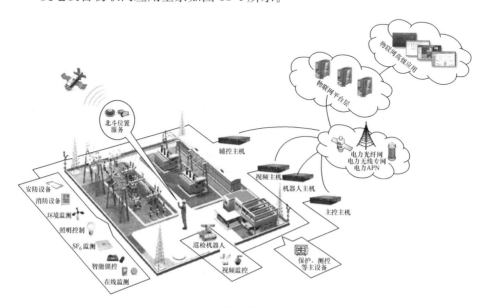

图 13-4 变电设备物联网应用全景

（1）变电主辅设备全面监控。采用先进的传感技术对变电站环境量、状态量、电气量、行为量进行实时采集，集成变电站全面运行信息，实现无人值守变电站设备本体及变电站运行环境的深度感知、风险预警、远程监控及智能联动，提升变电站状态感知的及时性、主动性和准确性。

场景一：变电主设备的状态感知。一是通过实时上传站内电流、电压等设备运行信息及设备异常告警信号，实现运维班对所管辖变电站设备实时运行状态的准确掌握，强化运维班设备感知能力。二是利用先进的在线监测传感器，如电流互感器、油压监测装置、变压器套管一体化内部状态监测装置、数字化气体继电器、声学照相机等，实现对变电设备状态的全方位实时感知；利用站内辅助监控主机开展边缘计算，根据阈值初步判断状态量，实现设备状态的自主快速感知和预警。对于异常设备，及时向运行人员推送预警信息，调整状态监控策略，并将数据上传至平台层和应用层进行更精确的诊断和分析。三是利用变压器实时油温、功率等运行信息和历史试验数据，结合变电站微气象参数，运用变压器热路模型算法，实现变压器过载能力的动态预测和寿命的安全评估。

场景二：变电站运行环境的状态感知。通过站内辅助监控主机，采集分析变电站微气象、烟雾、温湿度、电缆沟水位、SF_6 气体含量等传感器数据，实现变电站运行环境的状态感知，并及时推送站内安全运行风险预警。一是根据烟雾传感器、感温电缆与设备监测数据，实现变电站站房火灾隐患的监测和感知，并与灭火装置智能联动，实现自动触发、及时灭火；二是利用 SF_6 气体传感器，感知变电站站房内有害气体的含量，并进行实时告警；三是通过水浸传感器，监测电缆沟道的积水情况。

场景三：变电主辅设备智能联动。如站内发生预警、异常、故障、火灾、暴雨等情况，站内辅助监控主机主动启用机器人、视频监控、灯光监控、环境监控、消防等设备设施，立体呈现现场的运行情况和环境数据，实现主辅设备智能联动、协同控制，为设备异常判别和指挥决策提供信息支撑。

（2）倒闸操作一键顺控。基于传感监测、边缘计算、智能判别及自动控制等手段，转变以现场操作为主的传统倒闸操作模式，实现自动顺序执行的一键顺控，减少无效劳动，降低误操作风险，提升运检效率效益。

场景四：倒闸操作一键顺控。依托断路器与隔离开关位置接点、互感器、压力传感器、视频监控装置、姿态传感器等传感设备，实时采集设备位置信息，传输至站内主设备监控主机，通过边缘计算、阈值判断、模式识别等方法，采用"位置遥信＋遥测"双确认机制，判别设备分合闸状态。主设备监控主机根据判别结果，分析操作条件是否满足及操作是否到位，替代传统操作中的人工现场确认，最终实现倒闸操作自动顺序执行。当顺控程序执行异常时，主设备监控主机智能联动异常设备附近的视频监控装置或巡检机器人，辅助判别异常原因。

（3）变电站智能巡检。在变电站配置户内、户外巡检机器人及各类视频摄像头，应用成熟的图像识别和导航技术，采用"机器人＋高清视频"的联合巡检方式，开展站内无人智能巡检。

场景五：变电设备自动巡检。采用"机器人＋高清视频"的联合方式，将人工智能、图像识别、声纹识别、定位导航等技术应用于变电站设备设施巡检，实现自主导航、自动记录、智能识别、远程遥控等功能，全面覆盖户内外设备，提升巡检效率，降低巡检成本。

（4）变电站智能管控。在变电站内合理布设各类视频摄像头和视频监控主机（含智能分析单元），充分利用成熟的人员行为分析、缺陷检查、入侵诊断、烟火感知等视频图像识别技术，实时获取安全作业生产、站内关键设备外观及站内环境等情况，利用智能分析单元开展边缘计算，分析各类异常情况并实时告警，实现变电站安全智能管控。

场景六：变电运检人员作业行为智能管控。针对变电运检人员的手机或者手持终端 App，配备具有位置信息和近场通信传感器的间隔边界设备，应用现场视频监控、移动云台等物联网技术，通过边缘计算，智能化地开展作业人员入场检测、分组定位、电子围栏布设、作业范围划分、区域检测、运动检测、作业监控、违规告警，实现运检人员、设备间隔、作业范围的人人互联、人物互联，避免运检人员误入带电间隔或失去工作现场监护，确保运检人员人身安全。

（5）变电设备缺陷主动预警。通过获取主辅设备监视信息，结合规程和专家经验，基于图像识别、智能推理及大数据等智能分析技术，建立多个设备状态与缺陷之间的关联规则，利用变电设备状态实时预警模型、设备缺陷自动分析模型及设备缺陷处理策略等，构建基于多物理量感知的变电设备缺陷主动预警机制。

场景七：变电设备缺陷主动预警。基于主辅设备全面监视产生的变电设备状态全方位感知信息，利用阈值判断、变化趋势判断及同类同型横向比较等设备状态实时预警模型，初步判断状态量是否存在异常。当状态量异常时，自动融合边缘计算、带电检测、运行、停电试验和不良工况等运检专业多源数据，应用设备缺陷自动分析模型对设备状态进行全面诊断分析，判断设备是否存在缺陷，并诊断缺陷类型和严重程度。对于存在缺陷的设备，依据缺陷等级及设备重要程度，结合设备缺陷处理策略，及时向运行人员推送预警和运维决策信息，通过加强感知层在线监测状态量获取频次、缩短带电检测及智能巡检周期等措施，调整状态监控的运维策略。在应用层对缺陷设备进行动态跟踪监视，结合设备历史负荷、温度等信息，应用大数据分析技术，预测设备缺陷的劣化发展趋势，对于劣化明显或运行风险较大的设备，建议对设备进行停电检修，推送包括检修周期、检修等级及检修措施等内容的设备检修决策信息，指导设备的检修工作。

（6）变电设备故障智能决策。基于设备状态信息数据库、设备故障案例样本数据库及相关规程，应用智能推理及大数据等智能分析技术与专家经验进行数据联合驱动，总结设备特征状态量与故障之间的判断规则，建立变电设备故障应急决策、试验决策及检修决策分析模型，构建基于多维故障信息分析的变电设备故障智能决策体系。

场景八：变电设备故障智能决策。当变电设备发生故障时，依据设备主动预警记录、边缘计算结果，以及开关变位、保护动作等各类故障特征信息，结合故障应急决策模型定位故障设备，判断故障类型，并依据故障案例库及故障处理规则库推送包括现场检查、人员组织、主辅设备应急操作、联系汇报、保障人身和设备安全注意事项在内的各种应急处理措施，以及顺序的典型故障应急处理参考方案，辅助工作人员进行故障应急处理，防止故障范围扩大。应急处理决策确定后，可形成决策建议案例入库。故障认定后，可结合故障检修决策规则，形成设备检修辅助决策建议并推送。

（7）变电设备运维成本精益管理。在国家电网公司电网资产统一身份编码（实物 ID）试点建设及推广实施成果和经验的基础上，进一步研究物料、设备类型"一对多、多对一和多对多"的对应关系，扩展实物 ID 变电设备覆盖范围，开展单体设备运维期成本精益核算。

场景九：变电一次设备实物 ID 建设。以"国网芯"RFID 电子标签为载体，运用状态感知、边缘计算等先进泛在电力物联网技术，按照"整站整线"全覆盖原则，推进变电一次设备实物 ID 建设，实现变电站设备智能移动巡检、实物资产精确管理等应用。在招标采购环节，开展变电一次增量设备实物 ID 源头赋码贴签；在运维检修环节，开展变电一次存量设备赋码贴签和数据追溯，实现国家电网公司物联网数据一处录入、多处应用和综合分析。

场景十：变电一次单体设备运行期成本精益核算。选择主变压器、断路器、隔离开关 3 类变电一次设备，运用视频跟踪识别、图像智能匹配等技术，研制变电一次设备运检作业场景的实物 ID 智能感知装备，实现作业现场设备类型智能匹配与现场作业人员工作时长自动统计；制定变电一次单体设备直接成本和间接成本智能归集方法与分摊规则，实现信息自动获取、成本自动分摊，为方案比选、供应商绩效评价、物资招标策略制定、财务多维精益管理等业务的精益化开展提供大数据支撑。

2. 输电设备物联网应用场景

输电设备物联网应用场景架构如图 13-5 所示。

（1）线路状态实时感知与智能诊断。通过微功率/低功耗传感器网络及节点设备实现信息互联及融合，利用边缘计算实现设备状态的初步诊断及告警，依托设备物联网高级应用实现多源信息数据的融合分析与深化应用；利用大数据、云计算等人工智能手段实现输电线路状态的主动评估、智能预警及精准运维，提高线路运检效率和效益。

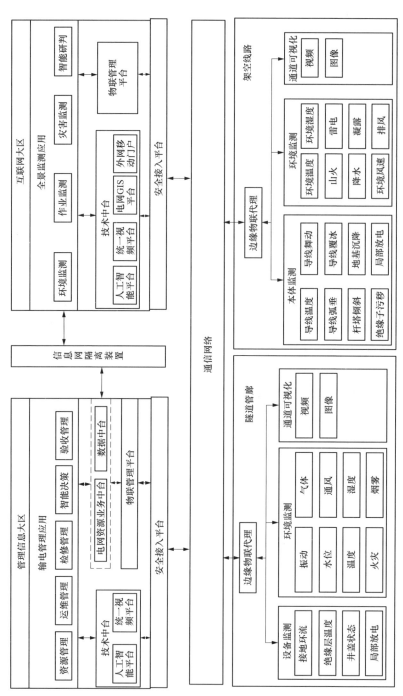

图 13-5 输电设备物联网应用场景架构

场景一：线路温度监测及动态增容。在输电线路导线、耐张线夹、接续管、引流板等处加装无线测温传感器，并适当部署环境温湿度、风速、雨量及日照强度等多参量传感器，全天候感知导线和连接金具温度及周围气象信息，通过自组网全面汇集相关监测信息并进行边缘计算和智能分析，帮助和指导运维人员实时掌握线路运行状态，开展精准运维。在应用层融合线路交跨信息，计算导线最大负荷状况，预测线路导线温度及弧垂变化，指导调度部门合理调配线路输送容量，有序开展动态增容。

　　场景二：线路故障智能诊断与异常放电主动侦测。针对 220kV 及以上线路，部署线路分布式故障监测装置，实时监测线路故障电流及波形；通过边缘计算，对线路本体和走廊雷击波形进行分析，实现故障定位和原因初步分析；在应用层，融合国家电网公司六大监测预警中心监测预警信息、调度录波动作信息和现场无人机巡视信息，建立基于多源信息的输电线路故障原因综合诊断模型，实现故障原因的精确分析，大幅度缩短故障原因诊断时间，并依托人工智能算法迅速判断故障影响范围，提供后续处理方案和决策建议。在输电线路特殊区段推广应用异常状态智能监测终端，实时侦测采集线路导线异常放电行波电流；通过边缘计算，对绝缘子劣化、金具浮放电、植被超高、覆冰、污秽 5 类典型异常放电进行定位、辨识及预警；通过对气象数据、可视化数据、设备台账数据及历史检修数据的融合分析，智能评估设备风险等级，辅助制定检修消缺策略，并为调度部门合理安排电网运行方式提供依据。

　　场景三：线路外绝缘状态感知预警。针对沿海高盐地区，高污染、高粉尘特殊环境，以及运行 10 年及以上的输电线路绝缘子，安装泄漏电流、雨量、温湿度传感器，监测绝缘子表面的泄漏电流状态，通过边缘计算分析模块，实现外绝缘状态实时感知及异常告警。结合设备本体信息、可视化信息及相关检测数据，智能分析瓷玻璃绝缘子污秽度和复合绝缘子本体老化情况，指导复合绝缘子寿命评估及检修策略制定；融合气象降水预报、雾霾预报等公共信息，实现污闪预警，综合判断污闪风险落区和风险线路杆塔，提前预警输电线路外绝缘故障。

　　场景四：共享铁塔安全智能监测。结合共享铁塔所处地形，在输电共享铁塔上有重点、差异化地部署杆塔倾斜传感器、智能螺栓、可视化监控等感知设备，实时监测共享铁塔运行状态。在应用层建立共享铁塔安全监控及评估模块，对监测数据、结构参数和气象数据进行融合分析，智能评估共享杆塔安全状态和风险等级。

　　(2) 自然灾害全景感知与预警决策。通过对雷电、覆冰、山火、台风、地质灾害、舞动等监测预警技术的攻关研究与推广应用，完善基于输电通道环境监测信息的自然灾害预测预警模型，实现通道自然灾害的可视化展示、灾害演化的仿真评估和预测预警，实现对通道各类致灾因子监测预警的全覆盖、高精度、强时效，为智能抢修和智能调度提供决策依据。

场景五：微气象全域监测与辅助决策。依据重要输电通道及微地形分布区域，网格化部署微型气象站、气象数值在线监测系统等感知装置，准确采集线路附近温湿度、风速、风向、雨量等关键气象数据，结合边缘计算技术实现现场气象特征及走势的基本研判；融合现场微气象监测数据、气象卫星数据及公共服务气象数据，实现对微地形、微气象、微物理等影响线路气象环境的关键要素的准确模拟和差异化管控。

场景六：雷电监测预警与智能决策。依托规模化部署的雷电探测基站、预警传感站、气象雷达、避雷器在线监测装置、输电线路异常诊断装置、输电线路分布式故障诊断装置等，实现覆盖区域内雷电数据的查询、统计分析，以及输电通道的雷电临近预警和中长期预报；采用大数据技术开展雷击敏感因子的多源数据联合分析，实现对杆塔雷击风险的评估、预测与预警。

场景七：覆冰监测预警与智能决策。依托覆冰监测装置、附近自动气象站、观冰站（点）的环境气象参量监测数据以及杆塔倾斜装置的监测数据，实现导地线覆冰荷载、覆冰图片和杆塔形变数据的实时采集和边缘计算，准确获得导地线的覆冰厚度。建立易覆冰区网格化覆冰监测体系，完善覆冰监测预警，提升覆冰预测预警主站自动化业务功能，优化覆冰大数据挖掘分析能力，提升微地形区域覆冰预测精度。

场景八：舞动监测预警与智能决策。建立二级及以上舞动区域网格化舞动监测体系，依托舞动监测终端、智能间隔棒和杆塔倾斜装置，对导线工作状态、杆塔形变及周围的微气象信息进行实时监测和边缘计算，获得导线的工作状态和运动状态信息。结合气象数据、图像信息和舞动参数进行舞动风险等级告警和各类数据实时展示。

场景九：山火监测预警与智能决策。丰富山火现场智能监测手段，在重点区段杆塔上部署红外山火预警及可视化装置，结合热气球、直升机、无人机空中巡查数据以及极轨/同步卫星数据，建立空天地一体化山火综合预警体系。结合电网山火灾害蔓延模型与大数据挖掘算法，实现海量数据环境下的电网山火自动预测模型，全面提升山火监测、预警与预测能力。

场景十：地质灾害监测预警与智能决策。针对线路地质灾害风险较高区段的杆塔，部署北斗差分高精度定位仪、卫星遥感器、大型固定翼无人机、地基合成孔径雷达（synthetic aperture radar，SAR）等监测装备，并辅助安装位移传感器和雨量监测仪，实现对输电线路地质灾害隐患的全面实时感知。进一步融合降水预报数据和土壤湿度监测数据，开展输电设备暴雨洪涝风险综合评估和风险分级。对受灾区域开展高分辨率 SAR 影像下的水体信息提取，对输变电设备洪涝灾害进行灾情等级评估，指导及时启动相关应急措施。

场景十一：台风监测预警与智能决策。依托网格化线路气象监测装置、地面气象雷达、移动台风观测车、气象卫星等风场监测装备，构建风场立体感知监测网络，实现风场状态数据、权威气象部门监测预警数据的汇集与共享。基于气象研究与预报（weather research and forecasting，WRF）模型和精细化地面地形地貌，开展台风风场降尺度计算；结合线路设备结构特性与设计标准，实时评估线路风害风险，为运维人员提出辅助决策建议，向运维单位与各级调度部门实时推送风害预警信息。

场景十二：自然灾害综合评估与智能决策。依托雷电、覆冰、山火、台风、地质灾害、舞动等各中心监测预警信息，融合各类智能传感信息和设备本体数字化信息，应用虚拟现实（virtual reality，VR）/增强现实（augmented reality，AR）/混合现实（mixed reality，MR）等仿真技术，实现自然灾害态势演化路径及趋势的分析评估与可视化展示；构建基于多重故障的输电线路安全评估模型，对大电网安全水平进行系统性评估，指导调度部门及时采取预防措施。

（3）空天地多维融合及协同自主巡检。综合边缘智能、安全连接、图像识别、实物 ID 现场交互、微源取能和移动应用等核心技术，利用无人机、直升机、卫星遥感等智能感知手段，结合人工移动巡检，构建新一代线路巡视体系，实现"设备、中台、人员"的泛在互联，从地面、空中和天上对架空输电线路本体设备、附属设施和通道环境进行全方位巡检。利用大数据、云计算、人工智能等技术，深化可见光影像、红外热图、激光点云等多源数据与运检信息的有效融合，开展多设备联合分析，实现运检业务智能辅助决策。

场景十三：全业务智能移动巡检。利用移动作业终端、可穿戴设备等智能装备，对输电线路设备及通道开展标准化巡视，通过电网设备实物 ID，获取线路和杆塔的详细参数和缺陷隐患信息，结合语音识别、图像分析等先进技术，实现巡视签到、轨迹自动记录与回放、巡视到位智能判断等作业全过程管控；利用历史缺陷隐患的智能提醒、查询和校核等功能，及时消除缺陷隐患，实现缺陷隐患的全过程管理；实现线路收资和验收、缺陷隐患登记、影像资料上传等功能智能化。

场景十四：全天候远程通道可视。在"三跨"输电线路等重要交叉跨越区段、外力破坏多发区段以及线路高风险区段，规模化安装具备边缘计算能力的智能可视化监拍装置，采集线路通道环境数据，融合基于深度学习的图像识别方法，实现可视化装置的管理和通道的全天候远程巡视，并将预告警信息实时推送至运维人员现场作业移动终端。打通调控云与可视化系统的信息通道，实现线路跳闸与通道拍照的在线协同，为调控人员处置跳闸故障及运维人员分析故障提供支撑。

场景十五：全视角协同自主巡检。采用无人机、直升机、机器人等巡检手段，搭载可见光照相机、红外成像仪、激光雷达对线路进行精细巡检，实现线路状态的全方位实时感知和预测。当状态量异常时，应用层主动调用数据中台的相关数据，实现历史数据纵向分析；调用同类设备信息，实现状态量横向比较；开展关联数据高级分析，进行输电通道三维建模、树障和交跨检测等应用，实现线路状态的自主快速感知和预警。

场景十六：全时空卫星遥感监测。在选定输电通道的周边 5km 范围内，开展大范围、高精度、短周期的卫星巡视，建立统一的电网遥感卫星数据管理分发体系，有效管理外部和自有卫星数据资源。研究电网用遥感卫星核心指标与组网观测方案、面向多任务组合的试验验证卫星发射与组网关键技术，建立全时空卫星遥感监测体系。

（4）线路检修智能辅助与动态防护。利用无人机、直升机、机器人等辅助装置，优化检修作业流程，提升检修效率；综合物联网感知关键部件及环境状态信息，融合多源历史数据及标准检修方案，自动开展线路状态评价并提出检修建议，并利用云计算、远程视频、智能穿戴等多种技术手段，实现现场作业全过程远程监测与安全管控。

场景十七：多元辅助智能检修。依托前端图像识别，自动实现典型缺陷比对分析与等级确认；融合历史数据信息及典型处置方案，辅助编制检修作业指导书，提出标准化工器具配置、人员要求和工期测算建议。借助无人机、直升机、机器人等，开展异物处置、导地线修补等带电作业及精细化检修验收；利用移动巡检远程视频技术，实现检修难题专家远程视频会诊与技术支持。

场景十八：动态防护作业安全。依托实物 ID 和移动作业手持终端、GPS 定位监测设备，实现作业人员安全管控。检修作业过程中，通过呼吸、体温、脉搏、血压等监测设备，实时监测作业人员的生命体征状态，实现不良体征状态提前预警，确保作业人员的工作状态良好；依托视频监测设备、智能安全帽等穿戴装备，对作业人员违规操作、误入非检修区域等危险作业行为进行实时告警。

（5）高压电缆全息感知与智能管控。采用各类传感器，对高压电缆本体、中间接头、电缆隧道的环境量、物理量、状态量、电气量、行为量进行实时采集，并与运检专业数据融合分析，实现电缆设备状态及隧道环境的深度感知、风险预警和全景展示，主动触发多参量和多设备间的联合分析并推送预警信息，完成各业务系统、个人移动终端、App、智能巡检机器人的信息共享，有效提升高压电缆状态感知的及时性、主动性和准确性，为缺陷、隐患的及时发现、处置提供保障。

场景十九：电缆状态多维感知与诊断决策。利用高频局部放电、光纤测温、红外测温、接地环流监测等各类监测传感器，实现高压隧道电缆状态的全方位自我实时感知；结合带电检测、不良工况、运行和停电试验等多状态量，并实时获取同类高压隧道电缆的信息，通过历史数据纵向分析、各相电缆和同类同型电缆横向比较，对电缆状态进行智能诊断，实现电缆状态的自主快速感知和预警。

场景二十：隧道环境全息感知与远程管控。结合高压电缆隧道视频监控信息、井盖智能监控信息、温湿度、水位、有害气体、烟雾、隧道通风、隧道结构振动、消防装置动作等参量进行综合分析，实现电缆隧道运行环境的状态快速感知。及时推送电缆隧道外部侵入、隧道火灾、隧道有害气体、隧道结构坍塌以及隧道积水等安全运行风险预警信息，并同步发送到移动 App 中，为电缆隧道缺陷、隐患的及时发现、处置提供保障。

场景二十一：电缆智能移动巡检与实时管控。通过 RFID 电子标签、二维码等标识的现场加装，配合探测器、智能移动终端的应用，实现高压电缆及通道的移动巡检，确保高压电缆通道巡视工作质量；实现电缆和通道巡检及时率与到位率监控、巡检轨迹展示、巡检超周期自动预警。

场景二十二：电缆故障快速定位与智能抢修。针对 110(66)kV 及以上混合线路的电缆段、线路段两侧以及电缆线路部署分布式故障监测装置，实时监测线路故障电流及波形，实现故障点地理位置的快速定位；基于故障时电缆本体状态、通道环境信息，融合雷击定位、缺陷隐患、通道三维模型等多源系统数据，实现故障点精确定位与故障原因分析，并提供后续处理方案和决策建议；运维人员迅速启动故障应急抢修预案，应用电缆故障快速恢复技术，通过单兵装备实现应急指挥中心与抢修现场的实时交互与远程指挥。

3. 换流站物联网应用场景

换流站物联网应用场景如图 13-6 所示。

(1) 换流站全景感知。

场景一：主设备多维状态量全景感知。在换流变压器（油浸式平波电抗器）上安装特高频局部放电传感器、超声波局部放电传感器、铁芯夹件泄漏电流传感器、油色谱监测装置、振动传感器等，在套管上安装介损测试仪、电容量监测传感器、SF_6 气体密度传感器、紫外放电监测装置、红外测温装置等，在断路器上安装机械特性传感器、振动传感器、SF_6 气体密度传感器等，在气体绝缘开关设备（gas insulated switchgear, GIS）管母伸缩节处安装位移传感器，在电容器上安装电容量监测传感器、外壳变形传感器等，在避雷器上安装泄漏电流及动作次数传感器，在直流分压器上安装 SF_6 气体密度传感器、紫外

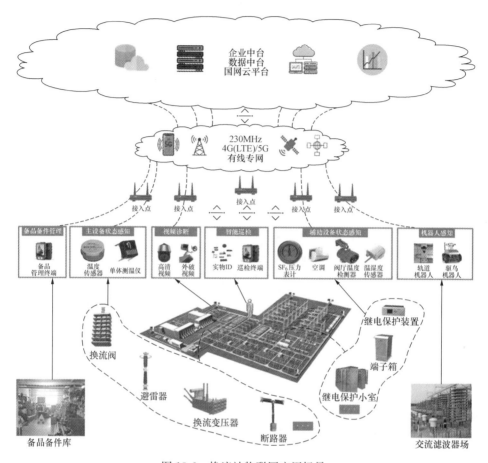

图 13-6 换流站物联网应用场景

放电监测装置等，在换流阀周边安装紫外放电监测装置和红外测温装置等，在隔离开关触头及一次设备主通流接头处安装温度传感器，在绝缘子、绝缘支柱上安装泄漏电流传感器、亲水性监测传感器等，在接地网上安装暂态地电波传感器，实现主设备多维状态量的全景感知。

场景二：辅助设备多维状态量全景感知。在水冷系统上安装漏水监测传感器、轴承温度传感器、水泵及风机振动传感器等，在空调内部安装滤网监测传感器，在电缆沟内安装积水监测传感器、烟雾传感器、电缆温度传感器等，在重要辅助电源上安装温度传感器，在蓄电池上安装电压监视传感器，在换流站围墙上安装安全防护红外传感器，实现辅助设备多维状态的全景感知。

场景三：换流站环境状态量全景感知。在阀厅及控制保护室内安装温湿度传感器、微正压传感器等，在 GIS 室内安装 SF_6 及氧气浓度监测传感器，在换流站不同区域安装微气象传感器，实现换流站环境状态量的全景感知。

（2）换流站全面监控。

场景四：主设备全面监控。通过实时感知换流变压器、油浸式平波电抗器、直流避雷器及断路器、直流分压器、直流断路器、换流阀、水冷系统、阀厅及户内直流场一次设备接头、光电流互感器等各类状态量参数，实现换流站设备状态各专业、各状态信息量的多维展示及智能分析，立体多维度地对换流站运行主设备进行监测。

场景五：辅助设备全面监控。通过采集测量阀厅及控制保护室温湿度、空调设备状态、水冷系统漏水情况、外冷风机运行状态、在线监测数据、主泵漏水情况、电缆沟积水监测状态、蓄电池状态、工业水状态、安全防护状态、灯光、门禁情况、微气象、重要辅助电源温度等信息，基于站内辅助系统监控平台，实现换流站辅助系统设备运行工况的实时监控、联动和多维度分析。

场景六：主辅设备远程监控。通过基于内核的虚拟机（kernel-based virtual machine，KVM）、事件直传等方式，将换流站主辅设备监控系统与远端监视平台交互连接，实现换流站主辅设备运行状态的远程监控，从而提升换流站设备的管控力度，开展换流站故障的远程指导分析。汇集换流站各类设备状态，开展前瞻性、预测性分析诊断，提前做好设备预警和故障防范措施。

（3）换流站状态智能分析与主动预警。

场景七：数据智能分析与主动预警。在二维和三维图形化监测装置分布展示的基础上，深度学习换流站设备状态监测数据、各类历史监测数据、告警数据及典型案例，利用边缘计算结果对缺陷设备进行动态跟踪监视及趋势智能分析，自主分类识别故障类型并提出处置策略；对告警进行分布展示，将告警信息关联到相关的换流站设备，以告警列表提示、图形标注提示、声音提示、短信提示等直观方式传递给相关人员，实现换流站设备缺陷的主动预警。

场景八：图像智能分析与主动预警。结合换流站设备、换流站周边环境状态视频监视，实现视频、图像低延时、高带宽上传，支持图像上送通道拓展，建立面向图像的算法仓库，开展人员安全管理识别、防外破智能识别、入侵诊断、异物分析、周界巡视、隔离开关运动及位置姿态感知等应用，通过人工智能算法，以图像分析等技术对设备状态、换流站环境进行智能分析，及时发出预警信号，实现视频联动监控。

（4）换流站全自动巡检。

场景九：换流变压器区域全自动巡检。通过机器人、视频监控、传感器、红外等技术手段并相互补充，对换流变压器油温、绕温、油位、器身温度、器身振动、渗漏油情况、套管油位、套管 SF_6 压力、冷却器风扇及潜油泵运行情况进行监测，并在汇控柜内部安装摄像头及红外测温装置，实现对换流变压器设备状态的全天候、不间断远程自动巡检，替代人工现场巡检，避免人工巡检过程中发生套管、分接开关爆炸而造成人身伤害。

场景十：其他区域全自动巡检。对照"直流五通"设备全面巡检项目，对直流一次设备及控制保护设备运行状态进行自动采集和分析，实现多形态智能移动巡检，在更大范围的立体空间内开展数据采集和感知；实现阀厅、控制保护室、交直流场等各个区域的全自动巡检，对各类设备缺陷和隐患进行智能识别，及时发现阀塔渗水、接线端子发热等设备故障情况；科学推进人工替代，有效减轻运维人员现场巡视工作量，提升重大活动保电、负荷高峰巡视频次。

（5）换流站全流程全方位智能作业。

场景十一：全流程移动作业。以"直流五通"为标准，通过移动作业终端实现验收、运维、检测、评价、检修作业全流程的标准化、规范化。根据"直流五通"要求进行移动应用的开发与使用，通过手持终端 App，进一步规范现场巡视、维护等作业。以作业卡为基本作业标准，避免现场工作人员在作业过程中发生遗漏工序等问题。实现运维人员巡视数据抄录"当场记"、现场发现缺陷"随手拍"、试验完成后试验报告"及时录"，避免重复录入，提高一线班组劳动效率，减轻基层负担。针对换流站年度检修等大型检修工作，通过移动作业终端实现人脸识别、高速传输，并通过现场设备 RFID 电子标签扫描对设备进行精准定位，全过程、全场景记录换流站年度检修信息，结合 PMS 系统，智能化地形成换流站年度检修日报。检修工作中随时调取设备历史运维检修记录，提高工作针对性。通过手持移动终端、智能可穿戴设备等，实现疑难问题的专家远程会诊和技术支持。

场景十二：现场安全智能管控。采用智能手牌、定位基站等设施对运维人员进行实时定位，设置电子围栏、越界报警、实时视频监控、运动轨迹监测，避免运检人员误入带电间隔；对接地线加装北斗定位装置，将错误拆、挂接地线的告警信息实时反馈至现场施工人员及后台监测系统；采用智能可穿戴设备对现场施工人员的身体状况进行实时监测，实现对不良体征状态的预警。

场景十三：换流变压器返厂修复智能管控。针对换流变压器返厂修复周期长、过程难以管控等问题，在故障换流变压器上安装北斗定位及振动监测装置，将换流变压器位置及运输状态实时上传至管控平台，对过程停滞、振动数据异常等情况自动报警和提醒。利用移动作业终端，全程跟踪换流变压器运输和修复情况，每日上传工作进度，实现换流变压器返厂修复过程的可控、能控、在控。

（6）换流站重要资源精益化管控。

场景十四：换流站消防资源精益化管控。完善消防资源管理、消防运维管理、消防预案管理和消防应急处置等功能，实现换流站火灾隐患的监测和感知，换流站内外消防力量的可视化呈现，消防物资出入库流程的线上化、标准化。强化消防值班管理、日常巡视管理、检测维保管理、专项排查管理、缺陷管理，以及应急预案线上修编发布、消防培训演练过程记录自动归档。火灾发生时，能够自动通报火情，展示处置进度，指导现场安全有序开展火灾应急处置。

场景十五：备品备件及工器具精益化管控。基于 RFID 技术和环境感知信息，采用大数据、边缘计算等技术，对换流站备品备件、特殊直流工器具统一编码，实现实物资产精益管理及备品备件全过程管控。通过获取库房环境数据、备品备件工器具出入库数据，与 PMS 集成获取备品备件工器具试验、维护计划，提高精益化管理水平，保障备品备件工器具完好可用。

13.2 国家电网公司配电物联网体系与应用案例

13.2.1 建立背景

2019 年，国家电网公司发布《配电物联网建设方案》。该方案指出，配电物联网是配电技术与物联网技术深度融合产生的一种新型配电网络形态。配电物联网建设以"三型两网"世界一流能源互联网企业战略为要求，以配用电领域应用需求为导向，以价值创造为核心，将"大云物移智"等先进信息通信技术融入配电侧的各个环节，实现配电网的数字化、信息化和智能化，为规划建设、生产运行、电力营销、企业管理、供电服务提供平台化支撑，有效提升配电网在电力与客户之间供电服务的枢纽能力，实现国家电网公司与客户及其他主体间的信息互动、数据共享与价值共享。

13.2.2 总体设计

配电物联网总体架构如图 13-7 所示。

（1）"云"。基于国家电网公司统一的云平台、企业中台和物联管理平台，实现物联网架构下的配电主站全面云化和微服务化，满足需求快速响应、应用

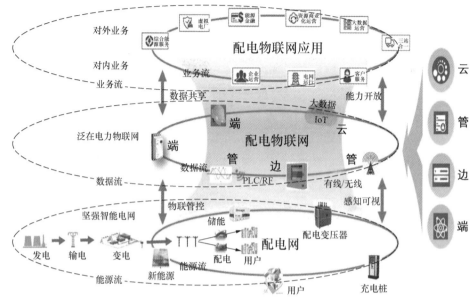

图 13-7　配电物联网总体架构

弹性扩展、资源动态分配、系统集约化运维等要求。

(2)"管"。"管"是为"云""边""端"提供数据传输的通道,采用"远程通信网+本地通信网"的技术架构,完成电网海量信息的高效传输。根据配电物联网"云管边端"的整体架构,配电物联网通信整体架构主要包括"边"与"云"之间的通信、"端"与"边"之间的通信、"端"与"云"之间的通信3大类。

(3)"边"。"边"即边缘计算节点,采用"通用硬件平台+边缘操作系统+边缘计算框架+App业务应用软件"的技术架构,融合网络、计算、存储、应用核心能力,通过边缘计算技术提高业务处理的实时性,降低主站通信和计算的压力;通过软件定义终端,实现电力系统生产业务和客户服务应用功能的灵活部署。

在配电物联网系统架构中,边缘计算节点是"终端数据自组织、端云业务自协同"的载体和关键环节,以实现终端硬件和软件功能的解耦。对下,边缘计算节点与智能感知设备通过数据交换完成边端协同,实现数据全采集、全感知、全掌控;对上,边缘计算节点与物联管理平台通过实时全双工交互关键运行数据完成边云协同,发挥云计算和边缘计算的专长,实现合理分工。

(4)"端"。"端"层是配电物联网架构中的感知层和执行层,实现配电网的运行状态、设备状态、环境状态以及其他辅助信息等基础数据的采集,并执行决策命令或就地控制，同时完成与电力客户的友好互动，有效满足电网生产活动和电力客户服务需求。

"端"为"边"和"云"提供配电网的运行状态、设备状态、环境状态以及其他信息。根据"端"的存在形态，其可分为智能化一次设备、二次装置类、传感器类以及运维和视频等其他装置类。智能化一次设备是集成了传感器、监控和通信终端等功能的新型一/二次深度融合设备，包括变压器、智能开关、补偿装置等；二次装置类主要是 IP 化的智能终端，包括监控终端、电力仪表、故障指示等；传感器类是用于监测一个或多个对象且带有通信功能的物联网化传感器；其他装置类主要包括用于辅助运维的视频、手持终端等。

13.2.3 业务架构

在配电物联网总体架构下，配电设备将拥有更高的数据采集广度和深度，业务体系架构也由传统的配电六大管理业务即配电网调度管理业务、配电运检管理业务、配电自动化管理业务、供电服务指挥业务、配电网工程管理业务和接入工程管理业务衍生为"云管边端"框架下的四大业务应用群，即云端智能应用业务、"边"侧应用业务、数据应用业务、"端"设备应用业务。

每个业务群根据不同业务类型又分为不同的功能模块。不同的模块通过数据共享实现相关功能应用、适配对应业务，既支撑了原有的配电六大管理业务，也满足了配电售电业务指导服务、分布式能源管控服务、电动汽车有序充电服务等配电物联网新业务的应用要求，详细业务架构如图 13-8 所示。

13.2.4 数据架构

从配电物联网数据应用角度出发，可将配电物联网数据划分为资产域、电网域、安全域、营销域数据四种类型，如图 13-9 所示。其中，资产域由资产分析、资产台账、资产运维、资产环境等组成；电网域由电网拓扑、控制变量、量测、状态变量等组成；安全域由风险、目标计划、安全事件、安全绩效等组成；营销域由业扩报装、用电计量、电费管理、客户服务等组成。

13.2.5 模型体系

配电物联网信息模型以"云管边端"各环节的数据需求为导向，以统一数据模型——国家电网公司公共数据模型（State Grid-common information model 4.0，SG-CIM 4.0）与 IEC 61970/61968 国际标准为支撑，以简单便捷、全面覆盖、适度扩展为设计原则，以信息模型服务化为设计理念，为配电物联

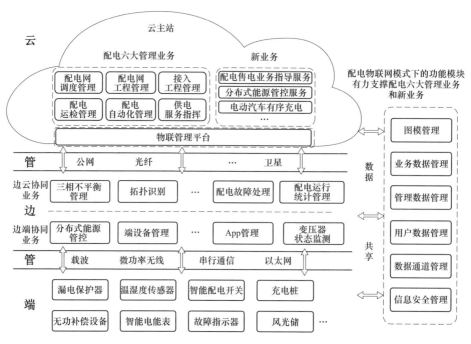

图 13-8　配电物联网业务架构

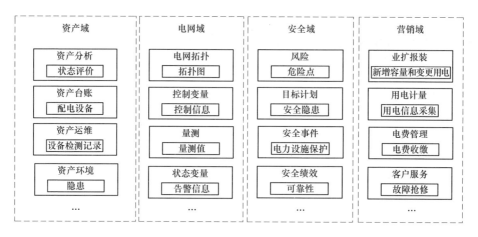

图 13-9　配电物联网数据类型

网云主站设计、边缘计算数据描述、端设备研发以及自下而上全流程的数据交互提供可快速开发、即插即用、高效传输的信息模型标准规范。

　　配电物联网信息模型设计从即插即用、设备互联、量测上送、指令下发等业务场景出发，梳理"云管边端"各环节的数据需求，结合物联网领域的设计思路与先进技术，制定了包括智能配电变压器终端模型、一/二次设备模型、量测模型、传感器模型、表计模型、网络拓扑模型，以及面向顶层应用的业务模型，如图 13-10 所示。

图 13-10　配电物联网信息模型

13.2.6　安全体系

通过梳理配电物联网可能面临的安全风险及潜在的安全隐患，设计构建配电物联网安全防护架构，包含"云管边端"四环节的一体化安全防护体系，以及面向安全管理和安全风险管控的统一标识体系、统一密钥体系、统一安全监测体系。配电物联网整体安全防护框架如图 13-11 所示。

（1）一体化安全防护体系。一体化安全防护体系包含"云管边端"四环节：

1）"云"安全。采用物理隔离、逻辑隔离、入侵防护等安全防护措施，实现云主站与生产控制大区、配电网管控平台、其他业务系统、"边""端"设备的边界安全防护；采用网络隔离、流量控制、安全域隔离、恶意软件防护等安全防护措施，实现云主站内部的安全防护。

2）"管"安全。主要涉及"云"与"端""云"与"边""边"与"端""边"与"边""人"与"边"的数据交互。根据业务应用场景的差异性，适配

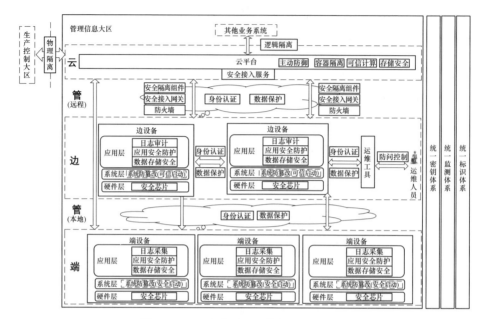

图 13-11　配电物联网整体安全防护框架

不同等级的身份认证和访问控制技术，实现设备间的身份鉴别；根据业务数据的重要程度，采用不同强度的数据保护技术，实现敏感及关键数据的加密与签名，确保数据机密性和完整性。

3）"边""端"设备安全。"边""端"设备的安全防护需要从硬件层、系统层、应用层三个层面综合考虑。硬件层应确保其物理安全；系统层应采用安全启动技术，防止底层代码被篡改；应用层应采用密码技术，实现应用系统、数据存储的安全防护。

（2）统一标识体系。统一标识体系是配电物联网建设的基础，是实现配电物联网设备即插即用、互联互通、统一管理的关键。统一标识体系需要为未来实现跨系统、跨平台、跨地域之间的信息交互、异构系统之间的协同和信息共享创造条件。

配电物联网需要实现对每个接入设备的唯一性鉴别，统一标识体系为每个物联网设备分配唯一的标识，设备的唯一标识信息需要包含设备的基本信息和设备资产管理所需的必要信息，以保障其不可伪造、不被篡改；统一标识体系需要综合考虑网级、省级乃至地市级的管理和接入要求，一物一码，可依码溯源跟踪，实现物联网设备的全生命周期管理。

（3）统一密钥体系。配电物联网的统一密钥体系采用国家电网公司统一密码基础设施，是配电物联网建设的重要组成部分，是安全的基础，也是解决配电物联网设备安全接入、安全互联互通、感知信息隐私保护的必要手段。统一密钥体系应充分考虑"云管边端"各层的运算资源和处理能力，结合密码学技术特点和国家网络安全防护的相关政策要求，构建与配电物联网业务管理相匹配的管理简单、经济实用、安全可靠、可扩展性强的密钥体系。

统一密钥体系不仅包括密钥生成、分发、使用、销毁的密钥全生命周期管理内容，而且包括与之相匹配的安全基础设施、安全软硬件、安全系统、安全运维人员等方面的基本要求、操作流程、管理制度等内容。在密钥管理方面，统一密钥体系宜采用集中部署、分级使用、统一管理的方式；在密钥使用方面，统一密钥体系宜采用固定密钥与临时密钥相结合、对称密钥与非对称密钥相结合的应用模式，确保单点密钥泄露不影响整体业务安全性。

（4）统一安全监测体系。对"云管边端"各层业务和安全设备进行网络流量、安全事件、访问记录、运行日志、运行状态等各类信息进行采集，基于大数据和人工智能等技术远程控制异常检测、恶意域名检测、流量异常检测、隐蔽通道检测、事件关联分析和攻击路径可视化分析，实现对整网异常行为可监测、事件可回溯、日志可审计和整网态势可感知，并有效抵御高级持续性威胁的攻击。同时，通过与网络或安全设备的联动控制，防止攻击扩散，实现全网协防处置、情报和信誉共享。

13.2.7　典型应用

（1）状态全息感知与信息融会贯通。通过在配电变压器、分支箱、户表、充电桩、分布式能源等关键节点应用低成本的智能识别和感知技术，对配电网的运行工况、设备状态、环境情况等信息进行全面采集。应用配用电统一模型、物联网通用标准协议，实现配电侧、用电侧各类感知终端的互联互通互操作。通过线路拓扑、电源相位、户变关系的自动识别支持"站-线-变-户"关系自动适配，推动跨专业数据同源采集，实现配电网状态全感知、信息全融合、业务全管控。

（2）故障快速处置与精准主动抢修。发挥边端就地化计算和处置优势，快速处理区域内故障；同时，通过边云协同实时跟踪分析，判断故障处理是否执行成功，提升配电网智能处置和自愈能力。云端结合电网拓扑关系和地理信息，开展故障停电分析，展示故障点和停电地理分布，综合考虑人员技能约束、物料可用约束，通过智能的优化算法，制定抢修计划，变被动抢修为主动服务，提高故障抢修效率与优质服务水平。

（3）状态在线评价与设备预先检修。云端通过配电网及设备的基础信息、资产净值、资产折损率、故障历史情况统计等数据进行智能综合性研判分析，精确评估配电网及设备当前状态、智能预测未来趋势；利用配电网历史和现状的全息感知信息，针对异常开展分级评级，计算判断隐患风险，建立配电网及设备的动态风险管理和预警体系，依据生成的策略或者预案组织有针对性地主动检修。

（4）台区能源自治与电能质量优化。发挥智能配电变压器终端的边缘计算优势和就地管控能力，统筹协调换相开关、智能电容器、静止无功发生器（static var generator，SVG）等设备，实现对电网的三相不平衡、无功功率、谐波等电能质量问题的快速响应及治理；同时，在云端主站分析所有台区历史数据和区域特性等数据，优化改进区域电能质量智能调节策略，满足用户高质量用电需求。

13.3 电力地下管廊环境与设备状态监测本地通信技术应用案例

随着我国经济的快速发展与城市建设的不断推进，电力输电线缆部署日益复杂且建设规模不断上升，给运维工作以及城市规划建设带来了巨大困难及高昂的成本。为了缓解负荷增长对城市布缆的压力、规范化城市规划、美化城市景观、减少运维成本、保障城市安全、应对台风等自然灾害对城市电力系统的损坏，城市电力地下管廊获得广泛推广，且所占的比例不断提高。2017 年 5 月底，住房城乡建设部、国家发展改革委发布实施了《全国城市市政基础设施规划建设"十三五"规划》。作为首部国家级市政基础设施规划，提出合理布局综合管廊，集约利用城市地下空间。在城市新区、各类园区和成片开发区域，新建道路必须同步建设地下综合管廊，老城区因地制宜推动综合管廊建设，逐步提高综合管廊配建率。2020 年《政府工作报告》提出重点支持"两新一重"建设，新型基础设施建设已成为我国发展的关键环节，而其中数字化管廊建设是我国新基础设施建设的重要实践之一。目前，我国相继建设了大批管廊工程，截至 2019 年底我国已建和在建管廊达 2000km 左右。城市电力地下管廊设有巡视、检修空间，敷设、增减、维修都可以直接在管廊内进行，大大缩减了路面多次翻修的费用和工程管线维修的费用，并有效提高了电力电缆的安全性，减轻了电力电缆故障的定位及维修难度，并有助于促进城市集约高效和转型发展，因此对其建设需求日益迫切。

目前，以雄安新区为典型代表，我国已有 36 个城市开展了电力地下管廊应用示范工程建设。雄安新区规划中将建设 21 世纪的地下管廊式基础设施，把城市交通设施，水、电、煤气供应管道，以及灾害防护系统全部放在地下，这是城市地下空间开发的顶层设计创新。至 2021 年，雄安新区综合管廊建设率已超过30%；预计至 2035 年，雄安地区综合管廊规模将达到 1000km。随着我国电力地下管廊建设的不断推进，我国也即将成为名副其实的城市综合管廊超级大国。

我国城市电力地下管廊的建设总体尚处于发展初期，管廊的巡检及故障排查多依靠人工进行，因此需要成熟、高效、低成本、全域覆盖的电力地下管廊环境与设备状态监测解决方案。随着电力物联网建设的不断深入、城市电力地下管廊的日趋增多，对城市电力地下管廊中电力传感监测、运维支撑等业务的需求日益迫切，需要有效的信息支撑手段。城市电力地下管廊中，电力传感监测、运维支撑等业务终端数量巨大，难以通过有线通信的方式实现有效接入，因此无线通信网络成为承载城市电力地下管廊业务的主要形式。电力地下管廊环境与设备状态监测无线通信网络典型架构如图 13-12 所示。

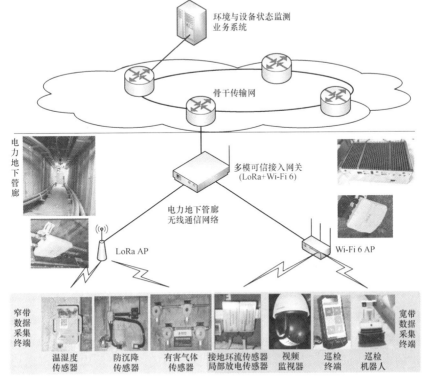

图 13-12　电力地下管廊环境与设备状态监测无线通信网络典型架构

电力地下管廊环境与设备状态监测无线通信网络中，多模可信接入网关通过光纤接入骨干传输网络与输电线路环境与设备状态监测业务系统连接。电力地下管廊内，采用 LoRa＋Wi-Fi 6 多模融合组网，多模可信接入网关融合了 LoRa 与 Wi-Fi 6 通信模组，分别利用 LoRa AP 和 Wi-Fi 6 AP 实现电力地下管廊内的无线网络覆盖。其中，LoRa 网络技术具有低功耗、覆盖范围广等优势，主要是为温湿度传感器、防沉降传感器、有害气体传感器、水位传感器等窄带数据采集终端提供无线网络覆盖；Wi-Fi 6 具有大带宽、高性能的优势，主要是为接地环流传感器、局部放电传感器、视频监视器、巡检终端、巡检机器人等宽带业务终端提供网络覆盖、语音通信及定位服务等。通过 LoRa 与 Wi-Fi 6 的融合组网，支持不同业务终端的高效接入与业务承载，实现对电力地下管廊环境与设备状态监测的有效支撑。

13.4 变电站环境与设备状态监测本地通信技术应用案例

13.4.1 变电设备故障智能决策应用案例

在变电站内建设无线局域网，增加油色谱、避雷器、SF_6 等在线监测前端采集设备，对各类表计增加可见光摄像头，对主变压器、高压并联电抗器等含油设备增加红外测温设备，对存在告警的设备增加重症监护设备，以实现实时监控。各类设备通过无线方式接入变电站内的无线局域网，无线局域网通过有线方式安全接入办公内网，以实现数据共享。

基于智能变电站的应用需求，本小节提出了可信 Wi-Fi 方案。该方案充分利用 Wi-Fi 部署方便快捷、数据接入和传输安全可靠、漫游机制高效的特点，实现智能变电站的无线覆盖，为无线通信、无线视频监控和无线信息回传提供稳定可靠的平台。

该方案需满足以下几点：

（1）依据等保 2.0 标准进行设计，网络架构、通信传输、设备防护、数据安全、入侵防范、身份鉴别等都要满足等保 2.0 第三级安全保护要求。

（2）无线控制器（air control，AC）应对所有 AP 进行统一管理，在集中转发模式下，应支持不少于 64 个 AP 的管理；采用安全和集群技术，通过基于身份的组网来提供网络服务；应内置本地用户数据库和认证服务器，可实现无线用户的本地认证；通过综合管理平台，集群中的多台 AC 应可共享用户数据库，可实现无线用户在跨越整个网络不同区域的过程中无缝地漫游，满足移动漫游中的安全性和会话完整性。AC 应具有边缘计算能力，可以实现图像识别、行为识别、协议转换功能；最好拥有智能流控、上网行为管理、内容审计、IPsec VPN、SSL VPN、防火墙等功能；最好基于 SDN/NFV 框架开发，硬件和软件完全解耦，支持第三方应用。

（3）采用 Wi-Fi 6 技术，具有高速率、低延时、广覆盖、高容错性等优点；网络部署简单快捷，可扩展性强，网络结构简单，维护方便；可为智能变电站提供安全、稳定、可靠的无线通信平台。

（4）引入可信 Wi-Fi 无线网络，与现有变电站内光纤以太网相结合，可充分利用现有资源、保护已有投资，是目前智能变电站建设较为合适的选择。

为实现以上功能，国网山东省电力公司采用无线 Mesh 技术组网，链路为网状结构，任何无线设备节点都可以同时作为 AP 和路由器，网络中的每个节点都可以发送和接收信号，每个节点都可以与一个或多个对等节点进行直接通信。Mesh 网络去掉了节点之间的布线需求，但仍具有分布式网络所提供的冗余机制和重置路由功能，具有部署简单快捷、结构简单、网络稳定可靠的特点。国网山东省电力公司变电站设备监测方案的网络拓扑结构如图 13-13 所示。

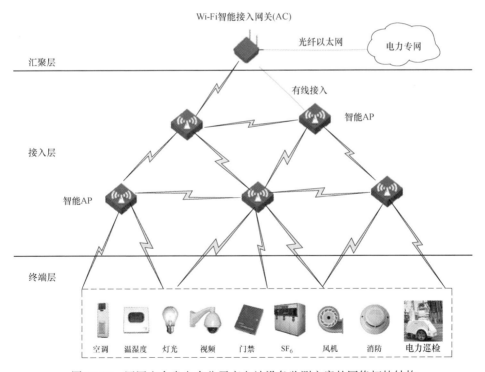

图 13-13　国网山东省电力公司变电站设备监测方案的网络拓扑结构

该方案中的无线 Mesh 网络的基本组网逻辑包括汇聚层、接入层和终端层三层。其中，汇聚层由 Wi-Fi 智能接入网关组成，负责控制和管理无线局域网内所有的 AP，并通过有线方式与变电站网络平台相连，实现数据的有线上传；接入层由多台 AP 组成，负责接收和转发智能无线终端的数据，每台 AP 拥有多条通信链路，实现多冗余的无线数据通信链路的备份；终端层由无线终端设备或无线传感采集器等组成。

有线网络与无线网络边界的访问和数据流通过 Wi-Fi 智能接入网关设备实现，以保证网络的安全隔离；可设置访问控制策略，除允许的通信请求外，受控接口拒绝所有的通信请求；可对移动终端的数据流量、数据包和协议等进行检查，若发现异常可以拒绝数据包通过；可设置数据内容过滤及访问白名单。智能 AP 具有无线和有线两种接入方式，以保证稳定性和带宽。

目前，在线监测、视频监控系统均通过有线方式进行组网，部署过程中施工难度较大，特别是针对运行变电站，在进行线缆敷设工作时存在误碰运行线缆的风险，大面积敷设线缆还需对电缆沟进行扩容，对部分传感器需重新建设走线沟道，实施可行性较低。而利用无线局域网，则可提高站端各类异常采集装置部署的灵活性，在通道层面使大面积部署采集装置成为可行，通过提高异常采集装置部署数量，可提高变电各类异常的综合监控和智能决策能力。

13.4.2　变电站智能巡检与管控应用案例

国网安徽省电力有限公司变电站智能运检管控系统试点项目的核心目标是实现变电站全业务监控及信息主动推送，探索"机器代人"运检新模式，实现对变电站设备各类状态和信息的自动巡视、自动识别、智能预警、智能决策，进一步融合变电站视频、机器人数据，引入图像识别、红外测温、在线监测等手段，实现变电站缺陷的智能识别诊断，实现日常巡视替代，从而降低运维人员工作负荷，提升运维工作效率。

该管控系统采用"一个平台、多项应用"的建设模式。一个平台是指搭建站端统一的"变电站智能运检管控系统"，为运检人员提供变电站全业务信息与智能应用；多项应用是指通过接入变电站现有各类业务系统以及 PMS 系统等数据信息，规范接口与数据交互，整合变电运维全业务数据，支撑变电运维工作多业务应用的功能拓展。国网安徽省电力有限公司变电站智能巡检与管控系统整体架构如图 13-14 所示。

变电站内现有变电运维业务数据总体可归纳为五类，即一/二次设备运行信息（包含交直流电源信息）、变电设备在线监测信息、辅助设备监控信息、巡检机器人信息以及 PMS2.0 系统内与本站运维相关的台账、记录、工作票等

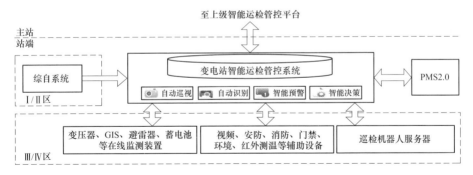

图 13-14　国网安徽省电力有限公司变电站智能巡检与管控系统整体架构

信息，因此变电站智能运检管控系统一体化平台涉及的系统数据接口也对应分为五类，同时支持对上级智能运检管控平台的数据上传接口。国网安徽省电力有限公司变电站智能巡检与管控组网方案如图 13-15 所示。

该系统在信息内网基础上采用分级分层部署，站控层遥测、遥信、遥控、遥调数据即"四遥"数据采用 IEC 61850 标准规范（兼容 Modbus RTU 及私有协议扩展），视频数据采用国家电网公司视频接口 B 协议，实现各业务系统的接入；过程层原则上沿用原有系统结构；运维班客户端采用 Web 服务方式实现交互。

变电站安全Ⅰ/Ⅱ区原有监控与数据采集系统（supervisory control and data acquisition，SCADA）、交直流电源等数据，通过增加正向隔离装置接入变电站智能运检管控系统；变电站安全Ⅲ/Ⅳ区的各类一次设备在线监测系统、智能辅助系统原则上通过站控层网络实现接入，根据试点站已建系统的具体情况，也可选择通过装置接口实现接入。

PMS2.0 系统数据统一通过省信通机房 PMS 接口服务器，经站端运检网关机/路由器接入，抽取的数据（站所信息、设备台账、巡视记录、检修记录等）存入变电站全业务监控系统数据库，并通过系统的数据分析模块进行后续处理和展现。

本地通信接入终端主要包括传感采集类业务终端和视频类业务终端，其利用有线方式实现数据采集，站内共享 100Mbit/s 带宽，站内采集业务通过调度Ⅲ区网络上传至主站，光纤通信距离需根据现场测算。

目前已经实现每周机器巡检一次、人工巡检一次。其中，机器巡检可自动生成巡视报告，降低了运维人员巡视作业 50％的工作负荷。下一步需要通过提高机器巡检比例，逐步实现人工巡视作业的机器替代。

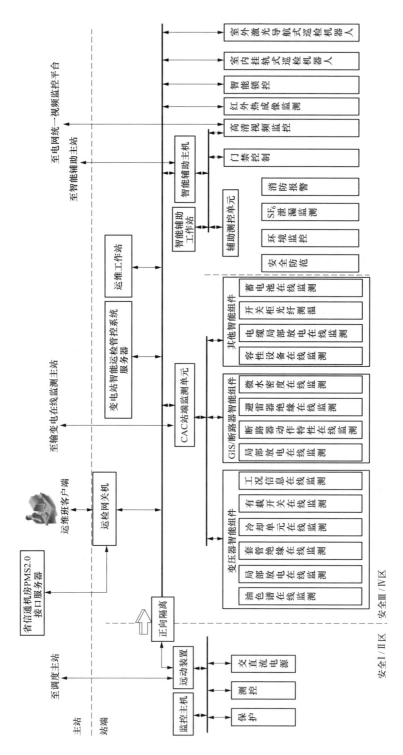

图 13-15 国网安徽省电力有限公司变电站智能巡检与管控组网方案

通过系统联合巡检功能，可实现任务预设、自动巡视、报告自动生成，完成一次例行巡视全程约需 1h。联合巡检是通过系统性地梳理巡检点，融合视频监控、红外监测、机器人巡视、在线监测等多种巡检数据，提供丰富的巡检信息，并支持智能分析识别/判别，从而降低巡视人员经验等主观因素对巡视结果的影响。联合巡检应用已经实现例行巡视，巡视覆盖率达 100%，全面巡视点位覆盖约 92%。

目前仅实现 PMS 系统数据的单向获取，未实现数据反写。下一步需要打通 PMS 双向交互接口，推进联合巡检结果与 PMS 系统的数据融合共享，替代目前 PMS 系统巡视数据的人工录入工作，全面提升联合巡检结果的应用水平。

针对全面巡视、专业巡视涉及的箱柜内部、主设备异响处、电缆沟等尚未完全覆盖的巡视点位，通过研究应用新型的物联网感知手段，构建变电站立体智能巡检体系，提升设备状态的全方位感知能力。

在通信方式方面，目前站内业务数据采集及上传主站均通过有线方式，可根据需求改造为无线方式，包括 5G（视频类）、可信 Wi-Fi（视频类）、LoRa（传感采集类）等方式。由于已运行变电站改造较为困难，可在新建 220kV 或 110kV 变电站内进行试点建设。

13.4.3　驻马店青豫特高压变电站状态监控 5G 示范工程

青豫±800kV 特高压直流线路工程是国家重点工程，是世界上首个以服务光伏发电为主、全清洁能源打捆外送的特高压工程。为了提高该项目的智能化运行管理水平，该项目建设完成了全国首个"5G＋边缘计算"全感知智能变电站。驻马店青豫特高压智能变电站 5G 示范应用如图 13-16 所示。

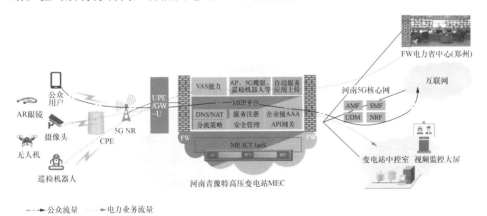

图 13-16　驻马店青豫特高压智能变电站 5G 示范应用

测试项目和结果如下：

（1）在特高压变电站中开展了基于 5G 的视频监控类、安全管控类和生产管理类等电力业务应用。基于中国联通 MEC 平台部署的主要应用有 5G 智能巡检机器人、5G 鹰眼、无人机巡检、动态布控球、单兵作业装备、AR 远程辅助检修、5G VR 等。此外，通过 MEC 平台和电力专网进行对接，探索电力国网云与云变电站边缘的云边协同应用。

（2）通过在特高压变电站中部署 5G 和边缘计算 MEC，为变电站打造安全、可靠、低时延的 VPN 和业务近端处理能力，为变电站部署的 AR 远程辅助检修、5G 鹰眼、巡检机器人、视频监控、无人机巡检等应用提供最优网络支持和业务数据分流。部分业务数据转发至变电站中控室的监控大屏，实现变电站业务的本地可视化，提高变电站全方位的感知能力和智能化水平；部分业务数据转发至省电力中心的监控大屏，为省电力中心远程全面实时掌控变电站的运行状况、远程实时指挥调度提供前沿技术保障。在业务上真正实现了 AR 远程辅助检修、单兵指挥等多个应用的远程协同，有效提高了变电站检修作业效率和质量。

13.5 输电线路自动化巡检本地通信技术应用案例

输电线路运检工作对电网的安全运行起着至关重要的作用。当前我国正在大力建设国家智能电网，这对电网的巡检、维护与保养提出了更高的要求。传统的输电线路人工巡检方案受环境及天气影响大，工作效率较低并存在一定的人身安全风险；而工业无人机具备携带方便、操作简单、载荷丰富、自动飞行等优点，采用无人机巡检不仅能够发现杆塔异物、绝缘子破损、断股等缺陷，还能够发现金具锈蚀、开口销与螺栓螺帽缺失等人工巡检难以发现的缺陷。因此，无人机近年来在电力系统运维方面得到大力推广和应用。5G 技术作为下一代移动互联网技术，将连接、安全和集中计算的能力带给工业领域，解决了一直以来阻碍工业企业数字化转型的连接问题。

13.5.1 线路本体基于 5G 网联的无人机自主巡检应用案例

通过对线路本体开展基于 5G 网联的无人机自主巡检应用，巡检员直接利用享飞云和 5G 技术实现了从云端对无人机的远程控制、无人机在规划航点自动采集数据、无人机飞行数据和视频数据实时回传到云平台；北斗实时差分定位（real-time kinematic，RTK）数据从北斗地基增强基站实时上传到无人机机载北斗高精度定位系统的实际应用情况，验证了 5G 无人机无须人力干预进行自主巡检的可行性。线路本体基于 5G 网联的无人机自主巡检应用场景如图 13-17 所示。

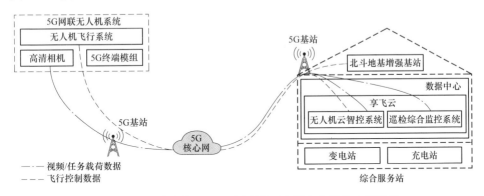

图 13-17　线路本体基于 5G 网联的无人机自主巡检应用场景

无人机从综合服务站的无人机机场起降，最大飞行高度为 80m；无人机在达到 RTK 定位状态后才可以正常起飞，以确保定位精度达到厘米级，且巡检全程必须保证 RTK 定位。

从实际巡检作业采集的监测数据看，5G 网联无人机实际飞行过程中的远程操控、飞行状态监控、厘米级网络差分定位和实时高清视频传输（多路）等监测指标均满足预期数值，通信时延均在毫秒级，具备实时操控、监控和厘米级高精度定位的能力。

13.5.2　线路本体 5G 网联无人机远程视频故障研判应用案例

该场景采用多架携带不同载荷的无人机自动执行线路通道 5G 云巡任务。其中，由一架携带热红外照相机的无人机首先执行杆塔测温巡检，发现温度异常的杆塔部位，拍摄的缺陷画面如图 13-18 所示；由另一架携带 4K 高清可见光照相机的无人机直接飞到可疑故障杆塔巡检，拍摄的缺陷画面如图 13-19 所示。实时回传高清视频给享飞云无人机云智控系统，由运检工作人员在运维监控室远程根据现场高清视频"把脉"问题，可根据视频截图和标注进行研判，获知准确的杆塔编号和故障部位，精准定位缺陷或故障点，再安排检修班组携带设备直接去可疑杆塔维修。该应用主要验证在突发事故情况下线路本体 5G 网联无人机云巡远程研判和协同工作的能力。

5G 网联无人机云巡过程中综合了智能化调度和监控、远程控制、高清视

图 13-18　利用 5G 网联无人机远程热红外视频研判缺陷画面

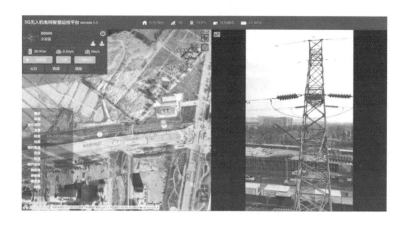

图 13-19　利用 5G 网联无人机远程可见光高清视频研判故障画面

频实时传输、远程可视化故障快速研判等新技术，5G 网联无人机回传的 4K 高清视频时延保持在 300ms 以内，可清晰看到 5cm 分辨率大小的线路本体缺陷以及线路外部隐患，完全可满足故障/隐患实时研判的应用要求。

13.5.3　线路温度监测及动态增容应用案例

　　通过气象传感器监测环境气象数据，测温传感器监测导线、耐张线夹、接续管、引流板的温度数据，通过本地组网方式经汇聚节点接入边缘物联代理，由边缘物联代理与物联管理平台进行数据交互。在应用层以微应用方式，通过数据中台与业务系统进行数据交互和融合分析，辅助调度管理系统进行动态增容。线路温度监测及动态增容应用场景系统结构如图 13-20 所示。

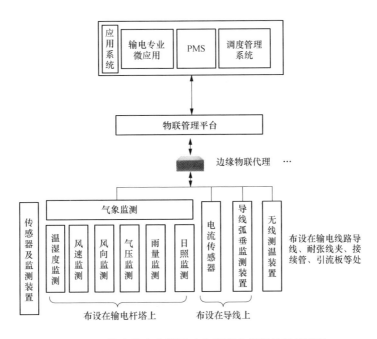

图 13-20　线路温度监测及动态增容应用场景系统结构

13.5.4　线路故障智能诊断与异常放电主动侦测应用案例

通过分布式故障监测装置、异常状态智能监测装置监测数据，数据经边缘物联代理上送物联管理平台。在应用层以微应用方式，由数据中台与业务系统进行数据交互，并结合异常监测数据、气象数据、可视化数据、设备数据及历史运检数据进行横向融合分析，辅助调度管理系统进行事故分析。线路故障智能诊断与异常放电主动侦测应用场景系统结构如图 13-21 所示。

13.5.5　线路外绝缘状态感知预警应用案例

通过泄漏电流、雨量、温湿度传感器监测绝缘子表面泄漏电流状态，并通过汇聚节点上送边缘物联代理，再上送物联管理平台。在应用层以微应用方式，由数据中台与业务系统进行数据交互，并融合气象降水预报、雾霾预报等公共信息进行综合分析及预警。视频监控装置通过视频智能分析终端将数据和分析结果接入统一视频监控平台，并与数据中台进行数据交互。线路外绝缘状态感知预警应用场景系统结构如图 13-22 所示。

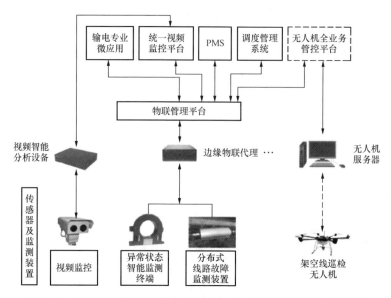

图 13-21　线路故障智能诊断与异常放电主动侦测应用场景系统结构

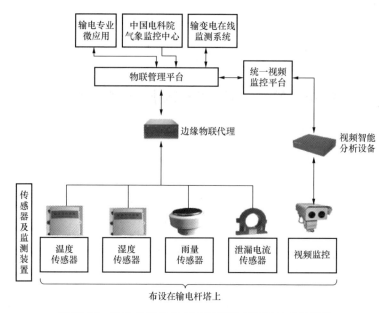

图 13-22　线路外绝缘状态感知预警应用场景系统结构

13.5.6　共享铁塔安全智能监测应用案例

杆塔倾斜传感器、智能螺栓松动监测传感器等感知终端的监测数据，通过汇聚节点上送边缘物联代理，再上送物联管理平台。在应用层以微应用方式对监测数据、结构参数和气象数据进行融合分析。视频监控装置通过视频智能分析终端将数据和分析结果接入统一视频监控平台，并与数据中台进行数据交互。共享铁塔安全智能监测应用场景系统结构如图 13-23 所示。

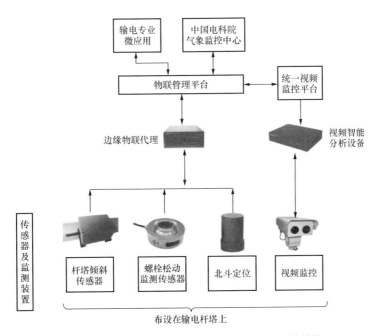

图 13-23　共享铁塔安全智能监测应用场景系统结构

13.6　电力作业现场综合管控本地通信技术应用案例

国网湖北省电力有限公司在电力基础设施建设现场采用 WAPI＋Wi-Fi 技术提供视频监控手段。

该典型方案为变电站等各类电力基础设施的视频监控提供无线网络覆盖及数据传输。该方案主要面向电力基础设施中无公网区域和 WAPI 覆盖能力有限的区域，通过部署数据通信终端建立自组网网络，为固定监控视频、巡检机器人等其他业务数据提供接入及传输。

该方案典型应用场景分为两种：场景一为无公网区域电力基础设施监控，如图 13-24 所示；场景二为机器人无线巡检，如图 13-25 所示。电力作业现场典型方案配置见表 13-1。

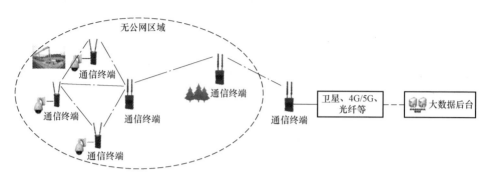

图 13-24　无公网区域电力基础设施监控

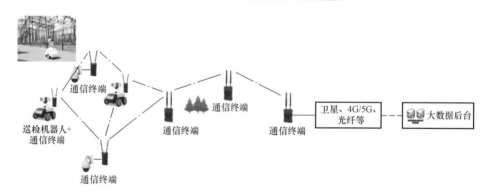

图 13-25　机器人无线巡检

表 13-1　　　　　　　　　　　　　　电力作业现场典型方案配置表

网络终端	终端/资源名称	技术要求	建设模式
业务终端	智能通信终端	应支持摄像头； 应支持语音通话； 内置显示屏幕； 应支持安卓系统； 宜支持语音即按即通功能	自建
	智能手机	可替代智能通信终端，作为巡检人员的音视频通信终端，需要安装专用 App； 安卓系统：支持安卓 11 及以上版本	自建
通信终端（自组网）	无线通信终端（地面室外型）	工作频段：应支持 600MHz 及 1.4、2.4、5.8GHz 等常用工作频段，中心频点可调； 工作带宽：支持 5/10/20/30MHz 自由配置； 天线模式：2T2R； 发射功率：≥2×1W； 网络模式及规模：支持自组网、去中心化网络，支持链式、星形、网状、混合拓扑，网络节点数不小于 32； 支持多跳级联组网，级联跳数不小于 6，末端节点速率不小于 4Mbit/s；	自建

续表

网络终端	终端/资源名称	技术要求	建设模式
通信终端 （自组网）	无线通信终端 （地面室外型）	定位功能：支持 GPS、北斗卫星定位系统； 支持双频 WAPI； 功耗：＜18W； 电源：可拆卸锂电池，工作时长不小于 4h； 网络抗毁性：单个终端故障不影响整个网络正常运行； 防护等级：IP67	自建
	无线通信终端 （巡检无人机 内置）	工作频段：应支持 600MHz 及 1.4、2.4、5.8GHz 等常用工作频段，中心频点可调； 工作带宽：支持 5/10/20/30MHz 自由配置； 天线模式：2T2R； 发射功率：≥2×1W； 网络模式及规模：支持自组网、去中心化网络，支持链式、星形、网状、混合拓扑，网络节点数不小于 32； 支持多跳级联组网，级联跳数不小于 6，末端节点速率不小于 4Mbit/s； 定位功能：支持 GPS、北斗卫星定位系统； 支持双频 WAPI； 功耗：＜18W； 电源：可拆卸锂电池，工作时长不小于 4h； 网络抗毁性：单个终端故障不影响整个网络正常运行	自建

通过集成 5G 通信模组的多功能一体化高清监拍智能定位安全帽及配套的智能化应用功能平台，实现电力作业现场的实时管控。智能安全帽集摄像、拍照、辅助照明、激光指示、语音对讲和实时定位等综合应用功能于一体。通过前端智能安全帽设备实时传输音视频信息，为决策者提供远程指挥的第一手资料，协同后端功能完善的智能化安全管控平台进行远程实时监视及做出及时调度、指挥。该技术的投入使用，有效提升了变电站作业现场带电区域的安全管控能力。

13.7　地上/地下立体环境下高效应急通信本地通信技术应用案例

国网福建省电力有限公司在福州无公网山区环境下，为巡检人员提供无人机＋移动基站式的应急通信系统。

该典型方案为无公网复杂环境下的巡检、抢险救灾等业务提供可视化应急指挥通信保障。在无公网山区环境下，通过地面应急通信终端建立多跳网络，为巡检人员提供大范围通信覆盖。在山区等复杂区域，可通过无人机中继将应急通信距离延伸到更大范围。

在指挥点，应急指挥通信系统与视频会议终端、卫星终端对接，现场与后方指挥中心通过卫星链路建立视频会议，并与视频会议平台实现互联互通。巡检人员可以回传视频到后方指挥中心，指挥中心可以下发音频到单兵，实现音视频信号的上传下达。

该方案典型应用场景分为两种：场景一，可视化地面应急指挥通信，所有通信节点都位于地面，如图 13-26 所示；场景二，空地一体应急指挥通信，无人机在空中为地面通信节点提供通信中继，在复杂环境下延伸通信距离，如图 13-27 所示。国网福建省电力有限公司应急通信典型配置参考见表 13-2。

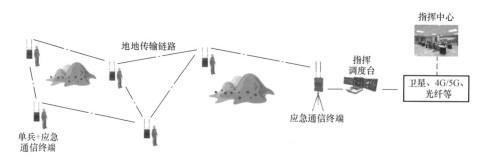

图 13-26　可视化地面应急指挥通信部署方案

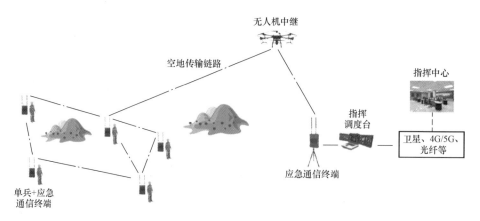

图 13-27　空地一体应急指挥通信部署方案

表 13-2　　　　　　　国网福建省电力有限公司应急通信典型配置参考

网络终端	终端/资源名称	技术要求	建设模式
业务终端	智能通信终端	应支持摄像头； 应支持语音通话； 内置显示屏幕； 应支持安卓系统； 宜支持语音即按即通功能	自建
	智能手机	可替代智能通信终端；作为巡检人员的音视频通信终端，需要安装专用 App； 安卓系统：支持安卓 11 及以上版本	现有或外购
自组网终端	应急通信终端（手持式）	工作频段：应支持 600MHz 及 1.4、2.4、5.8GHz 等常用工作频段，中心频点可调； 工作带宽：支持 5/10/20/30MHz 自由配置； 天线模式：2T2R； 发射功率：2×1W； 网络模式及规模：支持自组网、去中心化网络，支持链式、星形、网状、混合拓扑，网络节点数不小于 32； 通信功能：支持视频通话、语音即按即通功能，支持数据传输； 定位功能：支持 GPS、北斗卫星定位系统； Wi-Fi：支持 2.4GHz 频段，选配支持 5.8GHz 频段； 功耗：<12W； 电源：可拆卸锂电池，工作时长不小于 4h； 网络抗毁性：单个终端故障不影响整个网络正常运行； 防护等级：IP66	自建
	应急通信终端（背负台）	工作频段：应支持 600MHz 及 1.4、2.4、5.8GHz 等常用工作频段，中心频点可调； 工作带宽：支持 5/10/20/30MHz 自由配置； 天线模式：2T2R； 发射功率：2×2W； 网络模式及规模：支持自组网、去中心化网络，支持链式、星形、网状、混合拓扑，网络节点数不小于 32； 通信功能：支持视频通话、语音即按即通功能，支持数据传输； 定位功能：支持 GPS、北斗卫星定位系统； 支持 Wi-Fi； 功耗：<20W； 电源：可拆卸锂电池，工作时长不小于 8h； 网络抗毁性：单个终端故障不影响整个网络正常运行； 防护等级：IP67	自建

续表

网络终端	终端/资源名称	技术要求	建设模式
自组网终端	应急通信终端（车载式）	工作频段：应支持 600MHz 及 1.4、2.4、5.8GHz 等常用工作频段，中心频点可调； 工作带宽：支持 5/10/20/30MHz 自由配置； 天线模式：2T2R； 发射功率：2×10W； 网络模式及规模：支持自组网、去中心化网络，支持链式、星形、网状、混合拓扑，网络节点数不小于 32； 通信功能：支持视频通话、语音即按即通功能，支持数据传输； 定位功能：支持 GPS、北斗卫星定位系统； 支持 Wi-Fi； 功耗：<30W； 电源：可拆卸锂电池，工作时长不小于 5h； 网络抗毁性：单个终端故障不影响整个网络正常运行； 防护等级：IP67	自建
指挥调度	无人机通信终端	工作频段：应支持 600MHz 及 1.4、2.4、5.8GHz 等常用工作频段，中心频点可调； 自组网：支持自组网，网络节点数不小于 32； 天线模式：2T2R； 发射功率：2×0.5W/2×1W/2×3W/2×10W； 通信接口：支持以太网接口、串行接口	自建
	手提式指挥调度台	硬件：≥13 寸高清显示屏，≥1TB 储存，内置锂电池，续航时间不小于 2h； 不小于 9 路视频监控； 支持全双工语音对讲、视频通话、多用户语音即按即通对讲、视频会议； 支持发送语音、图片、文本、位置消息； 支持位置信息显示、节点移动轨迹回放； 支持网络拓扑状态显示； 支持用户账户设置、权限管理、用户分组； 支持 HDMI 接口，以太网接口用于输出音视频数据	自建
远程传输	5G 室外天线网桥（customer premise equipment，CPE）	支持 5G/4G/3G 网络，网络制式为 5G NR/LTE-FDD/LTE-TDD/WCDMA/TD-SCDMA/CDMA/EVDO； 1 个广域网/局域网自适应千兆网口、1 个千兆局域网口、1 个电源接口、1 个 SIM 卡安装槽； 宜支持 2.4GHz 和 5GHz Wi-Fi	现有或新建

续表

网络终端	终端/资源名称	技术要求	建设模式
远程传输	卫星终端	天线口径不大于 1.2m，天线可拆卸安装，具备一键对星功能； 功放功率不小于 40W，具备自动寻星、功率放大、信号变频、调制解调、网络加密等功能	自建

13.8　智慧园区可调节负荷感知辨识与高效调控本地通信技术应用案例

国网安徽省电力有限公司源网荷储综合优化项目旨在实现分布式电源、分布式储能、电动汽车、智能楼宇空调、电采暖、可中断负荷日常应用等新型能源和负荷设备的快速接入，实现源网荷储各类能源设施的协调互动，构建电力市场参与模式下的电网调控中心、负荷代理、负荷设备三级调控体系，形成负荷与电网运行的良性互动，保障电网安全、稳定、高效、经济运行。具体包括以下三个方面：

（1）建立健全广域源网荷储调控体系。根据多样性负荷以及新能源的特点，建立包含调度、聚合、代理、设备在内的广域源网荷储调控体系，建立信息安全传输和交互规范，实现协同控制。

（2）建立电力市场参与下的源网荷储协同控制机制。基于电网安全稳定控制和电力市场交易，建立源网荷储协同控制机制，实现交易与电网运行的协同，并在此基础上研究和建立商业模式，实现市场交易与电网运行的协同。

（3）建设支撑安徽省电力系统的广域源网荷储协调控制系统。实现负荷在线建模、分布式新能源柔性调节等方法，突破负荷集群控制、多类型代理群控制等多种模式的控制技术，建设支撑安徽电网运行的广域源网荷储协调控制系统。

国网安徽省电力有限公司源网荷储综合优化系统组网方案如图 13-28 所示。省级源网荷储协调控制系统，通过汇集地市虚拟电厂需求参与电网计算，获得负荷调控总量后向交易中心和需求响应系统发布需求，并获取交易平台出清结果和需求响应结果。执行层面通过地市虚拟电厂、需求响应平台和市场交易行为监测协调控制过程，并进行后评估修正调节序列。

本地通信终端接入方面，目前采用有线和无线两种接入方式。其中，无线接入方面，是在光伏电厂采用了 LoRa，全站大约需要 5Mbit/s 带宽，光纤距离需根据现场测算。

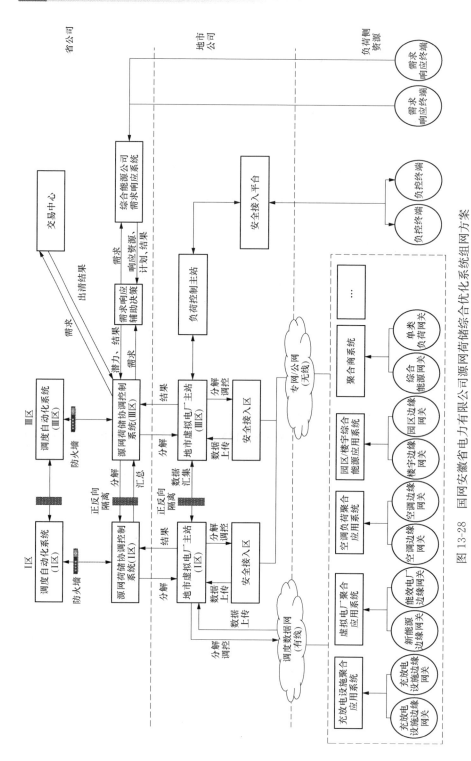

图 13-28 国网安徽省电力有限公司源网荷储综合优化系统组网方案

13.9　配用电场景本地通信技术应用案例

13.9.1　用电信息采集应用案例

采用本地通信技术实现用电信息采集，能有效提高用电信息采集效率，避免人工采集带来的记录错误等问题。

1. 电力线载波远程抄表系统模型

电力线通信技术作为电力物联网本地通信技术的代表之一，仅需在用户出线端和每层或每栋楼的配电箱处安装电力线载波终端，就能建立起基于电力线的通信通道，实时采集用户的用电信息。电力线载波远程抄表系统模型如图 13-29 所示。

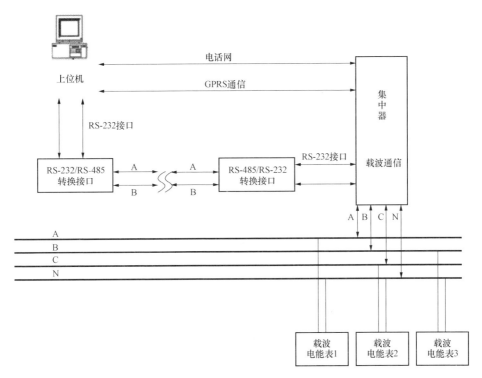

图 13-29　电力线载波远程抄表系统模型

上位机和集中器的数据传输为上行通信，一般选择以太网进行通信，采用调制解调模式；集中器和载波电能表的数据传输则为下行通信，主要通过电力线进行通信。

（1）上位机体系（抄表经管模块）。上位机体系由抄表经管软件与抄表经管计算机构成。这是通过一组性能特征不同的台式计算机经过局域网进行衔接而生成的功能极强的调控经管中心，是整个体系的人机页面和抄控核心。所有的命令都通过此处发出，而数据的存储与备份也在此处进行。

上位机体系的功能主要包括：

1）用量集抄统计。对客户的用量信息进行实时剖析归纳，以适合应用成员的模式导出，便于经管成员即时制定相关的决议。

2）工作状态监视。对体系的运转形态进行实时监视，即时找出问题并向经管成员发出警报。

3）查询检索。确保相关管理成员能够高效获取对应信息。

4）损耗统计。能够协助经管成员剖析资源的消耗状况，便于经管成员科学地对资源进行实时调配。

5）审核分析。保障数据的准确性和可靠性。

6）收费管理。参照客户的资源应用状况自行核算其应缴经费，协助经管成员精确收费。

7）数据管理。提供科学的信息经管功能，保障信息的精确性和可靠性，并且保障信息在有效期内能够精确储存。

8）用户信息。提供应客户的具体数据，确保经管成员随时能够掌握某位客户的详细状况。

9）线路安全管理。监控线路的运作形态，即时向经管成员呈报。

（2）集中器。集中器是整个体系承前启后的枢纽，用于搜集终端或板块信息并将其上传到上位机的主站软件。集中器原理如图 13-30 所示。

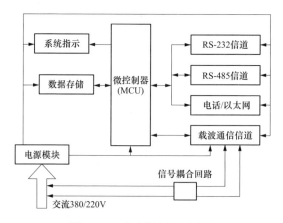

图 13-30　集中器原理示意图

集中器能够发挥总线分隔与数据定时储存、中转传递的作用，可用于经管中心个人计算机与载波表间的关联。集中器可以实现以下两方面的功能：一方面，与电能表进行数据通信，对于电能表下发的电量信息冻结的指令，按时循环接收电能表的有关电量信息，或者参照体系条件接收确定电能表的信息；另一方面，参照体系条件实现与上位机之间的数据传输，且发送用电信息到上位机。

　　集中器在工作过程中，主要依靠下行的载波通信信道发送抄表命令帧，而对应的抄表信号通过耦合回路发送到电力线上，从而实现相应载波抄表终端的数据传输，为抄表的实现提供支持。

　　上位机远端调控终端可利用电话网或以太网等与集中器实时通信，实时远端抄表与远端调控，上位机的抄表数据主要通过集中器轮询查表获得，并非直接采集获取，这样可显著提高远端集中抄表系统的成功率。

　　该系统单元可通过手持抄表装备经过 RS-485 集中器进行数据传输，以满足远程抄表的相关要求。

　　（3）载波电能表。载波电能表是整个体系的终端装备，具备信息记录、储存、调控等功能，还有经过电力线进行实时信息交互的能力。它主要用于即时记录客户用电量的脉冲，并且转化为对应的计费单位，储存到对应的可编程/可擦除存储器内。载波电能表在接收到集中器获取的信息指令后，可以提取相应的电能表信息，经过电力载波板块向上传递；与此同时，它能够检验电能表的备选电池形态与周边的磁场形态。载波电能表的组成结构如图 13-31 所示。

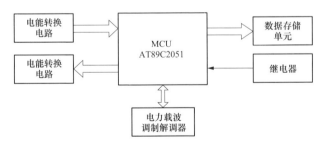

图 13-31　载波电能表的组成结构

　　在实际工程应用中，一般将多块电能表计置于同一个表计箱，且在各表计箱内设定一个搜集终端，通过该终端搜集电能表的相关信息，然后根据电力线通信模式对集中器进行数据发送，以便满足系统的生产成本相关要求，降低抄表所需要的总时间，并适当提高抄表效率。

2. 三表合一体的自动抄表控制系统

除了用电力线载波技术支撑用电信息采集外，多地已经通过将无线 NB-IoT 技术与低压电力线载波技术结合，构建了一套实时双向、通信速度快、效率极高、安全可靠、使用方便的三表合一的自动抄表控制系统，以保证数据传输的可靠性和实时性，同时解决智能表具的长期供电问题，从而使气、电、水表紧密组网，成为统一的整体。该系统具备深度覆盖、海量连接、超低功耗和低成本等重要优势，从而使大规模运用成为可能。

（1）物理架构。三表合一的自动抄表控制系统的核心思想是最大可能地利用现有设备、不改造用户家中布局、以最少的工程量实现所有功能，为此设计了由系统主站（各公司的接收系统）、集中器、采集器、Ⅰ型转换器、Ⅱ型转换器、用户表具（气、电、水）的系统模型。系统主站与集中器之间可以根据具体情况选择不同的通信信道。集中器和采集器、转换器之间采用低压电力载波方式通信。新式电能表内部含有电力载波的解析模块，可通过电力载波直接与集中器通信；而老式电能表内部未含电力载波的解析模块，则通过增加采集器的方式与集中器进行通信。Ⅰ型转换器与用户水表之间采用 M-BUS 总线方式通信，既可以提供电力保障又可以进行数据交换；Ⅱ型转换器与用户燃气表之间采用 NB-IoT 的微功率无线方式通信。老式电能表采用 RS-485 与采集器进行数据传输。燃气表使用 5 号电池供电。一个系统主站可以管理多个集中器，一个集中器下辖多个转换器或采集器。三表合一的自动抄表控制系统的物理架构如图 13-32 所示。

1）系统主站指通过远程信道对集中器中的信息进行采集、处理和管理的设备。通常采用各单位的计算机设备作为系统主站。系统主站采取主动方式对数据流进行控制，在一定范围内可以和不同地区的多个集中器进行数据交换，并对数据进行集中处理。目前，电力公司的系统主站是在用电信息采集系统的基础上增加燃气表、水表的数据采集，并设计接口收集燃气公司、水务公司的数据。

2）集中器能主动收集新式电能表、采集器以及转换器中燃气表、电能表、水表的数据信息，并进行处理、储存，同时能和系统主站或手持设备进行数据交换。

3）采集器用于采集单个或多个用户电能表的计量数据信息，处理后通过信道将数据传送到集中器或将集中器的命令传达到电能表。

4）转换器用于采集单个或多个用户表（燃气表、水表）的计量数据信息，并将其处理后通过信道送到集中器或将集中器的命令传达到用户表（燃气表、

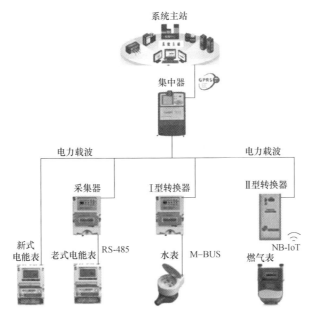

图 13-32　三表合一的自动抄表控制系统的物理架构

水表）。

5）用户表（燃气表、水表、电能表）指具有计量、数据记录、存储、通信中继功能，以及通过信道与系统上一级进行数据交换的仪表。

（2）技术方案。基于以上物理架构，结合一般建筑房屋的具体结构形式，提出一种以适应用电信息采集系统基本架构为导向，覆盖现场各种类型用电信息采集系统的典型的三表合一技术方案，以便体现系统的各项技术特点，最终实现分散采集、集中管理、综合监控。典型的三表合一技术方案如图 13-33所示。

三表合一的数据传输流程是：燃气表通过 NB-IoT 无线通信模式与弱电井内的Ⅱ型转换器通信，Ⅱ型转换器通过电力载波与集中器通信。强电井中的老式电能表与采集器通过 RS-485 通信，采集器再通过电力载波与集中器通信；而新式电能表则可直接通过电力载波与集中器通信。水表运用总线协议模式与水井内的Ⅰ型转换器通信，Ⅰ型转换器通过电力载波与集中器通信。燃气公司、水务公司可根据自己的需要，在小区入口段增加燃气总表、水总表进行总量对比，监控和分析用户用量，深挖用户潜能，提供增值衍生服务，打击偷气偷水现象。当需要增加燃气总表和水总表时，两块表具均通过电力载波与集中器通信。集中器采集的所有数据可通过无线公网与系统主站通信，从而完成整

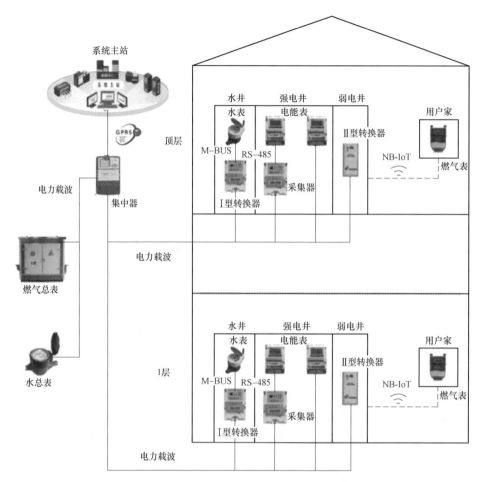

图 13-33　典型的三表合一技术方案

个系统的数据接收和传输。

13.9.2　配电网差动保护应用案例

1. 深圳 5G 智能电网应用示范工程

深圳 5G 智能电网应用示范工程是南方电网公司携手中国移动公司打造的首个 5G 智能电网工程项目，对 5G 承载部分电力业务开展了实际工程测试验证。该项目对推动 5G 在智能电网中的推广应用具有重大意义。深圳 5G 智能电网应用示范工程项目如图 13-34 所示。

测试内容和结果如下：

（1）构建配电网差动保护和配电网电源管理单元（power management

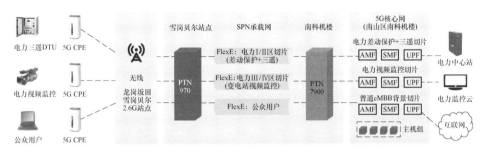

图 13-34　深圳 5G 智能电网应用示范工程项目

unit，PMU）业务场景并进行工程测试验证。其中，配电网差动保护实测端到端最大时延为 11.65ms，平均时延为 8.3ms，同步授时精度小于 10μs；配电网 PMU 最大时延为 13.7ms，平均时延为 10.73ms，同步授时精度小于 10μs。测试结果表明，5G 可以有效承载该类业务，能够满足该类业务的确定性网络需求。

（2）通过加装 5G 通信模块，构建包含 100 台三相电能表和 10 台Ⅰ型集中器的 110 个业务终端节点的高级计量业务场景并进行工程测试验证，实现了对电能表关键数据的分钟级采集和冻结。测试结果表明，5G 可以有效承载配电网高级计量业务场景。

（3）通过建设 5G 基站构建应急通信和电网设备在线监测业务等典型管理信息类场景并进行工程测试验证，通过 5G 确定性网络实现了多路视频实时回传。测试结果表明，5G 可以有效承载管理信息类业务。

（4）开展端到端网络切片安全隔离测试验证，通过 eMMB 灌包测试核心网和传输网切片性能。其中，核心网切片灌包前后平均时延分别为 0.98ms 和 1ms；传输网切片灌包前后丢包数为零，时延小于 210μs（eMMB 切片单向时延大于 5ms）。测试结果表明，切片隔离可以实现生产控制Ⅰ/Ⅱ类业务与管理信息类业务和公共业务的安全隔离，以及确保不同切片之间业务的互不影响，安全隔离程度满足电力业务需求。

（5）搭建落地业界的第一个面向切片运营的"网络切片管理功能（network slice management function，NSMF）平台＋通信服务管理功能（communication service management function，CSMF）平台＋电力核心能力平台"三层平台架构。通过 NSMF 实现网络端到端切片资源的开放，通过 CSMF 实现运营商网络切片资源的对外能力开放及运营，通过电力核心能力平台实现电网企业与运营商的切片订购，并对所购买的切片进行监控及管理。

2. 青岛金家岭 5G 智能电网示范工程

青岛金家岭 5G 智能电网示范工程是国家电网公司携手中国电信公司打造的智能电网示范工程项目。该项目对软件定义接入（software-defined access，SA）网络、网络切片、配电网差动保护、边缘计算等业务场景和功能开展了测试验证，探索了 5G 在智能电网中的应用模式，推动了 5G 和智能电网的深度融合发展。青岛金家岭 5G 智能电网示范工程项目如图 13-35 所示。

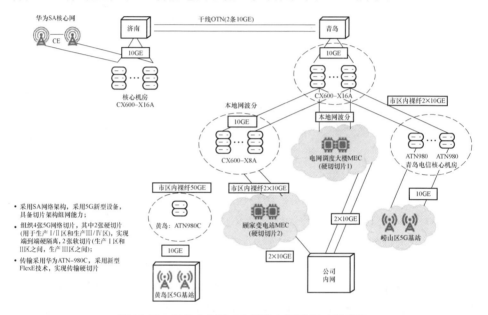

图 13-35　青岛金家岭 5G 智能电网示范工程项目

测试项目和结果如下：

（1）依据信息网络安全防护总体方案要求，结合 5G 承载电网业务应用模型，联合中国电信公司、中国电科院、中国电信安全院和华为公司共同制定 5G 电力切片安全隔离测评方案，为 5G 正式入网电力行业构建安全基础。

（2）目前国内规模最大的、基于 5G SA 独立组网的 5G 智能电网实验网，包括 29 个 5G 基站以及 2 套电力专用 5G MEC 边缘计算系统，以确保电网业务数据在电力 VPN 内部流通。

（3）在配电网线路上部署线路差动保护并进行了故障测试，结果显示保护终端之间的通信时延小于 8.5ms，差动保护判定逻辑全部正确。测试结果表明，5G 网络有效解决了配电网差动保护的通信难题，其性能满足差动保护需求。

（4）上线态势感知系统在跨国公司领导人青岛峰会期间实现了对主场馆供

电设备监控信息的高频采集和实时录播，大幅度提高了供电保障水平。

（5）在青岛金家岭示范区开展了基于 5G 的输电线路通道可视化试点，实现了高清视频实时回传，完成了独立组网模式下 5G 柔性切片的实际应用。

13.10　智慧光伏电站本地通信技术应用案例

在智慧光伏电站应用中，利用 5G 融合物联网、大数据、人工智能、云计算、边缘计算等技术，实现了本地通信的赋能、平台和应用三层架构。其中，在赋能层为光伏电站提供安全、高效、稳定的基础"底座"；在平台层加速实现物茂光伏电站的集约化运营、高效化运转以及信息化构建，形成智慧光伏运维一体化平台；在应用层开展 5G 数据采集、5G 智能诊断、5G 无人机自动巡检、5G 安全管控等 10 余项 5G 应用建设。这三层架构支撑构建全面、快速、准确的电站感知能力体系，实现智能分析与生产运营的高效协同，为电站的安全稳定运行、风险预控提供技术基础，为大规模光伏电站的高效维检、安全管控提供技术手段。

（1）5G＋逆变器无线采集：提升光伏组串故障识别精度。智慧光伏电站通过 5G 监控系统下发电流电压（current-voltage，IV）诊断指令至逆变器，逆变器接收到 IV 诊断指令后，单路组串电压回到开路电压。逆变器从开路电压一直扫描到最低电压，并根据 IV 曲线变化趋势，判定故障位置或完成定期体检任务。该场景突破了传统的有线数据传输方式，采用 5G 电力 VPN 实现了工业控制系统数据传输，在保障数据安全性的同时，为 5G 技术在工业控制系统上的安全应用做了试点验证。

（2）5G＋设备状态感知：实现电厂精益化运营。该场景利用传感器实时采集变压器运行状态数据，通过 5G 网络将电力设备的在线综合状态数据上传至监测平台并基于数据模型对获得的数据进行整理和分析，对设备的健康状态进行评估、诊断和预测，支撑开展精益运维故障预测、智能改造及资产管理等多类高级应用，助力构建完善的电力设备全生命周期管理体系。

（3）5G＋无人机、机器人巡检：提升设备运维水平。在作业现场部署无人机智慧机库、巡检机器人等行业终端，并依托 5G 电力 VPN 进行指令的下发及回传，以实现各区域作业终端的数据采集与自动线路规划；对无人机采集的视频数据，通过 5G 网络传输至云端，并利用人工智能算法进行故障自动识别，识别准确率接近 100％。该场景可实现组件缺陷问题的及时发现，可大幅度提升运维效率。

（4）5G＋一体化管理平台：助力便捷化管控。智能一体化管理平台是物茂5G智慧光伏电站的顶层管理平台，集成了各项智慧化业务系统，如逆变器IV智能诊断系统、光伏区低空自动巡检系统、升压站自动巡检机器人、光伏板清洁机器人、安全防护综合管理平台等，打破了电厂各业务系统的信息孤岛，对多业务系统进行一体化管理，满足了不同工作人员的数字化工作需求。

在应用成效方面，通过5G技术赋能智慧光伏电站，并在西部某地市开展应用，依托智能化手段实现发电量提升2.1%，运维效率提高46.7%，设备运维费减少28.3%以上，整体经济效益提升590万元/年。同时，由于已部署网络架构的可演进性，网络维护成本将持续减少。

在环境和社会效益方面，一是该案例以提质增效为中心，以改革创新为动力，推动能源供应从规模速度向质量效益转变；二是该案例响应智慧集成、开放合作的发展理念，立足于先进的能源技术，不断提升创新发展能力，运用边缘计算、人工智能、5G通信等技术，实现物茂光伏电站的全面智能化；三是该案例将为新能源发展提供有力的技术支撑和样板指导。

第 14 章　电力物联网标准化情况及发展方向

14.1　电力物联网标准化情况

国家电网公司于 2021 年发布一系列企业标准，对电力物联网的体系架构、主要构成、技术要求、通信性能、安全功能、接口功能等进行了规范，以保证其通信性能和安全功能在实际部署和运行过程中能够满足要求。表 14-1 列出了电力物联网标准家族。

表 14-1　　　　　　　　　　　　　电力物联网标准家族

序号	标准号	标准名称
1	Q/GDW 12115—2021	电力物联网参考体系架构
2	Q/GDW 12101—2021	电力物联网本地通信技术导则
3	Q/GDW 12099.1—2021	电力物联网标识规范　第 1 部分：总则
4	Q/GDW 12099.2—2021	电力物联网标识规范　第 2 部分：标识编码、存储与解析
5	Q/GDW 12100—2021	电力物联网感知层技术导则
6	Q/GDW 12109—2021	电力物联网感知层设备接入安全技术规范
7	Q/GDW 12112—2021	电力物联网密码应用规范
8	Q/GDW 12102—2021	电力物联网平台层技术导则
9	Q/GDW 12108—2021	电力物联网全场景安全技术要求
10	Q/GDW 12110—2021	电力物联网全场景安全监测数据采集基本要求
11	Q/GDW 12098—2021	电力物联网术语
12	Q/GDW 12111—2021	电力物联网数据安全分级保护要求
13	Q/GDW 12105—2021	电力物联网数据中台服务接口规范
14	Q/GDW 12104—2021	电力物联网数据中台技术和功能规范
15	Q/GDW 12103—2021	电力物联网业务中台技术要求和服务规范
16	Q/GDW 12147—2021	电网智能业务终端接入规范

14.1.1 电力物联网参考体系架构

本标准规定了电力物联网总体架构、各部分组成及相关功能，其目次如图 14-1 所示。本标准适用于电力物联网应用场景的设计，为电力物联网建设提供参考。

目 次

图 14-1 《电力物联网参考体系架构》目次

14.1.2 电力物联网本地通信技术导则

本标准规定了电力物联网本地通信网的总体架构、设计要求、能力要求和接口要求，其目次如图 14-2 所示。本标准适用于电力物联网本地通信网的设计、施工、验收及维护。

14.1.3 电力物联网标识规范 第 1 部分：总则

本部分规定了电力物联网标识的总体要求，包括标识解析体系、标识编码、存储、注册及相关技术要求，其目次如图 14-3 所示。本部分适用于接入电力物联网的现场采集部件、边缘物联代理装置及智能业务终端、电能计量设备、电网资产设备、App、信息系统等对象的标识编码、存储和注册。

目　次

图 14-2　《电力物联网本地通信技术导则》目次

目　次

图 14-3　《电力物联网标识规范　第 1 部分：总则》目次

14.1.4　电力物联网标识规范　第 2 部分：标识编码、存储与解析

本部分规定了电力物联网标识编码、存储与解析方面的技术要求，其目次如图 14-4 所示。本部分适用于电力物联网接入的实体设备及虚拟对象的标识编码、存储与解析方式。

14.1.5　电力物联网感知层技术导则

本标准规定了电力物联网感知层的总体技术要求、体系结构，以及感知层

目　次

图 14-4　《电力物联网标识规范　第 2 部分：标识编码、存储与解析》目次

终端和本地通信网络的功能、安全及调试导则，其目次如图 14-5 所示。本标准适用于对国家电网公司各单位电力物联网感知层的规划、设计、建设的指导，感知层各组成部分的详细设计需参考相应的细化标准。

14.1.6　电力物联网感知层设备接入安全技术规范

本标准规定了电力物联网感知层设备本体安全、通信安全和本地通信网络

目　次

图 14-5　《电力物联网感知层技术导则》目次

安全的技术要求，其目次如图 14-6 所示。本标准适用于电力物联网感知层设备接入国家电网公司信息系统的网络安全设计、选型和系统集成。

14.1.7　电力物联网密码应用规范

本标准规定了电力物联网密码应用的总体要求，以及感知层、网络层、平台层、应用层的密码应用基本要求和增强要求，其目次如图 14-7 所示。本标准适用于指导国家电网公司电力物联网的密码应用，无密码能力的终端不在本标准约束范围内。

14.1.8　电力物联网平台层技术导则

本标准规定了平台层在电力物联网架构中的定位，确立了平台层总体架构，界定了平台层内部的各组成部分，为平台层建设提供技术依据，其目次如

目　次

图 14-6　《电力物联网感知层设备接入安全技术规范》目次

图 14-8 所示。本标准适用于电力物联网中平台层的概念理解和信息交流，指导国家电网公司各单位电力物联网平台层的建设，包括平台层各组成部分的架构设计与内在关系。

14.1.9　电力物联网全场景安全技术要求

本标准规定了电力物联网全场景安全防护的总则，以及感知层、网络层、平台层、应用层和通用安全防护的技术要求，其目次如图 14-9 所示。本标准适用于国家电网公司各分部、各单位电力物联网的规划、设计、采购、安全审查、开发测试、实施上线、运行管理等全过程管理。

14.1.10　电力物联网全场景安全监测数据采集基本要求

本标准规定了电力物联网不同类型、不同来源的基础安全数据，明确了不同设备、不同系统应报送的数据类型，以及数据的采集方法、频次和基础数据格式，其目次如图 14-10 所示。本标准适用于电力物联网新系统、设备的接入和原有系统、设备的改造。

目　次

图 14-7　《电力物联网密码应用规范》目次

目　次

图 14-8　《电力物联网平台层技术导则》目次

目　次

图 14-9　《电力物联网全场景安全技术要求》目次

目　次

图 14-10　《电力物联网全场景安全监测数据采集基本要求》目次

14.1.11 电力物联网术语

本标准规定了电力物联网中一些共性的、基础性的术语和定义，其目次如图 14-11 所示。本标准适用于电力物联网相关概念的理解和信息交流。

目　次

图 14-11　《电力物联网术语》目次

14.1.12 电力物联网数据安全分级保护要求

本标准规定了电力物联网电子数据的安全级别划分，以及各级别数据从数据采集、传输、存储、处理、交换、销毁等全生命周期各环节的安全要求，其目次如图 14-12 所示。本标准适用于指导电力物联网数据全生命周期的安全分级保护。

14.1.13 电力物联网数据中台服务接口规范

本标准规定了电力物联网数据中台服务接口规范，包括数据服务总体要求、技术要求两部分，其目次如图 14-13 所示。本标准适用于电力物联网数据服务接口的设计、开发、运行、维护等。

14.1.14 电力物联网数据中台技术和功能规范

本标准规定了电力物联网数据中台技术和功能要求，包括数据接入、存储计算、数据分析、数据服务、数据资产管理、运营管理等功能要求以及非功能性要求，其目次如图 14-14 所示。本标准适用于电力物联网数据中台的规划、设计、开发、建设、运维等。

目　次

图 14-12　《电力物联网数据安全分级保护要求》目次

目　次

图 14-13　《电力物联网数据中台服务接口规范》目次

目　次

图 14-14　《电力物联网数据中台技术和功能规范》目次

14. 1. 15　电力物联网业务中台技术要求和服务规范

　　本标准规定了电力物联网业务中台技术要求和服务规范，其目次如图 14-15 所示。本标准适用于电力物联网业务中台的设计、研发、运营等。

14. 1. 16　电网智能业务终端接入规范

　　本标准规定了电网智能业务终端接入电力物联网的技术要求、通信接口要求、通信规范等，暂不涉及生产控制大区业务。电网智能业务终端覆盖输电、变电、配电、用采等业务类型，电动汽车、家庭用能、工商业综合能源等其他业务形态可参照执行。本标准目次如图 14-16 所示。本标准适用于电网智能业

目 次

图 14-15 《电力物联网业务中台技术要求和服务规范》目次

务终端接入电力物联网时的设计制造、检验检测。

14.1.17 电力物联网标准化情况小结

电力物联网的标准化在近年来有了显著的进步。以下是一些关键的标准化
进展：

（1）电力物联网的标准化工作已经得到了广泛的关注和重视。国家电网公
司和中国电科院等机构积极推动电力物联网的标准化工作，制定了一系列的相

目　次

前　言 …… Ⅱ
1　范围 …… 1
2　规范性引用文件 …… 1
3　术语和定义 …… 2
4　缩略语 …… 3
5　体系定位 …… 3
6　通用要求 …… 4
　6.1　标识 …… 4
　6.2　数据存储及处理 …… 4
　6.3　设备管理 …… 4
　6.4　对时 …… 4
7　通信接口要求 …… 4
　7.1　输电专业 …… 4
　7.2　变电专业 …… 5
　7.3　配电专业 …… 5
　7.4　用电专业 …… 5
　7.5　其他业务 …… 6
8　安全要求 …… 6
　8.1　基本原则 …… 6
　8.2　安全防护要求 …… 6
编制说明 …… 8

图 14-16　《电网智能业务终端接入规范》目次

关标准和规范。

（2）电力物联网的技术标准体系已经初步建立。在智能电网、配电自动化、智能电能表等领域，已经有了相应的技术标准和规范，这些标准和规范为电力物联网的标准化奠定了基础。

（3）电力物联网的标准化工作正在不断深入。在智能电网、配电自动化等领域，正在不断推出新的技术标准和规范，这些标准和规范将进一步推动电力物联网的标准化工作。

电力物联网的标准化工作也面临着一些挑战。例如，不同厂商和不同地区的技术标准和规范存在差异，这需要加强协调和沟通，推动标准的统一性和互操作性。

总的来说，电力物联网的标准化工作已经取得了一定的进展，但还需要进一步加强协调和沟通，以促进电力物联网的快速发展。

14.2 基础通用标准情况分析

物联网已经进入产业化发展阶段，而标准化则是目前面临的重要课题。物联网市场已经成为世界各国急于占领的新兴市场，各行各业都在如火如荼地参与其中，新的技术、产品和应用也在不断涌现。但由于标准化的问题，目前设备之间不互通、数据不贯通，规模化效益并不明显，从而制约了全球物联网产业的创新发展。当前物联网标准组织多种多样，既有国际组织、区域组织和国家组织，也有行业协会、团体联盟等。依据物联网的参考体系结构和技术框架，不同标准组织关注和研究的技术领域各不相同。

14.2.1 国际物联网标准化研究现状

国际标准组织在物联网的标准化工作方面花费了大量精力，主要的国际标准组织有 ISO、IEC、ITU-T、IEEE、ETS、3GPP、IIS 等。自 2009 年至今，从 RFID、机器类通信、传感器网络、物联网到泛在网，国际标准组织开展了大量的物联网相关标准工作。

不同的国际标准组织和以物联网为重点的联盟也提供了许多物联网架构/参考架构。

ISO/IEC JTC1 特许建立 WG10 工作组来审查和提供推荐，并且开发物联网国际标准。该组的第一个主要成果是 ISO/IEC 30141 工作草案，该工作草案对物联网设计和实施者面临的问题，特别是物联网架构设计和实施的具体问题提供了关键思路，为设计具有无缝互操作性和可即插即用的物联网系统提供了帮助。该工作草案定义了物联网的各个组件以及概念模型、参考模型、多视图的参考架构。

ITU-T 第 13 研究组编制了 ITU-T Y. 2060，规定了物联网的功能特性、高层需求和参考模型等内容。该标准规定的功能特性包括互联性、与"物"相关的服务、异构性、动态变化和规模等；该标准列举的高级需求包括基于身份识别的连接、互操作性、自组网、基于位置的能力、安全性、隐私保护、高质量和高安全性的地域服务、即插即用和可管理性；该标准提出的参考模型正式定义了"装置""物""物联网"等核心概念，将模型分为应用层、服务和应用支持层、网络层和设备层 4 层，并且提供了每一层所需的管理能力和安全能力。

美国工业互联网联盟（Industrial Internet Consortium，IIC）致力于物联网的工业应用。IIC 提出的工业互联网参考架构（industrial internet reference architeture，IIRA）基于商业、用户、功能和实现 4 个视角。其中，从商业和用户视角，该架构反映了实现工业系统时对业务问题和业务案例的重视程度，以及在系统设计中相关域和应用场景的重要性；从功能视角，该架构分为控制、操作、信息、应用和业务等功能域；从实现视角，该架构包括结构、组件分布、连接拓扑等，提供了系统组件（接口、协议、行为等）的技术描述，提供了一个应用到功能组件、功能到实施组件的实现映射，以及关键系统特性的实现映射。在该架构中，分别规定了安全、隐私和可信、弹性、可集成性、互操作性和可组合性、连接性、数据管理、分析、智能和弹性控制、动态组合性和自动集成等关键系统特征。

IoT-A，作为欧盟第七框架计划的灯塔综合项目，开发了 IoT-A 架构参考模型（architecture reference model，ARM）作为基础参考架构，以推动和促进物联网技术的成长和发展。参考模型是 IoT-A ARM 的抽象组件，包括域、信息、功能、通信和安全模型。其中，域模型负责描述物联网中的核心概念，如"装置""物联网服务"和"虚拟实体"（其对物理实体进行建模）；信息模型定义了物联网系统中信息的通用结构属性；功能模型基于域模型中定义的关系来识别功能性群组；通信模型解决了物联网环境中通信的复杂性。由于可信、安全和隐私（trustworthiness，security，and privacy，TSP）模型对物联网用例场景的重要性，因此给出了单独的阐述。此外，IoT-A ARM 还定义了物联网参考架构，它是"构建合规物联网架构的参考"，是指导物联网系统架构师创建实际架构的指导方针。

14.2.2 国内物联网及本地通信网络标准化研究现状

目前，国内已经初步形成了三级协同发展的物联网标准化工作机制，但标准研制工作仍亟待加强。自 2010 年开始，国家发展改革委和国家标准委联合相关部门先后成立了物联网国家标准推进组、基础标准工作组以及公安、交通、医疗、农业、林业和环保等物联网行业应用标准工作组，初步形成了组织协调、技术协调、标准研制的三级协调推进的标准化工作机制，如图 14-17 所示。

在国家发展改革委、国家标准委、工业和信息化部的指导下，国内物联网标准化工作突飞猛进，已经取得阶段性成果。2009 年 6 月，成立了全国智能建筑及居住区数字化标准化技术委员会。2009 年 9 月，成立了国家传感器网络标准工作组。2010 年 2 月，成立了泛在网技术工作委员会。2010 年 11 月，成立了国家物联网基础标准工作组。2012 年 1 月，成立了物联网应用标准工作组。

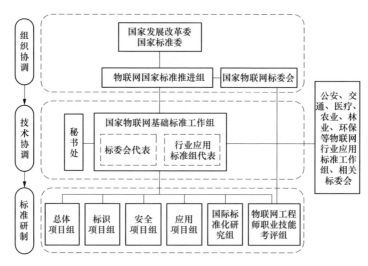

图 14-17　国内物联网标准化工作机构

2012—2017 年，国家标准委成立了物联网林业行业应用标准工作组、物联网社会公共安全领域应用标准工作组、农业物联网行业应用标准工作组、物联网环保领域应用标准工作组、国家医疗与健康物联网应用标准工作组、纺织服装物联网应用标准工作组等物联网应用领域标准化工作组。2019 年 11 月 13 日，全国信息技术标准化技术委员会物联网分技术委员会成立，主要负责物联网体系架构、术语、数据处理、互操作、传感器网络、测试与评估等物联网基础共性技术的标准化工作。

国家物联网基础标准工作组主要研究符合中国国情的物联网技术架构和标准体系，提出物联网关键技术和基础通用技术标准制修订项目建议并开展标准研制，与各行业应用标准工作组进行沟通衔接并做好基础标准和应用标准的协调工作，负责相应国际标准的推进工作。2013、2016、2018 年，相继发布《物联网标准化白皮书》，对前期物联网技术、标准化工作进行总结、梳理，对物联网新兴技术进行研究，并对典型物联网行业应用标准化工作进行总结。2018年，GB/T 33474—2016《物联网　参考体系结构》、GB/T 36468—2018《物联网　系统评价指标体系编制通则》、ISO/IEC 30141：2018《物联网　参考体系结构》等一批基础类物联网国家、国际标准陆续发布。

目前我国物联网标准体系划分为 6 个大类，即基础类、感知类、网络传输类、服务支撑类、业务应用类、共性技术类。物联网标准体系框图如图 14-18所示。

2021 年，国家电网公司针对电力物联网体系发布若干技术标准，其中 Q/

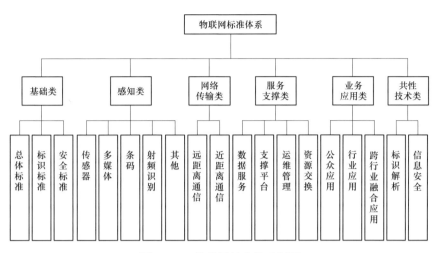

图 14-18　物联网标准体系框图

GDW 12115—2021《电力物联网参考体系架构》规范了电力物联网体系架构与功能组成，并为电力物联网应用场景的建设提供了参考架构；Q/GDW 12101—2021《电力物联网本地通信网技术导则》规定了本地通信网络在电力物联网架构中的定位与功能，并规定了本地通信网络的装置、接口和设计要求。

综上所述，现有的国内外关于物联网标准的研究各有侧重，各个国家都在大力推进物联网标准的研究和编制，但国内外针对电力物联网标准体系的研究处于初期阶段。面对电网高质量发展中的痛点、难点问题，包括感知层终端采集监控覆盖不足、未实现统一智慧物联管理；网络层通信接入网覆盖深度不够、带宽不足；平台层软硬件资源利用率不高，数据存储、处理和应用灵活性不强，快速响应需求变化能力不足，数据不贯通；应用层专业壁垒明显，跨专业流程不贯通，省间壁垒突出，新能源消纳压力大，对外开放共性合作不充分，产业链带动作用不明显等，需要通过电力物联网标准体系的构建和关键核心标准的编制指导电力物联网建设，提高全息感知、泛在连接、开放共享、融合创新的能力，支撑电网高质量发展。

14.3　标准体系及标准化发展方向

电力物联网本地通信领域技术体制繁多，支撑业务差异化程度较大，在标准建立过程中要合理地进行考虑。具体如下：

（1）完整性。系统分析电力物联网各个层次的关系，搭建基本物理逻辑框架，逐条将已发布、制定中和待制定的标准添加到架构中。通过框架实现对标准的分类和归纳汇总，形成一个基本体系架构。

（2）可扩展性。电力物联网标准体系框架充分考虑国家电网公司电力物联网的发展，为将来新的标准化需求留有扩展空间。

（3）层次性。采用专业划分、技术领域划分、标准系列划分等方法，确定电力物联网标准体系的分层分类方法及各层次间系统化、体系化的关系。从专业领域、技术领域、标准领域 3 个维度对标准体系层次进行划分，确定电力物联网标准层级设计。

（4）协调性。电力物联网标准体系框架中的子体系既相互独立又相互依存，子体系间有边界也有交叉。

（5）先进性。电力物联网标准体系能够适应电力物联网发展对标准的需求，聚焦突出电力物联网建设所需要制定的关键核心标准，指导电力物联网标准化的发展方向。

针对电力物联网本地通信技术标准跨行业、跨专业、跨领域的特点，立足电力行业需求，覆盖电源侧、负荷侧的设备终端，实现电工装备、制造设备等电力物联网终端的互联互通，建立水、电、气、热等多种能源数据共享和互联互通的标准，以满足智能家居用电设备随需接入的需求。遵循"统筹规划、需求推动、开放兼容"的基本原则，建立涵盖通用技术、共性技术、感知、网络、平台、业务应用、数据、安全 8 类二级分支的电力物联网技术标准体系。该体系具体分为 4 个层级：第 1 层级是专业类别，包括通用技术、共性技术、感知、网络、平台、业务应用、数据、安全 8 类；第 2 层级是技术领域，聚焦电力物联网建设关键发展方向，覆盖满足电力物联网研究与建设需求的 44 个技术领域；第 3 层级是标准系列，基于各领域技术的发展现状和电力物联网发展需要，充分考虑相关技术的未来趋势，提出标准系列；第 4 层级是具体标准，包括各知名标准组织、研究机构已发布和在编的相关可继承的技术标准，以及结合电力物联网发展需要制修订的技术标准。具体标准按照标准类别可以分为 5 类，即国际标准、国家标准、行业标准、团体标准、企业标准。具体标准可持续动态更新和完善。

在未来，要重点研制智慧物联、智能传感和智能终端标准，提升业务终端智能化水平；关注空天地一体化通信网络架构、电力 5G 通信网络、广覆盖大连接通信接入标准，支撑业务云端运行和协同共享，建立面向能源互联网应用的企业中台标准和海量物联管理平台标准，提高数据融通和高效处理能力，构建新型物联网安全技防标准；重点解决跨专业、内外部、上下游之间的接口、协议、互联互通的问题，关注以用户为中心，重在提升用户体验，拓展新业务，发展新形态，创新商业模式。

第 15 章　电力物联网本地通信面临的关键问题、解决思路及趋势展望

15.1　关　键　问　题

本地通信网络在电力系统中的应用前景非常广阔，可用于配电自动化、用电营销、电量采集、仓库管理、电力设施状态监测、电动汽车等。如果要将本地通信网络应用于电力系统，就必须考虑供电可靠性、二次安全防护、带宽、信息传输时效、绕射能力、运行稳定性等许多电力系统的特殊要求，需要考虑如何解决以下问题：

（1）如何合理有效地利用供电方式和实现低功耗传输。本地通信网络的一大特点是可以通过无线方式灵活方便地部署，如果能同时通过使用电池实现全无源，在施工建设的便捷性上则更显优越。本地通信网络的节点分采集、汇聚和中心几类，实际中到底是使用直流供电还是交流供电，或者使用电池内部供电，需要根据实际使用场景和节点功耗来确定。第一，电力开关站等场合需要数据采集频率高、长时间在线，如使用电池供电，恐工作时间得不到保证，如使用交流供电，恐可靠性得不到保障；第二，在很多特定的场合和需求下，节点在现场部署往往不方便取电，最终还是需要使用电池供电，如使用电池供电，功耗高低和电池容量关联性大，而电池容量又和设备体积关联性大。因此，需要深入研究低功耗的待机算法、组网算法、硬件低功耗方法、无线传感器网络几类节点的供电方式，要和低功耗算法配合验证实际效果，结合使用场景的不同最终确定供电方式。

（2）如何根据使用场景确定无线频段和选择适当的天线型号。开关站一般布设在居民小区等场合，通常在一楼、一楼半地下室或地下室，面积一般为几十平方米到几百平方米。在开关站内部，无线信号传输影响极小。但在室外，如与远端的变压器、路灯通信时，就涉及建筑物、植被、墙壁的遮挡情况，杂波、衍射等现象非常严重。因此，需要研究和测试这些情况下射频通信的影响

及针对性解决方案。无线电波的频率越高，波长越短，绕射越差，需要根据具体情况进行天线类型选择，到底使用全向天线还是定向天线，以及天线是否需要分级等。如果天线引出，则需要考虑馈线损耗以及塔放等技术与相关设备。要提高传输距离和绕射能力，无线频段的选择也需要专题讨论和论证。目前本地通信无线端常用的频段有 2.4GHz（全球通用频段）、902～928MHz（北美频段）、433～470MHz（国内仪器仪表公用免费频段），以及 470～512MHz（国家电网公司计量频段）。各频段都有自己的绕射能力和对应的传输距离，需要在开关站进行测试以选定频段，还要平衡好传输距离和绕射能力的关系，避免和其他系统相互干扰。

（3）如何划分信道及避免同频干扰。本地通信网络设备的特点是低成本、大容量。实际中的系统传输速率并不高，一般为 20～250kbit/s。当大量数据接入系统后，数据实时性会大受影响。电力低速数据网内，除了有配电系统内的环境数据、设备数据、路灯数据，还会有电动汽车的实时数据。这就需要系统支持多种数据的优先级和信道划分，使静态节点和动态节点使用不同信道并发工作。而蜂窝网络的主要干扰是同频干扰，因此蜂窝网络的信道分布、信号覆盖范围，以及引入的信道搜索就是需要考虑的问题。为避免相同信道引起的同频干扰问题以及降低碰撞侦听的碰撞概率，需要使用自动搜频和信道部署技术。需要研究性能更好的信道部署和分布技术，既可避免同频干扰问题，又可减少搜索的概率。

（4）如何现场勘测和对比理论数据。本地无线通信中信号分布和覆盖受环境、建筑、植物材料吸收以及反射等影响很大，所以需要预先测定和确定各种场合和环境下的施工指南和施工方法。需要使用专用仪器、设备进行勘测、分析、测试，还需要对比理论数据和确定相应的工程方法。

（5）如何设计电力环境中使用的本地通信网络设备。本地通信网络设备在电力生产环境中使用时，物理结构要做到体积小、安装简便美观；元器件的选择总体要考虑防水、防尘、防电磁干扰、防窃听的特殊要求，在北方要考虑防冰冻，在南方要考虑防潮、防凝露、防高温。此外，需要研究新材料和微纳米工艺，研发微型化、集成化、低功耗的无线传感器，以提升传感终端与电气设备的集成度，为本地通信网络提供低成本低功耗的微型智能传感终端。

（6）如何针对电力宽窄带业务共存的局面提出对应的解决方案。目前输变电本地通信网络还属于窄带通信系统，传输速率远远无法满足图像监测、机器人巡检、海量传感器接入等数据传输需求，因此亟须开展宽带本地通信网络标准化接入与组网技术研究，以及基于定制化通信协议的宽带本地通信网络装置研制，以解决输变电宽带终端的接入难题。目前输变电本地通信网络缺少宽窄带终端接入全覆盖与统一高效管理的能力，易造成宽窄带数据发送冲突、重复布网、管理效率低等问题，因此亟须开展宽窄融合节点设备研制和边缘计算管理系统研发，以构建电力低功耗宽窄融合无线传感器网络系统。

（7）如何解决目前缺乏针对电力本地通信网络通信数据加密与认证的安全防护方案的问题。电力物联网安全防护以"横向隔离、纵向认证"的边界安全防护为主，未关注本地通信网络自身的安全防护，目前尚无专门针对电力本地通信网络的安全防护方案。本地通信网络终端受成本和功耗限制，其计算能力、存储能力、电能供应和传输能力受限，难以采用高开销、高性能的安全防护技术，大多现有设备，尤其是环境量监测设备，都少用甚至不用加密和身份认证等安全防护技术。采用安全防护技术必会给网络带来一定开销，增加网络负担。目前国家电网公司尚无专门针对电力本地通信网络的安全评测平台，难以评估各项安全技术手段的安全性及开销，无法给出明确的安全技术应用建议。

15.2 解 决 思 路

电力本地通信网络功耗组成如图 15-1 所示。针对超低功耗问题，需要深入挖掘物理层、通信协议、软硬件低功耗设计与实现技术，研制微瓦级超低功耗无线传感模块，满足电池供电、自取能类传感器的通信需求。

例如，提出无线传感器网络非对称物理层架构，传感器至汇聚节点采用极简物理层方式（窄带），简化传感器结构，以降低功耗；汇聚与接入节点采用多载波方式（宽带），以提升传输速率及通信距离。在无线传感器网络终端侧，重点降低功耗，兼顾传输速率和通信距离，平均功耗小于 $100\mu W$，分支电流小于 $20mA$，传输

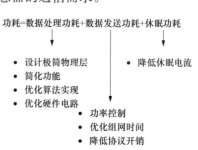

图 15-1 电力本地通信网络功耗组成

速率不小于 $20kbit/s$，通信距离大于 $250m$。在节点设备侧，重点提升传输速率和通信距离，同时兼顾功耗，最大传输速率不小于 $10Mbit/s$，单跳通信距离大于 $1000m$，功耗要求达到毫瓦级。

为确保电力多场景下异构无线传感器网络的互联互通，国家电网公司发布了两套标准化通信协议见表 15-1，其标准网络架构如图 15-2 所示。在 470MHz、2.4GHz 频段基础上，这两项协议解决了传统无线传感器网络通信协议厂商私有、"孤立烟囱"林立的问题，有利于电力物联传感器网络的生态建设。

表 15-1　　　　　　　　　国家电网公司无线传感器网络通信协议

序号	标准名称	标准定位
1	Q/GDW 12020—2019《输变电设备物联网微功率无线网通信协议》	用于高频次、小数据量（KB 级以下）微功率传感器接入，如温度、温湿度、形变、倾角等传感器
2	Q/GDW 12021—2019《输变电设备物联网节点设备无线组网协议》	用于较大数据量（百 KB 级）、低功耗传感器接入，如局部放电、振动波形、机械特性等传感器，用于汇聚节点与接入节点组网

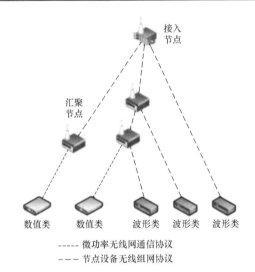

图 15-2　国家电网公司无线传感器网络通信协议标准网络架构

在安全可信方面，需要攻克轻量级安全加密及认证技术，提出本地通信网络内生安全通信协议，构建输变电设备物联网感知层安全防护体系。在具体思路上大致可分为以下五个方面：一是需要明确安全防护总体原则和边界，针对本地通信网络点多面广的应用特征，攻击者易物理获取或接触到无线传感器终端，网络及设备自身需具备一定的安全防范能力；二是单个设备的安全性能要求不高，重点是需要防范规模化供给，本地通信网络终端数量一般较多，单个终端所提供的数据价值无法描述总体目标的状态，一般需要多个终端协同工作才能为目标提供完整的描述，因此在制定安全防护策略时，需要防止数据的规模泄露；三是传感终端在线处理最小化，传感终端一般受到尺寸、价格的约束，其处理能力和内存大小都受到制约，因此需要尽可能避免在终端侧进行复杂的数据处理与大量数据缓存；四是需要完善身份认证及数据溯源技术，预防

361

恶意数据、非法终端接入和数据传输导致的网络资源浪费，虚假的数据会对业务系统的稳定运行造成影响，因此需要采取相关措施，防范因供给导致的数据误警；五是数据加密宜采用高效的短密钥，并采用轻量化加密，为了减少安全策略带来的网络开销，宜尽可能采用短包传输。

为了保证以上提到的几个方面的内容，需要提出对应的内生安全通信协议设计评测，评测包含项目如图 15-3 所示，需要分别予以考虑：

（1）协议设计安全。协议自身安全，实现预期安全防护目标，无逻辑漏洞。

（2）协议代码安全。终端开发阶段安全，无危险函数调用和循环错误，无恶意代码植入。

（3）终端固件安全。基础硬件及开发环境安全，无漏洞和后门。

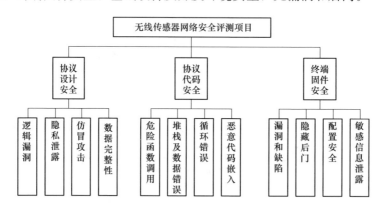

图 15-3 无线传感器网络安全评测项目

针对无线传感器网络宽窄带业务承载问题，提出兼容超功耗、大带宽的宽窄融合无线传感器网络，在原有通信协议基础上进行宽带化调整，基于严格时隙划分，统一调度宽窄带链路，同时支持温度、设备运行状态监测等超低功耗感知终端，以及局部放电、图像传感及声波成像等大带宽感知终端接入。对此，需要解决的主要问题包括宽窄带终端的差异化接入和宽窄带混合组网。

15.3　趋　势　展　望

15.3.1　一个更加互联的数字电网

随着电力电子技术的普及，电力监测和管理设备体积将变得更小，生产将变得更加容易，电力行业的技术理念已经从单一设备模式转向更模块化的微服务模式。分布式设备通过低功耗的无线传感器网络连接，可以代替其他设备处理每个计算和每个测量，而不是由单一固定的设备来承载，这无疑会提升电网管理的可靠性。每个设备也可能有自己的实用程序，它可能使整个网络受益，但需要解决不同应用之间的数据加密问题，因为这些数据可能会携带一些局部地区的敏感信息。

另外，低功耗无线传感器网络和其他远程通信技术的融合，如 5G、卫星通信、光纤通信等，能够支持低功耗无线传感器网络通信设备与互联网的连接，将数据从局部收集扩展到全局收集，通过设计无线传感器网络多协议融合及转换机制，实现不同体制的无线传感器网络的互联互通。这种大连接的手段能够让管理者从更加全面的视角调配电力资源，打破通信与信息孤岛，真正实现数据的互联互通。

15.3.2　与人工智能技术的融合

电网的发展趋势必然是数字化，而数字化带来的优势是可以通过对数据与人工智能的融合，实现电网的智能化。人工智能技术受益于具有分布式数据的本地通信网络，而本地通信网络也受益于具有先进管理能力的人工智能技术。由于人工智能在很大程度上是由数据驱动的，因此无线传感器网络是机器学习数据管理的一项巨大资产。随着无线传感器网络终端数量的增加，可收集的数据从广度和深度方面都会得到提升，人工智能化水平也会加大。因此，在电力领域，本地通信网络的一个重要发展趋势会是与人工智能的深度融合，从而全面提高电网的自动化运行、运检和维护水平。

15.3.3　与 IP 技术的融合

电力物联网与 IP 技术的融合可以提高电力设备的运行效率和管理水平，保障电力系统的安全可靠运行，推动电力行业的数字化转型，降低电力系统的成本。这种融合为电力行业的发展带来了巨大的机遇和挑战。

（1）在融合意义方面，电力物联网本地通信的 IP 化，能够：

1）提高电力设备的运行效率和管理水平。通过引入 IP 技术和轻量级物联网操作系统，可以实现电力设备的智能化管理，提高电力设备的运行效率和管理水平。

2）保障电力系统的安全可靠运行。通过采用 IPv6 协议和构建电力物联网云平台，可以提高电力系统的可靠性和安全性，保障电力系统的安全可靠运行。

3）推动电力行业的数字化转型。通过电力物联网与 IP 技术的融合，可以实现电力行业的数字化转型，提高电力行业的现代化水平。

4）降低电力系统的成本。通过采用轻量级物联网操作系统和构建电力物联网云平台，可以降低电力系统建设和维护的成本，提高电力企业的经济效益。

（2）在融合思路方面，具体表现在：

1）在电力物联网中引入 IP 技术，可以实现电力设备之间的信息互通和智能化管理。IP 技术具有开放性好、易于实现异构网络互联等优点，可以满足电力物联网的需求。

2）将轻量级物联网操作系统融入电力物联网中，可以实现电力设备的智能化管理。轻量级物联网操作系统可以提供高效、稳定、安全的管理平台，为电力设备的智能化管理提供支持。

3）采用 IPv6 协议，可以实现电力设备之间的信息互通。IPv6 协议具有地址空间大、安全性高、移动性强等优点，可以满足电力物联网的需求。

4）通过构建电力物联网云平台，可以实现电力设备的远程监控和管理。云平台可以提供高效、灵活、可靠的数据存储和管理服务，为电力设备的智能化管理提供支持。

15.3.4　与能信共传技术的融合

能信共传技术是一种基于电力线通信的创新通信技术，它利用电力线缆作为通信介质，实现电力信息和通信数据的传输共存。能信共传技术的特点在于充分利用已有的电力线缆资源，无须额外建设通信网络，从而降低了通信网络的部署成本，提高了通信网络的覆盖范围和稳定性。

能信共传技术的原理是将通信信号通过调制技术嵌入电力信号中，从而在电力线缆上进行数据传输。电力线缆既作为电力传输的媒介，又承担数据传输的任务，实现了电力信息和通信数据的共同传递。

1. 能信共传技术的分类

根据应用场景和传输方式的不同，能信共传技术可以分为以下几类：

（1）低压能信共传技术。低压能信共传技术适用于低压配电网环境下的通信需求。低压能信共传技术采用较低的频率进行通信，通常在百千赫兹范围内，传输距离较短，适合局部通信和小范围的数据传输。

（2）中压能信共传技术。中压能信共传技术适用于中压配电网和某些工业用电场景。中压能信共传技术的传输距离相对较长，频率在几兆赫至几十兆赫，可以实现较大范围的通信需求。

（3）高压能信共传技术。高压能信共传技术适用于高压输电线路和电力站房等高压环境。由于高压线路对通信干扰较大，高压能信共传技术需要采用更高的频率进行通信，通常在几百兆赫至几千兆赫。

（4）载波能信共传技术。载波能信共传技术是能信共传技术的一种进阶形式，它利用载波通信技术在电力线缆上进行数据传输。载波能信共传技术具有较高的传输速率和稳定性，适用于高速数据传输和复杂通信环境。

2. 能信共传技术的应用

在未来的电力本地通信网络中，能信共传技术可以应用于多种场景。

首先，能信共传技术可以用于实现电力设备的监测和控制。通过在电力设备上安装能信共传节点，可以实现对电力设备的实时监测，获取设备的运行状态和参数。这些数据可以传输到数据中心或基站，用于设备的远程控制和故障诊断。

其次，能信共传技术可以用于电力设备之间的通信和协作。在电力系统中，不同设备之间需要进行信息传递和数据交换，如电力负载的调整、设备状态的同步等。能信共传技术可以通过电力线缆实现设备之间的通信，减少通信网络的复杂性和成本，提高设备之间的协同效率。

最后，能信共传技术可以用于电力系统的安全监控和数据保护。通过在电力线缆上实现数据加密和安全传输，可以防止数据被非法窃取或篡改，从而保障电力数据的安全性和可信度。

综上所述，能信共传技术将为未来电力通信网络带来更高效、稳定和安全的通信服务，推动电力系统的智能化、高效化和安全化发展。

总之，本地通信网络是解决电力传感终端超低功耗、安全可靠接入、感传一体化和智能化等问题的关键，能够实现区域范围内的电力终端灵活组网，支持边缘计算，实现更广泛的信息采集，以此功能为蓝本构建了电力无线传感器网络 1.0 版本。

未来，提升电网强电磁与物理遮挡环境下本地通信网络的自愈性能，提高网络智能化连接能力，实现通信—感知—取能一体化融合设计，推动电网设备状态感知向"去电池、无缆化"方向发展，以此为目标研发本地通信网络 2.0＋版本，如图 15-4 所示，以更好地支撑电力设备运行复杂工况下多物理量的综合智能分析，精确辨识电力设备缺陷及其他电力生产安全隐患。

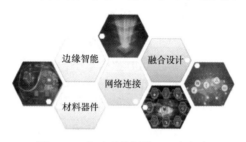

图 15-4　本地通信网络 2.0＋版本

参 考 文 献

［1］ MIRJALILI S，MIRJALILI S M，LEWIS A. Grey wolf optimizer ［J］. Advances in Engineering Software，2014，69：46-61.

［2］ 王敏，唐明珠 . 一种新型非线性收敛因子的灰狼优化算法 ［J］. 计算机应用研究，2016，33（12）：3648-3653.

［3］ 王正通，尤文，李双 . 改进非线性收敛因子灰狼优化算法 ［J］. 长春工业大学学报，2020，41（2）：122-127.

［4］ 王秋萍，王梦娜，王晓峰 . 改进收敛因子和比例权重的灰狼优化算法 ［J］. 计算机工程与应用，2019，55（21）：60-65＋98.